Histoire du catholicisme québécois ***

Tome 1
1898 - 1940

Histoire du catholicisme québécois ***

dirigée par Nive Voisine

Jean Hamelin - Nicole Gagnon

Le XXe siècle

Tome 1
1898 - 1940

Boréal Express

Photocomposition et mise en pages: Les Éditions Marquis Ltée

Distribution
Pour le Canada: Dimedia
539, boul. Lebeau, Saint-Laurent (Québec)

Pour la France: Distique
9, rue Édouard-Jacques
75014 Paris

Avant-Propos

Cet ouvrage décrit un moment caractéristique de l'histoire du catholicisme québécois, celui où le peuple canadien-français incarne, «dans le détail et dans l'ensemble de sa vie sociale, aux dires de Mgr Landrieux, le type du peuple chrétien», tel que souhaité par les encycliques pontificales. L'histoire débute avec la disparition des grands chefs religieux du XIXe siècle, le cardinal Taschereau et Mgr Laflèche. Elle s'amorce au moment où Léon XIII propose un nouveau projet de chrétienté qui, abandonnant le principe du temporalisme territorial, reposera sur un temporalisme social. La stratégie est nouvelle, non l'idée qui la sous-tend: la religion est une affaire de société. Comment le catholicisme québécois a-t-il répondu à l'espérance des papes? Par quel processus est-il parvenu à incarner la restauration de la société dans une contre-société confessionnelle? Quels sont les facteurs qui ont donné au catholicisme québécois sa coloration particulière? À ces questions et à bien d'autres le présent ouvrage apporte des éléments de réponse.

Des matériaux à la réflexion plutôt que des explications achevées! L'expression ne caractérise pas une attitude prudentielle — vertu bien cléricale à la vérité — mais elle exprime l'intention profonde à l'origine de cet ouvrage. Alors que les chercheurs n'ont pas encore accès aux principaux fonds d'archives et que bien peu d'entre eux ont commis de solides monographies sur des questions particulières, il eût été présomptueux de viser plus haut, et prématuré de figer notre connaissance d'un passé aussi chaud dans une théorie ou une idée directrice close sur elle-même. Cette histoire n'est pas un grain de sénevé appelé à croître dans la conscience historique des Québécois d'aujourd'hui, en quête de points d'ancrage dans une continuité et une fidélité qui semblent se dissoudre dans la mouvance des temps présents. Les grains de sénevé sont programmés; bien que partielle et parfois partiale, cette histoire ne l'est pas. Tout lecteur y trouvera le suc indispensable à la fabrication d'une conscience historique de son cru, à la condition, bien sûr, qu'il daigne parfois s'arrêter et réfléchir.

Tout au long de notre entreprise, nous avons bénéficié de l'appui de nombreuses personnes et organismes. L'abbé Raynald Brillant, sœur Gisèle Turcot et madame Pierrette Laflamme nous ont accueilli au secrétariat de l'Assemblée des évêques du Québec; Mgr Paul Joncas, les abbés Léo Bérubé, Armand Gagné, sœur Gisèle Roy nous ont facilité la consultation de certains fonds conservés dans les archives diocésaines dont ils ont la garde; le père Joseph Cossette, s.j., nous a ouvert le fonds Joseph-Papin Archambault; monsieur André Chouinard et son équipe nous ont guidés dans le fonds de l'Action catholique canadienne; le père Norbert Fournier, c.s.v., a pour nous balisé l'histoire de la catéchèse. Par ailleurs, le Conseil de recherches en sciences humaines a défrayé une partie des coûts de notre recherche. Notre collègue Nive Voisine nous a fait d'heureuses suggestions. Nous ne saurions nommer tous ceux et celles qui nous ont communiqué des informations ou des documents. Que tous et chacun reçoivent ici l'expression de notre gratitude.

Jean Hamelin
Octobre 1976-octobre 1983

Notre ouvrage peut être vu comme une tentative d'histoire totale de la société québécoise du premier XXe siècle, saisie «par le pied» de l'institution ecclésiale. Une simple tentative: diverses raisons font que ce livre n'est pas ce qu'il aurait pu être. Disons d'abord que les sources ont fait défaut. Les archives récentes sont trop souvent fermées et l'Église reste prudente sur ce point; nous n'avons donc pu traiter de façon satisfaisante des politiques de l'Église à compter de 1925. Par ailleurs, nous n'avons pas consulté toutes les sources et études disponibles. Notons cependant que bon nombre de travaux, que nous avons utilisés, ne sont pas mentionnés, notamment lorsque l'emprunt se limitait à une citation de source ou lorsque nous n'y avons puisé que de façon diffuse. (Nous nous en excusons auprès des auteurs concernés: il s'agissait d'éviter d'alourdir les «bas de page» lorsque nous nous tenions à distance sécuritaire de l'emprunt plagiaire.) Faute d'avoir fait l'objet d'une difficile vérification, nos données quantitatives sont souvent imprécises et sans doute, par endroits, erronées. Notre texte laisse subsister des lectures divergentes, voire contradictoires, qui ne sont pas toujours celles de deux consciences historiques à dominante opposée mais, plus souvent peut-être, celles issues de la complexité du réel lui-même et que nous aurions dû savoir dépasser. Cette histoire du catholicisme québécois, enfin, est encore trop centrée sur l'institution ecclésiale; nous ne fournissons pas tout l'éclairage souhaité sur le sentiment religieux ou sur la culture catholique, tant cléricale que populaire.

Cette synthèse, en somme, fut faite trop rapidement. L'intensité de l'investissement consenti et le souci d'artisan consciencieux y suppléent sans doute en bonne part; il y manque pourtant ce mûrissement serein dont se font les grands livres et les grands vins. Malgré toutes ces faiblesses, je me permets de souhaiter que le lecteur puisse retrouver dans ce texte un peu de ce qui fut pour moi, entre autres choses, une quête passionnante de la conscience historique. Je dois remercier Jean Hamelin de m'en avoir fourni l'occasion en m'associant à son entreprise.

Jean Hamelin a effectué toute la recherche en archives et rédigé le texte de base. J'ai travaillé sur cette première version, à partir d'études et de sources imprimées. Ma contribution affecte l'ensemble du texte, mais plus particulièrement les chapitres II, IV, V, ainsi que la troisième section du chapitre VI, où se retrouve le plus gros des développements qui sont plutôt de ma plume ou de mon cru. Le montage m'est aussi attribuable dans une large mesure. Le fond du texte reste surtout de Hamelin. Corrections, ajouts et retouches ont été faits par l'un et l'autre auteur.

Nicole Gagnon
Octobre 1980-octobre 1983

INTRODUCTION

L'ÉGLISE DU QUÉBEC AU SEUIL DU XXᵉ SIÈCLE

En cette fin du XIXᵉ siècle, les Québécois ont un territoire: une portion de terre et d'eau au nord du 45ᵉ parallèle et à l'est du 79ᵉ degré 33'20" de longitude ouest. Mais le pays dont ils font partie s'étend de l'Atlantique au Pacifique. Dans les chancelleries et les postes de douanes, on les désigne sous le nom de Canadiens, signifiant par là qu'ils sont des sujets britanniques résidant dans le Dominion du Canada. Ce pays n'a pas été forgé dans le creuset d'une révolution nationale mais par lente sédimentation des héritages coloniaux. À bien des égards, c'est un pays préfabriqué. Son régime politique, dont le pivot est la monarchie et la responsabilité ministérielle, constitue un calque du parlementarisme anglais. Sa constitution, qui intègre en une entité politique des régions disparates, est une réplique de l'organisation de l'Empire britannique au milieu du XIXᵉ siècle. La reine d'Angleterre, aussi reine du Canada, symbolise et l'appartenance du Canada à l'Empire britannique et son statut ambivalent. Le Canada est davantage une colonie qu'un pays indépendant: l'Angleterre règle ses affaires extérieures et, par le Conseil privé, arbitre ses conflits internes les plus graves.

L'originalité du Québec n'est pas d'être un territoire colonisé mais d'être intégré à deux empires. Car la grande majorité des Québécois font aussi partie de l'Église catholique, société religieuse internationale, répandue dans le monde entier. Visant à réunir tous les hommes dans la poursuite d'un but surnaturel commun et assurée de détenir les moyens d'y parvenir, l'Église catholique se définit comme l'âme ou l'esprit qui devrait animer les nations et les sociétés civiles. En même temps, l'Église est elle-même une société humaine, dotée de l'organe d'une «société parfaite»: une structure de pouvoir, centralisée à Rome.

Entre l'Empire catholique et l'Empire britannique, les points communs sont nombreux. Tous deux sont des monarchies sur les terres desquelles le soleil ne se couche jamais. Tous deux ont une structure hiérarchique dont le pouvoir et la stabilité reposent sur des valeurs d'ordre et d'autorité. Tous deux disposent d'une bureaucratie omniprésente, d'un réseau de représentation extérieure, d'un système de récompenses et de moyens de pression propres à réchauffer les loyautés. Tous deux sont à un même moment de leur histoire: celui où l'uniformité impériale prime les diversités nationales. Dans l'Empire catholique comme dans le britannique, le Québec n'est qu'un territoire du Canada, qui fait lui-même figure de colonie. En 1898, l'Église canadienne relève toujours de la Propagande, dite aussi Congrégation de la propagation de la foi, organisme administratif chargé des affaires des pays de mission.

1. SOUS LA TUTELLE DE LA PROPAGANDE

Selon sa propre définition, l'Église catholique est une société *une, sainte, catholique,* c'est-à-dire universelle, et *apostolique,* parce que fondée par les apôtres du Christ. Elle se proclame aussi supérieure à toute autre société, «en raison de sa fin surnaturelle, de sa doctrine, de son origine divine, de sa participation à la primauté de Dieu». Distincte et indépendante des sociétés civiles, elle s'attend à ce que celles-ci ne mettent pas d'entrave à son leadership spirituel sur l'humanité, voire qu'elles l'appuient dans la poursuite de sa fin surnaturelle.

La curie romaine

Au cours des âges, un type de pouvoir, lié à la culture propre aux sociétés préindustrielles, a façonné l'extériorité sociale de cette Église. Son autorité repose sur l'intériorisation par ses fidèles d'enseignements et de directives promulgués par le haut et reconnus légitimes, et son efficience, sur une structuration hiérarchique — et non collégiale — des fonctions. Son visage institutionnel reflète trois moments historiques: celui de la Contre-Réforme, qui avait valorisé la Hiérarchie face aux prétentions du laïcat protestant; celui de Vatican I, qui avait opposé les valeurs d'autorité aux valeurs de liberté et d'égalité du siècle des Lumières; celui d'une expansion continue du catholicisme «qu'on avait préféré maîtriser par la centralisation plutôt que par la décentralisation». L'Église catholique est une association dont la structure de pouvoir est si parfaite qu'elle est tout entière polarisée sur le pape.

Léon XIII, élu le 20 février 1878, est le pape glorieusement régnant. Il a quatre-vingt-huit ans et jouit d'une grande autorité morale à travers le monde. La tiare à trois étages qu'il porte rappelle qu'il est roi, pontife et prophète. Il vit dans son palais du Vatican, entouré d'une pompe extérieure propre à impressionner les visiteurs et à susciter des sentiments de filiale soumission. Il subit plus qu'il ne commande un vaste ensemble administratif dont les rouages, réglés comme ceux d'une montre suisse, font l'admiration et l'envie de plus d'un État moderne. La curie romaine est un assemblage complexe de *congrégations* et de secrétaireries aux fonctions rigoureusement définies — certainement la bureaucratie la mieux organisée de ce temps — où la couleur des bas, la largeur du ceinturon, la profondeur de la tonsure, tout comme le nombre de fenêtres et l'épaisseur du tapis dans nos bureaucraties modernes, révèlent l'importance de chacun. Qu'il soit accueilli à Londres par le sourire d'une duchesse, ou à Rome par la bague d'un cardinal, le Québécois, fût-il évêque ou ministre, ne peut que ressentir son état colonial.

Les Églises nationales, parvenues à l'âge adulte, relèvent des divers rouages de la curie. L'Église canadienne, chrétienté encore en émergence, dépend de la Propagande, congrégation responsable de par le monde de 374 diocèses, 134 vicariats apostoliques et 51 préfectures. En de lointains pays, la Propagande érige missions, vicariats et diocèses, nomme les évêques, règle les rapports du clergé et des évêques, veille à l'enseignement, à l'éducation et aux bonnes mœurs, tranche en dernière instance, comme le Conseil privé de Londres au sein de l'Empire britannique, les questions juridiques, rituelles et financières. Elle installe parfois sur place un délégué apostolique pour faciliter sa tâche et expédier plus promptement les affaires.

La curie est pilotée par des clercs, donc par des hommes. Elle est animée d'un esprit légaliste qui confond l'autorité et l'autoritarisme, l'unité et l'uniformité. Elle tient à distance les femmes et les laïcs et s'accommode mal des Églises natio-

---

LA HIÉRARCHIE CATHOLIQUE
1897

1. *Pape.* Il est le chef visible de l'Église. Il définit les vérités de foi en *concile œcuménique*, c'est-à-dire après réunion de l'assemblée de tous les évêques qui s'adjoignent alors des théologiens. On le désigne sous le titre de Sa Sainteté.
2. *Cardinaux.* Ils sont soixante-trois. Leur dignité est de droit ecclésiastique, non de droit divin. Ils forment le *Sacré Collège*. Ils conseillent le pape, individuellement et collectivement en *consistoire*, et se réunissent en *conclave* pour l'élire. Un cardinal porte le titre de Son Éminence.
3. *Évêques.* Ils sont 1292. Successeurs des apôtres, ils ont la plénitude du pouvoir sacerdotal. Ils exercent leur ministère de pasteur, de juge et de docteur dans les limites d'un territoire appelé *diocèse*. Une réunion d'évêques pour discuter d'une question spécifique s'appelle un *synode épiscopal*.
Par délégation de la primauté du pape, certains d'entre eux, dits *métropolitains*, servent d'intermédiaires entre les évêques d'un ensemble de diocèses compris dans une *province ecclésiastique* et le pape. Pour des raisons

nales qui sont perçues moins comme des organismes vivants que comme des territoires à régir. Elle tient à une Église divisée en enseignants et en enseignés, en troupeau et en pasteurs, en célébrants et en assistants, en gouvernants et en soumis, et, pour faire bref, en clercs et en laïcs. Mettant l'accent sur le Dieu législateur et juge, son orthodoxie a tendance à «réduire l'obéissance à la volonté du Père à un ensemble de comportements moraux». Par une réglementation tatillonne qui moule les rôles, standardise les comportements, les dévotions, voire les élans du cœur, elle catholicise, comme les Anglais anglicisent et les Français francisent. Partout dans la catholicité, les ministères sont «concentrés dans un homme: le prêtre; dans un lieu sacré: l'église; dans un jour saint: le dimanche; dans un culte: la messe».

---

historiques et juridiques, les métropolitains sont dits, soit *patriarche*, soit *primat* ou *exarque*, soit *archevêque*. À chaque titre correspondent des pouvoirs spéciaux. Le *pallium*, bande de laine blanche que le pape remet aux évêques, est le signe extérieur de cette transmission des pouvoirs de Pierre. Dans certains diocèses, l'évêque est assisté d'un évêque coadjuteur — ce dernier a habituellement droit de succession — ou d'un évêque auxiliaire. Ces évêques sont revêtus du caractère épiscopal et ils sont titulaires d'un diocèse aujourd'hui disparu. Ils exercent donc leur ministère sur un territoire différent de celui qui nominalement est le leur. Sa Grandeur est le titre que portent les évêques, mais on les appelle plus couramment «Monseigneur».

4. *Prélats nullius dioceseos*. La plupart sont des supérieurs d'ordre monastique, dits abbés mitrés. Ils n'ont pas de diocèse et ne sont pas revêtus du caractère épiscopal, mais ils exercent, sur un territoire donné, certains pouvoirs épiscopaux. Ils peuvent porter divers titres honorifiques.

5. *Prélats*. L'Église compte un grand nombre de prélats de types divers: protonotaires apostoliques, camériers secrets, prélats domestiques, qui ont droit au titre de «Monseigneur» mais ne font pas partie de la Hiérarchie.

Des esprits libéraux se sentent chaque jour plus mal à l'aise dans ce royaume aux horizons limités par une théologie fixiste, régi par un droit canon que le *sub gravi* (interdiction sous faute grave) rend oppressif. Ce conservatisme rigide ne tient pas qu'à une bureaucratie jalouse de ses pouvoirs. Il est tout autant la réaction d'un corps qui se sent menacé, investi, traqué par des idéologies qui proclament la mort de Dieu et par des États hostiles au leadership spirituel de l'Église. L'heure n'est pas aux révisions douloureuses ni aux expériences porteuses de tensions internes. Braquée sur l'orthodoxie, la curie est le chien de garde d'une vision du monde.

LA CURIE ROMAINE
1897

1. *Les sacrées congrégations.* Au nombre de dix-huit, elles ont la charge d'un domaine de l'administration de la catholicité. Ainsi, la Consistoriale traite de l'érection des diocèses, des provinces ecclésiastiques et de la nomination des évêques; la Propagande s'occupe de l'administration ecclésiastique des pays hérétiques, schismatiques, infidèles, de même que des chrétientés en émergence; l'Index est la gardienne de la vraie doctrine; le Saint-Office ou Inquisition romaine et universelle maintient la pureté de la foi catholique dans le monde entier; etc. Une congrégation est dirigée par un préfet, habituellement un cardinal, et le nombre de membres varie de l'une à l'autre. Ainsi, trente cardinaux siègent dans la Propagande. Elle soumet les problèmes difficiles à des consulteurs, qui sont des personnes-ressources de haut savoir et de grande expérience. La Propagande a quarante-neuf consulteurs. Les questions mineures sont soumises d'abord aux *minutanti*, employés permanents chargés de rédiger la minute des brefs et des rescrits. Des congré-

L'anthropologie catholique

L'Église catholique n'accepte pas la vision du monde issue de la Réforme et de la Révolution française, centrée sur la liberté et l'historicité de l'homme, qu'incarnent les idéologies dominantes de l'époque: laïcisme français, *Kulturkampf* allemand, marxisme international. Elle rattache à l'athéisme de ces doctrines les maux dont souffre l'humanité. Aveugle au fait que le christianisme a tour à tour été formulé en catégories sémitiques, grecques et scolastiques, elle tarde à comprendre qu'il lui reste à le traduire dans le langage de la modernité. Elle ne perçoit encore, dans ces nouveaux humanismes, que la lutte des forces du désordre contre les vérités éternelles, la révolte permanente de Satan contre le Créateur. L'Église n'accepte pas davantage l'omniprésence et la centralisation

gations, telle la Propagande, ont formé des commissions spéciales pour suivre certaines questions.

2. *Les commissions papales et cardinalices.* On en dénombre trois, présidées soit par le pape, soit par un cardinal. Elles sont chargées de questions spéciales: les Églises dissidentes, le choix des évêques, les études historiques.

3. *Les bureaux d'expédition.* Ce sont principalement la Chancellerie, qui rédige les bulles, et la Daterie, qui s'occupe des affaires de dispenses réservées et des matières bénéficiales.

4. *Les tribunaux de grâce et de justice.* Le tribunal le plus important est la Pénitencerie, sorte de suprême tribunal de conscience. La Rote est une cour d'appel tant pour les affaires ecclésiastiques que pour les affaires civiles. Elle est aussi une cour suprême.

5. *Les secrétaireries palatines.* Ces organismes administratifs dépendent directement du pape avec qui ils entretiennent des relations quotidiennes. Ils disposent de grands pouvoirs et de beaucoup d'influence. Ce sont: la Secrétairerie d'État, la Secrétairerie des brefs, la Secrétairerie des mémoriaux, l'Auditorat de Sa Sainteté et l'Aumônerie apostolique.

étatique, corrélatives de l'avènement des sociétés de masse. Elle refuse l'atomisation de la société, le nivellement des individus et leur réduction à la condition d'automates. De sa croyance en un Dieu créateur qui a fixé l'ordre du monde et en un Dieu sauveur qui gouverne l'histoire par la loi d'Amour, elle a tiré une conception différente de l'homme, de la vie et de l'ordre social. Le pontificat de Léon XIII est un immense effort d'explicitation de cette anthropologie catholique.

Dans sa première encyclique (*Inscrutabili Dei*, 21 avril 1878), Léon XIII stigmatise la racine des maux de l'heure présente: l'irréligion ou attitude d'esprit qui conduit à «une désacralisation radicale de la vie et du monde». (Daniel-Rops) Il compare cette attitude à «une peste mortelle qui s'attaque aux organes intérieurs de la société humaine», ne lui laisse aucun repos et la menace de nouvelles révolutions et d'un «cataclysme final». Toute l'œuvre de Léon XIII sera une longue lutte pour dénoncer les idéologies mécanicistes, qui réduisent les relations sociales aux rapports entre les individus et l'État et érigent en loi le nombre, la majorité, la centralisation; et contre les idéologies matérialistes qui prétendent faire l'économie de Dieu dans l'instauration de la paix et de la justice sociale. Dans une série de lettres percutantes, le Souverain Pontife s'efforce de reformuler la conception catholique de la vie sociale, fondée sur un humanisme personnaliste, sur les principes de justice et de charité, et sur une vision organique de la société.

L'anthropologie catholique s'est approprié les notions de liberté, d'égalité et de fraternité issues de la Révolution française, en leur donnant un contenu autre que le libéralisme bourgeois. La liberté n'est pas le droit de chacun à poursuivre la fin qu'il s'est arbitrairement choisie; c'est la capacité de choisir le bien. Et parce qu'elle est indispensable pour éclairer et tracer la voie du bien, l'autorité, loin de nier la liberté, en est partie constitutive. L'égalité en est une de droits et non de conditions. Parce qu'ils sont soumis à un même Père, à un même Sauveur et à un même Jugement, tous les hommes ont, par nature, les mêmes droits: droit à la famille, à la religion, à la propriété, à l'éducation, au libre choix de leur vocation, à l'autonomie de leur vie personnelle. Bref, droit à tout ce qui est nécessaire à la poursuite du Bien. Mais tous les hommes n'ont pas les mêmes aptitudes et n'exercent pas les mêmes fonctions: égaux en droits, ils sont, par nature encore, socialement inégaux. Dieu a constitué la société humaine d'éléments hiérarchiques complémentaires: princes et sujets, riches et pauvres, patrons et travailleurs. Les élites et les autorités sont des éléments essentiels de l'ordre social; seul leur cloisonnement en caste est condamnable. Les classes ont besoin l'une de l'autre et ne doivent pas se faire la lutte. Solidaires par nature, les hommes sont de surcroît unis par les liens de l'amour qui les appelle à l'entraide réciproque pour atteindre une honnête aisance en ce monde et le bonheur dans l'autre. C'est le sens de la fraternité, qui provient d'un Père commun.

La propriété privée est, avec l'autorité, l'élément essentiel de l'ordre social. L'homme a droit, non seulement à l'usage, mais à l'appropriation des biens de la terre; en cela, il se distingue de l'animal. C'est la propriété qui garantit à la famille l'autonomie face à l'État, qui permet au père de prendre lui-même en charge ses enfants. La propriété est ainsi un droit inviolable, protégé par la justice sociale. De même que l'agriculteur, qui a arrosé le sol de ses sueurs, en doit rester le propriétaire, le patron est propriétaire de son capital, comme l'ouvrier est propriétaire de sa force de travail. La justice commande alors à l'ouvrier d'accomplir consciencieusement le travail dont il a convenu par un libre contrat, de respecter la propriété de l'employeur et de revendiquer ses droits pacifiquement. Au patron, la justice sociale commande de payer un salaire égal à la valeur du travail fourni et d'accorder des conditions de travail qui respectent la personne humaine. La justice sociale commande d'accorder à chacun selon ses droits, mais elle ne suffit pas à garantir contre la misère l'ouvrier incompétent, malade, sans travail ou chargé d'une famille nombreuse. Intervient ici la charité qui presse d'accorder à chacun selon ses besoins. Le riche doit secourir le pauvre et l'indigent; le pauvre doit accepter sa condition et accueillir humblement la charité du riche.

L'ordre social chrétien repose sur la famille et sur les communautés naturelles qui encadrent la personne, au perfectionnement de laquelle la société est ordonnée. Celle-ci n'est pas une masse amorphe, mais un organisme au sein duquel toutes les forces vives, bien hiérarchisées, coopèrent au bien commun. Aux diverses élites de trouver des solutions concrètes pour rapprocher les classes et soulager les pauvres: œuvres sociales, sociétés de secours mutuel, associations professionnelles. La société, qui a pour mission de procurer à tous un ordre indispensable à la poursuite des autres biens, n'est pas l'État, et la démocratie chrétienne, avant d'être une forme de gouvernement, est un mode d'organisation sociopolitique. Ce sont les liens communautaires, de même que les associations et les petites sociétés particulières, qui en constituent la clé de voûte. La société est un peuple vivant de sa vie propre, et qui n'a pas besoin d'une prothèse: le poumon d'acier de l'État totalitaire.

Ancrée dans une vision fixiste du social, la doctrine sociale de l'Église n'est cependant pas une simple apologie du statu quo. L'enseignement de Léon XIII est au contraire un vibrant appel à une transformation radicale des modes d'existence contemporaine. Le Souverain Pontife est profondément choqué par la «misère imméritée du prolétariat». Mais parce que la doctrine catholique accorde la primauté aux valeurs et aux forces spirituelles dans la vie sociale, il néglige d'analyser les causes effectives de cette misère et d'envisager des remèdes sur le plan des structures. Et parce qu'il est hanté par la crainte du collectivisme, il s'attarde dans une conception de la propriété qui ne correspond plus aux modes de production des sociétés modernes, à l'encontre même de la doctrine traditionnelle de l'Église qui posait «la destination collective des biens terrestres comme règle suprême de toute propriété privée». (M.-D. Chenu, o.p.) C'est sur un autre plan que se situe la portée du message papal: dans le «vif sentiment de la dignité de l'homme», la promotion des valeurs communautaires et le refus de la haine comme voie de réponse à l'injustice. (A. Dansette)

2. L'ÉGLISE CANADIENNE

Au Canada, le statut de l'Église catholique, comme celui de toutes les autres dénominations, est ambigu. En principe, depuis 1852, le droit public canadien reconnaît la séparation de l'Église et de l'État. Ce dernier n'adhère officiellement à aucune religion et ne reconnaît aucune Église: la loi sanctionne «la liberté et l'égalité des cultes à l'intérieur des limites de l'ordre public et des bonnes mœurs». (Marc Lalonde) Les Églises, aux yeux de la loi, ne sont ni des corporations ni des personnes légales, mais des associations libres qui tiennent leur pouvoir de l'assemblée de leurs fidèles. Les fabriques, les séminaires et les corporations épiscopales n'ont droit de cité que parce qu'ils sont des organismes «créés par l'État et régis par ses lois». Les législateurs ignorent — du moins officiellement — que ces organismes sont aussi des institutions régies par le droit canonique, car le gouvernement canadien n'a pas reconnu l'Église catholique comme une société international dont l'autorité est en dehors du pays.

Pour des raisons historiques, cependant, l'application de la loi souffre de nombreuses exceptions. Les ministres du culte tiennent les registres d'état civil et sont seuls habilités à célébrer les mariages selon le rite et les exigences propres à leur dénomination. Ils sont exemptés de la fonction de juré et échappent au *capias* (procédure d'arrestation d'un débiteur). Les religions chrétiennes jouissent de privilèges plus étendus que les autres: le code civil oblige les témoins à prêter serment sur la Bible, le code criminel n'applique la notion de libelle blasphématoire qu'en leur faveur, et la Constitution de 1867 garantit les droits que des lois votées antérieurement attribuaient alors à certains groupes de citoyens catholiques ou protestants. À l'intérieur des Églises chrétiennes, l'Église catholique occupe une position privilégiée. Elle a droit de percevoir la dîme, ainsi que des cotisations ou des répartitions pour l'entretien des églises et des presbytères. La dîme est une créance privilégiée sur les biens meubles des débiteurs, qui a priorité sur les taxes municipales et scolaires et sur toute autre créance, sauf sur les frais de cours. Les exceptions à la règle sont si nombreuses que les agnostiques et les non-chrétiens peuvent mettre en doute l'existence de la séparation de l'Église et de l'État.

L'organisation ecclésiale

L'Église catholique canadienne est un lâche assemblage de sept provinces ecclésiastiques ayant chacune à leur tête un archevêque qui est l'exécutant d'un pouvoir central situé à Rome. En 1901, elle encadre 2 229 500 fidèles, mais cette Église nationale apparaît encore si peu importante que la Propagande n'a pas cru utile d'y installer un délégué permanent. Il n'y a pas non plus d'organisme central pour coordonner les relations à l'horizontale: depuis 1873, les conciles de Québec n'ont réuni que les évêques de la province civile de Québec. Certes, des contacts existent entre les provinces ecclésiastiques, mais l'intensité des relations varie selon la proximité géographique, l'ethnie des fidèles, l'ancienneté des sièges métropolitains et les amitiés des archevêques. L'Église catholique canadienne est un agrégat formé de deux blocs culturels: l'Église canadienne-française, qui englobe les provinces ecclésiastiques de Québec, de Montréal, d'Ottawa et de Saint-Boniface, et l'Église canadienne-irlandaise, composée des provinces ecclésiastiques de Toronto, de Kingston et de Halifax. L'ethnie des évêques reflète cette dualité culturelle. Des 29 évêques (y compris les vicaires apostoliques et les coadjuteurs), 18 sont francophones et 11 sont anglophones. Les francophones sont d'origine canadienne-française, sauf les évêques de la province ecclésiastique de Saint-Boniface qui sont tous oblats et, à part Mgr Adélard Langevin, originaires de France. Exception significative: de plus en plus, la province de Saint-Boniface prend ses distances avec le Québec et acquiert une identité propre. Chez les anglophones, six évêques sont nés en Irlande et deux sont d'ascendance irlandaise. La présence en un même diocèse d'ethnies différentes rend difficile l'administration de certaines Églises locales: chaque groupe ethnique désire son évêque.

Les provinces ecclésiastiques sont structurées «à la romaine». Ce sont des unités administratives, dirigées par un archevêque, regroupant un certain nombre de diocèses. L'archevêque a très peu d'autorité sur les évêques placés sous sa juridiction (suffragants) qui ne lui réfèrent que certaines questions et sont toujours libres de s'adresser directement à Rome. La province ecclésiastique facilite les relations avec Rome, exerce un contrôle discret sur les évêques et favorise l'application uniforme de la discipline ecclésiastique. Elle n'a aucune résonnance chez les fidèles. Les rapports entre un archevêque et ses suffragants sont le plus souvent individuels et informels. Périodiquement, cependant, les archevêques réunissent leurs suffragants en concile provincial pour discuter de questions communes.

Les évêques — les chefs d'Israël, aime à dire Mgr Paul Bruchési — ont des responsabilités étendues. La tradition apostolique légitime la plénitude des pouvoirs dont ils disposent. Ils ont la charge d'un diocèse, unité administrative subdivisée en paroisses. Nommés par le pape, ils exercent sur leur territoire le ministère de pasteur, de juge et de docteur. Ils ont le pouvoir de décréter tout ce qu'ils estiment nécessaire au salut des âmes, mais à l'intérieur des limites du droit canon, et le devoir de veiller à la prédication de l'Évangile, l'administration des sacrements, la gérance des biens matériels et la promulgation des lois ecclésiastiques. Ils sont juges de la foi. *La Semaine religieuse de Montréal* (19 janvier 1901) insiste sur leur rôle «d'inquisiteur né, chargé de veiller à l'extirpation de l'erreur». Les évêques résident dans leur diocèse et sont tenus de le visiter périodiquement. Ils ont des contacts suivis avec les prêtres sous leur juridiction et les réunissent à l'occasion en synode diocésain. Pour remplir leurs charges, les évêques disposent de ressources dont l'ampleur varie de l'un à l'autre. Un diocèse bien organisé a un évêché, une cathédrale et un séminaire qui assure la formation des futurs prêtres. L'évêque est entouré d'un chapitre et domine une administration diocésaine composée d'un secrétariat, d'une chancellerie et d'une officialité (tribunal). Un clergé diocésain, des communautés religieuses et des élites laïques l'assistent dans son action pastorale.

Peu de fidèles ont le sentiment d'appartenir à une Église diocésaine qu'ils ont la responsabilité de faire progresser.

Chez les fidèles, l'unité d'appartenance est la paroisse. Érigée par l'évêque, sur requête des contribuables, ses frontières coïncident en milieux ruraux avec la municipalité civile. Les paroissiens assurent par la dîme et le casuel la subsistance de leur pasteur, et, par la répartition, la construction de l'église. Un conseil, composé du curé et de trois marguilliers élus, administre les biens temporels de la fabrique qui, exempte de taxes, tire ses revenus de la location des bancs de l'église, des dons et de la rétribution pour les services religieux. Les liens du sang, la solidarité d'intérêts communs et la communauté de croyances constituent la paroisse en une unité sociale fonctionnelle et autonome. Le curé est le confident, le conseiller et le consolateur de la communauté. On lui témoigne une soumission respectueuse, tout autant parce qu'il est le représentant de Dieu que parce qu'il est le chef et le plus instruit. On nourrit à son égard des sentiments ambivalents, dont la crainte, issue d'une vision magique du prêtre, n'est pas exclue. Lui-même, célibataire et retiré dans son presbytère, se comporte comme «le mandataire d'une Église détentrice de la vérité et des sécurités sacrales». Il est celui qui dispense les sacrements, interprète la Parole, administre les biens temporels, ramène à l'ordre, indique la voie à suivre.

Le Canada

L'Église catholique canadienne est à l'image du pays, vaste ensemble de régions disparates qui s'étire de l'Atlantique au Pacifique et regroupe, au recensement de 1901, 5 371 315 habitants, dont 55% sont d'origine britannique, 41,7% sont catholiques, 30% sont d'origine canadienne-française et 30% sont Québécois.[1]* Entre les régions du Canada, les relations horizontales sont peu intenses; l'intégration du pays dépend d'un système et d'une volonté politiques.

Le territoire canadien est découpé en sept provinces fédérées sous un gouvernement central, qui régit en outre quelques territoires plus ou moins organisés politiquement.

---

* Les notes et références se trouvent à la fin du volume.

Sur le plan administratif, la décentralisation caractérise le système: le pouvoir se dégrade par paliers et s'émiette en de multiples institutions. Au niveau supérieur, le gouvernement central, dit aussi fédéral, régit la confédération canadienne qui, de fait, est une fédération, c'est-à-dire un État centralisé. Il a juridiction sur la monnaie et les banques, l'immigration, les routes interprovinciales, les lois criminelles, les relations impériales. La reine y est représentée par un gouverneur, toujours un Britannique; un Sénat tient lieu d'une Chambre des lords adaptée à un pays pauvre; comme les Communes britanniques, les Communes canadiennes sont dominées par un premier ministre qui est le chef du parti ayant le plus grand nombre de députés élus directement par la population. Les rouages de l'État sont peu développés. Le cabinet s'apparente à une chambre de compensation qui essaie d'assurer la croissance du pays en maintenant un certain équilibre entre les régions. Au deuxième niveau: les gouvernements provinciaux. On y trouve le même système de gouvernement qu'au niveau supérieur, avec à peu près les mêmes institutions — le gouverneur est un lieutenant-gouverneur; le Sénat, un Conseil législatif; les Communes, une Chambre d'assemblée — mais les juridictions diffèrent. Les provinces ont la responsabilité de l'éducation, du bien-être, de la voirie, de l'agriculture, des terres et forêts, des lois civiles. Les gouvernements provinciaux sont plus près du peuple. Entre eux et les municipalités, point d'institutions régionales pour faire le raccord. Au plus bas niveau, l'administration est fragmentée en un double réseau de municipalités dont les frontières coïncident. Les municipalités civiles, administrées par un maire et des conseillers élus par la communauté, s'occupent des services essentiels: aqueduc, entretien des pauvres, ouverture des chemins, etc. Parallèlement, des commissions scolaires, administrées par un président et des commissaires, eux aussi élus et disposant d'un pouvoir de taxation, règlent les questions scolaires.

Dans ce pays vaste comme un empire, le gouvernement provincial fait encore figure de quantité négligeable: «un petit gouvernement, avec ses petites mesures et son petit surplus», écrit Marc Sauvalle, journaliste de l'époque. De création récente

(1867), le gouvernement fédéral tire son prestige du rôle prépondérant qu'il joue dans l'édification de ce nouveau pays et aussi des idéologies du laissez-faire qui confinent les États provinciaux au rôle de Grand Voyer. Pour le moment, le premier ministre libéral Wilfrid Laurier, dont le parti a été porté au pouvoir en 1896, occupe l'avant-scène canadienne. Leader charismatique, il a du panache, le sens du compromis. Ses préoccupations immédiates sont: consolider son emprise électorale; définir, face à Joseph Chamberlain, le promoteur de l'impérialisme britannique, la place du Canada au sein de l'Empire; régler la question des écoles françaises au Manitoba et, du même coup, le sens de l'identité canadienne; établir des relations harmonieuses avec l'épiscopat catholique québécois, ce qui l'amène à surveiller de près la vie politique au Québec.

Car, dans l'ensemble canadien, le Québec n'est pas une province comme les autres. L'Église catholique, qui contrôle le bien-être et l'éducation et guide les consciences, y occupe une place importante dans les institutions et exerce une influence non négligeable sur les électeurs. Ceux-ci, en majorité francophones et catholiques, nourrissent des sentiments ambivalents à l'égard du Canada à majorité protestante et anglophone. D'instinct, ils sentent que le gouvernement provincial est leur lieu tout naturel, tout comme les anglophones du Québec se sentent plus portés vers le gouvernement fédéral qui incarne leur culture. Le désir d'émancipation du peuple est encore à l'état latent, mais le gouvernement d'Honoré Mercier, dans les années 1880, a fait la preuve que les Canadiens français du Québec tenaient à maintenir leur distance vis-à-vis le gouvernement central et, advenant une crise où l'électorat aurait le sentiment que son identité est en péril, qu'il incomberait au premier ministre du Québec d'assurer l'avenir du peuple canadien-français. Pour le premier ministre du Canada, le Québec est objet de préoccupations constantes, car cette région définit ses rapports avec le reste de l'ensemble canadien en fonction de la représentation variable qu'elle se fait de son propre destin.

3.   Les Québécois[2]

Bien qu'il n'ait pas encore atteint sa pleine expansion, l'espace québécois est déjà, en 1898, immense: plus de 900 000 kilomètres carrés. Avec l'annexion du Nouveau-Québec en 1912, il atteindra la taille d'un géant: 1 550 000 kilomètres carrés, soit 3,4 fois la France, 7,2 fois la Grande-Bretagne, un peu plus que l'Alaska. Mais cet espace est inoccupé: on y recense à peine deux habitants au kilomètre carré. La population y est inégalement répartie. Les massifs des Laurentides ont stoppé la marche du peuplement vers le Nord: les colons ont bien réussi une trouée victorieuse dans la cuvette du Lac-Saint-Jean, mais en sont ailleurs à grignoter les contreforts des Laurentides. La mise en valeur du Témiscamingue est à peine amorcée. Le plateau de l'Abitibi est encore désert. L'écoumène, à peine 20% du territoire, est une frange de la frontière états-unienne.

Une population bigarrée

De faible étendue, morcelé, l'écoumène est, en maints endroits, d'une faible densité démographique. Au total, il contient environ 1 600 000 habitants, inégalement regroupés dans les régions naturelles qui forment les régions administratives d'aujourd'hui: Bas-Saint-Laurent et Gaspésie: 5,7% de la population; Saguenay et Lac-Saint-Jean: 2,2%; Québec: 22,4%; Trois-Rivières: 9,9%; Cantons-de-l'Est: 6,6%; Montréal: 45,5%; Nord-Ouest: 0,4%; enfin la Côte-Nord: 0,7%. Le déséquilibre est plus éclatant si on regarde les agglomérations. Outre Montréal dont la population est d'environ 250 000 et Québec qui atteint péniblement les 60 000, le Québec ne compte que neuf villes de 5000 à 13 000 habitants. Le reste de la population vit dans des centaines de localités dispersées.

   Cette population se renouvelle et s'accroît d'elle-même. L'apport de l'extérieur est minime: des 5000 à 8000 immigrants qui y entrent chaque année, peu s'installent à demeure au Québec, préférant les verts pâturages de l'Ontario ou des États-Unis. Le taux de natalité y est l'un des plus élevés du monde; il oscille autour de 35‰ et dépasse 45‰ en certaines régions rurales. Atteignant parfois 20‰, le taux de mortalité, si inquiétant soit-il, n'en laisse pas moins chaque année de plantureux excédents démographiques. Ceux-ci constituaient jadis des pépinières de colons qui allaient ouvrir de nouveaux territoires; ils forment maintenant les contingents de main-d'œuvre à bon marché qui vont chercher de l'emploi dans les manufactures des villes — surtout des villes de la Nouvelle-Angleterre. Phénomène familial et non individuel — c'est l'époque où les fabriques accueillent avec empressement femmes et enfants —, l'émigration vers les États-Unis n'affecte pas la configuration de la pyramide des âges de la population québécoise, qui conserve l'allure d'un bel escalier inca vu en perspective ou d'un triangle assis sur un large socle: la tranche d'âges des 0-9 représente 27% de la population; celle des 10-19, 22%.

Plusieurs groupes ethniques, qui représentent différentes étapes du peuplement, composent cette population. Les Amérindiens sont peu nombreux, environ 10 000 à 12 000. Ils vivent parqués dans une vingtaine de réserves disséminées sur le territoire. Ils appartiennent à diverses nations: Iroquois, Hurons, Micmacs, Montagnais, etc., et sont en majorité catholiques. Les Canadiens français, descendants des Français établis le long du Saint-Laurent aux XVIIe et XVIIIe siècles, constituent 80% de la population. Ils sont catholiques, présents sur tout le territoire, et en minorité seulement en certains quartiers de villes (Montréal-Sainte-Anne, Montréal-Saint-Laurent) et en certaines zones de peuplement (Brome, Huntingdon, Pontiac, Argenteuil). Les Britanniques sont 290 000, à peine 18% de la population. Ils se sont établis au Québec après 1759, par vagues successives; dans les villes d'abord, puis dans les Cantons-de-l'Est et le long de l'Outaouais, enfin dans certaines niches des Laurentides. Les Canadiens français les appellent les Anglais, mais eux-mêmes se disent Anglais (7%), Irlandais (7%) et Écossais (3,6%). Une centaine de milliers d'entre eux se déclarent catholiques, les autres sont anglicans (80 000), presbytériens (58 000), méthodistes (42 000), baptistes (8000). Les autres — ceux qu'on appellera néo-Québécois dans les années 1960 — ne sont encore que l'avant-garde de nouvelles catégories d'immigrants. Ils sont une vingtaine de milliers, représentés surtout par des Juifs, des Allemands et des Italiens.

Les genres de vie

Les Québécois se répartissent encore en ruraux et en citadins. Les premiers constituent 61% de la population, si l'on retient comme critère la résidence dans une localité de moins de mille deux cents habitants, beaucoup plus si l'on prend comme critère les modes de vie et les comportements. Ils vivent dans des paroisses relativement isolées et autonomes, n'entretenant que des relations sporadiques avec l'extérieur. Une paroisse est constituée d'un village, comprenant des rentiers, des artisans, des commerçants, des manœuvres, et des rangs qui s'étagent en profondeur, le long desquels vivent les cultivateurs, ou «habitants». Ceux-ci ont un établissement autonome (maison, dépendances, biens-fonds) qui, à toutes fins utiles, a tous les caractères d'une entreprise familiale. La famille fournit la main-d'œuvre et tire sa subsistance de l'exploitation directe de la terre. Parvenus à l'âge adulte, les enfants quittent le foyer pour aller s'établir à leur tour sur une terre ou émigrer à la ville. Ce cycle de vie et de reproduction sociale alimente ce qu'on appelle le mouvement de colonisation, qui est l'occupation et la mise en valeur de territoires boisés. L'agriculture est en quelque sorte une façon de vivre qui a ses rites et propose des conduites pour les temps forts du cycle saisonnier et du cycle de vie. L'entraide entre voisins y est très forte, de même que la générosité envers les indigents. Mais l'autosuffisance de l'entreprise familiale ne favorise pas les actions collectives. Société relativement homogène et égalitaire, la paroisse n'en possède pas moins sa propre hiérarchie sociale, ses réseaux sociaux, ses antagonismes internes. Les familles, les rangs, les villageois sont des sous-groupes qui ont leur vitalité propre. Ce sont le curé, le notaire, le commerçant, le quêteux qui assument la régularité des échanges avec l'extérieur.

Le genre de vie rural comporte des variantes et souffre des exceptions. Dans les riches paroisses de la plaine du Saint-Laurent prospère une forte paysannerie, bien enracinée et bien organisée. L'habitant y est chef d'une entreprise familiale et participe à la vie paroissiale. Les paroisses plus récentes, nichées sur quelques plateaux peu fertiles, sont le lieu d'importants courants migratoires. La terre y reste un habitat mais l'agriculture n'est plus un véritable moyen de subsistance; en l'absence d'un père occupé à la coupe du bois, la famille poursuit des activités agricoles réduites, tandis que le curé mène la paroisse avec les élites villageoises. Et en des lieux que les voies de communication, la proximité des villes ou l'établissement d'immigrants tiennent ouverts aux vents du large, le poids de la tradition peut être moins fort, des innovations peuvent avoir été introduites et des coutumes étranges s'y être acclimatées. À y regarder de près, ce monde rural est assiégé, infiltré en certaines de ses parties par le mode de production capitaliste. La mutation semble bien amorcée dans la plaine du Saint-Laurent et dans les Cantons-de-l'Est.

À Montréal dans les années 1840, à Québec dans les années 1860, le capitalisme a pris un nouveau visage: celui de l'industrialisation. L'avance prise en ce domaine par Montréal, après les années 1870, tient en partie au type d'industries qui s'installent au Québec: une industrie légère, axée sur la production de biens de consommation (chaussures, textiles, vêtements, aliments) et grande dévoreuse de main-d'œuvre. Les entrepreneurs bâtissent leurs manufactures au cœur du réservoir de main-d'œuvre, en des lieux qui, par leur position géographique, sont déjà des carrefours.

Point d'ancrage d'un capitalisme en mutation, le monde urbain est en plein essor. Plus d'un signe annonce la venue d'une industrialisation axée sur les ressources naturelles,[3] mais jusqu'ici l'industrialisation n'a fait qu'accélérer la croissance des villes mises en place à l'époque du capitalisme commercial. À l'intérieur d'un triangle délimité par Montréal, Sherbrooke et Québec, un réseau urbain, sous l'emprise de Montréal, est en voie de hiérarchisation. Ces villes ne sont guère spécialisées, remplissant des fonctions régionales et des fonctions industrielles; à part Montréal, elles ont des allures de gros villages.

On les distingue plus par le volume de leur population et de leurs activités que par leur spécialisation. Le réseau hydrographique a déterminé leur localisation. Le chemin de fer et la navigation n'ont fait que renforcer la position de certaines d'entre elles: ils ont bien servi Montréal, Lévis, Rivière-du-Loup, moins bien Québec, et assuré la prédominance de Sherbrooke sur Nicolet, Magog et Saint-Jean. Concentrant 45% de la production manufacturière du Québec, lieu des ateliers du Grand Tronc et du Canadian Pacific Railway, embryon d'une industrie lourde, principal port du Canada, Montréal est une ville à part. Il n'y a que le titre de capitale provinciale et la pourpre cardinalice qu'elle n'a pu ravir à Québec depuis 1850. Sauf ces titres enviables, reflet d'une grande histoire, Québec n'est qu'une ville régionale un peu plus grosse que les autres.

La concentration des travailleurs autour des usines a fait éclater le quadrilatère des villes et suscité des migrations internes de population. Montréal et Québec sont en pleine fièvre d'annexion. La population s'y regroupe dans des quartiers qui se distinguent par les fonctions, le niveau de vie et l'appartenance ethnique des résidants. Ainsi, la horde des miséreux qui s'entassent le long du port et du canal Lachine refoule vers le nord et l'ouest de Montréal les gens plus fortunés. Les quartiers ouvriers sont surpeuplés et insalubres, dépourvus d'espaces verts. De 71 à 87 habitants par acre dans les quartiers riches de Montréal, la densité de population atteint 229 dans Sainte-Marie et 234 dans Saint-Jacques. Les autres indicateurs sociaux révèlent les mêmes disparités: le taux de mortalité oscille entre 16‰ et 20‰ dans les quartiers riches et entre 30‰ et 40‰ dans les quartiers pauvres, là où les odeurs pestilentielles qui s'échappent des égouts sans fermeture hydraulique et des fosses d'aisance fixes se conjuguent aux fumées et aux gaz que crachent les cheminées d'usine pour, certains jours de basse pression, rendre l'atmosphère irrespirable.

Au fil des ans, le cadre de vie urbaine s'est tant bien que mal adapté aux conditions de vie des citadins. Un réseau d'hôpitaux, d'hospices et de crèches s'est peu à peu substitué aux solidarités familiales. Un système d'assurances mutuelles s'efforce de parer aux mauvais coups du sort. Une presse à bon marché (quotidiens dont les titres s'étalent sur cinq colonnes et magazines familiaux) pallie l'affadissement des relations de voisinage. Clubs et associations diverses recréent des milieux humains plus homogènes. Un cycle de fêtes fait de carnavals, d'expositions annuelles, de manifestations sportives et de fêtes populaires scande la vie quotidienne.

L'industrialisation n'a pas engendré que des citadins. Alors que la ville draine une population rurale excédentaire, bon nombre d'artisans sont aussi prolétarisés. L'industrialisation, à toutes fins utiles, est en voie de détruire les solidarités issues des corps de métier: la mécanisation et l'organisation du travail dans les usines ont parcellisé le travail quotidien, mis fin au système d'apprentissage, établi de nouvelles relations de travail. L'ouvrier est un être spécialisé qui exécute des tâches commandées par le contremaître et des gestes imposés par la technologie. La décomposition des métiers en une foule d'opérations ou de tâches en est à des stades variables selon les secteurs de production. La plupart des usines sont insalubres. Les salaires, orientés tantôt à la hausse, tantôt à la baisse, varient beaucoup et, en général, sont au ras du minimum vital. Le chômage saisonnier, l'absence de sécurité d'emploi aggravent la précarité des conditions de vie des travailleurs. Pour assurer leur subsistance, nombre de familles ouvrières en sont réduites à laisser leurs enfants travailler en usine ou à convertir leur logis en atelier de confection. À Montréal, le *sweating system* (travail à domicile pour le compte d'un entrepreneur) impose aux dix mille ouvrières à domicile un rythme de travail de soixante à quatre-vingts heures par semaine pour un salaire minable; dans l'industrie de la confection, 75% des vêtements sont fabriqués de cette façon.

Les classes sociales

Comme dans n'importe quelle autre société, le mode de production capitaliste a donné naissance à une bourgeoisie et à un prolétariat, intégré certaines couches de population en classes moyennes et laissé subsister des types plus anciens de travailleurs, tels les artisans et les paysans. Une échelle à cinq strates, basée sur la dimension de l'espace économique maîtrisé, rend compte de la configuration concrète de ces classes sociales au Québec.[4]

1. *Les grands capitalistes.* À la pointe de la pyramide sociale, quelques dizaines d'individus, la plupart des Montréalais anglophones, dirigent le développement économique de l'ensemble canadien. Ils disposent des outils adéquats pour réaliser cette grande œuvre: la Banque de Montréal, le Canadian Pacific Railway, etc. Louis-Joseph Forget, Herbert Holt, Donald Smith (lord Strathcona), William Van Horne, Thomas Shaughnessy en sont les représentants les plus connus.

2. *Les dirigeants.* Quelques centaines d'individus, répartis dans les principales villes du Québec, maîtrisent le développement économique et social d'une ou de plusieurs régions. Les outils dont ils disposent, les activités auxquelles ils s'adonnent sont identiques à ceux des grands capitalistes, mais leur taille diffère. À la différence des premiers, qui œuvrent par-dessus les cadres de la société québécoise, ceux-ci en orientent plus directement les destinées. C'est dans cette strate que les Canadiens français ont fait des gains importants dans la deuxième décennie du XIXe siècle. Le haut clergé, évêques, supérieurs de communauté, éminences grises, se rattache à cette strate sociale.

3. *Les élites.* Cette strate compte quelques milliers d'individus: gens des professions libérales (notaires, avocats, médecins, curés), petits commerçants et rentiers de village. En milieu rural, ce sont les notables de la place; en ville, ils constituent la bonne société.

4. *Les habitants et autres travailleurs autonomes.* À l'habitant maître de son champ se rattache une faune d'une grande variété. Ce sont les pêcheurs, les artisans de toute espèce qui, pour travailler manuellement, n'en sont pas moins maîtres chez eux. La majorité des Québécois se retrouvent dans cette strate.

5. *Les travaillants.* Ils sont des dizaines de millers, confinés dans des tâches d'exécution, à travailler dans les fabriques, les magasins, les chantiers d'abattage. Les ouvriers de fabrique y sont l'élément le plus dynamique et constituent une classe

en émergence. Ils ont des syndicats affiliés à des conseils centraux et des centrales tant américaines que canadiennes.

D'autres classifications sont possibles. Un regroupement des dirigeants et des élites sous la catégorie «classes moyennes» rendrait peut-être mieux compte de la fonction d'intermédiaire que jouent certaines strates entre le grand capitalisme et les couches populaires. C'est dans ces classes moyennes que se recrutent le personnel politique et les cadres des institutions.

Quelle que soit la classification retenue, des nuances s'imposent. Les classes contiennent souvent des éléments plus ou moins hétérogènes, des groupements tendanciels en conflit d'intérêts: les intérêts de la Banque de Montréal ne coïncident pas toujours avec ceux de la Banque Royale, ceux de la bourgeoisie de Québec avec ceux de la bourgeoisie de Montréal ou de Sherbrooke, ceux des notaires et des avocats des villes avec ceux des notables des campagnes, ceux des débardeurs avec ceux des ouvriers des fabriques, etc. En outre, les classifications selon des critères qui se veulent objectifs ne rendent pas compte de la société telle qu'elle est vécue par la majorité de ceux qui la constituent. À ce niveau, le prestige reconnu à certaines couches sociales fonde une classification globale en masse et en élites. Chez les anglophones, les élites se distinguent par la richesse mais, chez les Canadiens français, ce sont l'instruction, les qualités morales et les rôles politiques qui fondent le prestige social. Institué chef du protocole, un habitant disposerait les invités de la façon suivante: 1. les prêtres, 2. les membres des professions libérales, 3. les politiciens, 4. les hommes d'affaires.

En fait, dès qu'on quitte le point de vue strictement économique, le Québec apparaît comme un territoire où cohabitent deux sociétés distinctes, reliées par un système politique commun — «deux solitudes» disait déjà, en 1840, lord Durham. Chaque société a sa niche écologique: ses églises, ses clubs, ses quartiers, ses sports, ses œuvres de bienfaisance, ses universités. Ces deux univers n'évoluent pas en vase clos, mais par un jeu d'interactions qui échappe à la conscience des Québécois, sauf peut-être aux agents situés aux points de contact entre les deux. Simon-Napoléon Parent, par exemple, le nouveau ministre des Terres et Forêts, fait figure d'innovateur et d'affairiste parce que, dans sa politique de concession du sol, il ne regarde ni l'ethnie ni le lieu de résidence, mais la capacité financière des entrepreneurs: il applique des normes générales et des normes de rendement. Son action, qui s'inspire des schèmes de la société anglophone, est efficace mais le rend impopulaire. Le cas de Parent reflète la situation des hommes d'affaires canadiens-français écartelés entre deux systèmes de valeurs. Pour s'en être tenus à des modèles de comportement déphasés par rapport à la logique du développement économique, plus d'un entrepreneur francophone a fait faillite.

4. La culture des Canadiens français

C'est la culture des Canadiens français qui a fait du Québec une société distincte dans l'ensemble canadien. Cette culture a sécrété un type d'homme que la civilisation britannique n'a pas pu absorber. Les traits fondamentaux de ce type culturel semblent être les suivants:[5] le Canadien français a confiance en l'homme, il désire vivre en harmonie avec la nature, privilégie le temps présent, donne libre cours à l'expression de ses besoins, attache une grande importance à la famille et aux relations de socialité primaire. Il se distingue ainsi de l'anglophone, plus renfermé, désireux d'imposer sa marque sur la nature et en quête d'efficacité. La recherche du gain immédiat, l'être, la situation totale de l'interlocuteur guident l'action du francophone; l'anglophone est davantage marqué par la fonctionnalité de la raison économique. Jaloux de leur indépendance, les Canadiens français ont résisté à l'esprit de progrès. Élevés dans la mentalité communautaire, ils se méfient de celui qui s'enrichit; la «jalousie» (l'envie) est, avec le luxe et l'ivrognerie, le principal vice collectif dont ils se taxent eux-mêmes. «Gens de parole» plutôt que de calcul, ils ont coloré d'un style particulier les institutions politiques qu'on leur a imposées. L'électeur canadien-français s'attache plus aux hommes qu'aux principes, vibre davantage à l'éloquence qu'aux chiffres, préfère être flatté plutôt que convaincu. Il abandonne à ses élites de la parole l'exercice du pouvoir et ne comprend de la démocratie électorale que la lutte rituelle entre deux clans rivaux pour l'appropriation des biens publics.

La famille est la pierre angulaire de la culture des Canadiens français. Cimentée par l'esprit communautaire et anti-malthusienne par essence, la famille canadienne-française est une entité socio-économique qui tend vers l'autosuffisance et qui est à elle-même sa propre fin. Parce qu'elle favorise l'esprit communautaire, permet le maximum d'autosuffisance et n'impose pas de limite au nombre d'enfants, la terre est l'habitat par excellence de ce type de famille. Mais la communauté familiale ne lui est pas liée; elle l'abandonnera facilement pour une installation meilleure dans une région moins peuplée ou un autre type d'habitat, et s'épanouira tout aussi bien dans la petite entreprise. En principe, la famille canadienne-française est patrilinéaire et patriarcale: le nom et le patrimoine passent de père en fils, et le père détient l'entière autorité. En fait, c'est de mère en fille que se transmettent les traditions familiales, le réseau de parenté est à prédominance matrilatérale et l'autorité s'exerce moins à la manière d'un droit que d'une responsabilité liée à une fonction. La femme a ainsi pleine autorité sur les jeunes enfants et sur la marche de la maisonnée; souvent plus instruite que son mari, elle participe à la direction de l'entreprise familiale. Et les aînés, responsables de la socialisation des plus jeunes, partagent l'autorité parentale. Devenu salarié, le chef de famille perd ainsi le fondement de son autorité, puisqu'il n'est plus en mesure de transmettre son expertise, contrôler le travail des fils et pourvoir à leur établissement. Tandis que le principe d'autorité doit apprendre à se satisfaire de quelques symboles, la mère apparaît alors comme le centre réel de la communauté familiale.

La barrière linguistique a protégé la culture des Canadiens français, mais l'accaparement du social par les symboles de l'autre l'a empêchée de se développer. Hors de son village ou de son quartier, le Canadien français se sent en territoire étranger. La langue de communication est l'anglais; tous les symboles politiques sont britanniques: le *Red Enseign* flotte sur les édifices publics, la reine d'Angleterre incarne la monarchie canadienne, «l'Orateur» préside la Chambre d'assemblée, les députés haranguent la foule sur les *hustings*. Les traditions de l'armée britannique imprègnent la milice, dont le manuel est rédigé en anglais. La technologie a aussi un visage anglais: à l'usine, dans les centres d'abattage, l'organisation du travail est de conception anglo-américaine et les tâches sont nommées en anglais. Les services communautaires en pleine expansion ont un sourire anglais. L'influence anglaise est partout présente: dans l'architecture victorienne des villes, dans le décorum para-militaire qui entoure les fêtes publiques. Plus grave, la question scolaire, qui s'est posée tout d'abord au Nouveau-Brunswick et tout récemment au Manitoba, a révélé l'intention de la majorité canadienne de faire du Canada un pays de langue et de culture anglaises. Les anglophones par leur refus de la culture canadienne-française contribuent à édifier un ghetto québécois. De peine et de misère, les Canadiens français s'efforcent de se créer un univers symbolique qui exprime leur identité. Ils se sont donné un hymne national, ils arborent le drapeau de Carillon, transformé en Carillon-Sacré-Cœur, et s'identifient à Jean-Baptiste qu'ils opposent au Yankee. Ils professent un loyalisme politique de bon aloi, voire pointilleux. Sagesse de Normand matois qui contre mauvaise fortune fait bon cœur! Mais au fond d'eux-mêmes, ils ont conscience d'être minorisés. D'instinct, ils se découvrent du côté des opprimés: ils se sont reconnus en Riel, c'est eux qu'on attaque au Manitoba, demain ils se retrouveront avec les Boers.

Aliénés à leur propre société, les Canadiens français voient encore leur instinct d'indépendance ou leurs rêves d'avenir réprimés par les idéologies que fabriquent leurs élites. L'heure est aux impérialismes, politiques et religieux, plus sensibles à l'uniformité qu'à la diversité, dont l'emprise repose sur les valeurs d'ordre, de soumission et de respect de l'autorité. Il s'ensuit un climat d'intolérance qui laisse peu de place à la déviance idéologique. Les discours idéologiques sont tapageurs mais monocordes. Axés sur le destin du peuple canadien-français, que l'immigration massive aux États-Unis a remis en cause, ils ont, sinon les mêmes couplets, du moins un même refrain. L'accord existe sur les points fondamentaux: le Québec évoluera à l'ombre du drapeau britannique, dans le cadre politique canadien, suivant un schéma de dévelop-

Le Carillon-Sacré-Cœur que propage l'A.C.J.C. au début du XXe siècle exprime tout autant la sacralisation de la société que la prise en charge par l'Église du devenir collectif.

pement capitaliste, sous la surveillance de l'Église catholique, grâce au leadership des élites. Sur cette trame commune, les groupes qui constituent les élites brodent leurs motifs. L'Église et les notables des campagnes prônent une chrétienté rurale, agricole, qui valorise les valeurs humanistes, communautaires, spirituelles. Ils s'accommodent de l'industrie et de la ville, afin d'éviter la dispersion des enfants d'Israël. Les bourgeoisies d'affaires urbaines souhaitent une accélération de l'industrialisation, quitte à importer les capitaux, la technologie et les cadres, et fût-ce au prix de l'éclatement de la société rurale. Les élites des villes acceptent tout autant le progrès, mais se montrent hésitantes sur les modalités. On les sent plus respectueuses de la tradition, plus affectées par les processus d'aliénation. Elles réclament à grands cris la modernisation du système scolaire et des institutions politiques, semblent favoriser la petite entreprise et un mouvement d'industrialisation dirigé par des capitaux canadiens, afin de sauvegarder les cadres sociaux existants. Quelques rêveurs — ils écrivaient dans *La Libre parole* en 1893, dans *L'Égalité* en 1898 — souhaitent la «sécession et l'indépendance du Canada-Français» et se donnent «la mission de convaincre les deux races de la nécessité de rompre les liens qui les attachent l'une à l'autre».

Dans ce débat sur le destin de la nation, une voix est encore absente: celle de la classe ouvrière en émergence. Elle a dépassé la phase des grèves spontanées. Elle est à se forger des armes de combat: des syndicats et un parti politique. Elle ne compte encore que huit mille syndiqués affiliés à des syndicats canadiens ou internationaux et écartelés entre diverses orientations idéologiques. Dans les cercles ouvriers de Montréal, des militants socialistes s'affairent à commenter le Manifeste du Parti socialiste ouvrier, publié à Montréal en mai 1894, réclamant la nationalisation des moyens de production et des services essentiels. Moins radicaux, des chefs unionistes prônent des objectifs qui pourraient bien conduire au *Welfare State*. Le mouvement ouvrier n'est plus une quantité négligeable et sa voix discordante rompt la belle unanimité qui rassurait les dirigeants.

Quel que soit l'angle sous lequel on l'envisage, la culture des Canadiens français s'apparente à celle de tous les peuples colonisés. À Montréal, note un observateur du *Herald* en 1899, «*man for man, the average income of the French-Canadian is perhaps not one-fourth that of his British neighbor*». Outre la pauvreté collective caractérisée par l'accès limité des francophones aux postes de gérance et à la propriété des moyens de production, cet observateur aurait pu relever tout autant le faible taux de scolarisation, le taux élevé de la mortalité, le manque d'hygiène, entre autres, des Canadiens français. Mais la domination, encore acceptée comme un état inhérent à un ordre social donné, conduit à des positions de repli, à des idéologies de survivance, à des systèmes compensatoires où les échecs sont transmués en victoires — l'émigration aux États-Unis correspond à la vocation apostolique d'un peuple

LE DRAPEAU DE CARILLON

C'est à M. Louis de Gonzague Baillargé, président-général de la Société Saint-Jean-Baptiste de Québec de 1855 à 1859, que nous devons la découverte du drapeau de Carillon.

Après la bataille de Carillon, le Rév. Père Berey, un récollet, qui était aumônier des troupes présentes à cette bataille, se fit remettre le drapeau et l'apporta à Québec, où on le suspendit à la voûte de l'église des Récollets. Lors de l'incendie de cette église, le frère Louis, aidé d'un autre frère avait rempli un coffre d'ornements, de linge et d'autres effets de la sacristie, et tous deux se hâtaient de sortir avec ce coffre par la nef de l'église, lorsque le drapeau de Carillon, dont le feu venait de consumer la corde qui le retenait à la voûte, tomba près d'eux. Le frère Louis le saisit à l'instant, et rendu à l'extérieur de l'église, il le mit dans le coffre qui fut transporté plus tard à sa demeure de la rue Saint-Vallier. C'est au fond de ce coffre, placé au grenier et rempli de toutes sortes de vieilleries, que M. Louis de Gonzague Baillargé le trouva dans les dernières années de sa vie, en visitant le frère Louis vers 1846. Ce bon frère, le dernier des Récollets, décéda à Québec en 1848.

Le drapeau (ou bannière) mesure environ sept pieds (7') par dix pieds (10') [2,30 m sur 3,00m].

L'original est lié à une autre soie. À vue, cette pièce est très vieille et partiellement délabrée.

On y remarque trois fleurs de Lys, l'image de la Madone et les armoiries, à ce que l'on dit, du Marquis de Beauharnois. Sont également visibles, à l'endos, ce qui semble être les armoiries du Roi de France. Des parcelles semblent avoir été détachées, il y a longtemps.

(Extrait de *Le Bardy*, septembre-octobre 1982.)

catholique — et où l'infériorité économique est le signe évident que le ciel sera sien. Tant et aussi longtemps que la libération ne paraîtra pas possible, à cause du petit nombre de la population et de la faiblesse de ses institutions, elle ne pourra être le ressort d'une mobilisation en vue d'un nouveau projet de société générateur d'institutions et de pratiques nouvelles. Les Canadiens français en seront longtemps réduits encore à se conformer aux portraits que les colonisateurs ont tracé d'eux: des gens aux mœurs saines, à la manière de vivre simple, bons pour leur famille, d'une gaieté et d'une sociabilité affectueuses, au goût artistique évident, d'une spiritualité trop rare en Amérique, et dont la conduite est celle d'une race bien équilibrée, alimentée d'un sang généreux et abondant. (J.A. Stevenson)

Pour le moment, le peuple canadien-français vit un traumatisme: l'anglicisation de l'Amérique du Nord. D'Est en Ouest, du Nord au Sud, les îlots qui perpétuaient l'illusion d'une vie francophone à travers l'Amérique ont tour à tour été assimilés. Après le Wisconsin, l'Illinois, le Minnesota, le Missouri et le Michigan, la Louisiane — où encore en 1860 la langue française était bien vivante dans l'Assemblée législative, les services publics et les écoles — vient de rendre les armes. En 1898, on y a aboli le statut de la langue française, tout comme on l'avait fait au Manitoba en 1890. Les Canadiens français se sentent encerclés, menacés de l'intérieur et de l'extérieur dans leur identité collective. Leur problème est de survivre comme peuple.

5. Le catholicisme québécois

Élément parmi d'autres du paysage canadien, l'Église catholique occupe au Québec une place prépondérante. Elle est le lieu qui focalise les traits d'ensemble de la société québécoise. Elle y a aménagé l'organisation sociale et sa vision du monde constitue l'élément dominant de l'univers symbolique.

Les Québécois catholiques vivent dans six cent cinquante paroisses religieuses et une centaine de missions réparties en neuf diocèses et un vicariat apostolique. Par un curieux paradoxe, cette Église a émergé, comme Église nationale et comme puissance politique, dans la seconde moitié du XIXe siècle, précisément au moment où, dans le monde occidental, les États prenaient leur distance avec les Églises et les laïcs délogeaient les clercs des fonctions profanes qu'ils exerçaient. Les évêques québécois ont su tirer parti de la conjoncture: écrasement du Parti patriote et, partant, des élites laïques, en 1837-1838, condamnation par Rome du libéralisme issu de la Révolution française, création en 1867 d'un État provincial, pauvreté collective des Québécois, absence d'une riche bourgeoisie d'affaires francophone. Sous la conduite de Mgr Ignace Bourget puis de Mgr Louis-François Laflèche, l'Église a accru ses effectifs — pour une bonne part, grâce à l'importation française — maintenu ses fonctions sociales traditionnelles et modelé les structures socio-politiques.

Une Église romaine et ultramontaine

L'Église québécoise porte l'empreinte des temps qui l'ont façonnée. D'abord, elle est romaine, en ce sens qu'elle voue au pape et à son magistère une obéissance absolue. Les lettres des évêques sont les échos fidèles de la doctrine. Cette fidélité reflète la nécessité qu'éprouvent les Canadiens français de s'appuyer sur une organisation internationale pour affirmer et protéger leur différence face aux influences nord-américaines, et l'avantage que trouve l'épiscopat à constamment s'appuyer sur un pape infaillible pour asseoir son autorité. Cette fidélité est renforcée par un système d'acculturation qui commence par le prône du curé, passe par les séminaires et se termine par un séjour d'études à Rome, au Collège canadien ouvert en 1888. À Rome, avouera un jour Mgr Georges Gauthier, «on y prend cette sûreté de doctrine, ce dévouement et cette fidélité au Saint-Siège», trait caractéristique de l'Église québécoise. On y acquiert aussi la discrétion, l'art du compromis, le sens de la pompe et de la temporisation, la confiance en soi qui sont les vertus ou les vices capitaux — tout dépend du point de vue — de l'administrateur romain. Au Collège canadien ou au Collège français se sont formés, en suivant les cours de la Propagande, les abbés Paul Bruchési, Eugène Lapointe, Alphonse-Stanislas Lortie, Jos.-Herman Bruneault, Philippe Perrier, et tant d'autres, qui par leur enseignement et leur action sociale seront des chefs dans la société de demain. Tous ces dirigeants tiendront un même discours: celui du catholicisme orthodoxe, donc le plus conservateur qui soit, promulgué par le magistère officiel, contrôlé par la curie et moulé dans la vision thomiste du monde. Celle-ci, et non le vécu, définit les problématiques et tient lieu de cadre de référence qui donne sens aux événements. Discours d'administrateurs plus que discours de théologiens au cœur de l'action, ce catholicisme officiel, qui ne s'embarrasse pas de nuances, se traduit bien en manuels et en catéchismes. D'où la tendance du clergé québécois à lire les signes des temps à travers la lunette romaine, à transposer au Québec des problèmes européens et à emprunter des réponses formulées et expérimentées dans des milieux étrangers, qui ont comme dénominateur commun d'être conservateurs: la droite française, le catholicisme belge, les théologiens de la Propagande. Ce sont ces milieux qui en ce XIXe siècle finissant monopolisent l'orthodoxie.[6]

Cette Église est aussi tout imprégnée de l'ultramontanisme, tel qu'il s'est développé en France sous la houlette de Louis Veuillot. Elle est ultramontaine dans son ecclésiologie qui absorbe toute la société, ne laissant guère de zones sécularisées en dehors de son emprise, dans sa confiance en la force des institutions ecclésiastiques, dans son culte de la papauté qui ne tolère ni réserves ni critiques, dans ses dévotions au Sacré-Cœur et ses manifestations sensibles de la foi, dans son réseau de presse calqué sur le modèle français et inspiré par *L'Univers*, dans l'activité omniprésente de ses congrégations et le foisonnement de ses édifices religieux, dans ses séminaires recroquevillés sur eux-mêmes. Elle n'a pas, cependant, à l'instar de son modèle français, pris le virage vers l'action sociale.

Une puissance politique

Par son insertion dans les structures du pouvoir civil, l'Église québécoise est aussi une puissance politique. Grâce au Conseil de l'instruction publique, composé d'un comité protestant et d'un comité catholique où siègent *ex officio* les évêques, l'Église

L'AUTORITÉ, FONDEMENT DU CATHOLICISME

Comme pour nous préparer à courber notre volonté sous le joug du commandement, Dieu, maître absolu, a empreint le monde matériel du sceau irréfragable de son autorité. Tout être obéit à une loi. [...]

Quoi qu'il en soit des forces de la raison dans l'ordre purement naturel, nous ne saurions nier, d'une manière générale, la nécessité d'une autorité pour diriger ces forces, pour les discipliner, pour unir comme en un faisceau tous les esprits et tous les cœurs dans la poursuite du but suprême imposé à tous les hommes. À bien plus forte raison, l'autorité doit-elle être considérée comme nécessaire, quand il s'agit d'orienter l'homme vers une fin supérieure et de l'aider par des moyens et des secours surnaturels, tels que la foi et les sacrements, à poursuivre et à atteindre cette fin.

C'est le cas de l'humanité dans sa condition présente. Et voilà pourquoi Notre-Seigneur a fondé sa religion sur le grand principe de l'autorité; et voilà pourquoi le catholicisme repose sur ce principe comme sur une base essentielle, aussi indispensable à son existence que les assises et les colonnes le sont à cette basilique. [...]

Quelle splendide organisation que celle de l'Église catholique, et comme ce puissant accord et ce merveilleux équilibre de toutes les forces et de tous les rouages qui entrent dans son gouvernement démontrent bien la divinité de son origine!

Au centre, et dans une majesté à laquelle aucune grandeur humaine n'est comparable, se dresse le pouvoir pontifical. C'est la tête de l'Église, le foyer vivant de ses droits, la source féconde de ses pouvoirs, la clef de voûte de tout l'organisme religieux. Formée d'après l'idéal monarchique, cette magistrature sans rivale plane bien au-dessus des royautés humaines, dont elle cumule les prérogatives sans être sujette aux erreurs et aux excès qui ne sont que trop souvent l'écueil des têtes couronnées. Les sages tempéraments qui entourent la puissance papale, les conciles, le Sacré Collège, les congrégations

romaines, loin d'amoindrir son influence, ne font que
la mettre en plus haut relief et conférer à ses décisions
un plus haut degré d'efficacité. Le Pape règne et gouverne.
Sa juridiction, comme celle du Christ, s'étend immédiatement non seulement à l'ensemble des membres de
l'Église, mais encore à chacun d'eux, aux brebis et aux
agneaux, aux pasteurs et à leurs ouailles. Le Concile du
Vatican l'a défini en termes précis qui ne laissent place
à aucune équivoque. [...]

L'Évêque tient de Dieu lui-même un pouvoir dis-
crétionnaire dont il sait se servir pour le plus grand bien
des âmes. La religion, sans doute, est immuable dans
sa nature: immuables sont les vérités de foi et invariables
les principes de morale qui forment l'objet de nos
croyances religieuses. Mais les règles de conduite, basées
sur ces principes, doivent nécessairement s'adapter aux
circonstances de temps, de personnes et de lieux, dont
le caractère influe sur la moralité des actes humains. Le
soleil est le même partout: produit-il partout les mêmes
fruits, exerce-t-il partout une action uniforme? Ainsi, par
analogie, en est-il de l'Église. C'est aux évêques, mes
Frères, aux chefs spirituels de chaque diocèse, d'étudier
les besoins des peuples qui leur sont confiés. [...]

Quoi de plus beau, quoi de plus admirable que cette
immense société des âmes où, des sommets du Vatican
jusqu'au plus humble toit curial, la juridiction s'échelonne
par degrés si prudemment ménagés; où la moindre par-
celle de pouvoir est chose sainte et sacrée; où l'autorité
suprême garde toute sa force, exerce toute sa souveraineté, sans écraser de son poids les pouvoirs inférieurs;
où l'on ne respecte celle-là qu'en vénérant ceux-ci; où
la lumière, la vérité et la grâce, descendent à flots continus
du Pape aux évêques, des évêques aux prêtres, des prêtres
aux fidèles, tandis que le respect, l'estime, la reconnaissance, montent de tant d'âmes croyantes, par les
prêtres et les évêques, jusqu'au Vicaire de Jésus-Christ!

(Sermon prononcé par Mgr L.-A. Paquet lors du sacre
de Mgr L.-N. Bégin, 22 janvier 1899)

a la haute main sur le système scolaire francophone. Le comité catholique approuve les manuels et les programmes, et établit les critères de qualification des enseignants, tant dans le secteur privé que public. D'ailleurs, seul le secteur privé constitue un réseau complet d'enseignement: l'Église possède l'Université Laval qui a une succursale montréalaise, les collèges secondaires et nombre de couvents et d'académies au niveau primaire. L'Église dirige aussi le réseau d'assistance sociale: il comprend une cinquantaine d'hôpitaux et d'asiles, des dizaines d'institutions spécialisées qu'elle finance par les revenus tirés de ses propriétés, des quêtes publiques, des dons privés, et qu'elle maintient grâce au dévouement de nombreuses communautés.

L'Église possède des ressources humaines et financières autrement plus grandes que celles de l'État provincial. Celui-ci gère des revenus d'environ quatre millions de dollars et commande à quelque deux cents fonctionnaires. Dans l'état actuel des recherches, il est difficile d'être aussi précis pour l'Église. Des indices, cependant, sont révélateurs. À Montréal, les propriétés des Sulpiciens sont évaluées à 1 213 000 $, ce qui les place tout de suite après celles du Canadian Pacific Railway (2 187 000 $) et du Grand Tronc Railway (1 941 000 $). Elles sont plus importantes que les propriétés Masson (738 000 $) ou Redpath (714 000 $). L'Hôtel-Dieu est évalué à 651 000 $, les sœurs de la Congrégation de Notre-Dame à 205 000 $. Il est plus facile de comptabiliser les effectifs cléricaux. D'après le *Canada ecclésiastique*, il y aurait en 1898 une dizaine d'évêques, 1529 prêtres séculiers, 330 prêtres religieux, quelque 1500 frères et 6500 religieuses, soit tout près de 10 000 personnes. L'Église occupe une position d'autant plus forte que la population a intériorisé ses valeurs et ses normes, qu'elle dispose du *sub gravi* et d'un arsenal d'armes disciplinaires pour mater les «têtes croches», qu'elle maîtrise, sauf la presse, les canaux de socialisation. En dehors d'elle, il n'existe pas une force sociale suffisamment organisée pour lui faire contrepoids: la grande bourgeoisie d'affaires, anglophone et protestante, relativement peu nombreuse, vit en marge de la société québécoise. Consciente de son autorité morale et de sa force politique — l'une renforçant l'autre —

l'Église parle beaucoup, et fort, et sèchement. «Quand nos laïques grognons auront à leur actif autant d'œuvres et de dévouement que l'Église, écrit *La Semaine religieuse de Montréal*, ils seront mieux venus de se plaindre. Jusque-là, ils devraient n'être que reconnaissants.» Le style d'un Mgr Bruchési a le tranchant de celui d'un Laflèche: s'adressant aux directeurs de théâtre, Sa Grandeur leur déclarera cavalièrement qu'Elle espère «qu'ils voudront bien se rappeler les leçons [qu'Elle] leur don[ne] aujourd'hui et qu'ils agiront toujours de manière à ce [qu'Elle n'ait] pas à [se] plaindre d'eux à l'avenir». (Bruchési, 31 mars 1907.) La séparation juridique de l'Église et de l'État est donc un signe trompeur. De fait, le Québec est une société cléricale, et l'Église, une puissance politique. Dans ces conditions, il est normal que les partis politiques désirent vivre en paix avec elle et cherchent à conclure, sinon un traité d'alliance, du moins un pacte de non-agression. C'est dans cet état d'esprit que le lieutenant-gouverneur Adolphe Chapleau assurait Mgr Bruchési de «sa sincère soumission *aux ordres* qui pourraient émaner du chef suprême de l'Église» — finaud, il ne disait pas de l'épiscopat! — et que, depuis son arrivée au pouvoir, Wilfrid Laurier bloquait l'accession des libéraux de gauche, dits à l'époque les radicaux ou les rouges, aux postes de commande.

Mais ce pouvoir politique, bâti sur des privilèges, des biens matériels et des effectifs humains considérables, en plus de détonner avec la liberté évangélique, a aussi une face cachée: la solidarité avec les puissances de ce monde. Celle-ci se manifeste dans la présence officielle des clercs aux cérémonies civiles, le *lobbying*, le recours aux influences, l'appui tacite ou ouvert à des partis politiques et aux milieux d'affaires. Un Bruchési n'hésite pas à «conjurer le public de rester calme» pour éviter «une course sur nos banques» qui aurait «les plus déplorables conséquences sur le pays tout entier». (*S.R.M.*, 5 août 1899.) L'Église utilise les oligarchies qui l'utilisent à leur tour: son alliance plus que cinquantenaire avec les milieux d'affaires protestants — cela remonte au temps de Louis-Hippolyte La Fontaine — en est la preuve. Position précaire qui amène sans cesse l'Église québécoise à faire étalage en temps de crise de sa fidélité au pouvoir: «La loyauté des évêques et des prêtres canadiens-français! Elle est écrite en lettres d'or, en traits de feu, dans les fastes de l'histoire.» (Bruchési, 15 janvier 1900.) En apparence harmonieuses, les relations entre l'Église et l'État sont, cependant, tendues. Les hommes politiques trouvent envahissante la tutelle des clercs et, à plus d'un moment, humiliante. Les clercs, toujours circonspects et choqués par les mouvements révolutionnaires européens, se méfient d'un système démocratique qui, en France, a chassé leurs semblables des écoles et laïcisé la société.

Une Église nationale

L'Église est enfin le lieu naturel où la société québécoise se donne une représentation d'elle-même: une société catholique, française et rurale, dont la vocation est de répandre le catholicisme en terre d'Amérique. La frontière qui sépare le Nous de l'Altérité est une frontière religieuse, non pas politique, linguistique ou simplement ethnique. L'Autre, c'est l'éthique protestante, qui a tantôt les traits du capitalisme, tantôt les traits de l'américanisme, tantôt les traits de la neutralité. L'ennemi, c'est le Juif, c'est le franc-maçon; le traître, c'est l'apostat. Et l'Irlandais...? Un protestant déguisé, un impensable: le catholicisme est l'attribut constitutif de la nationalité canadienne-française. Le vouloir-vivre collectif diffus dans la conscience du peuple s'est incarné dans un Nous religieux.

En ce sens, l'Église québécoise est une Église nationale. Elle est l'incarnation d'une nationalité conçue comme un peuple élu de Dieu. La société est une nation et la nation une Église, dont le clergé sera par conséquent l'instance suprême définissant les projets et les normes. L'Église est un agent totalisateur qui aménage l'espace et le temps, l'univers matériel et l'univers symbolique. C'est elle qui légitime les hommes et les partis politiques, les idéologies et les projets collectifs. Pour asseoir son leadership spirituel, elle a été amenée à développer des cadres autoritaires et une idéologie compensatoire à la minorisation, à l'insécurité et à la pauvreté collectives de ce peuple. L'Autre — dont il faut bien s'accommoder — devient l'infidèle à convertir; l'apostolat est le mouvement qui amènera un dépassement des contradictions dont souffre la société. Et pour asseoir son pouvoir, l'Église dispose d'une instance extérieure de légitimité. La reconnaissance du magistère de Rome, tel que traduit par la Hiérarchie québécoise, est ainsi la condition d'appartenance au Nous. Catholique, l'Église québécoise l'est ainsi éminemment et d'une double façon: par sa soumission à Rome, par son incarnation dans les structures sociales. À la différence des confessions chrétiennes de type protestant pour qui le rapport à Dieu relève directement de la conscience privée, l'esprit du catholicisme, en effet, reconnaît la nécessité des médiations humaines et le caractère collectif du culte: Dieu n'est présent qu'aux hommes réunis en Son Nom. Réciproquement, tout l'homme social apparaît alors concerné par le rapport à Dieu. Pas de séparation entre le public et le privé, l'économique et le moral, le social et le religieux pour l'éthique catholique; pas de retrait de l'Église de la sphère politique pour le catholicisme intégral. La religion est ce qui relie les collectivités en société, l'enseignement de l'Église est ce qui gouverne toutes les activités, la Foi est ce qui totalise toutes les significations.

Mais qu'en est-il de la foi des fidèles? On est mal renseigné là-dessus. Dans le Québec rural tout au moins, il y a gros à parier que les deux cycles de vie — cycle de la cité de Dieu (fêtes religieuses) et cycle de la cité terrestre (fêtes profanes) — qui marquent les temps forts de la vie quotidienne, se confondent dans le vécu. Le religieux se dilue dans la culture, la religion se confond avec le social. Dans leur lettre collective du 30 novembre 1937, les évêques décriront bien le phénomène: «On les voyait [nos pères] en tout temps et en toutes occasions démontrer leur foi et leur piété. Leur fidélité au précepte dominical malgré l'éloignement des églises, leur souci d'observer les jours de fête, leur assistance aux Rogations, leurs messes recommandées pour les biens de la terre, leur prière en famille, leur dévotion aux croix du chemin, leurs exercices publics du mois de Marie, leurs signes de croix avant de trancher le pain de ménage, de tirer l'eau du puits, de commencer les semences, et tant d'autres traits tenaient sans cesse leurs regards élevés vers le ciel, pendant que leurs mains travaillaient durement leur sol.»

La religion était devenue un style de vie.

Une religion sociale?

Dans ce Québec rural de la fin du XIXe siècle, la religion est un héritage qui se transmet de bouche à oreille, comme toute la culture d'ailleurs, dans la famille, l'école, la paroisse. L'homogénéité de l'univers socio-culturel, qui transparaît dans l'unanimité de la pratique et l'uniformité des comportements religieux, est chose maintenant acquise grâce à la cléricalisation de la société, l'encadrement plus serré des fidèles et le renouvellement de la vie religieuse. Cette homogénéité facilite tout à la fois l'exercice du ministère pastoral et la fidélité des croyants à des pratiques et à des rites officiels, relayés par des pratiques et des dévotions populaires plus proches de la vie quotidienne. Toutes ces pratiques remplissent diverses fonctions. Elles satisfont au besoin qu'éprouve l'individu de se concilier la nature et d'assurer son salut éternel et elles répondent au besoin qu'éprouve la collectivité d'exprimer son unité et sa continuité. Le catholicisme vécu des Canadiens français serait celui de toute religion prétechnique, où l'incapacité de maîtriser la nature par la science et la technologie incite les croyants à se projeter dans un monde merveilleux pour trouver la raison d'être et la maîtrise des phénomènes naturels, de même que pour garantir la pérennité des traditions constitutives du groupe. Dans l'imagination des Canadiens français, le diable, cet artisan de tous les maux, saint Antoine qui trouve les objets perdus et saint Blaise qui guérit les oreillons font bon ménage avec les loups-garous, ces mécréants transformés en bêtes, les feux follets, ces âmes en peine, les revenants et les lutins. Un problème cependant reste ouvert: les Canadiens français ont-ils incorporé des symboles chrétiens dans un système de croyances animistes ou ont-ils vécu des valeurs chrétiennes à travers des gestes traditionnels?

Cette question en appelle plusieurs autres. Coupée de son contexte terrien, que devenait la religion des citadins? La religion savante, celle que véhiculent les lettres circulaires, les prônes et les revues, se révèle «perfectionniste et piétiste»; à travers une expérience religieuse émotionnelle, elle vise à transformer les misères de la vie quotidienne en une glorification de l'obéissance et des «sacrifices». Dans quelle mesure ces significations répondent-elles aux besoins religieux des nouvelles masses prolétarisées? Pour asseoir son leadership, l'Église du Québec se montre soucieuse avant tout d'organisation et d'encadrement, réduisant sa pensée théologique et pastorale à la défense et à l'inculcation du principe d'autorité. De quelle façon ce principe s'enracine-t-il dans la vision du monde des Canadiens français? Si le pouvoir ecclésiastique était jadis «accepté dans la mesure où il ne gên[ait] personne, comme un cadre social nécessaire parce que seul existant» (Colette Moreux), l'Église est-elle véritablement devenue, en cette fin du XIXᵉ siècle, l'autorité inconditionnelle qui régit les consciences et détient les critères de toute vérité? Pour le peuple soumis à son magistère, l'autorité que s'est conquise l'Église catholique représente-t-elle autre chose que le pouvoir d'une instance extérieure gérant des questions qui ne le concerne guère, soit l'avenir de la société et le salut des âmes?

Les Canadiens français sont-ils foncièrement chrétiens et ont-ils assumé le catholicisme de fait que leur impose leur clergé? La réponse serait fort probablement variable, selon les milieux et les particularismes locaux, mais dans quelle proportion? Quoi qu'il en soit, le clergé se recrute facilement et son autorité n'est pas ouvertement contestée. Que la société ne connaisse pas de grave crise de rejet reste alors révélateur des affinités qui existent entre le catholicisme de l'époque et les attentes de cette société. Dispersé sur de nombreux territoires, le peuple canadien-français trouve dans la théorie du droit naturel, qui accorde aux parents la primauté dans le choix des écoles et commande à l'État central le respect des communautés de base, une arme politique contre la menace persistante de l'assimilation. Il trouve aussi dans l'ordonnance du mariage à la procréation la justification d'un instinct qui l'incite à se reproduire pour survivre et la confirmation de sa propre organisation familiale. Par ailleurs, l'Église a développé des cadres susceptibles d'accueillir les jeunes générations d'élites et de leur offrir un champ d'action à la mesure de leurs aspirations. Enfin, elle a su façonner une idéologie qui palliait l'insécurité collective et où le peuple canadien-français pouvait croire reconnaître une représentation adéquate de son destin.

6. L'ENJEU

Au seuil de ce XXe siècle, l'identité canadienne-française vient de subir un choc et l'Église du Québec doit surmonter une crise qui, pour un organisme moins solide, aurait pu être grave. En 1890, le gouvernement Greenway du Manitoba a aboli l'usage du français comme langue officielle et créé un système d'écoles publiques non confessionnelles. Cette décision d'une majorité parlementaire libérale, anglophone et protestante est une réponse — d'inspiration plus ultra-protestante que libérale — à de graves problèmes socio-politiques posés par le peuplement du Manitoba par une population cosmopolite. Elle donne d'abord lieu à une crise politique grave, caractérisée par: une série de recours devant les tribunaux; l'échec du gouvernement canadien, alors dirigé par Mackenzie Bowell, à passer aux Communes une législation forçant le gouvernement manitobain à rétablir les catholiques dans leurs droits scolaires; l'intervention des évêques canadiens-français dans l'élection fédérale du 23 juin 1896 et leur échec à mobiliser l'électorat contre Wilfrid Laurier qui s'oppose à ce que le gouvernement canadien intervienne par une mesure «rémédiatrice»; l'adoption, en novembre 1896, du règlement Greenway-Laurier que l'épiscopat juge insatisfaisant; la venue du délégué apostolique Merry del Val pour enquêter sur la situation scolaire et sur l'attitude des évêques du Québec dans la récente élection.

En 1896, les évêques québécois ont réagi promptement et avec vigueur, conscients qu'«un compromis marquerait le triomphe du pouvoir civil sur le pouvoir épiscopal», atteindrait «le prestige des évêques», inciterait les libéraux à demander «un remaniement radical du système scolaire québécois». Rome leur a alors demandé de ne plus intervenir dans la question scolaire manitobaine et d'attendre son verdict. Le jugement vient en décembre 1897 sous forme d'une lettre encyclique. *Affari vos* reflète une approche pragmatique de la question, fort peu teintée de la coutumière intransigeance romaine. Rome ne peut, en principe, sanctionner les écoles neutres, mais reconnaît qu'Ottawa ne peut, en pratique, passer une loi «rémédiatrice». La lettre papale condamne les écoles neutres, réclame des maîtres catholiques et un enseignement en plein accord avec la foi catholique. Elle estime aussi que la loi qui a entériné le règlement Greenway-Laurier est «défectueuse, imparfaite, insuffisante». Le pape approuve encore la position de principe des évêques canadiens-français qui ont prétendu que les catholiques avaient été dépossédés de leurs droits scolaires, que le gouvernement fédéral avait le pouvoir de passer une législation et que Rome ne saurait accepter un système d'écoles mixtes mettant en danger la foi des enfants. En revanche, le pape prend ses distances avec l'action concrète des évêques: il ne condamne pas les hommes ni les partis politiques, il se réjouit des amendements déjà apportés tout en manifestant sa confiance que les catholiques en viennent à obtenir pleine justice. Il rappelle enfin frater-nellement aux évêques qu'il ne faut jamais perdre de vue «les règles de la modération, de la douceur et de la charité fraternelle». En cette affaire, les hommes politiques et les évêques se voient attribuer tantôt des blâmes, tantôt des félicitations. Selon le mot de Mgr C.-A. Marois, vicaire général de Québec, cette politique pragmatique, inspirée par l'étoile montante romaine, Mgr Merry del Val, qu'on appelle en coulisse «le toutou du Saint-Père», est «de l'eau bénite de cour». À l'évidence, les libéraux, de même que Mgr John Walsh de Toronto, qui s'est opposé à l'attitude intransigeante de l'épis-copat canadien-français afin de ne pas compromettre le système d'écoles séparées en vigueur en Ontario, ont réussi à convaincre les cardinaux que les *sunny ways* de Wilfrid Laurier sont la meilleure stratégie pour rétablir la justice et la paix.

Pour l'épiscopat, la lettre encyclique revêt une signification bien concrète — que viendra confirmer l'ouverture, à la demande expresse de Laurier, entre autres, d'une délégation apostolique permanente: les yeux du Saint-Père surveillent ses mains, réduisant quelque peu sa marge de manœuvre. Certains évêques encaissent mal le coup, et le pessimisme gagne le corps épiscopal québécois. Dès mai 1897, l'archevêque de Québec, Mgr Bégin, informe la Propagande que «la présence d'un délégué [...] aura été [...] une protection pour le parti libéral qui s'accommode fort bien des écoles mixtes [...] en même temps qu'un coup fatal porté à cette sainte cause et à l'autorité des évêques».[7] *Affari vos* reprenait, en les atténuant, certaines suggestions de Mgr Bégin, mais la lettre en écartait plusieurs autres, telles que l'éloge de l'autorité épiscopale, le respect de la Constitution, le devoir de l'épiscopat de diriger le peuple en matière d'éducation chrétienne, etc.[8] Mgr Bégin, qui avait accepté à contrecœur l'envoi d'un délégué apostolique *ad hoc* et lu avec tristesse la phraséologie onctueuse et diplomatique d'*Affari vos*, décide, en accord avec l'archevêque de Montréal, d'affirmer de façon éclatante les droits de la minorité catholique, de justifier l'action des évêques du Québec et de restaurer leur autorité. Il utilise un stratagème: une lettre pastorale de son cru, à la rédaction de laquelle participe Mgr Bruchési, promulguant *Affari vos*. Étrange document d'un évêque en colère, que dix pages d'analyse n'épuiseraient pas. Daté du 6 janvier 1898, le document Bégin est plus long que celui de Léon XIII. D'un ton péremptoire, il présente l'encyclique sous un jour très favorable aux évêques. Là où le pape recommande «une scrupuleuse déférence envers l'autorité épiscopale et tout pouvoir politique», Mgr Bégin précise: «et en suivant, avec obéissance, les directives épiscopales»; où le pape demande «que tous pèsent mûrement ce qu'exigent les circonstances», Bégin commente: «le principe de cette unité de vues et d'action, c'est l'autorité et la direction épiscopale, sans laquelle rien ne doit se faire ni s'entreprendre». Mgr Bégin insiste aussi sur «la loi remédiatrice», sur «le pacte solennel» (Constitution), sur «les engagements sacrés», entre autres, toutes choses que le document pontifical passe sous silence. Que ces commentaires et bien d'autres — dont certains visent des personnes — soient enchâssés dans une introduction obséquieuse à force d'être louangeuse à l'égard de Léon XIII et une conclusion qui interdit «comme injurieuse à Sa Sainteté toute interprétation contraire» ne manque pas de piquant. Qui a lu la correspondance échangée entre Rome et l'épiscopat dans les années antérieures ne peut s'empêcher de trouver à ce document un ton persifleur à l'égard de la curie romaine. Et c'est le cas à Rome. Mgr Merry del Val aurait confié à Mgr Charles-Eugène Laflamme, supérieur du Grand séminaire de Québec: «Je n'ai jamais vu traiter une encyclique du Pape dans aucun pays comme cette dernière a été traitée au Canada.»[9] De passage à Rome en 1903, J.-P. Tardivel notera que le document Bégin, par le ton et par le fond, a déplu à Léon XIII, notamment le passage laissant entendre que le pape avait loué le rejet du règlement Greenway-Laurier par l'épiscopat québécois. Au Québec même, la lettre de Mgr Bégin crée aussi des remous. Mgr de Valleyfield n'est pas d'accord et des prêtres du séminaire de Québec, surpris de l'interdiction de donner à l'encyclique une autre interprétation, même en privé, se gaussent: «La police secrète de l'évêché surveille, dit-on, tous les coins du diocèse et on peut s'attendre à des auto-da-fé.»[10]

Comment expliquer la réaction de l'archevêque de Québec sinon par le fait que, plus au courant de la situation canadienne que les diplomates romains, ils pressent les enjeux vitaux de cette lutte? Les évêques du Québec se définissent comme les pasteurs d'un peuple qui, semblable aux Israélites, enjambe les frontières de nombreuses entités politiques. Ils se sentent tout aussi responsables des Canadiens français éparpillés dans les divers états américains ou les provinces canadiennes que de ceux enracinés dans le Québec. À leurs yeux, les frontières politiques ne sont qu'un épiphénomène; les structures sociales essentielles sont celles qu'a mises en place l'Église. Accepter en vrac, comme le fait le document papal, le droit d'en prendre à son aise avec la Constitution, le principe d'un droit reposant sur la majorité parlementaire et les accommodements avec le libéralisme, n'est-ce pas, non seulement sceller à court terme le sort des minorités francophones — dont Rome semble n'avoir cure — mais aussi remettre en cause, à long terme, toute la civilisation catholique au Québec? Le dominicain Dominique-Ceslas Gonthier, un des principaux conseillers de l'archevêque, lui signale à plusieurs reprises la relation systémique qui relie les minorités francophones au catholicisme québécois: «La condamnation du règlement Greenway-Laurier tuerait dans l'œuf tout le plan de laïcisation de notre instruction publique dans la province de Québec, en condamnant du coup tout le programme libéral qu'il contient.» Céder dans la diaspora sur des points essentiels risque de mettre en danger l'ordre qui prévaut au Québec. Réciproquement, la lutte désespérée pour assurer à tous les Canadiens français

un environnement francophone et catholique, parce qu' elle
n'a que le principe traditionnel du droit naturel à opposer
au principe démocratique de la majorité parlementaire,
contribue à maintenir le *statu quo* à l'intérieur du Québec.

7. L'AVENIR

Incapable en fait d'accepter la politique romaine qui mènerait
les Canadiens français tout droit à l'assimilation, l'Église du
Québec n'en continue pas moins de proclamer son allégeance
inconditionnelle à Rome. Sommée de subordonner l'intérêt
national à la politique de l'Église universelle, elle persiste
pourtant à croire à la primauté du fait catholique dans l'identité
canadienne-française. La crise des écoles du Manitoba n'a
pas remis en doute cette double conception des choses. Là
ne sont pas ses seules sources d'incohérence. Comme toute
institution humaine, l'Église québécoise est tiraillée par bien
d'autres contradictions: opposition entre son Nous national
et la réalité des fidèles divisés par les barrières de classes,
conflit entre sa face hiérarchique et sa face communautaire,
incompatibilité entre son idéal de pauvreté évangélique et sa
fonction de développement socio-économique, décalage entre
la religion officielle et la religion vécue, difficulté à concilier
la logique de l'action avec l'universalité des principes. Toutes
ces contradictions, cependant, s'estompent ou se dissimulent
sous un défi qui semble décisif pour les années à venir:
comment l'Église pourra-t-elle accueillir l'entrée du Québec
dans l'âge industriel avec sa vision fixiste et anhistorique du
monde?

En ce XIXe siècle finissant, l'Église québécoise a tous les
symptômes d'une structure incapable de lire les signes des
temps autrement qu'en termes de menace pour son autorité
et d'y répondre autrement qu'en faveur du maintien de l'ordre
des choses. En s'engageant dans cette voie, l'Église court le
risque de freiner la maturation de son sens populaire, d'accentuer les tendances de la société à se replier sur elle-même,
de perpétuer les formes désuètes du passé. Elle court le risque
aussi d'élargir le décalage entre le geste et la parole, délestant

ainsi la culture de sa capacité d'emprise sur l'histoire et instaurant entre la religion et la vie une coupure plus aliénante que celle du privé et du public, aménagée par l'esprit protestant: celle de la fausse conscience. Faute d'une force capable de contester de l'intérieur la suprématie de l'Église, on voit mal, cependant, comment celle-ci pourrait réagir autrement. L'Église du Québec est tout à la fois la matrice et le produit d'une société. Celle-ci en est au stade de la survivance biologique. Elle a besoin d'un encadrement ferme et de réassurance. Elle a besoin de temps pour croître, pour occuper son territoire et pour se forger une âme et des armes institutionnelles.

Société de pauvres, les Canadiens français ont fait un choix de quêteux: investir une Église, dont la principale richesse repose sur le bénévolat de ses clercs et la force, sur la discipline de ses membres, de la mission de jeter les bases d'un pays. Choix dramatique, autant pour les citoyens qui auront à s'accommoder d'un credo que pour l'Église qui court le risque, oubliant la spécificité de sa mission, de prendre le goût du pouvoir et de s'enliser dans le temporel.

Chapitre I

LE DOMAINE

Mgr François de Laval avait, au XVIIe siècle, jeté les bases d'une Église locale dont les frontières recouvraient presque toute l'Amérique du Nord, à l'exception des Treize colonies. Le destin politique de celle-ci a pesé lourd sur l'évolution de celle-là. À partir du dernier tiers du XVIIIe siècle, on avait commencé à découper l'héritage de Mgr de Laval en Églises diocésaines, sises en des territoires politiques différents. Au XIXe siècle, au fur et à mesure que les États-Unis et le Canada consolidaient leur configuration politique, les Églises diocésaines tendaient à se regrouper sur une base nationale.

1. Émergence d'une Église catholique canadienne

L'afflux de milliers d'immigrants de nationalités diverses, l'occupation de nouveaux territoires, les tensions suscitées par les régionalismes, les rapports difficiles entre l'épiscopat québécois et le gouvernement canadien engendrés par la question scolaire posent avec acuité, à la fin du XIXe siècle, l'opportunité d'institutionnaliser davantage l'Église catholique canadienne. Débordé de mémoires, envahi par des délégués

aux demandes contradictoires, le Vatican qui, à quinze cents lieues de distance, ne voit les réalités canadiennes qu'à travers une bruine déformante, entreprend d'organiser cette Église en émergence.

Établissement d'une Délégation permanente

Le 3 août 1899, Léon XIII établit une Délégation permanente au Canada; il la confie à Mgr Diomène Falconio, franciscain. Bien qu'une Délégation ait un statut inférieur à une Nonciature, un délégué exerce des fonctions similaires à celle d'un nonce. Face aux évêques du pays, il dispose de pouvoirs étendus et d'une grande autonomie, puisqu'il représente le pape qui est l'autorité suprême en matières de foi, de morale et de discipline ecclésiastique. Il a mission de superviser l'administration ecclésiastique d'un pays: les évêques administrent, le délégué observe, conseille, enquête, fait rapport et s'efforce de coor- donner l'activité des évêques. Le bref de Léon XIII établissant la Délégation délimitait ainsi le mandat du délégué: «étudier soigneusement les conditions» de l'Église canadienne, veiller «par sa prudence et son jugement à en régler les controverses et les différends» et soumettre à Rome «les questions qui paraîtront plus graves et nécessiteront l'intervention salutaire du Saint-Siège».[1]

La décision de Léon XIII ne surprend personne. Depuis quelques années, on discutait dans les milieux ecclésiastiques et politiques de l'utilité d'une Délégation. Des évêques en voyaient les bons côtés pour l'expédition des affaires courantes et les libéraux en réclamaient une pour contenir la fougue des ultramontains. Mgr Merry del Val, qui avait enquêté sur la situation de l'Église canadienne, avait conclu en faveur de son établissement. Dominique-Ceslas Gonthier, alors conseiller de Mgr Bégin, archevêque de Québec, estimait qu'un délégué «pourrait apporter une grande force à un évêque obligé d'agir isolément et rendre plus prompte une action collective». Mais

Son Éminence le cardinal Louis-Nazaire Bégin, 1840-1925. (Archives nationales du Québec)

à plus d'un observateur, dont certains personnages de la Propagande, le moment semble mal choisi, car la récente visite de Mgr Merry del Val a laissé des blessures non encore cicatrisées. Selon l'expression de Mgr Bégin, les évêques francophones s'étaient sentis tenus «en écart et en suspicion» par Mgr Merry del Val. Ceux-ci avaient dénoncé en 1897, auprès du cardinal Ledochowski, préfet de la Propagande, comme «une ingérence indue, inopportune, injurieuse à l'épiscopat canadien» sa déclaration sur le devoir électoral qui contredisait la leur.[2] Encore en 1899, Mgr Paul Bruchési, archevêque de Montréal, estimait que la nomination d'un délégué serait perçue, à ce moment-ci, comme une marque de non-confiance à l'égard de l'épiscopat, et la rumeur voulait que lors du sacre de Mgr François-Xavier Cloutier, évêque de Trois-Rivières, des évêques eussent décidé de ne pas présenter d'adresse au nouveau délégué. Mais sitôt connus, en septembre 1899, la décision du pape et le choix de Mgr Falconio, les réticences s'estompent... du moins en apparence. Mgr Bégin écrit au cardinal Ledochowski que cette présence «fortifiera les liens qui nous unissent au centre de la catholicité, elle nous guidera dans les circonstances difficiles, elle allégera nos responsabilités». De fait, les inquiétudes des évêques dépassent de beaucoup l'affaire Merry del Val. Les relations entre un épiscopat local et un délégué apostolique ne sont pas toujours au beau fixe. Le premier représente l'autonomie, la collégialité, les intérêts nationaux; le second, la centralisation, la primauté de Pierre sur les Apôtres, les intérêts de l'Église universelle. Au Canada, la situation va se compliquer du fait que l'épiscopat canadien est fractionné en un épiscopat canadien-français et un épiscopat canadien-irlandais et que le délégué aura à se tenir à égale distance de l'un et de l'autre. En définitive, le succès de la Délégation reposera en partie sur la personnalité du délégué.

Léon XIII le sait et, des noms proposés, il retient celui de Falconio. Âgé de cinquante-sept ans, cet Italien d'origine a fait carrière aux États-Unis et à Terre-Neuve. Il est digne, réservé et prudent. Il «parle imparfaitement l'anglais et misérablement le français». Il débarque, le 1er octobre 1899, à Québec où la population l'accueille en grandes pompes. À

Ottawa, on le loge d'abord à l'université, puis en avril 1901 dans la maison rénovée d'un ancien fermier, sur le chemin nord du canal Rideau — don des évêques du pays. Son arrivée marque en quelque sorte le retour à la normale: la mission de Merry del Val est définitivement close et les affaires canadiennes, que Rome traitait depuis quelque temps dans le cadre des affaires ecclésiastiques extraordinaires, reviennent entre les mains de la Propagande. Les évêques apprécient la délicatesse de Mgr Falconio. Mgr Bégin le trouve «bon, aimable, simple dans ses manières et dans ses goûts», désireux de «se renseigner auprès des évêques».[3]

Mgr Falconio n'a pas de difficultés à se faire accepter personnellement, mais il a du mal à imposer le principe de la Délégation à l'épiscopat canadien-français. Des évêques préfèrent traiter directement avec la Propagande, qui est loin de s'en offusquer. En vain, Mgr Bruchési tente de «persuader les autorités romaines que la Délégation n'est pas du tout nécessaire». Le pape l'informe «qu'elle y restera».[4] Avec l'arrivée de Mgr Donato Sbarretti en 1902, les relations deviennent plus tendues. Ce dernier, au dire de certains évêques canadiens-français, prend carrément le parti des évêques irlandais. Lors de son départ en 1910, la crédibilité de la Délégation auprès des élites canadiennes-françaises est à son plus bas. Par la suite, Rome envoie des diplomates. Mgr Pellegrino-F. Stagni (1910-1918), ancien prieur général des Servites, reçoit des instructions précises: «Le premier des besoins de l'Église catholique au Canada est que la paix soit rétablie entre catholiques canadiens, français et anglais.»[5] Les autres délégués, Mgr Pietro Di Maria (1918-1926) et Mgr Andrea Cassulo (1927-1936), à qui Pie XI a recommandé de «garder à chaque race sa mentalité et ses traditions», reçoivent des missions similaires. En dépit de leur tact et de leur prudence, il leur faudra du temps pour rétablir l'image de la Délégation que d'aucuns perçoivent comme «un instrument d'anglicisation aux mains de la Secrétairerie d'État».[6] Lors des changements de délégué, les adresses ont beau être joliment tournées, elles ne suppriment ni les inquiétudes ni les tensions. Celles-ci naissent du fait qu'à Ottawa, que ce soit au Parlement ou à la Délégation, on se comporte comme si le destin du Canada, sauf la réserve québécoise, était d'être unilingue et uniculturel et que l'on prépare l'avenir dans cette optique. En février 1929, les évêques québécois en appellent directement à Pie XI: «Nous sommes également peinés de sentir une sorte d'antipathie envelopper notre peuple et ses chefs spirituels. Nous sommes particulièrement humiliés, à l'arrivée de chaque Délégué Apostolique et à la vacance de chaque siège épiscopal, de nous heurter aux mêmes défiances et d'être obligés d'entreprendre les mêmes démonstrations.»[7]

Changement de statut, 1908

L'établissement d'une Délégation en 1899 revêt plusieurs significations. Léon XIII voulait qu'on y vit la preuve de l'amour qu'il portait aux Canadiens. Plus prosaïques, les prélats de la curie en faisaient une nécessité administrative. À distance, on peut y voir un premier geste reconnaissant la maturité de l'Église canadienne. Ce geste en laisse présager un deuxième: l'élévation de cette Église au rang d'Église adulte. Profitant d'un remaniement de la curie romaine, Pie X, qui a succédé à Léon XIII en 1903, normalise la situation de l'Église canadienne par la constitution apostolique *Sapienti consilio* qu'il promulgue le 3 novembre 1908. Le Canada n'est plus un pays de mission régi au spirituel par la Propagande. Comme les nations aînées, il relèvera des diverses congrégations chargées d'administrer l'Église. De ce fait, le Canada passe du *jus missionum* au *jus commune*.

Le geste a été posé tout naturellement, sans ostentation. Il ne semble pas qu'il répondait à des attentes exprimées par les Canadiens — du moins nous n'en avons pas la preuve. Pie X aurait agi de sa propre initiative, convaincu qu'un pays de trois millions de catholiques, découpé en huit provinces ecclésiastiques, vingt-neuf diocèses, trois vicariats et deux préfectures apostoliques, avait atteint une certaine maturité. Qu'il ait voulu aussi régler d'épineuses questions de juridiction administrative entre la Propagande, la Consistoriale et la Secrétairerie d'État, rien n'interdit d'en faire l'hypothèse. À l'avenir, les affaires courantes des sièges résidentiels et de la

Délégation seront sous la jurdiction de la Consistoriale, celles des vicariats et des préfectures continueront de relever de la Propagande, celles des Ruthènes, de la Sacrée Congrégation de l'Église orientale.

Ce changement de statut a, dans la vie quotidienne, un impact. Les évêques canadiens-français connaissaient bien les rouages de la Propagande: ils y avaient des ennemis, mais aussi un réseau d'amis et de sympathisants. Ils ont à se bâtir un réseau de protecteurs au sein de la Consistoriale et à continuer de se ménager des appuis au sein de la Secrétairerie d'État. Celle-ci, qui n'oublie jamais de considérer les questions sous l'angle diplomatique, est sensible au fait que le Canada est une colonie de l'Empire britannique et un pays nord-américain. Elle a donc tendance à ménager les susceptibilités des autorités britanniques et à endosser les thèses irlandaises sur le devenir du catholicisme canadien. Elle n'est pas naturellement attentive aux aspirations nationales des Canadiens français.

Le Concile plénier, 1909

Dans le dernier tiers du XIXe siècle, l'idée d'un concile canadien a fait son chemin. Depuis le premier concile de Québec (1851), qui avait réuni tous les évêques de l'Amérique du Nord britannique, il n'y avait pas eu de concile plénier. Les disciplines diocésaines, les coutumes, les idéologies avaient évolué, d'une région à l'autre du pays, dans des directions divergentes, selon les prescriptions des conciles régionaux, des synodes diocésains et des lettres pastorales. L'arrivée d'immigrants venant de tous les azimuts et porteurs de traditions différentes risque d'accroître ces divergences. Plusieurs évêques ressentent alors le besoin d'uniformiser la législation et de dégager les lignes d'une action commune. En 1899, Mgr Bégin voit dans un concile, dont il propose la tenue, «un moyen de réunir en un faisceau les forces dispersées de notre épiscopat».[8]

La Propagande semble favorable à l'idée. En mai 1902, le délégué Falconio consulte les archevêques du pays à ce sujet; par la suite, la Propagande manifeste son désir «de voir tracer un plan comprenant les lignes fondamentales des décrets du concile projeté». En mars 1904, seize théologiens désignés par les huit métropolitains canadiens se réunissent à Ottawa. Ils constituent une commission, présidée par Mgr Cyrille-Alfred Marois, vicaire général à Québec, chargée de préparer des *schemata* (projets de décrets). Le délégué presse les travaux et se montre désireux de tenir le concile le plus tôt possible, voire dès 1905. Les commissaires travaillent vite. Ils tiennent cinq réunions, la dernière le 4 mars 1904. Le 16 février 1905, le délégué expédie les *schemata* aux archevêques qui les trouvent trop longs et techniquement peu précis. Au printemps de 1906, la Propagande abonde dans le même sens et suggère une réécriture qui dégagerait «des dispositions peu nombreuses et substantielles» centrées sur «la formation soigneuse des jeunes clercs, la discipline du clergé et une plus rigoureuse impulsion à donner à la propagation de la foi parmi les protestants». [9] Le délégué confie à un théologien la tâche de les réécrire et, en mai, réunit les archevêques pour discuter de la tenue du concile. Se sentant un peu bousculés, les archevêques reportent à l'année suivante les discussions préparatoires et chargent Mgr L.-A. Paquet, théologien célèbre par ses travaux et sa connaissance du latin, de réécrire les projets de décrets.

Aux yeux de plusieurs archevêques, le concile apparaît maintenant une affaire prématurée. En 1904, Pie X a confié à Mgr Pietro Gasparri, nommé cardinal en 1907, le soin de codifier le droit canonique de l'Église. Travail considérable que cette mise à jour et dont les résultats risquent de rendre désuets les décrets d'un concile national. Mgr Bégin et d'autres évêques préféreraient attendre de disposer des travaux de cette commission. Par ailleurs, les évêques des diocèses pauvres en ressources humaines craignent une trop grande uniformisation de l'administration diocésaine et souhaitent conserver une certaine latitude dans la procédure de nomination des évêques, dans l'organisation des chapitres, dans la tenue des conciles provinciaux et des synodes diocésains, ainsi que dans la nomination des curés. Le comportement de Mgr Sbarretti — il se montre très pressé et désireux de présider lui-même ces assises — inquiète aussi l'épiscopat canadien-fran-

çais. Pour toutes ces raisons, Mgr de Québec manifeste peu
d'empressement. Il insiste auprès des autres archevêques sur
la nécessité d'une préparation minutieuse des *schemata*, qui
devraient déborder les questions soulignées par la Propagande.
Il s'agit bien «de poser aux fondements de l'Église canadienne
des assises inébranlables sur lesquelles reposeront ses destinées».[10] Mgr Bégin souhaite un concile dont la qualité soit
comparable à celle des conciles que les évêques américains
ont tenus au XIXe siècle à Baltimore, qui établisse un diagnostic
en profondeur «de la santé spirituelle du peuple canadien»
et suggère «des remèdes efficaces». Cette visée le porte à
croire que l'on devrait en confier la présidence à un prélat
canadien, capable de voir à ce qu'on «applique les principes
catholiques à notre ordre social canadien». Sur ce dernier
point, les ultramontains, qui gravitent autour du journal *La
Vérité* et des Jésuites, sont encore plus catégoriques: le délégué
serait trop «entiché de tout ce qui est américain», trop commis
à l'égard de la suprématie de la langue anglaise, trop immiscé
dans les travaux préparatoires pour occuper le fauteuil pré-
sidentiel.[11] La Propagande comprend ces inquiétudes et
reconnaît qu'il appartient aux évêques de «déterminer le temps
de la célébration du Concile et les matières qui doivent y être
traitées».[12] Ce n'est ni l'opinion du délégué ni celle des évêques
irlandais qui, en 1907, pressent toujours la tenue d'un concile,
«sans que Rome nous en manifeste même le désir», constate
Mgr Bégin. Mais peu à peu l'opinion du délégué prévaut et
Rome, le 25 mars 1909, par la bouche du préfet de la Congrégation du concile, mande à Mgr Sbarretti de convoquer l'épiscopat canadien à un concile qui sera tenu à Québec, le diocèse
le plus ancien du pays, en septembre 1909, et de le présider.

Ils sont quarante Pères conciliaires — huit archevêques,
dix-neuf évêques, trois vicaires apostoliques, trois évêques
auxiliaires, un préfet apostolique, cinq administrateurs de
sièges vacants, un abbé mitré — à siéger du 10 septembre
au 1er novembre, en compagnie de cent vingt-quatre théologiens, vicaires généraux et supérieurs de communauté. Ils
sont tous animés d'un même désir, «garder l'unité de la foi
et l'intégrité des mœurs», et aussi d'un même espoir, «assurer
l'union plus ferme des forces catholiques en notre pays». Les

réunions ont lieu à l'archevêché et au séminaire de Québec. Les discussions se déroulent au sein de sept commissions spéciales et de réunions plénières. Le rythme de travail est infernal: cinq jours par semaine, les soirs et les fins de semaine étant réservés à des manifestations publiques — cortèges, conférences publiques, pèlerinages, réunions mondaines — qui donnent l'illusion d'une participation du peuple et des élites aux travaux conciliaires. Les organisateurs n'ont pas raté l'occasion de frapper l'imagination populaire ni d'étaler la puissance de l'Église catholique canadienne. Au lendemain du sermon de Mgr Cloutier, évêque de Trois-Rivières, aux ouvriers de Saint-Sauveur, *L'Action sociale* jubile: «C'était une vraie vision du moyen-âge [...] que ce défilé des princes de l'Église et des chefs des unions ouvrières, symbolisant sous les regards de tous l'infrangible union de l'Église et du peuple.» Les Pères conciliaires abattent une besogne considérable: ils proclament 688 décrets qui, envoyés à Rome pour approbation, sont promulgués le 25 avril 1912. Signe des temps: ils sont publiés en latin à l'usage exclusif du clergé.

À l'époque, le concile a été considéré un des grands événements de l'histoire de l'Église catholique canadienne. À distance, il n'est guère facile aujourd'hui d'en mesurer la portée. L'ensemble des décrets constitue un traité de théologie pastorale et un code de conduite pratique. Le canoniste Valérien Bélanger y verra plus tard «l'une des législations particulières les mieux faites dans l'Église». Les principes qui l'inspirent suivent de près l'ancien droit ecclésiastique et reflètent une orthodoxie, donc un conservatisme, inattaquable. L'entrée en vigueur le 19 mai 1918, du *Codex juris canonici*, œuvre de l'équipe du cardinal Gasparri, devait reléguer aux oubliettes ces décrets — sauf leur contenu dogmatique et une soixantaine de prescriptions particulières. Les nombreuses retouches apportées au droit commun de l'Église par le *Codex* eurent comme conséquence de rendre inutiles ou désuets la plupart des décrets canadiens. On a dit avec justesse que le *Codex* avait «rejeté dans l'ombre le concile avant qu'on ait eu le temps de le pratiquer». Par ailleurs, au plan de la coordination des forces catholiques canadiennes, le concile ne semble pas avoir connu un franc succès. Certes, il a aidé l'épiscopat canadien à sérier les problèmes, à établir des priorités et à mieux comprendre certaines questions d'une portée régionale, par exemple celle des Ruthènes catholiques. Il a aussi pris des mesures propres à faciliter le règlement de problèmes liés à l'immensité du pays, à la diversité culturelle et au pluralisme religieux. Les décrets concernant l'étude de l'anglais et du français dans les séminaires (166, 179), le rapprochement œcuménique (330, 351, 407-415), l'accueil des immigrants (332-334), l'uniformité du catéchisme (313), l'incardination et l'ex-cardination des prêtres (125) répondent à des besoins spé-cifiques. Mais le concile ne semble pas avoir rapproché les membres francophones et anglophones de l'épiscopat cana-dien. Au cours des rencontres informelles, on n'a pas réussi à dégager un consensus sur le problème à la racine de nom-breux désaccords dans l'agir pastoral: l'avenir culturel du Canada. A-t-on même essayé?

Vers une Conférence catholique canadienne

Des textes juridiques ne suffisent pas à assurer une croissance uniforme, si leur application ne relève pas d'une unité de direction. Les archevêques sont bien conscients de ce fait. À partir de 1901 — si on en croit la tradition orale — ils se réunissent une fois l'an sous la présidence du délégué apos-tolique pour passer en revue les problèmes de l'Église cana-dienne.[13] Mgr Joseph-Thomas Duhamel, archevêque d'Ottawa, aimerait que tous les évêques participent à ces réunions. Mgr Bégin y associe ses suffragants, en leur demandant parfois des suggestions pour l'établissement de l'ordre du jour. On ne sait si ces réunions ont vraiment eu lieu tous les ans ni comment elles se déroulaient. Elles devaient laisser à désirer sous plusieurs rapports car, lors de la réunion des 6 et 7 novembre 1911, Mgr Pellegrino-F. Stagni, récemment nommé délégué, propose un certain nombre de règles de procédure. Les réunions auraient lieu chaque année à Ottawa, le premier mercredi d'octobre. Les archevêques non alors disponibles pourraient se faire représenter. Un secrétaire permanent ferait connaître à l'avance l'ordre du jour préparé après consultation des archevêques, qui, eux-mêmes, seraient tenus de consulter leurs suffragants. Il ferait parvenir à tous les membres de l'épiscopat un procès-verbal de la réunion. Monsieur C. Lecoq, supérieur de Saint-Sulpice et ex-secrétaire du Concile plénier, assumerait les fonctions de secrétaire. La réunion du 2 octobre 1912 semble avoir été tenue selon cette procédure; elle n'a pas été reprise.

L'interruption de ces réunions d'archevêques pose problème. Mᵍʳ Bégin en attribue la disparition à ce qu'elles «nécessitent un voyage très long pour quelques prélats et fort dispendieux».[14] L'explication semble incomplète. Il y a gros à parier que la mésentente entre Canadiens français et Irlandais sur la question scolaire et la nomination des évêques, conjuguée à la diversité des problèmes d'une région à l'autre du pays, ait miné l'intérêt que les archevêques pouvaient avoir à se rencontrer. Quoi qu'il en soit, les problèmes communs subsistent et les ennemis communs obligent à renouer contact. Nommé cardinal le 26 avril 1914 et se considérant comme le primat de l'Église canadienne, même s'il n'en a pas officiellement le titre, Mᵍʳ Bégin se préoccupe beaucoup de l'avenir du catholicisme au Canada. Durant la Première Guerre mondiale, les mœurs changent et l'institution du mariage, en certains milieux, semble remise en question. Ils sont nombreux ceux qui font pression pour que les législateurs assouplissent la loi sur le divorce. C'est là une question du ressort du gouvernement fédéral, le seul palier politique qui échappe à l'emprise de l'épiscopat québécois. Le cardinal Bégin ressent donc le besoin d'une action concertée de tout l'épiscopat canadien et l'utilité d'une structure administrative pour soutenir et orienter l'action commune. En 1921, il souhaite une réunion de tous les évêques du pays pour discuter «de questions religieuses bien importantes», notamment le divorce et le mariage. Il songe à une réunion annuelle de l'épiscopat canadien et à l'établissement d'un comité central permanent qui ferait un examen préliminaire des questions. Il s'ouvre de son projet au délégué apostolique, Mᵍʳ Pietro Di Maria, et à l'archevêque de Toronto, Mᵍʳ Neil McNeil, arguant que «l'union compacte des évêques sera toujours une puissance formidable qu'aucun gouvernement ne saurait mépriser». Lors de leur réunion de l'automne de 1922, les évêques du Québec étudient la question mais ne réussissent pas à s'entendre sur «quelque chose de pratique». Le cardinal Bégin réduit alors son projet à une assemblée des seuls archevêques, telle qu'elle existait avant 1912, et il presse le délégué de la convoquer. Les choses traînent en longueur et le départ du délégué Pietro Di Maria, en 1926, les retarde davantage.

En 1927, c'est l'archevêque de Toronto qui réclame une assemblée des archevêques mais les évêques du Québec lui font savoir que «dans les circonstances et avant l'arrivée du prochain Délégué, il n'y a ni lieu ni possibilité d'obtenir cette assemblée».[15] Mgr Andrea Cassulo, dès son arrivée en 1927, prend sur lui de mener ce projet à terme: il forme un comité provisoire de quatre membres pour préparer une réunion plénière des évêques et archevêques canadiens.[16] Le délégué suggère trois questions: 1. la création d'un comité permanent de l'épiscopat canadien pour suivre les questions relatives à l'immigration, à l'action sociale et aux sociétés catholiques laïques, 2. la formation philosophique des séminaristes, 3. le financement des missions en territoire canadien.[17] La première réunion des archevêques et évêques du Canada et de Terre-Neuve a lieu à Québec, les 3 et 4 octobre 1928. Elle est présidée par le cardinal Raymond-Marie Rouleau, successeur du cardinal Bégin. Au cours de cette réunion, l'épiscopat refuse de créer un comité permanent des évêques sur le modèle de la National Catholic Welfare Conference aux États-Unis. Des évêques craignent «les dépenses additionnelles d'un organisme semblable, même réduit». D'autres savent que la Consistoriale s'oppose — est-ce par crainte que les Églises nationales en viennent à être trop puissantes? — «à ce que l'on crée cette sorte d'organisme là où il n'en existe pas». On se rabat sur la formule d'un comité *ad hoc* qui fera rapport tous les cinq ans à une assemblée de l'épiscopat, quitte à ce qu'aient lieu des réunions spéciales, si dix évêques en font la demande.

2. L'AFFIRMATION D'UNE ÉGLISE QUÉBÉCOISE

Pendant que l'Église catholique canadienne s'institutionnalise, la plus importante de ses constituantes, l'Église du Québec, connaît une explosion de vitalité liée à la croissance naturelle des Canadiens français. De 1901 à 1931, la population totale du Québec augmente de 1,2 million d'habitants, les catholiques, de un million, et les Canadiens français, de 947 944. La position des catholiques recule légèrement dans l'ensemble de la population québécoise: elle passe de 86,8% de la population totale en 1901 à 85,7% en 1931. Ce recul tient à l'immigration, qui joue en faveur des dénominations non catholiques. Les Juifs, qui passent de 0,5% en 1901 à 2,1% en 1931, en sont les principaux bénéficiaires. Les autres dénominations améliorent peu leur position. En 1931, les anglicans constituent 5,2% de la population; l'Église Unie du Canada, résultante de la fusion en 1925 des méthodistes, des congrégationalistes et de nombreux presbytériens, 3,1%; les presbytériens, 2,1%.

Un rythme de croissance démographique spectaculaire — 2,6% de 1901 à 1911, 17,6% de 1911 à 1921, 21,7% de 1921 à 1931 — scande des mouvements migratoires de grande amplitude vers trois horizons. L'horizon américain d'abord: 310 000 Québécois, soit plus de 10% de la population en 1931, gagnent les villes états-uniennes. Pour stopper cette hémorragie, le clergé encourage l'ouverture de nouveaux espaces et l'intensification des défrichements dans les vieilles zones de peuplement. Le Nord-Ouest devient la nouvelle «frontière» québécoise. Confronté à de sévères contraintes climatiques, le mouvement de colonisation est un pis-aller: bien des ruraux préfèrent mettre le cap sur les villes, notamment Montréal, qui s'affirme un pôle de croissance tentaculaire. Il s'ensuit un brassage de population qui affecte différemment les régions. L'île de Montréal, le Saguenay/Lac-Saint-Jean et l'Abitibi/Témiscamingue sont les bénéficiaires de cette nouvelle distribution; les Cantons-de-l'Est, l'Outaouais et la région de Québec en sont les perdants. Renfermant 35,5% de la population québécoise en 1931, l'île de Montréal est un creuset où des ruraux transmués en ouvriers, en commis, en journaliers et en petits commerçants acquièrent très lentement une nouvelle identité. Débordant le périmètre des villes, l'urbanisation commence à transformer le paysage québécois. Ce phénomène se traduit par la prolifération des villages reconnus juridiquement — 160 en 1911, 251 en 1921, 300 en 1931 — et par la naissance, en dehors du vieux réseau urbain, de villes champignons liées à l'exploitation des richesses naturelles. Les régions les plus touchées par l'urbanisation sont la plaine de Montréal, la Mauricie, le Saguenay/Lac-Saint-Jean. Au total, ces années sont témoins d'un net recul de la population rurale, qui passe de 60,3% en 1901 à 36,9% en 1931.

Les différences ethniques contribuent à élargir le fossé entre ruraux et citadins. Dans le premier tiers du XXe siècle, les Canadiens français continuent d'étendre leur emprise sur le monde rural et sur certaines villes. En 1931, la Gaspésie est française à 80%; la ville de Québec, à 92%; les Cantons-de-l'Est, à 84%; l'Outaouais, à 70%. En revanche, les non-francophones concentrent leurs effectifs dans la région montréalaise. Montréal, avec 60% de Canadiens français, 25% de Britanniques et 13% d'allogènes, est un assemblage bigarré de quartiers et de ghettos.

L'une des principales préoccupations de l'Église du Québec est d'ajuster ses cadres de chrétienté aux modifications de l'environnement.

Les Églises diocésaines

La carte des Églises diocésaines avait acquis au XIXe siècle ses traits territoriaux fondamentaux. Au XXe siècle, elle se développe suivant un processus cellulaire: la division des grosses unités. Le principe de division n'est pas la densité de la population mais sa répartition spatiale: un diocèse doit être à taille épiscopale puisqu'un évêque aura à le parcourir en tous sens. C'est donc le mouvement de colonisation qui, en définitive, détermine alors la création de nouvelles Églises diocésaines. Mais plusieurs facteurs interviennent dans la délimitation des frontières, le choix du site de l'évêché et le moment de son érection: les genres de vie, la topographie,

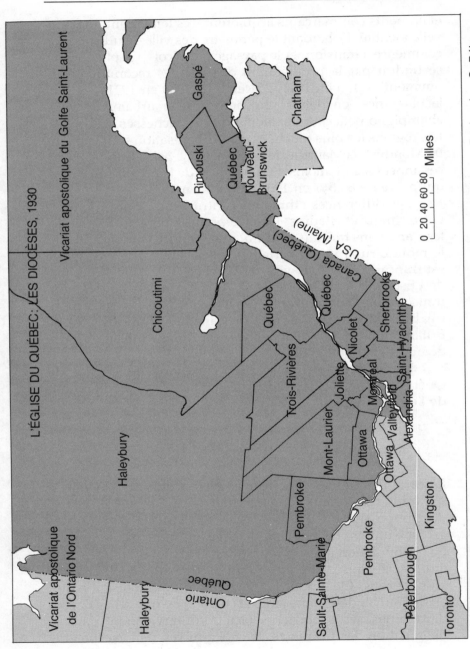

L'ÉGLISE DU QUÉBEC: LES DIOCÈSES, 1930

Vicariat apostolique du Golfe Saint-Laurent

Vicariat apostolique de l'Ontario Nord

Gaspé

Chatham

Rimouski

Québec Nouveau-Brunswick

Chicoutimi

Québec

USA (Maine)

Canada (Québec)

Québec

Sherbrooke

Nicolet

Trois-Rivières

Joliette

Saint-Hyacinthe

Montréal

Haleybury

Mont-Laurier

Ottawa

Valleyfield

Ottawa

Alexandria

Pembroke

Ontario
Québec

Haleybury

Sault-Sainte-Marie

Pembroke

Kingston

Peterborough

Toronto

0 20 40 60 80   Milles

Source: Le Canada Ecclésiastique, 1930   Cartographie: S. Lapointe   Recherche: G. Bélanger

les frontières civiles existantes, les voies de communication et la capacité d'une population catholique à soutenir une structure diocésaine. Idéalement, un diocèse doit être capable de se suffire à lui-même en prêtres, en religieux et en argent.

L'émergence de nouvelles Églises diocésaines a une portée qui dépasse le développement du catholicisme québécois: ces Églises sont signe et instrument d'un développement socio-économique, politique et national. Compte tenu de la place qu'occupe l'Église dans l'organisation sociale, la création d'un diocèse a une signification analogue à celle de la création d'un conseil socio-économique régional. La vocation temporelle d'un diocèse sera clairement soulignée par l'évêque de Gaspé: «L'évêque est le directeur du peuple et son intermédiaire naturel vis-à-vis des pouvoirs publics. Étant sur place, il pourra coordonner plus efficacement les activités de ses diocésains pour amener un développement agricole [...], empêcher la désertion du sol [...], obtenir des moyens de communication, exercer une salutaire influence sur les organisations industrielles qui s'annoncent et, en prenant ainsi une part active au développement matériel, assurer une influence plus considérable à l'élément catholique.»[18] Plus lourde, plus accaparante dans les diocèses ruraux, la vocation temporelle d'un diocèse est toujours présente dans la pensée de tout évêque d'une Église-nation.

Chaque érection de diocèse est une longue histoire, fertile en péripéties et en rebondissements, qui met à rude épreuve la patience, le tact et la perspicacité des autorités en cause. Des rivalités de clocher rendent difficiles l'érection du diocèse de Joliette, le 27 janvier 1904. Personne ne conteste alors l'urgence d'amputer le diocèse de Montréal de sa partie nord. Mais deux villes, L'Assomption et Joliette, réclament l'honneur d'abriter le nouveau siège épiscopal et toutes deux ont de solides arguments: vaste église, collège classique, population à l'aise, etc. Joliette l'emporte grâce à la présence des Clercs de Saint-Viateur, très actifs dans la région, et à des possibilités d'expansion à moyen terme plus grandes que celles de L'Assomption. Mais il faut ménager les susceptibilités: la ville de L'Assomption et les paroisses du comté de L'Assomption sises au sud de la ligne du Canadian Pacific Railway demeurent rattachées à Montréal. Le chanoine Alfred Archambeault, qui avait défendu la cause de L'Assomption, devient le premier évêque de Joliette.

Le démembrement de l'archidiocèse d'Ottawa pose des problèmes plus épineux. Ses frontières chevauchent deux provinces civiles, le Québec et l'Ontario, et englobent des groupes ethniques compacts. Dans sa partie nord, son développement économique est commandé par Toronto, son peuplement est assuré pour une large part par des Canadiens français en provenance du Québec et sa vie religieuse est animée par les Oblats, qui y œuvrent depuis 1844. Il n'est pas possible dans cette région frontalière d'ajuster les frontières ecclésiastiques aux frontières civiles ni d'effectuer un découpage respectueux des ethnies. Aux yeux de l'épiscopat québécois, cela ne semble pas souhaitable non plus: rien de mieux qu'un chevauchement des frontières civiles pour faciliter l'émigration des francophones en Ontario et «assurer aux autres diocèses de langue anglaise» l'appui de la toute puissante Église du Québec. Le catholicisme ontarien pour progresser, sinon pour maintenir ses positions, a besoin de l'afflux des Canadiens français catholiques. Le démembrement s'effectue en trois temps, au rythme du développement minier et du mouvement de colonisation. En 1882, on confie à Mgr N.-Z. Lorrain l'administration du vicariat apostolique de Pontiac, que Rome a détaché du diocèse d'Ottawa. La découverte, en 1903, d'un gisement d'argent à Cobalt provoque un mouvement de population qui, en 1908, nécessite l'érection, à même des territoires amputés aux diocèses de Pembroke et d'Ottawa, du vicariat apostolique du Témiscamingue — plus tard diocèse de Haileybury.[19] Mais le diocèse d'Ottawa est encore trop vaste. Le 21 avril 1913, on détache sa partie septentrionale qu'on érige en diocèse de Mont-Laurier. Pembroke et Haileybury chevauchent le Québec et l'Ontario; Mont-Laurier est tout entier en territoire québécois.

Plus à l'Est, des diocèses sont aussi immenses et peu peuplés. La Côte-Nord, érigée en préfecture apostolique du golfe Saint-Laurent le 20 mai 1882, est confiée aux Eudistes le 13 juillet 1903, puis élevée, à la demande de Mgr Bégin, au rang de vicariat apostolique le 12 septembre 1905. Le cas de

Gaspé, détaché du diocèse de Rimouski le 5 mai 1922, s'apparente à celui de Joliette. Mgr Turgeon, évêque de Québec, avait posé le problème en 1849 et, encore en 1904, Mgr Blais de Rimouski avait conclu que «le temps n'était pas encore venu». Rimouski n'avait toujours pas les ressources en hommes et en argent pour procéder à cette fondation. De plus, les esprits étaient divisés au sujet de la localisation du siège épiscopal: Bonaventure et Gaspé se disputaient l'honneur de l'héberger. Ce n'est qu'en 1920 que Mgr J.-R. Léonard, originaire de Gaspé et évêque de Rimouski, confie à Mgr François-Xavier Ross la présidence d'une commission chargée de préparer la fondation d'un nouveau diocèse. Les travaux de cette commission, de même que la correspondance de son président, révèlent dans quelle perspective l'Église du Québec envisage la création d'un diocèse. Selon le témoignage de Mgr Ross, la Gaspésie est un vaste territoire qui englobe un district extrêmement pauvre, Gaspé, et un autre plus à l'aise, Bonaventure. Les «intérêts religieux» et les «intérêts temporels» commandent la mise en place d'une organisation religieuse autonome: «tout sera à créer» et «l'évêque devra assumer le rôle modeste des évêques missionnaires, vivant de sacrifices au milieu de ses prêtres». Le siège épiscopal devrait être Gaspé. Cette ville, «rendez-vous des riches protestants dont l'influence pénètre graduellement toutes les régions environnantes», a l'avenir pour elle, même si elle est au cœur de la partie la plus démunie du diocèse. «La situation immédiate de l'évêque sera moins agréable, plus pénible à Gaspé qu'à Bonaventure», mais «l'évêque est pour le diocèse et non le diocèse pour l'évêque. Il sera là pour préparer l'avenir, non pour jouir du présent.» Mgr Ross sera le premier titulaire de ce nouveau diocèse.

La création de ces Églises diocésaines a réduit les écarts entre diocèses sur le plan spatial, bien que Montréal, Québec et Mont-Laurier, entre autres, demeurent des Églises trop étendues. Ces modifications à la carte ecclésiastique n'ont pas empêché, cependant, les déséquilibres démographiques de s'accroître sous la poussée des courants migratoires. En 1901, outre Montréal et Québec dont la population catholique était évaluée respectivement à 434 498 et 323 366 âmes, l'Église du Québec comptait sept diocèses dont la population variait entre 59 000 et 111 000 âmes. En 1931, Montréal, dont la population catholique atteint 850 000, constitue une catégorie à part, de même Québec, avec une population de 491 246. Puis viennent six diocèses dont la population catholique se situe entre 97 000 et 134 000 âmes. Une dernière catégorie englobe quatre diocèses dont la population varie entre 44 000 et 67 000 âmes. De fait, les Églises diocésaines reflètent les

---

LE PERSONNEL DE LA CURIE DIOCÉSAINE
(Code canonique, 1918)

1.   *Curie diocésaine.* Ensemble des personnes qui aident l'évêque résidentiel dans le gouvernement du diocèse, tant au plan administratif qu'au plan judiciaire.

I.   Plan administratif

2.   *Vicaire général.* Il est nommé par l'évêque et celui-ci peut le révoquer à volonté. Il n'a pas de cure. Sa juridiction s'étend à toutes les affaires spirituelles et temporelles que l'évêque a le pouvoir de traiter de droit ordinaire. L'évêque peut restreindre ou accroître cette juridiction. En pratique, le vicaire général est une éminence grise qui en mène large. Le poste qu'il occupe le met en situation d'avoir discrètement «sa politique personnelle».

3.   *Chancelier.* Le chancelier garde dans les archives les actes de la curie. Il les classe et en dresse l'index. Il est aussi notaire ecclésiastique et, par conséquent, témoin officiel. Il est parfois assisté d'un vice-chancelier.

4.   *Notaire.* Il écrit les pièces judiciaires officielles, rédige les procès-verbaux, communique à qui de droit les documents de la curie.

5.   *Examinateurs synodaux.* Ils sont nommés pour dix ans et ils sont entre quatre et douze. Ils examinent avec l'évêque les candidats à une cure, à la prêtrise, à une aumônerie.

disparités régionales et en sont à des stades différents de développement. Faute de monographies sur la question, il est difficile de caractériser leur administration. Les évêques vivent dans leur diocèse. Ils logent, sauf exception, dans des évêchés spacieux et confortables qui font l'orgueil d'une ville, mais dont le financement obère le budget diocésain. Règle générale, le train de vie d'un évêque est modeste, inférieur à celui de beaucoup de curés, même si le protocole et la

6. *Curés consulteurs*. Ils sont soumis aux mêmes règles que les examinateurs synodaux. L'évêque doit les consulter quand un curé inamovible fait appel du décret de révocation ou quand un curé amovible refuse la translation qui lui est proposée par l'évêque.

II. *Plan judiciaire*

1. *Official*. Il préside l'Officialité, tribunal ordinaire de première instance. Ce tribunal comprend des juges synodaux, un juge d'instruction (*auditor*), un juge rapporteur (*ponens, relator*), un notaire, un promoteur de la justice, un défenseur du lien, un curseur et un appariteur.

D'autres personnages peuvent faire partie d'un évêché. Un évêque peut avoir un coopérateur qui a droit de succession (évêque coadjuteur) ou qui n'a pas droit de succession (évêque auxiliaire). Il peut aussi disposer d'un chapitre, assemblée de chanoines, dont les membres doivent rendre à Dieu un culte plus solennel et participer parfois à l'administration ecclésiastique. Il peut nommer des vicaires forains, qui sont des curés responsables d'un district diocésain, dit aussi vicariat forain. Un vicaire forain voit à l'application de la discipline diocésaine dans son district et conseille l'évêque en certaines matières. La plupart des évêques ont un procureur qui les conseille dans les affaires financières et s'occupe de la comptabilité de l'évêché. Cette fonction n'est pas décrite dans le code canonique (1918).

coutume en font des personnages entourés d'honneurs dans les cérémonies officielles et dont les déplacements, le plus souvent pompeux, donnent lieu à des manifestations de vénération. Un évêque gouverne entouré de quelques conseillers. Le clergé diocésain a peu d'occasions d'exprimer collectivement ses doléances ou ses aspirations.

De 1898 à 1931, il ne se tient aucun concile provincial, même si le droit canon en suggère un tous les vingt ans. Seuls Trois-Rivières en 1911, Québec en 1923 et Saint-Hyacinthe en 1930 tiennent un synode diocésain, qui est l'occasion de codifier et d'adapter la discipline, et de consulter le clergé sur les moyens d'intensifier la vie chrétienne. Le droit canon pourtant suggère un synode tous les dix ans. Les évêques prennent pour acquis que le Concile plénier (1909), puis le nouveau code de droit canonique (1918) fournissent à leur clergé un *compendium* canonico-moral toujours valable. Il ne se publie aucune discipline diocésaine. Au fil des ans, les problèmes se faisant plus nombreux et plus complexes, les évêques accroissent les rouages de leur appareil administratif. Seuls des diocèses de création récente et pauvres en ressources humaines s'en tiennent encore à un vicaire général, qui fait fonctionner un secrétariat (affaires courantes), une chancellerie (actes officiels), une procure (finances) et une officialité (jugements). Nombreux sont les nouveaux postes qui apparaissent dans l'appareil administratif diocésain: directeur de l'Apostolat de la prière, directeur de l'Action sociale catholique, aumônier général des syndicats, visiteur des communautés religieuses, directeur de l'assurance mutuelle, directeur de la presse catholique, etc. Un exemple: le diocèse de Québec. En 1913, quelque vingt à vingt-cinq personnes occupent une quarantaine de postes dans la curie de Québec. En mai 1923, l'évêque divise son diocèse en douze districts, appelés des vicariats forains; en 1930, c'est une centaine de postes à caractère administratif — bon nombre à temps partiel, il est vrai — qu'il faut pourvoir. De nouveaux rouages, conseil d'administration, conseil de vigilance, conseil d'expertise, sont venus alourdir l'appareil administratif.

Sans doute sous l'influence du délégué apostolique, les Églises diocésaines s'efforcent de conformer leur administration aux exigences du droit canon. C'est le cas notamment en ce qui concerne la création des chapitres diocésains. Les clercs élevés à la dignité de chanoine sont tout à la fois le conseil de l'évêque et une communauté diocésaine de prières liturgiques. Mgr Bégin n'en voyait pas l'utilité en Canada, où n'existaient que cinq chapitres en 1903: ceux d'Ottawa, de Montréal, de Saint-Hyacinthe, de Trois-Rivières et de Rimouski. Ces chapitres ne sont pas, matériellement parlant, fondés, puisque les chanoines n'ont pas de prébendes (revenus attachés à un titre ecclésiastique). Ces derniers sont recrutés parmi les professeurs des séminaires et les curés. Ils se réunissent une fois par mois et récitent l'office des Petites heures. Certains évêques consultent parfois leurs chanoines sur les affaires les plus importantes. Pour sa part, Mgr Bégin préfère s'en remettre à des conseillers individuels et comprend que, dans certains diocèses, les prêtres sont si peu nombreux, éparpillés sur de si vastes territoires, qu'il serait bien difficile d'y créer un chapitre.[20] Mais Rome, au nom de l'uniformité, tient à ce que les évêques aient un chapitre et consent, en juillet 1909, un tarif spécial d'investiture (déboursé à verser à Rome lors de la nomination) pour les chanoines canadiens qui n'ont pas de prébendes. Sauf Gaspé et Mont-Laurier, tous les diocèses en viennent à se doter d'un chapitre, même Québec, en 1914, et plusieurs évêques se montrent davantage exigeants pour le service du chœur.[21]

Le leadership du cardinal Bégin

En maintes occasions, l'Église du Québec se comporte comme une Église nationale. Ce concept est ambigu. Il n'apparaît pas dans le droit canon: les diocèses sont des Églises locales qui entretiennent des relations verticales avec Rome. Les relations horizontales entre elles naissent des contraintes du milieu, notamment de la société politique qui transcende les frontières diocésaines. Les diocésains, en effet, sont membres d'une société civile beaucoup plus vaste qu'anime une même culture et régit une même loi civile. Il est naturel que les évêques d'une même société politique se préoccupent de l'application uniforme des lois ecclésiastiques et adoptent une attitude commune face aux problèmes qui surgissent de l'insertion de l'Église dans cette société. Une trop grande diversité serait source de tensions pour les fidèles et d'affaiblissement pour le pouvoir ecclésial. Ces relations horizontales nouent des liens, façonnent des attitudes, qui confèrent aux stratégies des évêques une unité de pensée et d'action, un style particulier propre à un lieu et à une société. Cette dynamique rend compte de l'émergence d'une Église canadienne au début du XXᵉ siècle après la mise en place de la Confédération canadienne en 1867. Elle rend compte également de l'affirmation de l'Église québécoise, d'abord au sein de l'Église canadienne, puis de l'Église universelle.

À la fin du XIXᵉ siècle, la mort du cardinal Taschereau (1898) avait laissé l'épiscopat québécois sans chef naturel. Sa succession fait problème. Dès son intronisation au siège de Québec, Mᵍʳ Bégin prend sur ses collègues un ascendant, tant à cause du prestige de son siège que de sa forte personnalité. Il conquiert peu à peu leur estime, leur confiance et leur affection. Il est l'homme tout désigné pour refaire autour de sa personne l'unité de l'épiscopat. Dès 1897, alors que Mᵍʳ Bégin n'était encore que l'administrateur du diocèse, son conseiller, le père Gonthier, lui avait suggéré cette stratégie: «fortifier toutes les provinces» ecclésiastiques par d'heureuses nominations, «puis les unir fortement à la province-mère qui sera à toutes leur force et leur appui», afin «de nous assurer une force irrésistible».[22] Mais ni lui ni un autre évêque ne se sent autorisé à prendre l'initiative «pour une meilleure entente et une action plus décisive en vue de l'intérêt général».[23] Un chapeau de cardinal ou le titre officiel de primat pourrait sans doute mettre l'un ou l'autre archevêque en position de jouer un rôle de chef. Le cardinalat excite quelques convoitises et divise les esprits. Au début du siècle, les libéraux favorisent le conciliant Bruchési, et les conservateurs, Bégin le ferme. Les Irlandais n'accepteraient, semble-t-il, aucun de ces deux candidats. Vus de la lunette du séminaire de Québec, Mᵍʳ Bruchési serait le plus remuant et Mᵍʳ Bégin le plus discret. Mais Rome n'a pas oublié le refus des évêques du Québec de collaborer avec le délégué Merry del Val, et Mᵍʳ de Valleyfield

en conclut qu'il «n'y aura pas de si tôt un cardinal au Canada».[24]
Pour sa part, Mgr Bégin donne un temps l'impression qu'il
croit que le délégué apostolique pourrait être ce chef recherché,
«un principe de cohésion pour notre épiscopat, une autorité
supérieure qui s'impose à tous». Ce témoignage officiel épuise-
t-il sa pensée? Les piètres performances du délégué Sbarretti
l'amènent à reviser ce jugement et à assumer lui-même le
rôle de chef de l'épiscopat québécois. Son nom suscite un
consensus de plus en plus marqué. Séjournant à Rome en
1906, Mgr L.-A. Paquet, à l'insu de Mgr Sbarretti mais peut-
être avec l'appui de l'honorable Charles Fitzpatrick, alors
ministre canadien de la Justice, prépare les voies à cette nomination… qui se fera attendre jusqu'au 26 avril 1914.

L'élévation au cardinalat cautionne un leadership qui
depuis plus d'une décennie n'avait cessé de s'affirmer. Mais
la caution est liée à un homme, non à un siège. Mgr Bégin,
de même que ses conseillers, espère davantage. Le délégué
apostolique, selon le père Gonthier, «n'a nullement servi» à
cimenter «l'entente de l'épiscopat des trois provinces ecclésiastiques de Québec». Le cardinal disparaissant, l'épiscopat
québécois «redeviendra acéphale, comme depuis dix-sept ans».
Pourquoi ne pas ériger Québec en siège primatial, afin que
l'épiscopat ne «soit jamais sans un chef qui, par le fait même
de son siège, ait la charge de l'initiative pour tout ce qui
concerne l'intérêt commun»?[25] S'inspirant de l'avis de ses
conseillers, le cardinal Bégin soumet, en septembre 1914, la
question à la Secrétairerie d'État de Pie X. Évoquant le titre
conféré récemment au siège métropolitain de Westminster,
le cardinal, sans rien réclamer pour Québec, soutient qu'il
serait «opportun de désigner un siège comme centre naturel
de l'épiscopat canadien», à moins que Rome ne préfère autoriser «les évêques à avoir à Rome un représentant ou un
procureur qui serait accrédité auprès du Saint-Siège». On ne
connaît pas la réponse de Rome mais, à toutes fins pratiques,
Québec ne sera reconnu officiellement siège primatial qu'en
1956.

Réunion des archevêques et évêques de la province civile de Québec

Chef naturel de l'épiscopat québécois, Mgr Bégin exerce son leadership en utilisant un instrument de concertation: la Réunion des archevêques et évêques de la province civile de Québec — l'ancêtre de l'actuelle Assemblée des évêques du Québec. Cette assemblée est issue de la réunion biannuelle du Conseil de l'instruction publique, où siègent en permanence tous les évêques dont les diocèses sont situés en tout où en partie au Québec. En l'absence d'une collection de procès-verbaux pour les années 1898-1920, il est difficile d'établir l'évolution de cette assemblée. Il semble qu'au début, les évêques réunis à Québec siégeaient le jour au Conseil de l'instruction publique, et le soir, en assemblée épiscopale dans les salons de l'archevêché. Encore en 1911, Mgr Bégin parle de «réunion intime le soir». L'ordre du jour ne cessant de s'allonger, les évêques en viennent à se réserver un après-midi, puis une journée ou deux. De quoi discute-t-on dans les années 1920? Les évêques débattent des lois civiles qui touchent au droit de l'Église: lois concernant le mariage, le divorce, l'assistance publique, les écoles juives. Ils échangent sur les questions qui seront discutées à l'occasion des rares assemblées des archevêques canadiens. Ils discutent de problèmes pastoraux: les missions, l'action sociale, le cinéma, de même que de l'application uniforme des directives pontificales ou de la discipline ecclésiastique et, bien sûr, de problèmes temporels, tels la lutte antituberculeuse, la colonisation et le syndicalisme. Le délégué apostolique n'assiste pas à ces réunions que préside l'archevêque de Québec. Les discussions sont très libres et contribuent à façonner un esprit de corps et un style de pensée et d'action particuliers à l'épiscopat québécois. Perçues à Rome et à la Délégation apostolique comme des «réunions régionales», celles-ci sont, de fait, des réunions d'un corps épiscopal conscient d'incarner le destin d'un peuple. Les évêques le savent et le proclament. Dans une lettre collective envoyée directement au pape, le 5 février 1929, ils ne craignent pas d'affirmer que «le peuple canadien-français existe et qu'il a droit d'exister», de dénoncer les calomnies dont il est l'objet à Rome de la part des assimilateurs et de rappeler «qu'un peuple ne se supprime pas ainsi».

Entre autres motivations, ce sentiment d'incarner le destin d'un peuple pousse les évêques à traiter directement des questions importantes avec Rome et à y avoir un représentant, reflétant en cela les aspirations profondes des Canadiens français d'établir des relations directement avec le monde extérieur. Outre leur voyage *ad limina* — entrevue avec le pape tous les cinq ans[26] — ils effectuent à Rome des séjours prolongés. Mgr Bégin traverse quelque trente-deux fois l'Atlantique, sans doute un record pour l'époque. Ainsi il avait fait deux voyages consécutifs pour traiter directement avec les cardinaux romains de la question des écoles du Manitoba et «ne s'est point senti porté à recommencer à neuf avec un Délégué *ad referendum* [Mgr Merry del Val] qui avait déjà manifesté son parti pris de ne tenir aucun compte des vues des évêques».[27] Des évêques envoient aussi à l'occasion des émissaires, des procureurs dont le statut et les activités ne sont pas toujours clairs. À diverses reprises, Mgr Bégin délègue à Rome, pour conduire ses affaires, tantôt le père Gonthier, tantôt un autre émissaire: L.-A. Paquet en 1906, le père Alexis, o.f.m.cap., en 1907. En 1909, il confie officiellement à Mgr L.-A. Paquet le soin «de représenter auprès du Saint-Siège Nos Seigneurs les Évêques de la province ecclésiastique de Québec». Mgr Paquet a alors le titre de procureur. Mgr Bégin choisit toujours ses délégués avec soin, tenant compte de leur science, de leur renommée et aussi des contacts qu'ils ont à Rome. L'abbé Omer Cloutier qu'il délègue en 1917 est un docteur en philosophie et en théologie, formé à Rome et à Paris. Il parle le français, l'anglais, le latin, l'italien, et il se débrouille aussi en espagnol.

Comme toute capitale, Rome est un carrefour traversé de courants contradictoires. Le *lobbying* des Canadiens irlandais y est d'autant plus fort que le Québec n'est officiellement qu'une région d'un pays à majorité anglophone et, de surcroît, ce pays est une colonie de la Grande-Bretagne — qui est bien bonne d'y avoir toléré le catholicisme! Les dés sont pipés et les évêques québécois le savent. La diplomatie romaine

entend conserver de bonnes relations avec Londres, dont
l'empire recoupe le sien. En certains milieux romains, les
Canadiens français ne sont guère plus qu'une tribu d'autochtones mal soumise. Et les hommes politiques d'Ottawa
jouent parfois cette carte pour court-circuiter les évêques.
Laurier le fait avec brio en 1896 au moment de la question
des écoles du Manitoba. Il délègue à Rome Charles Fitzpatrick,
catholique irlandais de Québec, accompagné, à la suggestion
du gouverneur général lord Aberdeen, de Charles Russel,
fils du juge en chef du Royaume-Uni et un habitué de Rome.
Fitzpatrick a aussi une lettre du cardinal Herbert Vaughan,
archevêque de Westminster, et une autre signée du duc de
Norfolk, gros fournisseur de la trésorerie pontificale. En 1903,
l'élévation au cardinalat de Mgr Merry del Val et sa nomination
à la Secrétairerie d'État (1903-1914) renforcent le clan irlandais.
En 1913, le père Gonthier énumère quelques têtes de proue
de ce clan: Merry del Val, cet «espagnol doublé d'anglais,
très volontaire, très personnel»; Mgr Donato Sbarretti, ex-
délégué apostolique au Canada et secrétaire de la Sacrée
Congrégation des religieux, qui a aussi ses entrées à la
Consistoriale, notamment par le père Teccki, son «âme damnée», et par un «prêtre ontarien» qui y travaille.[28] Les jugements
de Gonthier sont souvent excessifs. Ils révèlent, cependant,
une perception de la situation qui rend compte du plan qu'en
certains milieux québécois et romains on a élaboré en 1909:
ce plan consiste à installer Mgr L.-A. Paquet à Rome, dans
une maison de Jésuites, à le faire nommer consulteur de
certaines congrégations, puis à en «faire le représentant des
quatre provinces ecclésiastiques françaises». On lui ferait
donner le caractère épiscopal et on lui adjoindrait un secrétaire,
«de sorte qu'il arriverait à prendre une grande influence et
à tenir en échec les intrigues irlandaises». Le projet n'est pas
poursuivi et nous ne savons pourquoi.

3.   LE DESTIN DU CANADA FRANÇAIS

Peut-être viable et rentable d'un point de vue économique,
la Confédération canadienne était prématurée, sinon irréaliste,

sur le plan culturel. Elle avait été bâtie sur une ambiguïté concernant les rapports entre francophones et anglophones. Les Canadiens anglais rêvaient d'un Canada uniculturel et anglophone, au sein duquel serait tolérée la réserve québécoise, comme on tolérait les réserves amérindiennes. Les Canadiens français, croyant leur culture légitimée par l'existence de deux entités politiques bilingues — la province de Québec dominée par les francophones et la Confédération canadienne, par les anglophones — prétendaient implanter cette culture sur tout le territoire canadien. Ces deux utopies avaient donné lieu à une pseudo-confédération fortement régionalisée dans les faits, mais dotée d'une gouverne politique non moins forte, dont les règles du jeu, inspirées du règne du plus fort, allaient à long terme assurer la domination du pot de fer sur le pot de terre. La création du Manitoba, en 1870, dont les institutions étaient une réplique du modèle québécois et une projection de ce que pourrait être le Canada, avait été un accident de parcours. Les forces d'acculturation, dont le courant migratoire, ont joué en faveur de l'utopie canadienne-anglaise. Sauf au Québec, les positions numériques et économiques des Canadiens français s'effondrent à la grandeur du pays à la fin du XIXe siècle.

La crise des écoles séparées

Pour donner consistance au mythe du *partnership* entre deux peuples et assurer la paix politique, les Pères de la Confédération avaient inséré dans la Constitution l'article 93 qui reconnaissait les droits et les privilèges des écoles confessionnelles. Signe d'un compromis ardu, la terminologie de la clause, vague et ambiguë, ne protégeait que les écoles confessionnelles déjà existantes et, de surcroît, reconnues par la loi antérieurement à 1867; ce qui, à toutes fins utiles, pouvait sembler exclure de la garantie constitutionnelle les écoles confessionnelles situées en dehors du Québec et de l'Ontario.

C'était là affaire d'interprétation si bien que, lors de la rédaction de la Constitution du Manitoba (1870), les francophones avaient exigé en cette matière des garanties plus explicites. Dans l'immédiat, l'arrangement de 1867 paraissait viable; parmi les possibles politiques, c'était le choix qui, de part et d'autre, semblait le moins mauvais. Aux yeux de la majorité anglophone, les écoles dites séparées ne contredisaient pas fondamentalement l'utopie d'un Canada uniculturel. L'arrangement avait cependant un inconvénient que les Canadiens anglais ont peut-être mal compris. Ne reconnaissant pas le droit à l'école française d'une mer à l'autre, mais seulement le droit en certains lieux à l'école confessionnelle, la Constitution liait le sort de la culture canadienne-française, dont le catholicisme est une composante, à celui de l'Église catholique. Elle mettait le pouvoir de celle-ci au service de celle-là. Sous le règne du plus fort, qui aurait pu, en dehors du Québec, soutenir des écoles séparées sur une base linguistique plutôt que confessionnelle, puisqu'aucun gouvernement provincial n'était convaincu que le destin du Canada était d'être multiculturel et bilingue?

Dès 1871, l'utopie canadienne-française avait enregistré une première défaite: l'échec des catholiques du Nouveau-Brunswick à faire reconnaître un système d'écoles séparées dans leur province. L'affaire des écoles du Manitoba achevait de dégonfler le mythe de 1867, sans parvenir à dissiper complètement l'ambiguïté. Car, dans l'immédiat, ce n'étaient pas les Franco-Manitobains mais les Irlandais catholiques qui étaient le plus durement touchés. Ceux-ci, moins nombreux et dispersés dans les zones de peuplement anglophone, n'avaient guère le choix; ils devraient entretenir à leurs frais des écoles catholiques privées s'ils voulaient éviter l'immersion dans les écoles protestantes. Les Franco-Manitobains, par contre, étaient surtout regroupés dans des zones rurales où ils étaient majoritaires. Ils pouvaient ainsi s'accommoder du nouveau système d'écoles publiques uniques: tout en perdant leur statut confessionnel, leurs écoles demeuraient, en pratique, catholiques et francophones. Au fond des choses et à plus long terme, c'est cependant l'utopie d'un Canada biculturel qui était battue en brèche. Aux yeux des Canadiens français, les clauses constitutionnelles des écoles séparées sanctionnaient l'égalité des prétendus partenaires dans la Confédération. Et parce que la Constitution leur donnait droit à l'existence culturelle sur une base confessionnelle, ils en étaient venus à s'identifier dans un Nous catholique. Au Manitoba, l'abolition concomitante du français comme langue officielle et des écoles séparées indiquait bien le sens des mesures votées par la législature en 1890. Mᵍʳ Merry del Val l'aurait d'ailleurs compris: l'intransigeance n'était pas de mise

---

Le conflit scolaire

1871: Nouveau-Brunswick. Création d'un système d'écoles publiques et non confessionnelles.

1890: Manitoba. Abolition du français comme langue officielle et création d'un système d'écoles publiques et non confessionnelles.

1892: Territoires du Nord-Ouest. L'administration du système scolaire, y compris les écoles séparées, passe aux mains de l'Exécutif. Abolition déguisée des écoles séparées catholiques et francophones.

1896: Débat aux Communes sur la Loi rémédiatrice rétablissant les minorités dans leurs droits scolaires.

Lettre collective de l'épiscopat québécois à l'électorat, pour appuyer le gouvernement conservateur favorable à la Loi rémédiatrice.

Élections fédérales sur la question des écoles du Manitoba. Défaite du gouvernement conservateur et élection d'un gouvernement libéral dirigé par Wilfrid Laurier.

Règlement Greenway-Laurier: Laurier négocie avec le gouvernement libéral du Manitoba quelques concessions en faveur des catholiques.

1897: Mission de Mᵍʳ Rafaël Merry del Val.
Affari vos de Léon XIII.

1905: Affaire des écoles du Nord-Ouest suscitée par l'érection en province de la Saskatchewan et de l'Alberta.

1912: Affaire des écoles du Keewatin.
Ontario. Le Règlement XVII restreint l'usage du français dans les écoles bilingues.

dans un conflit dont l'enjeu véritable était d'ordre culturel. Et Dalton Mc Carthy, le leader orangiste, avait posé le problème dans sa vraie perspective: «Notre intérêt le plus véritable est de travailler à établir dans ce pays l'unité de race avec l'unité de la vie nationale et l'unité de langue.» L'émergence du Canada au rang de nation paraissait exiger qu'on renonce à la fiction de 1867. Et pour ce faire, on disposait d'une lumière qui colorait le réel selon le goût du jour: le poids du nombre érigé en principe démocratique. «C'est la majorité qui gouverne», clame Thomas Simpson Sproule, député de Grey, en Ontario, «et la pire injustice serait de soumettre la majorité à la volonté de la minorité».[29]

La crise du Manitoba devient tôt l'épicentre d'un mouvement de plus grande envergure. Dans les Territoires du Nord-Ouest en 1892, en Alberta et en Saskatchewan en 1905, au Keewatin en 1912, en Ontario la même année, des crises scolaires éclatent qui se règlent toujours dans le sens des forces d'acculturation dominantes et au détriment des droits minoritaires. Chacune de ces crises a ses traits originaux, qu'il serait trop long d'analyser ici, mais toutes sont l'expression d'une uniformisation par la nordaméricanité.

En surface tout au moins, c'est l'Église catholique qui a été attaquée au Manitoba. Comptant sur l'appui de Rome et sur l'obéissance des fidèles à leurs directives politiques, les évêques du Québec se sont engagés de front dans le débat scolaire, notamment en 1896. Forts d'un droit constitutionnel qu'ils savaient incontestable, ils croyaient pouvoir adopter la ligne de conduite intransigeante sans risque de perdre la face. Le peuple ne les a pas suivis, et Rome leur a imposé un changement de stratégie. Depuis *Affari vos*, ils sont contraints à négocier des amendements avec les gouvernements plutôt que de revendiquer la plénitude des droits constitutionnels et d'ordonner à l'électorat de renverser les gouvernements récalcitrants. L'archevêque de Saint-Boniface, Mgr Louis-Philippe-Adélard Langevin, et Mgr Bruchési entament d'abord des négociations avec le premier ministre du Canada, Wilfrid Laurier, qui obtient peu de résultats auprès du gouvernement Greenway, du Manitoba. Mgr Langevin recherche alors une intervention officielle des évêques canadiens, qui préfèrent s'enfermer dans un silence prudent. Mgr Bégin lui suggère une autre tactique: se rendre à Rome soumettre les concessions obtenues et demander des instructions écrites à l'intention des évêques.[30] Mgr Langevin commence alors son long combat solitaire. Soucieux surtout de renforcer la position des catholiques irlandais et néo-canadiens, il tente d'imposer la ligne dure aux Franco-Manitobains: il leur demande de «refuser les subsides gouvernementaux et municipaux jusqu'à ce que le régime d'écoles confessionnelles soit rétabli»; autrement dit, de renoncer à l'intégration de leurs écoles au système public.[31] L'archevêque prend sur lui de mettre en place un réseau d'écoles catholiques privées, dont le financement l'obligera, comble de l'humiliation, à accepter en sous-main de l'argent de Wilfrid Laurier lui-même. Jusqu'en 1916, les succès et les déboires de Mgr Langevin sont fonction des intérêts électoraux des gouvernements manitobains successifs, du jeu politique de la minorité francophone, peu encline à suivre une politique du tout ou rien qui, dans l'immédiat, la défavorise, et de l'habileté de Laurier à faire croire que le problème est réglé. Il le sera effectivement en 1916 par l'abolition des amendements Caldwell (1912) qui autorisaient le Winnipeg School Board à prendre à sa charge les écoles séparées, ainsi que par l'abolition du français comme langue d'enseignement. Les Canadiens français ont définitivement perdu la guerre du Manitoba.

Depuis *Affari vos*, l'épiscopat québécois ne croit plus au rétablissement des écoles séparées. Mgr Bégin ne voit dans les concessions gouvernementales qu'un «château de cartes que le moindre souffle de fanatisme suffira à renverser». Le brouillon d'une lettre nous livre sa pensée profonde sur les hommes politiques: «des marionnettes [...] capables de trahir les causes les plus saintes pour se maintenir au pouvoir».[32] Tout au long du conflit, les évêques tentent de réconforter Mgr Langevin, lui prodiguant en secret des conseils, mais on s'en tient à la consigne de Mgr Bégin en 1900: «ne rien faire qu'à la demande de S.E. le Délégué apostolique».[33] À mesure que le conflit scolaire s'allume aux quatre coins du pays, la position de celui-ci devient aussi inconfortable que celle du premier ministre Laurier. D'accord sur la question de l'enseignement confessionnel, les évêques canadiens ne le sont plus sur celle de la langue. Pour sauvegarder la confessionnalité, les évêques irlandais n'hésitent pas à sacrifier l'enseignement du français.

Ainsi, en janvier 1910, pour apaiser les inquiétudes suscitées chez les ultra-protestants par la fondation de l'Association canadienne-française d'éducation d'Ontario, des évêques ontariens s'opposent aux vœux exprimés par cette association.

GLOSSAIRE DE LA QUESTION SCOLAIRE
1900

1.   *Écoles catholiques*. Ce sont les écoles que fréquente la population catholique du Québec. Elles sont soit privées, soit financées par l'État.
2.   *Écoles confessionnelles*. Ce sont des écoles où l'éducation est dominée par l'enseignement moral d'une Église, soit catholique, soit protestante. Ces écoles ont presque toujours un caractère ethnique du fait qu'elles desservent une population où la confession religieuse est en fait une caractéristique culturelle.
3.   *Écoles communes*. Ce sont les écoles destinées à la majorité de la population d'une province. Au Québec, les écoles protestantes des villes de Montréal et de Québec sont considérées comme des écoles communes.
4.   *Écoles dissidentes*. Ce sont les écoles de la minorité protestante du Québec en dehors des deux grandes villes. Elles sont confessionnelles et, dans la mesure où elles sont financées par l'État, on peut les considérer en pratique comme des écoles publiques.
5.   *Écoles françaises*. En Ontario, on appelle écoles «françaises» celles où l'enseignement est bilingue. De fait, seul l'anglais a des droits officiellement reconnus dans le système scolaire ontarien et il n'y existe pas d'écoles totalement françaises. Le bilinguisme est toléré comme nécessité pédagogique dans les milieux canadiens-français. La plupart de ces écoles sont intégrées au système

Mgr Michael Francis Fallon, évêque de London, en Ontario, va jusqu'à souhaiter la disparition de l'enseignement bilingue. Même entre évêques francophones, les positions divergent: Mgr Émile Legal, de Saint-Albert, serait, en 1905, très conciliant; Mgr Bruchési et Mgr Émard, plus sensibles aux «*sunny ways*» que les autres évêques du Québec. Ce manque d'unité de pensée au sein de l'épiscopat canadien ne facilite pas la tâche du délégué. *Affari vos*, qui a fixé des objectifs et une stratégie

public et l'État les finance; la majorité font partie du secteur séparé. Vers 1912, on dénombre environ 345 écoles primaires bilingues, plusieurs écoles ou couvents privés et deux écoles de formation pédagogique bilingues.
6. *Écoles neutres*. Écoles non confessionnelles. On y dispense un enseignement moral acceptable à toutes les sectes chrétiennes.
7. *Écoles privées*. Ce sont des écoles financées par des cotisations spéciales, des dons ou des frais d'inscription élevés. Elles peuvent être neutres ou confessionnelles.
8. *Écoles publiques*. Écoles intégrées au système dirigé et financé par l'État. En Ontario, le système public comprend des écoles communes qui sont neutres et des écoles séparées qui sont catholiques. Au Québec, seules les écoles de métiers et les écoles techniques sont à proprement parler des écoles publiques. Le système scolaire est para-public, c'est-à-dire financé partiellement mais non contrôlé par l'État, et confessionnel. Il comprend des écoles communes qui sont catholiques et des écoles dissidentes pour les protestants. Dans les autres provinces, seules les écoles communes et neutres font partie du système public.
9. *Écoles séparées*. Écoles publiques confessionnelles, destinées à la minorité religieuse d'une province. Au Québec, il n'y a pas d'écoles publiques, et les écoles de la minorité protestante sont appelées «dissidentes»; le terme ne s'applique donc qu'aux écoles catholiques situées en dehors du Québec. En fait, les écoles séparées n'existent qu'en Ontario.

en ce qui concerne la confessionnalité, est muette sur la langue. En cette matière, le délégué semble s'inspirer de la représentation que la majorité des Canadiens se font de l'avenir de leur pays. De l'extérieur — nous ne disposons pas encore de la correspondance de la Délégation apostolique pour ces années — il semble livrer la bataille de la confessionnalité, mais esquiver le plus possible celle du français. Il est difficile de caractériser l'attitude de la Délégation apostolique durant la crise scolaire. Elle semble relever de la tradition diplomatique: au début, le délégué a des exigences élevées, il en rabat en cours de négociation pour finalement se contenter de peu, afin d'éviter une crise politique majeure à laquelle, évidemment, l'épiscopat québécois ne croit pas. Ainsi, en 1905, Henri Bourassa aurait informé Mgr Sbarretti que Laurier avait une majorité parlementaire suffisante pour faire adopter le projet d'autonomie sans amender la clause 16 «qui accord[ait] aux écoles des minorités des nouvelles provinces le bénéfice de l'article 93 de la charte fédérative».[34]

Échaudés par *Affari vos* qui «n'a pas cru bon devoir soutenir l'attitude qu'[ils avaient] prise en 1896», les évêques du Québec rongent en silence leur humiliation, sauf Mgr de Trois-Rivières qui, digne successeur de Mgr Laflèche, y va d'une homélie percutante en 1905, lors de la discussion aux Communes de la Loi d'autonomie pour les écoles des Territoires du Nord-Ouest. En coulisse cependant, la plupart des évêques canadiens-français conseillent la ligne dure, intransigeante, inspirée d'une profonde méfiance à l'endroit des politiciens. Les évêques sont habitués autant aux «mises en scène» des ultra-protestants qui «crient très fort en pareille circonstance pour faire peur aux catholiques» qu'aux attitudes des hommes politiques toujours enclins à «immoler [les droits des Canadiens français] pour ne pas déplaire, pour ne pas compromettre le parti, pour ne pas perdre le pouvoir».[35] La bonne presse et les élites laïques, se sentant moins liées par *Affari vos*, polémiquent avec la presse adverse et disent tout haut, mais avec un excès typiquement ultramontain, ce que pensent les évêques tout bas. Le délégué en est parfois agacé et il lui arrive de demander à Mgr de Québec de faire taire cette presse par trop tapageuse. C'est le cas notamment en

1909, lors des discussions relatives aux écoles du Keewatin. Mgr Bégin s'exécute, conscient cependant de faire le jeu de Laurier.[36]

La condamnation du modernisme par Pie X, en 1907, qui manifeste un retour en force de l'intransigeantisme romain, a sans doute ramené l'optimisme dans le camp québécois et remonté l'agressivité du corps épiscopal. Mgr Bégin reprend courage et lorsqu'avec le Règlement XVII le problème se pose carrément sur le plan linguistique, il peut dénoncer ouvertement «le système de compromis» qui a «enhardi les ennemis de l'Église». En 1912, il est catégorique: «S'il y a quinze ans, au lieu de céder et de céder encore, on avait fait bravement la lutte, les catholiques de l'Ouest auraient la pleine et paisible jouissance de leurs écoles confessionnelles.»[37] Dans l'affaire des écoles bilingues de l'Ontario, qui oppose, à partir de 1910, les Franco-Ontariens tout autant aux catholiques irlandais qu'aux protestants, l'épiscopat québécois cesse de se ranger derrière le délégué. S'identifiant au sort du peuple canadien-français, il assume son leadership et invente ses propres modalités d'action. Il bénéficie de l'appui d'une foule de clercs et de laïcs, tels Henri Bourassa dans *Le Devoir* et Philippe Landry au Sénat, qui agissent suivant leurs convictions et leur instinct. Tous connaissent bien l'ennemi qu'ils affrontent: un sentiment de race exacerbé par une passion religieuse, que traduit son cri de guerre, «*no popery, no French power*».

Pour retrouver l'appui des autorités romaines, l'épiscopat québécois s'efforce de démontrer que «la langue est gardienne de la foi». De passage à Rome en 1914, Mgr Bégin, Mgr Cloutier et Mgr Labrecque tentent de faire valoir que c'est là le véritable enjeu du Règlement XVII en Ontario et que les évêques irlandais, alliés aux Orangistes, leurs ennemis traditionnels, pour abolir l'usage du français, sont des «persécuteurs de leurs fidèles». Suggèrent-ils à cette occasion une action concrète aux administrateurs de la curie? On ne le sait pas. Pour sa part, le père Gonthier opine pour «une visite apostolique pour tout le pays mais surtout pour l'Ontario et les provinces de l'Ouest».[38] Sous la pression de l'épiscopat canadien-français, le délégué apostolique a-t-il en cette année 1914 soumis aux évêques ontariens un projet de règlement sauvegardant les privilèges linguistiques essentiels? Un brouillon de lettre le laisse croire. Ce dont on est certain, c'est que l'épiscopat fait pression sur le délégué et sur la curie romaine. En septembre 1914, se rendant à Rome pour assister au Conclave, Mgr Bégin apporte dans ses bagages un mémoire bien étoffé sur la situation des Franco-Ontariens, rédigé à l'intention du secrétaire d'État de Pie X. Ce mémoire présente le Règlement XVII comme une loi tyrannique passée à l'instigation des Orangistes fanatiques et d'un groupe d'Irlandais. Cette mesure, «qui a atteint toutes les écoles catholiques», ne serait qu'un premier pas «vers l'abolition des écoles catholiques de langue anglaise». Pourtant, les évêques catholiques d'Ontario, de même que Mgr Gauthier à Ottawa, «anglais de mentalité et de cœur», ne font rien, et le journal de Mgr Fallon «prend parti pour la tyrannie». Le mémoire énumère avec un préjugé favorable les vœux des Franco-Ontariens qui réclament le droit des pères de famille de faire enseigner leur propre langue à leurs enfants, le droit de contester dans la légalité une loi inique, le respect par les évêques des droits des parents et la condamnation par Rome des évêques qui se substituent aux parents. Il conclut en suggérant au secrétaire du pape de s'opposer à une trop grande limitation du français dans l'enseignement ainsi qu'à l'inspection des écoles catholiques par des protestants, et en le pressant de nommer des évêques francophones dans les diocèses à majorité francophone.[39]

À partir de 1914, la pression s'accentue sur le Vatican, sans doute à cause du changement de conjoncture dans la curie occasionné par l'avènement d'un nouveau pape. De tendance progressiste, Benoît XV s'empresse d'écarter «l'homme de confiance» de Pie X, le cardinal Merry del Val, qu'il remplace par le cardinal Pietro Gasparri. En outre, plus sensible que son prédécesseur à la question nationale, que la guerre européenne vient de lui jeter au visage, il semble vouloir s'intéresser personnellement à l'affaire plutôt que de l'abandonner aux administrateurs de la curie. Le fait que le cardinal Bégin ait été son confrère d'études à Rome y est sûrement aussi pour quelque chose. Le 13 avril 1915, le cardinal expose ses vues directement à Benoît XV[40] et, le 15 juin, tout l'épiscopat canadien-français s'adresse à lui officiellement.

La lettre collective soutient que la résistance des Franco-Ontariens est «absolument juste», «opportune», déterminante pour l'avenir des écoles confessionnelles et séparées en Ontario, de même que pour l'avenir du système scolaire québécois. Tout en maintenant leur pression sur Rome, les évêques se mettent à intervenir publiquement et d'une manière fréquente à partir de 1914. Cette nouvelle stratégie de l'épiscopat semble aussi liée à sa prise de position en faveur de la politique de guerre du gouvernement canadien. Ne voulant pas passer pour des partisans inconditionnels de l'impérialisme et pour maintenir leur autorité sur le peuple, autorité contestée par la seule présence de chefs nationalistes, laïcs et dynamiques, les évêques interviennent par des lettres pastorales, des conférences publiques, l'envoi de secours financiers aux frères ontariens. En avril 1916, ils interviennent publiquement auprès du gouvernement canadien au moyen d'une requête dans laquelle ils s'efforcent de justifier par un rappel des textes constitutionnels le bien-fondé des revendications franco-ontariennes. Ils offrent une solution: le désaveu du Règlement XVII par le gouvernement canadien.[41]

À Rome, les luttes d'influence s'intensifient et les dossiers, en provenance du Québec, de l'Ontario et d'Ottawa, s'accumulent. Les évêques anglophones ne manquent pas d'appui. La majorité des prélats de la curie leur sont favorables et ils sont supportés, voire dirigés, par les tout puissants Knights of Columbus, qui se définissent eux-mêmes comme le bras droit de l'Église catholique en Amérique. Société semi-secrète de type maçonnique — on la soupçonne même d'être une machine de guerre, ou du moins un fief, de la franc-maçonnerie — elle est officiellement vouée à la défense des intérêts irlando-américains. Mgr Fallon, le leader du mouvement anti-francophone en Ontario, serait, à ce qu'on dit, leur aumônier général pour le Canada; il y a tout lieu de croire qu'il agit sous leur directive. La thèse irlandaise ne manque d'ailleurs pas d'arguments. Il faut tenir compte, dit-on, du fait que l'anglais est la langue officielle et, à toutes fins pratiques, la seule langue de travail; que les anglophones sont en majorité dans cette province et qu'il importe au bien commun que tous les Ontariens participent d'une même culture. Former des individus parlant un mauvais anglais et n'ayant pas reçu un enseignement équivalent à celui dispensé dans les écoles publiques risque de garder dans un état d'infériorité socio-économique les enfants des Franco-Ontariens et même de faire du tort aux parents qui seront obligés de payer de leur poche un supplément de formation à leurs enfants. Discours astucieux, s'il en est un, qui produit à Rome un grand effet. On le constate, dès le printemps de 1916, quand la Consistoriale envoie des instructions secrètes ordonnant aux religieux de ne pas s'associer à la résistance des Franco-Ontariens. Le coup est d'autant plus dur que ce sont justement les Oblats qui sont derrière cette résistance. Le cardinal Bégin proteste avec vigueur: «les religieux sont les auxiliaires des évêques» et «leur lier les mains» serait «faire le jeu des ennemis, risquer que la population prenne en mauvaise part les communautés».[42]

Le 18 septembre de la même année, Benoît XV fait connaître son opinion par une lettre encyclique, *Commissio divinitus*, adressée au cardinal Bégin et aux évêques canadiens.[43] Sa Sainteté dénonce le scandale de catholiques s'entredéchirant et en appelle «à l'unité d'esprit par le lien de la paix». En principe, le pape reconnaît le droit qu'a le gouvernement de l'Ontario d'exiger que la langue anglaise soit enseignée dans les écoles; le droit qu'ont les catholiques d'exiger un enseignement de l'anglais de qualité dans les écoles séparées; le droit qu'ont les Franco-Ontariens «de réclamer, quoique dans une proportion convenable, que dans les écoles, où leurs enfants sont en un certain nombre, la langue française soit enseignée»; le droit aussi qu'ont les Franco-Ontariens «de défendre ce qui leur tient tant au cœur». Sur le plan de l'action, Sa Sainteté confie aux évêques, «surtout à ceux qui président aux diocèses où la lutte est plus ardente» — en fait, aux évêques irlandais — le soin de trouver une solution équitable «en ayant uniquement en vue la cause du Christ et le salut des âmes», quitte à en référer, en cas de désaccord, au Siège apostolique. Par un étrange paradoxe, le pape, tout en empruntant beaucoup dans sa description des faits et des problèmes à la thèse des évêques ontariens, suggère un compromis qui sauvegarde les revendications essentielles des

Franco-Ontariens, soit le droit à un enseignement du français et le droit à la résistance légale. Mais la démarche de Benoît XV suscite une certaine déception chez les Canadiens français, qui s'attendaient à une vive dénonciation des injustices qu'ils avaient subies. Pour sa part, Mgr L.-A. Paquet y voit une condamnation non équivoque du Règlement XVII.

La faiblesse du document pontifical n'est pas dans l'argumentation, mais dans la confiance qu'il met dans les évêques ontariens pour trouver une solution équitable. C'est instaurer l'une des parties en juge et lui demander de rendre justice à son adversaire. À la décharge du pape, disons que ce n'est qu'en janvier 1917, semble-t-il, lors de la première réunion officielle des évêques ontariens sur la question scolaire, que l'on apprendra le rôle exact qu'auraient joué des évêques irlandais dans le déclenchement des événements en 1910.

Les Franco-Ontariens récusent le tribunal des évêques ontariens en mai 1917. En juillet, le cardinal Bégin intervient à nouveau auprès du pape. Mgr L.-A. Paquet tient la plume qui rédige l'une des lettres les plus émouvantes et les plus fermes jamais signées par le cardinal. D'abord, un dernier cri d'alarme. «Je dirai en toute franchise à Votre Sainteté: la persuasion se répand qu'on veut parquer la race française dans un coin du Canada, dans la province de Québec, et que les plus redoutables influences s'y emploient. Aussi s'amasse-t-il dans l'âme populaire franco-canadienne une amertume qui me fait peur...» Puis, un avertissement: si la coalition des évêques irlandais et des autorités romaines se continue, «la désaffection vis-à-vis Rome déjà commencée depuis sept ans ne tardera pas à s'aggraver lamentablement. Les pires conséquences religieuses sont à redouter [...] Comment se confesser à des prêtres que l'on maudit?» Et des constatations: «la récusation du [tribunal] est fondée»; «le prestige des évêques irlandais est ébranlé»; la reconnaissance des droits linguistiques «ne met pas en danger les écoles séparées ontariennes». Et pour finir, une solution concrète: «une intervention directe et immédiate du Siège apostolique: Votre Sainteté ou une Congrégation des cardinaux travaillant sous ses yeux et par ses ordres». Cette lettre et bien d'autres documents émeuvent enfin les cardinaux romains. Le 7 juin 1918, Benoît

XV envoie une nouvelle lettre, *E litteris apostolicis*.[44] Cette fois, à n'en pas douter, Rome est du côté des victimes qui devraient «désirer et chercher à obtenir certaines concessions plus amples». Sa Sainteté précise certaines d'entre elles: un inspectorat catholique pour les écoles séparées, l'usage de la langue maternelle dans les premières années de l'école, l'établissement d'écoles normales catholiques. De plus, le pape reconnaît aux Franco-Ontariens le droit d'employer au triomphe de leur cause «tous les moyens d'action que concèdent aux citoyens la loi et les usages légitimes du pays». Les Canadiens français exultent. Le cardinal Bégin, qui avait jadis commenté à sa façon *Affari vos*, ne cache pas sa joie à Benoît XV: «La lettre de Votre Sainteté [...] sera pour nous tout à la fois la charte religieuse de nos libertés françaises et catholiques, et le signe de ralliement de toutes les forces de l'Église en notre pays.»[45] Rome ayant parlé d'aplomb, l'épiscopat québécois peut désormais se taire. La lettre pontificale ne tarde pas à «porter des fruits de bénédiction». Elle contribue à rapprocher les parties. En septembre 1927, en suite des recommandations d'une commission royale d'enquête mise sur pied par le premier ministre Howard Ferguson, lui-même auteur du Règlement XVII, le gouvernement ontarien accorde les concessions suivantes:

1. À l'école primaire, un programme d'enseignement bilingue de huit ans, qui permet aux élèves qui le suivent d'apprendre à parler, à lire et à écrire le français d'une façon satisfaisante;
2. La reconnaissance du français comme langue d'enseignement et de communication dans une proportion laissée à la discrétion du personnel enseignant;
3. Un programme de français pour les cinq années du cours secondaire;
4. Une école normale spécialement affectée à la formation du personnel enseignant des écoles bilingues;
5. Une procédure permettant aux commissaires de faire inscrire leurs écoles sur la liste des écoles bilingues.[46]

La bataille des sièges

La question scolaire canadienne n'est pas une lutte mani-
chéenne opposant les forces du bien et les forces du mal, les
catholiques et les protestants. Elle ne se réduit pas non plus
à une lutte de pouvoir entre deux factions du corps épiscopal,
le clan Bégin et le clan Fallon. C'est un nœud de problèmes
d'une extrême complexité où la question culturelle est inextricablement liée à la question religieuse. La crise révèle surtout
une division profonde, au sein de l'Église canadienne, entre
les deux visions du Canada qu'on a tenté de concilier par le
pseudo-pacte de 1867. Elle met aussi en lumière deux concep-
tions de l'idéal catholique incarnées l'une par les Irlandais,
l'autre par les Canadiens français. Deux thèses sont en
présence.

La thèse irlandaise, c'est la thèse volontiers pragmatique.
Le Canada, colonie de l'Empire britannique, est destiné par
le jeu de l'immigration à devenir un grand pays à majorité
anglophone. Déjà, en ce début de XXe siècle, la présence
française s'estompe hors du Québec. La *realpolitik* nécessite
qu'à l'extérieur de cette province, Rome nomme des évêques
anglophones — ce qui revient à dire irlandais — même si,
pour le moment, certains diocèses sont composés en majorité
de catholiques francophones. Ce gage de loyauté donné au
souverain britannique consoliderait les bonnes relations entre
Rome, Londres et Ottawa, apaiserait les protestants canadiens
qu'inquiète le caractère trop francophone des écoles séparées
et assurerait l'avenir du catholicisme canadien. De plus, les
évêques canadiens-français, issus d'un peuple rural et illettré,
s'ils sont d'une efficacité exemplaire en milieu rural et francophone, connaissent des succès mitigés en milieu urbain ou
cosmopolite. Ils sont inaptes à susciter des conversions «chez
nos frères séparés», car ils n'aiment pas que leurs fidèles
aient de trop fréquents rapports avec eux. Leur conception
de l'éducation, trop axée sur la formation morale, répugne
aux anglophones. D'ailleurs, par toute leur culture, ils sont
des êtres à part en Amérique du Nord, n'exerçant nulle attraction sur les citoyens de race et de religion différentes: ils
méconnaissent les vertus de l'athlétisme, dont le rôle est si

important dans la formation de la jeunesse; ils ne sont pas
en faveur de l'abstinence et de la prohibition, bien que leur
peuple soit gros consommateur d'alcool; ils sont intransigeants
en matière de morale et intraitables en politique. Pour ces

LA THÈSE IRLANDAISE
(c. 1900)

Le Dominion du Canada, étant une possession anglaise,
et comprenant une grosse majorité d'anglophones, a été
considéré, et se trouve encore, un pays de langue anglaise.
Ceci est particulièrement vrai des Provinces Maritimes,
où l'élément protestant anglophone prédomine largement. Comme il n'y a rien de plus déplaisant aux yeux
d'un peuple de quelque pays que ce soit qu'une colonie
étrangère qui réclame des privilèges et des exemptions
des lois ordinaires et des coutumes de la contrée, il s'ensuit
que la nationalisation de tout diocèse dans ce pays sus-
citerait la recrudescence de l'impression que les Protestants conçoivent déjà de l'Église catholique, à savoir qu'elle
est une institution étrangère.

On ne devrait jamais rien faire qui pût entraver
les progrès de l'Église en ce nouveau pays. Sa meilleure
sauvegarde, la plus sûre, consistera non pas à dresser
des murs de séparation entre les différentes races mais
au contraire à faire en sorte que ses enfants sentent bien
que la nationalité canadienne est leur nationalité, que
les Catholiques sont réellement et véritablement une
partie intégrante du peuple canadien, et qu'il n'y a pas
lieu d'y introduire divers groupes nationaux.

C'est pourquoi nous avouons franchement ne pas
comprendre le besoin de maintenir des organisations
strictement nationales à l'intérieur de l'Église dans le
pays. Quoique nous admettions que ces organisations
puissent accomplir quelque bien, nous estimons toutefois
que les dommages faits à la cause de l'unité catholique
constituent un prix à payer bien trop élevé. Nous pré-
férons cultiver cet esprit catholique large et fraternel,

raisons et bien d'autres, la nomination d'évêques anglophones, «plus en accord avec les vues de la majorité de la population canadienne», «plus conciliants envers les pouvoirs civils», s'impose. L'avenir du catholicisme canadien repose sur la

adoptant pour devise: *Unité d'esprit dans les liens de la foi.*

La requête de la nationalité, de la part des Acadiens, n'est pas la requête de tout le pays, mais seulement celle d'un petit groupe dans un immense pays. Conséquemment, lorsqu'ils font entrer l'Église dans l'optique étroite de leur bigoterie nationale, ils ne réussissent tout au plus qu'à aliéner la sympathie de leurs coreligionnaires et à se mettre à dos l'imposant élément protestant. Ceux-ci notamment ne seront plus intéressés à connaître nos saintes doctrines; ils perdront à jamais toute sympathie à l'égard de nos œuvres et de notre enseignement; les conversions se feront rares quand elles ne disparaîtront pas totalement, bref, c'est l'intérêt même de toute la religion qui en souffrira.

Donc, mettre à exécution, en ce moment, le projet de créer un nouveau diocèse serait, pour le Saint-Siège, apposer le sceau de l'approbation à une agitation qui, du moins dans sa forme actuelle, a été désapprouvée par le ci-devant Délégué Apostolique Mgr Falconio, par le regretté archevêque d'Halifax Mgr O'Brien, et par l'archevêque et les évêques actuels de la province ecclésiastique. Ce serait — et on le considérerait comme — une condamnation par Rome du *Modus vivendi* du Délégué Apostolique, de l'archevêque et des évêques; ce serait la destruction de la hiérarchie présente.

Maintenant, si nous considérons l'aspect financier des divers diocèses impliqués, nous pensons qu'il est inopportun de les démembrer pour créer un nouveau diocèse à Moncton. Les trois diocèses sont faibles en population, et leurs revenus financiers sont peu considérables [...]

conversion des anglophones, ce qui ne saurait être l'œuvre
que d'un épiscopat anglophone.[47]

La thèse canadienne-française défend l'autre face des

> Le régime actuel tend à écarter pareil mouvement,
> et il ne nous paraît pas indiqué de stimuler cet esprit en
> créant un nouveau diocèse: cela ne ferait que donner
> satisfaction à un esprit outré de nationalisme de la part
> de ces quelques agitateurs.
>
> Enfin, ces mêmes agitateurs proposent la formation
> d'un nouveau diocèse comme remède efficace à un mal
> imaginaire. Cette mesure serait par contre le point de
> départ d'une série d'agitations de la part d'autres grou-
> pements acadiens. Ainsi par exemple, il se trouve dans
> le comté de Gloucester, N.B. autant d'Acadiens que dans
> celui de Westmoreland. Or est-ce que la création du diocèse
> de Moncton n'ajouterait pas du combustible aux ardeurs
> des agitateurs pour les inciter à soulever les centres de
> Gloucester, puis ensuite d'autres centres? Fasse le Ciel
> qu'un semblable état de choses ne se produise pas! Il
> en résulterait pour le gouvernement religieux une
> impossibilité pratique de fonctionner.
>
> Nous avons exposé ces quelques raisons pour
> démontrer à Votre Excellence pourquoi nous estimons
> qu'il n'est pas recommandable de former un nouveau
> diocèse à Moncton. Nous pourrions ajouter bien d'autres
> considérations, mais nous ne voulons pas allonger indû-
> ment notre communication. Nous soumettons l'affaire
> au jugement du Saint-Siège, confiants que la Sacrée
> Congrégation verra l'inopportunité, dans les conjonctures
> présentes, de l'érection d'une nouvelle province ecclé-
> siastique. Veuillez agréer, etc.
> Mgr Edward MacCarthy, archevêque d'Halifax
> Mgr J.C. MacDonald, évêque de Charlottetown
> Mgr Timothy Casey, évêque de Saint-Jean
> Mgr Th. Barry, évêque de Chatham
>
> (Basile J. BABIN, *Entre le marteau et l'enclume*, Québec,
> Maison des Eudistes, 1982: 377-378)

choses. «Le Canada n'est pas un pays anglais, mais bilingue — anglais et français, d'après la Constitution du pays — pas plus anglais que français.»[48] La majorité des catholiques sont des francophones. Ceux-ci dominent au Québec; ils sont majoritaires chez les catholiques acadiens et ontariens; ils sont aussi «bien organisés» dans l'Ouest. Grâce à un taux de natalité élevé, les Canadiens français demeurent l'ethnie catholique la plus importante au Canada. «Le Saint-Siège, dans ses prévisions d'avenir pour l'Église en nos régions, doit s'appuyer surtout sur l'élément français.»[49] Le souverain britannique ne se préoccupe guère que les évêques catholiques soient anglophones ou francophones, l'Église canadienne-française lui ayant donné dans le passé force gages de sa loyauté. Les évêques catholiques sont nommés d'abord pour le présent et d'abord pour les catholiques. Le présent, c'est la culture française à sauvegarder, «rempart naturel anti-protestant», tenant les catholiques éloignés des mariages mixtes, des écoles neutres, des idées protestantes. La perte de la langue entraîne un glissement vers l'indifférentisme et conduit souvent à l'apostasie. Contrairement au clergé irlandais, les prêtres canadiens-français sont bilingues, et les statistiques montrent qu'ils ont à leur actif un plus grand nombre de conversions que leurs rivaux. Compter sur les Irlandais pour convertir les protestants est une grande illusion: «ils ne sont pas du tout missionnaires», ils aiment «le confort, le bien-être matériel», ils ne convoitent pas les postes «où il faut se sacrifier», «ils cherchent constamment et par toutes les intrigues et influences possibles à se caser dans des positions élevées où tout est organisé et où il n'y a qu'à jouir du travail des autres»; ils sont aussi «peu romains», enclins à faire des concessions aux mœurs américaines et aux doctrines protestantes, et, soucieux de faire oublier leurs origines pour être bien vus des anglo-protestants, ils n'éprouvent aucune sympathie pour les Canadiens français.[50] Il va de soi que le clergé doit «appartenir à la même nationalité que son troupeau» et que les diocèses à majorité francophone doivent être administrés par des évêques francophones. Ce n'est pas du nationalisme mais du «gros bon sens»: «Que les évêques de l'Ontario et des États-Unis», suggère Mgr Bégin au cardinal Vincent

Vannutelli, «s'efforcent de donner dans la mesure du possible, aux diverses nationalités, des prêtres qui connaissent leur langue et qu'ils laissent à la Providence le soin d'opérer tout doucement la fusion qu'ils désirent.»[51]

Concrètement, le sort du Canada français se traduit en batailles pour les sièges épiscopaux. Dans cette lutte, les belligérants adoptent la même stratégie et disposent des mêmes armes. En premier lieu, on s'assure des appuis dans la curie romaine: le père Gonthier, en 1909, suggère «une ligue offensive et défensive contre la ligue anglo-américaine».[52] Sur ce terrain, les Irlandais ont un avantage marqué, tirant parti de la diplomatie romaine des évêques américains et de leur armée, les *Knights of Columbus*, car la présence des Canadiens français en Nouvelle-Angleterre pose des problèmes identiques et engendre des luttes identiques. De passage à Rome en 1909, l'évêque de Boston plaide en faveur de la nomination d'évêques anglophones aux États-Unis et au Canada. En Angleterre, les catholiques ultra-loyalistes — «les Vaughan, les Norfolk et les Russel» — qui, selon Robert Rumilly, «entrevoyaient la reconquête de l'Angleterre par le catholicisme, puis la conquête des colonies au catholicisme par la diffusion de la langue anglaise et l'expansion de l'impérialisme», mettent leur influence au service des Irlandais.[53]

Les Irlandais disposent encore de l'avantage du terrain à la Délégation apostolique, à Ottawa, au moins de 1904 à 1915, alors que l'abbé Alfred Arthur Synnott, le futur archevêque de Winnipeg, en dirige le secrétariat. Au dire de certains prêtres du séminaire de Québec, Mgr Sbarretti, «qui parlait misérablement le français», «eut l'indélicatesse de choisir pour secrétaire de la Délégation un jeune prêtre irlandais, appartenant au groupe le plus agissant du parti. Lui-même, tout le temps de la Délégation, se montra d'une impartialité [sic] révoltante, notamment au temps du Concile, si bien que le vulgaire le disait vendu aux Irlandais.»[54] À Québec, on a la mémoire longue et «le ring Sbarretti» n'est pas sans rappeler le «gang Ryland, Sewell» du début du XIXe siècle.

Au niveau tactique, les deux camps maniaient habilement le croc-en-jambe: on demande des nominations de coadjuteur avec droit de succession; des transferts d'évêques qui sont

autant des «translations que des promotions»; des fusions
de diocèses qui déplacent les majorités linguistiques ou des
érections d'évêchés miteux qui, semblables aux bourgs pourris
du XIXe siècle, accroissent les effectifs épiscopaux. Sur tous
les fronts, la guérilla est sans merci, sauf en Angleterre où
seuls les Irlandais semblent avoir l'appui «des plus hautes
influences», «comme si», au dire de Mgr Bégin, «le Canada
était une colonie à donner en prébende aux assoiffés
d'épiscopat».[55]

Le récit événementiel de ce long combat serait fascinant.
Il nécessiterait, cependant, pour une pleine compréhension,
un accès à toute la documentation et une analyse minutieuse
de la répartition géographique et de l'organisation institu-
tionnelle des ethnies. Une telle entreprise déborde le cadre
de notre ouvrage. Nous n'esquisserons donc que les faits les
plus significatifs.

Les Franco-Américains et les Acadiens avaient posé au
XIXe siècle le problème de la langue de communication religieuse au sein des ethnies minoritaires, et partant celui de
l'ethnie de leurs pasteurs. Encore en 1899, les Acadiens en
sont à réclamer un évêque francophone pour le diocèse de
Chatham. Mgr Bégin, blessé de voir les Acadiens traités comme
«des parias, des étrangers et des nullités», plaide leur cause,
à Rome, avec sa vivacité naturelle.[56] Au même moment, les
Irlandais d'Ottawa commencent, eux aussi, à s'agiter, réclamant que l'Université d'Ottawa, fondée par les Oblats,
devienne une université anglophone, d'abord au service de
la communauté irlandaise canadienne. Deux courants migratoires, celui des Canadiens français en Ontario et celui d'une
foule d'ethnies non francophones dans le Manitoba et les
Territoires du Nord-Ouest (Saskatchewan et Alberta), étendent
le problème à la grandeur du Canada. Au moment où la
question s'envenime, la situation démographique est la suivante: les francophones, qui constituent en 1901 75% de la
population catholique, sont représentés dans l'épiscopat
canadien par quatre archevêques et quinze évêques; les
catholiques anglophones, par quatre archevêques et dix
évêques. Déjà fortement sur-représentés, les Irlandais semblent
convoiter la totalité des sièges épiscopaux hors du Québec.

L'érection, le 16 septembre 1904, de l'évêché de Sault-Sainte-Marie, en Ontario, suffragant de Kingston, dont l'administration est confiée, en février 1905, à Mgr David-Joseph Scollars, déclenche une lutte à finir. «L'organisation du nouveau diocèse», dont la population canadienne-française constitue quelque 80% de la population catholique, «s'est faite dans les ténèbres», avec l'appui du délégué apostolique dont «les sympathies sont du côté irlandais». Mgr Marois, grand vicaire à Québec, s'inquiète de l'appétit croissant des Irlandais qui visent aussi l'archevêché d'Ottawa et il sonne l'alarme auprès de l'épiscopat québécois.[57] Ce dernier monte aux barricades et, en septembre 1905, sort son artillerie lourde: les archevêques de Québec, de Montréal et d'Ottawa, au nom de l'épiscopat québécois, envoient un mémoire à l'ancien délégué apostolique, Mgr Falconio, maintenant en poste aux États-Unis. Le mémoire expose les doléances des minorités francophones, que des évêques irlandais s'efforcent par «toutes sortes de moyens, même injustes et déloyaux», d'angliciser. Ces «tyrannies» se produiraient «à l'occasion des divisions ou démembrements de paroisses»; de nominations, dans les paroisses canadiennes-françaises, de curés irlandais parlant très peu ou fort mal le français; de la mise en vigueur de règlements et de procédés hostiles à la langue française dans l'enseignement. Un vigoureux plaidoyer sur la nécessité de donner au fidèle francophone un pasteur de «sa race», qui «parle la même langue que lui», complète l'énoncé des griefs. On trouve dans ce mémoire les éléments fondamentaux de la thèse canadienne-française.[58] L'année suivante, Mgr Bégin, afin de contrer les visées irlandaises sur le diocèse de Pembroke et la province ecclésiastique d'Ottawa, suggère à Mgr Joseph-Thomas Duhamel, d'Ottawa, une tactique fort complexe pour assurer l'emprise des Canadiens français sur cette province ecclésiastique. Elle se résume dans la nomination d'un coadjuteur canadien-français, dans l'annexion à la province ecclésiastique d'Ottawa du diocèse d'Alexandria ou de celui de Valleyfied, dans la création d'un diocèse dans la région de Labelle et de deux vicariats, administrés par des francophones, en prévision d'un afflux de colons canadiens-français dans le nord de l'Ontario et du Québec, grâce à la construction du Transcontinental.[59] En 1907, Mgr Bégin s'ouvre au pape dans un Mémoire sur la condition de l'Église au Canada, rédigé à partir d'un dossier compilé par le père Alexis, o.f.m.cap. Le mémoire expose le rôle des Canadiens français au Canada, leur situation, leurs doléances et leurs espoirs. Mgr Bégin revendique pour les siens les sièges de Chatham, Alexandria et Sault-Sainte-Marie.[60]

Les démarches de l'archevêque de Québec ne trouvent pas beaucoup d'écho à Rome. Les Irlandais triomphent. En décembre 1909, Mgr Michael Francis Fallon, futur chef de file du mouvement irlandais, devient évêque de London; le 6 septembre 1910, Mgr Charles-Hugues Gauthier, archevêque de Kingston, «brave homme, mais parlant peu français et peu à la hauteur de sa position», au dire de Mgr de Québec, est promu archevêque d'Ottawa. Dans les milieux canadiens-français, c'est l'indignation. La révolte gronde, alimentée par le retentissant discours de Mgr Bourne, archevêque de Westminster, à Notre-Dame, le 10 septembre, lors du Congrès eucharistique international de Montréal. Mgr Bourne a défendu la thèse irlandaise, et Henri Bourassa lui donne une réplique non moins retentissante. Mais les guerres de ce genre ne se gagnent point au sein des sanctuaires. L'épiscopat québécois le sait et commence alors le siège de Rome.

En certains milieux canadiens-français, on songe à réclamer un remaniement en profondeur de la carte ecclésiastique canadienne, notamment dans la région ontarienne où le découpage diocésain aurait été fait pour «faciliter l'accaparement des mitres et des crosses».[61] En 1914, le père Gonthier, mandaté à Rome par Mgr Bégin pour récuser les thèses ennemies et trouver des appuis, suggère une refonte autour de deux sièges métropolitains: Toronto pour les Irlandais et Ottawa pour les Canadiens français. En clair, Alexandria, Sault-Sainte-Marie, Peterborough seraient rattachés à Ottawa; Kingston, «cité sans importance et sans avenir», serait démantelée comme archidiocèse. À Québec, les conseillers de l'archevêque accumulent aussi des matériaux, qui étoffent le mémoire remis en septembre au cardinal Dominique Ferrata, secrétaire d'État du Saint Père. La situation a de quoi exaspérer Mgr de Québec: les catholiques anglophones, formant à peine le cinquième des catholiques canadiens, sont représentés dans l'épiscopat canadien par quinze évêques sur trente-deux et par cinq archevêques sur neuf. Majoritaires en Ontario, les catholiques francophones n'y ont que deux évêques sur dix. C'est assez! Mgr Bégin pose des balises: 1. des curés de la même langue que les fidèles, 2. une représentation proportionnelle dans les sièges épiscopaux, 3. un épiscopat multiculturel pour l'Ouest canadien. Lors d'une audience avec le pape nouvellement élu, le cardinal Bégin aurait aussi demandé le transfert à Terre-Neuve des «restes» de Mgr de London, très critiqué par ses ouailles francophones. De retour à Québec, il revient à la charge auprès du cardinal Gaetano de Lai, préfet de la Consistoriale, et dénonce les agissements de Mgr Fallon et de Mgr Walsh, de Portland.

Mais les Irlandais, eux aussi, ont des projets. La succession de Mgr Langevin, à Saint-Boniface, fait scintiller bien des yeux. Les Irlandais suggèrent un successeur anglophone ou, soucieux quand même de ménager les susceptibilités des Canadiens français, la création du diocèse de Winnipeg à même celui de Saint-Boniface. Le cardinal Bégin proteste à Rome au nom de l'épiscopat canadien-français. Les Canadiens français ont bâti cette Église et ils y sont encore en grande majorité. Ils se sont toujours bien précoccupés de servir toutes les ethnies. Toucher à Saint-Boniface, c'est toucher à des droits historiques sacrés et, de surcroît, humilier le clergé canadien-français.[62] Rome louvoie. En même temps qu'il nomme Mgr Arthur Béliveau archevêque de Saint-Boniface, en décembre 1915, Benoît XV érige le diocèse de Winnipeg qui englobe les trois quarts du Manitoba, y compris la capitale, consacrant la déchéance de fait du siège métropolitain. Cette décision de Rome attise la colère et l'aigreur dans le camp canadien-français. Le cardinal Bégin se rend à Rome avec en poche un mémoire rédigé d'une plume amère et parfois ironique. Adressé à Benoît XV, le mémoire réclame la division du diocèse de Mgr Fallon dans «l'espoir des conversions que le ministère d'un évêque de langue anglaise saura faire chez les protestants, lorsqu'il tournera vers eux tout son zèle, une fois libéré du souci de faire passer les Canadiens français à la langue anglaise».[63] Au cours d'un entretien d'une heure avec Sa Sainteté, le cardinal

Bégin, «sans ménagements», parle «bien carrément de tous les mécontentements des Canadiens français contre les Irlandais et même contre la Consistoriale». Le pape est ébranlé et lui exprime «par trois ou quatre fois son chagrin de [lui] avoir causé de la peine dans l'affaire de Saint-Boniface».[64] Le cardinal obtient que les frontières de Saint-Boniface soient revisées et que Rome nomme «des évêques en sympathie avec la langue des fidèles». Le Saint Père a-t-il demandé au cardinal de le tenir personnellement au courant de ce problème? Le fait demeure que la correspondance entre Bégin et Benoît XV se fait plus intense. Rome se montre plus attentive: les limites de Saint-Boniface sont modifiées et l'encyclique *E litteris apostolicis* endosse plusieurs éléments de la thèse canadienne-française. Bien qu'en 1920 le diocèse d'Edmonton passe aux mains d'un Irlandais, Mgr Henry Joseph O'Leary, et que la Sancta Romana Rota, le plus haut tribunal ecclésiastique de la Consistoriale, blanchisse le cœur et les reins de Mgr Fallon dans un jugement célèbre, Mgr de Québec, que Sa Sainteté semble affectionner, accumule des victoires: les francophones enlèvent Chatham avec la nomination de Mgr Patrice-Alexandre Chiasson en 1920, ils conservent Prince-Albert avec celle de Mgr Joseph-Henri Prud'homme en 1921 et, la même année, Mgr Félix Couturier enlève Alexandria aux Irlandais; en 1922, ils conservent Haileybury et reprennent l'archidiocèse d'Ottawa. Le cardinal Bégin demeure vigilant, dénonçant le scandale d'un épiscopat canadien composé de sept archevêques anglophones et de quatre francophones seulement, le peu d'empressement des Irlandais à œuvrer dans les postes difficiles, leur stratégie «de nous fermer les portes des provinces en majorité anglaises». Son Éminence se plaît à étaler des statistiques qui renforcent sa cause: 90% des conversions à Ottawa sont l'œuvre du clergé canadien-français.[65]

La disparition de Benoît XV en 1922 et celle du cardinal Bégin en 1925 semblent diminuer le poids de l'influence canadienne-française à Rome. Mais la bonne santé des évêques apporte une accalmie. Les deux camps refont leurs forces, car un nouvel enjeu pointe à l'horizon: le siège archiépiscopal de Régina. L'agitation reprend. De Rome, le cardinal Lépicier, préfet de la Sacrée Congrégation des religieux, informe en

1929 le nouveau cardinal de Québec, Mgr Raymond-Marie Rouleau, que les évêques canadiens-français auraient intérêt à parader au Vatican, «pour répondre aux accusations et calomnies que certains intrigants ne cessent d'entretenir en haut lieu». Le délégué apostolique et le pape Pie XI seraient favorables à la nomination d'un francophone à Régina, mais non les cardinaux les plus influents de la Consistoriale. La lutte est vive dans les officines de la curie et quelques cardinaux considèrent les évêques canadiens-français de passage à Rome «comme des ennuyeux, des indiscrets [...] des chialeux». Quant à Sa Sainteté, «elle ne se gêne pas de dire à son interlocuteur ou de lui faire sentir que la chose ne le regarde pas».[66] Rome enfin se décide à dénouer la crise: Régina, l'évêché bien organisé et promis à un grand avenir, aura un archevêque anglophone (Mgr James Charles McGuigan, 31 janvier 1930). On crée pour les francophones l'évêché miteux de Gravelbourg (31 janvier 1930), incapable de survivre sans la générosité des catholiques québécois. Cette décision ne surprend guère Mgr de Gaspé, qui, de retour de Rome, avait répété à Mgr Joseph Hallé, vicaire apostolique de l'Ontario-Nord, une confidence de Mgr Pietro Di Maria, ex-délégué apostolique du Canada: «deux cardinaux influencent la Curie» et «actuellement ces questions sont réglées par des considérations politiques, le désir de satisfaire l'autorité anglaise; il en sera ainsi tant que les considérations surnaturelles ne prévaudront pas dans le choix des évêques canadiens».[67]

CHAPITRE II

LES VIGNERONS DU ROYAUME

Tout le peuple des baptisés en son sein fait partie de l'Église catholique. Celle-ci pose cependant une distinction nette entre les simples ressortissants, les laïcs, et les membres de l'institution ecclésiale. Ceux-ci ont consacré leur vie au service de l'Église et à l'avènement du Royaume du Christ. Mais là n'est pas ce qui les distingue le plus exactement. Bien de ces ouvriers de la vigne du Seigneur remplissent, en fait, une fonction sociale qui n'est pas de soi religieuse et qui peut tout aussi bien être tenue par un laïc. Réciproquement, il y a parmi les laïcs d'authentiques apôtres du Christ, entièrement soumis à l'Église et dévoués à son service. Ceux qui sont considérés comme gens d'Église, ce sont ceux qui ont reçu d'elle un statut officiel, de type variable mais qui leur confère tous un caractère sacré. Le célibat est la condition essentielle à cette reconnaissance; s'y ajoute l'une ou l'autre des conditions suivantes: la réception du caractère sacerdotal ou l'état de vie religieux. Dans la société, les gens d'Église forment une caste aux frontières précises, identifiée par un type de costume qui les met radicalement à part en signifiant leur statut de personne consacrée. Au Québec, la caste des gens d'Église est fortement intégrée aux structures sociales; elle est séparée

surtout symboliquement par le statut sacré: c'est bien «l'habit qui fait le moine».

1. L'ÉPISCOPAT

En 1931, l'Église du Québec comporte deux provinces ecclésiastiques, douze sièges épiscopaux et un vicariat apostolique. C'est là un découpage moderne de la réalité. De fait, l'Église canadienne-française comprend aussi la province ecclésiastique d'Ottawa, dont les frontières chevauchant le Québec et l'Ontario englobent une majorité de fidèles francophones. Les quatre évêques de cette province (Ottawa, Haileybury, Pembroke, Mont-Laurier), de même que le vicaire apostolique de l'Ontario-Nord, assistent aux réunions des évêques et archevêques de la province civile de Québec, même si l'évêché de Mont-Laurier est le seul de ces diocèses entièrement situé en territoire québécois. De 1878 à 1930, vingt-huit évêques occupent successivement un siège résidentiel dans les diocèses québécois, parmi lesquels huit sont nommés avant 1898. Quatre autres demeurent des évêques auxiliaires.

L'épiscopat est un corps stable. Les règnes sont longs, car l'Église recrute ses évêques parmi les prêtres en pleine force de l'âge. Les vingt évêques résidentiels nommés entre 1898 et 1930 sont sacrés vers l'âge de cinquante ans: 4 le sont entre 41 et 43 ans, 3 entre 45 et 46 ans, 9 entre 48 et 54 ans, et les 4 autres entre 57 et 63 ans. Durant cette période, un évêché ne change de titulaire que deux fois. C'est là une moyenne. En certains diocèses, une seule figure domine toute la période: Mgr Michel-Thomas Labrecque à Chicoutimi (1892-1927), Mgr Joseph-Simon-Herman Bruneault à Nicolet (1904-1938), Mgr Louis-Nazaire Bégin à Québec (1898-1925), Mgr Paul Larocque à Sherbrooke (1893-1926), Mgr François-Xavier Cloutier à Trois-Rivières (1899-1934), Mgr Joseph-Médard Émard à Valleyfield (1892-1922). Mgr Bruchési est un cas à part. Bien qu'il occupe officiellement le siège de Montréal de 1897 à 1939, Rome lui désigne, dès 1921, un administrateur apostolique qui deviendra coadjuteur en 1923. Un mal étrange, caractérisé par «un mélange de dépression physique et d'angoisse morale», lui enlevant «toute initiative et toute aptitude à la décision», l'oblige à garder «presque constamment le lit». (Abbé Émile Chartier) Les premiers symptômes se manifestent au cours d'un voyage en Europe en 1919. Les proches observent que leur apparition coïncide avec la disparition de Mgr Émile Roy, vicaire général, que Mgr Bruchési appelait familièrement «son chien fidèle». Des contemporains y voient les séquelles des fortes pressions auxquelles l'évêque fut soumis durant la guerre et qui l'auraient usé prématurément. La progression rapide du mal motive la décision de Rome. Mgr Bruchési, que la maladie confine dans ses appartements de l'évêché, commence alors son long martyre.

L'épiscopat est aussi un corps homogène. Cette situation tient à des procédures de recrutement qui imposent un profil d'évêque et fonctionnent sur le mode de la cooptation. Des discussions peuvent entourer le choix des individus, elles ne remettent jamais en cause le profil établi par Rome. Jusqu'en 1919, le délégué apostolique a l'initiative. Lorsqu'un siège devient vacant, il consulte individuellement les évêques et monte un dossier qu'il envoie à la Consistoriale qui décide en dernier ressort. L'avis des archevêques pèse lourd — davantage encore celui du délégué. La tendance des évêques à choisir leur successeur de leur vivant, par le moyen de la coadjutorerie avec droit de succession, s'estompe. Trois des huit évêques en place en 1898 avaient d'abord été nommés coadjuteur. L'évêque de Nicolet choisit son coadjuteur en 1899. Le cas se produit accidentellement à Montréal lors de la maladie de Mgr Bruchési. De fait, la tradition ne se maintient vraiment qu'à Québec jusqu'en 1925. La procédure de sélection des évêques en vigueur avant 1919 pose problème. Elle conduit à des nominations hâtives ou à des délais ennuyeux et elle ne prévoit pas une consultation collective. Le décret *Inter suprema* (19 mars 1919) concernant «la présentation des candidats à l'épiscopat dans le dominion du Canada et dans les îles de Terre-Neuve» s'efforce de pallier ces lacunes, sans toutefois empêcher toute forme de cooptation. Désormais, tous les deux ans, les suffragants envoient à leur métropolitain le nom des prêtres qu'ils jugent épiscopables. Le métropolitain fait enquête et voit, à l'occasion d'une réunion spéciale, à ce

que les suffragants établissent collectivement une liste d'épiscopables qui atteint la Consistoriale via le délégué apostolique.
Le profil esquissé dans les procédures distingue deux catégories
de qualités personnelles. La première comporte les qualités
essentielles dont l'absence de l'une ou l'autre conduit à un
rejet d'une candidature. Ce sont l'honnêteté, la piété, un âge
mûr, une «prudence prouvée», une connaissance solide de
la doctrine et une orthodoxie à toute épreuve. La deuxième
catégorie comporte des qualités qui servent sans doute à
départager et classifier les candidatures. Ce sont le talent
dans l'administration temporelle, la situation familiale, le
caractère et la santé. Conjugués à la stratification sociale propre
au Québec, les mécanismes de recrutement maintiennent
une grande homogénéité dans l'épiscopat. Les vingt évêques
résidentiels nommés à partir de 1898 sont tous des prêtres
séculiers — Raymond-Marie Rouleau, un dominicain, fait
exception à la règle. Ils sont d'origine modeste. Un seul est
né à Montréal, trois dans de petites villes, les autres en milieux
ruraux. Le plus grand nombre sont des fils de cultivateur (9);
les autres sont fils d'artisan (3), de commerçant (4), de notaire
(2).[1] Seul Mgr Joseph-Alfred Archambeault, de Joliette, dont
le père était notaire et conseiller législatif, provient d'une
famille dont le statut social est élevé. Une expérience dans
l'administration est une voie d'accès privilégiée, mais non
indispensable pour accéder au poste. Les *curriculum vitae* présentent une expérience individuelle assez variée: 5 avaient
fait carrière surtout dans l'enseignement, 5 autres dans
l'administration et 10 dans la pastorale et l'administration.
Le niveau de scolarité est relativement élevé: 13 ont étudié
à l'étranger, principalement à Rome (7) ou à Paris (5), et 8
sont revenus détenteurs d'un doctorat en théologie ou en
droit canonique. Ces évêques sont tous taillés sur le même
patron: pieux, honnêtes, prudents, fermement attachés à la
personne du pape et à l'orthodoxie romaine — donc, intransigeants, conscients de leurs responsabilités, chatouilleux de
leurs droits et portés vers l'éloquence. Ce ne sont ni de grands
prophètes ni de grands administrateurs. Ils sont, dirions-
nous, des pasteurs soucieux de paître leur troupeau — ce
qui, en ces temps, signifie d'abord enseigner, puis diriger.

Épiscopat de la province ecclésiastique de Québec. 1. Mgr L.-N. Bégin, Québec. 2. Mgr A.-A. Blais, Rimouski. 3. Mgr M.-T. Labrecque, Chicoutimi. 4. Mgr F.-X. Cloutier, Trois-Rivières. 5. Mgr H. Bruneault, Nicolet. 6. Mgr G. Blanche, Golfe Saint-Laurent. 7. Mgr P.-E. Roy, auxiliaire de Québec. (Concile plénier de Québec, 1909.)

Épiscopat de la province ecclésiastique de Montréal. 1. Mgr P.-N. Bruchési, Montréal. 2. Mgr J.-M. Émard, Valleyfield. 3. Mgr P. Larocque, Sherbrooke. 4. Mgr J.-A. Archambeault, Joliette. 5. Mgr A.-X. Bernard, Saint-Hyacinthe. 6. Mgr Z. Racicot, auxiliaire de Montréal. 7. Le R^{me} Abbé d'Oka. (Concile plénier de Québec, 1909.)

L'épiscopat ne constitue pas, cependant, un noyau indifférencié. Il comprend une riche gamme de personnalités. Mgr Bruchési se distingue par son aisance, par ses talents d'orateur à la parole douce et d'écrivain à la plume alerte. C'est un charmeur qui ne déteste ni la publicité, ni les bons cigares, ni le whist, mais qui sait à l'occasion s'imposer. Il règne, observe un sulpicien, par son charme et sa valeur propre autant que par l'autorité dont il dispose. Mgr Bégin est avant tout un savant théologien, spécialisé dans les langues anciennes. Il est grand, de manières distinguées et son visage est celui d'un ascète. Il parle avec aisance et de façon impeccable, sans émotion, sans originalité et sans jamais se livrer. Il est discret sur lui et sur les autres. La fermeté caractérise son tempérament; une douceur et une aménité acquises tempèrent son caractère. À l'opposé, Mgr Archambeault est de petite taille — «comme le Zachée de l'Évangile» — mais d'un tempérament vif et ardent. Mgr Bruneault passe pour un homme très instruit, tout entier à ses devoirs pastoraux, d'un heureux caractère et extrêmement bien vu de tout le monde — du moins au dire de Mgr Bégin. Mgr Cloutier est un autodidacte hyperactif, capable d'avoir son franc-parler, commis à l'action sociale et près de son peuple. Mgr Émard, de tempérament libéral, «pris de frémissements nerveux devant toute forme d'intransigeance», porté au compromis avec les politiciens et enclin à l'autoritarisme avec ses ouailles est manifestement destiné à occuper le siège d'Ottawa.

Un homme le sait: le délégué apostolique Pietro Di Maria. A-t-il des instructions de Rome? Poursuit-il une politique personnelle? Doit-il régler quelque problème ignoré du commun des mortels? On ne sait pas encore. Mais les faits restent éloquents. À la mort de Mgr Charles-Hugues Gauthier en 1922, Mgr Émard quitte Valleyfield pour lui succéder à Ottawa. Le choix se défend: les Canadiens français ne veulent pas d'un anglophone sur ce siège et les Irlandais n'accepteraient pas un évêque ultramontain. Le délégué profite de l'occasion pour sortir de l'ombre un dominicain du couvent d'Ottawa, «philosophe averti, théologien de carrière, canoniste sûr». Ce Raymond-Marie Rouleau est un diplomate né, une éminence grise consultée à maintes reprises par la Délégation et

Son Éminence le cardinal Raymond-Marie Rouleau. (Archives nationales du Québec)

qui se révélera «doué d'aptitudes administratives peu communes». Il va à Valleyfield remplacer Mgr Émard. Le geste prête à plusieurs interprétations. À soixante-trois ans, Mgr Émard est à Ottawa un homme de transition. Dans l'esprit du délégué, se peut-il que son successeur soit Raymond-Marie Rouleau, âgé lui-même de cinquante-six ans, qui, durant son séjour à Valleyfield, aura pris de l'expérience? La chose est possible. Mais il se peut que le délégué ait voulu profiter

du transfert de Mgr Émard pour renforcer le corps épiscopal
québécois, décapité par la maladie de Mgr Bruchési, la vieillesse
du cardinal Bégin et la santé chancelante de Mgr Paul-Eugène
Roy, coadjuteur avec droit de succession de Mgr Bégin. Les
choses en sont là quand se produisent coup sur coup la mort
de Mgr Bégin (1925), puis celle de Mgr Roy (1926). Le siège
de Québec est vacant. Personne à Québec ne semble de taille
à combler le vide ni à mériter un jour la pourpre cardinalice.
Est-ce sur l'initiative du corps épiscopal ou du délégué seul?
Toujours est-il que l'auxiliaire de Québec, Mgr Alfred Langlois,
s'en va à Valleyfield tandis que Mgr Rouleau vient s'installer
sur le siège de Québec. La rapidité avec laquelle on le revêt
de la pourpre cardinalice (1927) semble refléter une stratégie
encore inconnue du public.

2.   LE CLERGÉ SÉCULIER

En 1901, le Québec compte environ 2102 prêtres (réguliers
et séculiers), soit un pour 680 fidèles. Trente ans plus tard,
ces effectifs peuvent se chiffrer à 4274, soit un prêtre pour
576 fidèles.[2] (Tableaux 1 et 2) Tout au long de la période, le
Québec est une des sociétés catholiques les mieux nanties
sous ce rapport. En 1913, l'Italie, l'Espagne et la Hollande,
pays les plus riches en prêtres, avaient une relation clercs/
fidèles estimée à un pour 760. Sauf Rimouski et Trois-Rivières
avant 1920, tous les diocèses du Québec ont un taux de clercs
supérieur à cet idéal. Le clergé séculier fournit autour de 80%
des effectifs. En 1901, quelque 400 réguliers, répartis en 15
communautés d'importance numérique variable, comptent
pour 19%; en 1931, ils sont près de 1000, dans 24 communautés,
pour 23% des effectifs. (Tableau 3)

Armature des Églises diocésaines, les séculiers sont
affectés massivement au ministère paroissial. L'enseignement
dans les collèges classiques est la principale de leurs autres
fonctions. Ils œuvrent aussi, en plus faible proportion, dans
les communautés religieuses, les instituts hospitaliers ou à
l'évêché, à titre d'aumôniers ou d'administrateurs. Ces fonctions, numériquement secondaires, tendent cependant à

accaparer une part croissante de la main-d'œuvre cléricale. De 1901 à 1931, la proportion des effectifs engagés dans le ministère paroissial est passée de 65,1% à 58,1%; corrélativement, les professeurs de collège accroissaient leur part de 13,6% à 17,5%, les aumôniers de 3,6% à 6,6%, les administrateurs de 6,0% à 6,6%. (Tableau 4) En nombre absolu, le clergé paroissial a continué de s'accroître, à peu près au même rythme que la population catholique. Les paroisses urbaines encadrent des populations plus denses et sont souvent desservies par des religieux; en zones rurales, par contre, la fondation de nouvelles paroisses accapare davantage la main-d'œuvre cléricale.

Plus rapide dans l'ensemble que celle des fidèles, la croissance du clergé séculier a permis, sans remettre en cause

TABLEAU 1

LES RESSOURCES, 1901-1931:
NOMBRE DE PRÊTRES PAR DIOCÈSE.

Diocèse	Prêtres séculiers				Prêtres réguliers			
	1901	1911	1921	1931	1901	1911	1921	1931
Québec	447	514	668	854	52	100	102	180
Trois-Rivières	97	107	134	170	2	17	25	43
Rimouski	113	137	198	194	7	10	11	8
Gaspé	—	—	—	61	—	—	—	18
Chicoutimi	91	136	142	195	9	—	17	28
Nicolet	109	147	164	189	—	—	—	4
Montréal	398	429	552	696	265	319	358	531
Saint-Hyacinthe	203	183	220	237	18	18	19	33
Sherbrooke	100	115	141	210	—	—	18	25
Valleyfield	86	101	96	113	7	—	9	20
Joliette	—	118	138	164	—	14	16	24
Ottawa*	54	73	54	61	33	50	44	48
Mont-Laurier	—	—	53	82	—	—	13	7
Haileybury*	—	7	30	53	—	6	3	7
Pembrooke*	7	10	15	19	4	—	—	—
TOTAL	1 705	2 077	2 605	3 298	397	534	635	976

SOURCE: D'après *Le Canada ecclésiastique*.
* Prêtres du diocèse qui travaillent dans les limites du territoire québécois.

TABLEAU 2

EFFECTIFS CLÉRICAUX PAR DIOCÈSE:
NOMBRE DE FIDÈLES PAR PRÊTRE, 1901-1931

Diocèse	1901			1931		
	C	S	R	C	S	R
Québec	651	727	6 250	462	559	2 654
Trois-Rivières	715	730	35 407	593	743	2 939
Rimouski	873	873	—	573	596	14 466
Chicoutimi	659	659	—	553	686	4 410
Nicolet	742	742	—	471	481	22 761
Gaspé	—	—	—	671	869	2 944
Montréal	603	1 005	1 509	646	1 139	1 404
Saint-Hyacinthe	522	566	6 764	446	508	3 652
Sherbrooke	655	655	—	465	520	4 370
Valleyfield	756	756	—	441	519	2 931
Joliette	—	—	—	346	396	2 708
Mont-Laurier	—	—	—	492	534	6 257
LE QUÉBEC	680	838	3 600	576	746	2 523

SOURCE: D'après *Le Canada ecclésiastique*.
C: rapport fidèles/prêtres pour l'ensemble du clergé
S: rapport fidèles/séculiers
R: rapport fidèles/réguliers

la stabilité de la structure paroissiale, de libérer une main-
d'œuvre pour la prise en charge des fonctions en expansion.
Signe des temps: une fonction disparaît. En 1926, les évêques
décident de ne plus nommer de missionnaires agricoles,
chargés de promouvoir les intérêts de l'agriculture. Ils abandonnent ce champ d'action à des fonctionnaires de l'État, les
agronomes, qui ont commencé à l'occuper en 1913. En
revanche, de nouveaux besoins sont peu à peu identifiés,
qui vont faire apparaître d'autres fonctions pour le clergé.
En 1930, ils ne sont qu'une trentaine (aumôniers de syndicats,
directeurs d'action sociale, missionnaires diocésains de tempérance, etc.) à œuvrer dans le champ nouveau du «social»,
mais nombreux sont les vicaires et les professeurs de collège
à assumer à temps partiel des responsabilités en ce domaine.
De cette première génération d'apôtres sociaux, tout à la fois
hommes de doctrine et hommes d'action, émergent quatre

grandes figures: Mgr Eugène Lapointe, Mgr P.-E. Roy, l'abbé
Maxime Fortin et le curé Philippe Perrier.

Le genre de vie

Les membres du clergé séculier portent l'habit ecclésiastique
lequel, depuis 1875, comporte soutane et ceinture, le col
romain, le paletot noir ou la douillette et le chapeau noir. Le
port d'un habit civil noir et modeste n'est permis que «dans
les lieux où la coutume est contraire»; même en vacances, le
clerc ne doit pas quitter sa soutane. Les disciplines diocésaines
insistent pour qu'un prêtre fasse chaque jour une méditation,
une visite au Très Saint-Sacrement et la récitation du chapelet.
La récitation de l'Office divin (bréviaire) est obligatoire. Plu-

TABLEAU 3

RÉPARTITION DU CLERGÉ EN SÉCULIERS ET RÉGULIERS, 1901-1931
(EN POURCENTAGES)

Clergé	1901	1911	1921	1931
Séculier	81	79,5	80,4	77,1
Régulier	19	20,5	19,6	22,9

SOURCE: Tableau 1.

TABLEAU 4

OCCUPATIONS DU CLERGÉ SÉCULIER, 1901-1931
(EN POURCENTAGES)

Occupation	1901	1931
Ministère paroissial	65,1	58,5
Aumônerie	3,6	6,6
Enseignement	13,6	17,5
Administration	6,0	6,6
Action sociale	—	0,7
Malade, retraité	6,7	5,2
Absent	4,7	4,5

SOURCE: *Le Canada ecclésiastique.*

sieurs associations pieuses encadrent le prêtre: l'Union apostolique, l'Union missionnaire du clergé, l'Association des
prêtres adorateurs. Des retraites mensuelles, qui consistent
généralement en la récitation en commun des vêpres, une
instruction et une bénédiction du Très Saint-Sacrement, et
une retraite annuelle obligatoire d'une semaine maintiennent
sa ferveur. Les évêques veillent à ce que la vie urbaine ne
ramollisse pas les mœurs. Un prêtre ne doit fréquenter ni les
théâtres ni les cinémas et, depuis la directive de la Consistoriale
en 1916, il doit s'abstenir d'organiser des danses en faveur
d'œuvres pies. Il n'a de téléphone et d'automobile personnels
que si ses fonctions l'exigent et il doit obtenir l'assentiment
de son évêque. Règle générale, les évêques craignent les
effets délétères de l'automobile qui occasionne «la négligence
du ministère, des sorties intempestives et des dépenses
considérables». Il faut donc avoir une raison majeure pour
disposer d'une automobile, «objet de scandale pour le peuple».[3]

Par plus d'un aspect, la vie du prêtre est une vie de
petit-bourgeois, sauf que l'onction sacerdotale, le célibat et
la discipline ecclésiastique le tiennent à distance des hommes.
Les profils de carrière varient selon les occupations telles que
la pastorale, l'enseignement, l'action sociale, et sont régis par
des règles et des coutumes qui assurent une promotion sociale.
Le jeune pasteur commence par faire l'apprentissage de son
métier comme vicaire. C'est une période souvent difficile,
car le Concile plénier a maintenu obligatoire la résidence avec
le curé... si malcommode soit-il. S'il a du talent, le vicaire
obtient une petite cure et, par la suite, une cure plus grosse.
Cette promotion se traduit par un accroissement de ses revenus. En 1898, Mgr Bégin estime qu'une paroisse doit rapporter
au moins 450$, soit le double du salaire d'un ouvrier. Et une
grosse cure peut rapporter plusieurs milliers de dollars. La
coutume veut — du moins dans le diocèse de Québec —
qu'un curé qui se retire puisse demander à son successeur
le versement d'une annuité qui s'ajoute alors à la pension
que lui verse la Caisse ecclésiastique. Dans le diocèse de
Rimouski, cette pension est de 200$, en 1898. En cas de
maladie, voire de retraite, des curés gardent leur cure et se
paient un desservant pour 200$ par année.

Monsieur le curé

De droit divin, le curé est investi d'une triple fonction vis-à-vis de ses ouailles: il doit les diriger, les paître et les instruire. Chacune de ces fonctions est également indispensable et incontestable. Prétendre que l'action du prêtre doit se borner à l'enceinte de l'église, à l'administration des sacrements, à la seule prédication en chaire, c'est s'insurger contre la doctrine et la discipline de l'Église. La direction et l'enseignement que le prêtre a le devoir sacré de donner à ses ouailles, il les leur doit dans toutes les circonstances où il entre en contact avec eux: au confessionnal, en chaire, dans son presbytère, à l'école, partout où l'appelle sa charge de curé ou de pasteur.

L'école est l'annexe et l'auxiliaire de l'Église. Il en a toujours été ainsi dans notre pays comme dans tous les pays catholiques où l'école paroissiale a grandi à côté et aux frais de l'Église, bien avant que l'on ait songé à lui trouver aucune aide étrangère. Partout, le prêtre a ses entrées libres dans l'école, non seulement pour en surveiller l'instruction au point de vue de la doctrine et de la discipline morale, mais aussi pour juger de la valeur de l'enseignement au point de vue pédagogique, et imprimer, au besoin, par de sages avis, une salutaire impulsion à l'enseignement scolaire.

(Mgr Bégin au curé de Saint-Ludger, 10 juin 1903.)

Les enseignants connaissent un cheminement moins rémunérateur et moins sécurisant. Ils débutent tôt dans la carrière. Au cours de leurs études de théologie, ils sont astreints à la surveillance et à l'enseignement de matières secondaires. Ils entrent de plain-pied dans l'enseignement sitôt ordonnés, sans qu'on leur ait donné une formation pédagogique appropriée — sauf exception. Les honoraires sont plus que modestes. Ils sont de 100$ vers 1900, même après plusieurs années de bons services. En 1905, les évêques s'entendent sur une échelle salariale qui va jusqu'à 300$ et dont les échelons varient en raison de l'ancienneté. Seul le Séminaire de Québec, au début du siècle, a un système d'agrégation qui assure une retraite convenable à ses professeurs. Ces conditions précaires expli-

---

L'ATTRAIT POUR LE SACERDOCE

Il y a certainement des enfants qui saisissent la valeur religieuse de leurs parents. Sans le dire... ils saisissent la différence. Dans mon cas, non pas que j'ai cru que c'étaient des gens bien supérieurs aux autres, mais j'ai toujours saisi que la religion, pour eux, c'était quelque chose de grand. C'est ce que je saisissais par les pores de ma peau.

J'ai souvent entendu dire par ma mère «Dieu est partout». Quand tu es petit gars, à huit ans, tu te dis «qu'est-ce que ça veut dire ça?» Ça, ça a l'air de rien mais c'est beaucoup dans la formation d'un enfant quand ça se grave. Quand il se met à penser à ça tout seul, il a ses petites peines, ses petits ennuis, tiens: il revient là-dessus, il s'arrête.

Et il va penser à ça surtout pendant la messe. Il se met dans le chœur, avec de petites soutanes de rien, de petits surplis [...] C'était la dignité. La dignité du prêtre, des ornements, des vêtements, de l'encensoir. C'était simple mais c'était de la dignité. L'église créait une atmosphère de dignité. L'enfant sait bien qu'il n'est pas dans une cour à bois; tout de suite, il y a changement, il y a une différence énorme pour lui. Il est dans une église. Ça, ça lui parle, ça le pénètre comme une huile dans une éponge. En y pensant, après soixante-dix ans, c'est ça. J'en vis encore. Rien que de voir monter le prêtre dans la chaire, dans le grand escalier. Il fait un bout au milieu des hommes pour atteindre la chaire qui était au milieu du peuple. C'était un événement pour moi, ça, bien simplement. [...] Les enfants c'est les enfants: quand toutes ces choses-là sont bien faites, on les imprègne.

(Paul-H. Barabé, o.m.i, 1904-1982)

---

quent la mobilité du corps enseignant et la chasse aux cures chez les professeurs expérimentés, soucieux d'améliorer leur bien-être et d'assurer leurs vieux jours. Mgr Bégin déplore cette situation qui laisse les maisons d'éducation «dans une condition d'enfance sans jamais donner les fruits de maturité que leur assurerait un personnel enseignant plus stable, plus ancien et d'une compétence plus parfaite».[4]

La vocation

Les inquiétudes de Mgr de Québec procèdent autant d'un souci de dispenser un enseignement de qualité que du désir d'assurer la relève du clergé. Alors que la population catholique augmente de 72%, en trente ans le clergé québécois s'accroît de 102%. (Tableau 5) Chez les séculiers, le taux d'augmentation est de 92,8% et il est en croissance d'une décennie à l'autre. Un accroissement aussi remarquable n'est pas le fruit du hasard. Dans une société imbue de catholicisme comme le Québec, l'attrait pour le sacerdoce n'a rien *a priori* de très étonnant. La famille baigne dans une atmosphère de piété, l'Église est détentrice des plus hautes valeurs humaines et, d'un point de vue plus prosaïque, le sacerdoce constitue la voie normale et sûre d'accès à la strate des élites. Cet attrait risquerait cependant de demeurer vain si l'Église ne disposait de solides mécanismes de canalisation. En outre, il ne rend pas compte de l'ensemble des vocations: bon nombre de clercs ont été aspirés par l'institution cléricale bien davantage

TABLEAU 5

ACCROISSEMENT DES EFFECTIFS CLÉRICAUX, 1901-1931
(EN POURCENTAGES)

	1901-1911	1911-1921	1921-1931	1901-1931
Ensemble du clergé	24,2	24,0	31,6	102,0
Clergé séculier	21,8	25,4	26,2	92,8
Clergé régulier	34,7	18,0	53,0	145,8
Population catholique	20,6	17,3	21,6	72,0

SOURCES: Tableau 1 et *Le Canada ecclésiastique*.

qu'ils n'ont cherché à y réaliser leurs aspirations personnelles.
De façon générale d'ailleurs, les Canadiens français n'ont pas
encore appris à s'inventer bien grand d'aspirations, trop préoccupés qu'ils étaient par les nécessités de la simple survie.
Dans ce contexte, on ne choisit pas un métier ou un état de
vie pour y épanouir sa personnalité: on cherche simplement
une place où se caser pour gagner sa croûte. La vocation
sacerdotale est alors vécue moins comme choix ou recherche
de dépassement que comme un destin, et un destin de favorisé:
devenir prêtre, c'est avoir le privilège d'occuper une place
destinée à soi personnellement de toute éternité. Dans la
construction historique de ce destin, la culture familiale est
le premier artisan. Responsable de l'établissement de chacun
de ses membres, la famille ne demande pas mieux que d'en
placer quelques-uns dans ces emplois de haut prestige et de
toute sécurité qu'offre l'Église. On comprimera le budget
familial pour payer les études des plus brillants ou des sur-
numéraires dans l'économie familiale; si l'enfant manifeste
déjà de bonnes dispositions, on le placera à l'École apostolique
ou dans un juvénat, où le coût des études est minime. Une
structure d'inconscient, de type incestueux, entre aussi en
ligne de compte. Fondée sur le principe d'autarcie, la famille
canadienne-française offre un terrain favorable à la trans-
gression, que constitue le célibat ecclésiastique, de la loi
d'échange matrimonial. Bien des prêtres doivent ainsi leur
vocation à leur attachement pour une mère pieuse qui, non
seulement leur aura enseigné l'art de meubler la grisaille du
quotidien par la conversation avec l'au-delà, mais qui les aura
détournés du mariage. L'instinct de reproduction du corps
clérical est toutefois le facteur essentiel dans la prolifération
des vocations. Du curé qui détecte les recrues éventuelles
jusqu'à l'évêque qui fonde des œuvres de vocation, en passant
par l'oncle curé qui paie les études, tout le clergé se préoccupe
d'assurer la relève. Le mécanisme essentiel est le collège classique; c'est là que se moule le destin clérical.

À la différence d'un juvénat où d'une école apostolique,
le collège classique n'a pas pour fonction spécifique de fabriquer
des prêtres mais, plus généralement, d'éduquer l'élite de la
nation. Il est obligatoire pour ceux qu'attire la vie intellectuelle.

Toute la future élite passe ainsi par les mains du clergé qui n'aura, le moment voulu, qu'à faire son choix. Il n'est pas nécessaire d'exercer de pression sur le garçon: toute l'éducation est orientée vers la formation d'un type d'homme adapté à l'institution cléricale. L'enseignement religieux et les exercices de piété y occupent une bonne place; cela va de soi, puisque la religion fait partie de la vie. Ces exercices maintiennent le garçon dans une atmosphère de piété, seule diversion possible, à part quelques livres, contre l'ennui des quatre murs où on l'a enfermé. Le règlement austère qui régit ses activités quotidiennes le préserve contre l'ivresse de l'ennui, en même temps qu'il moule la forme que devra prendre sa pensée et qu'il creuse le vide où le sens viendra prendre place. Le contenu de l'enseignement joue un rôle tout aussi important que le style de vie. L'objectif de la formation est d'unifier la personne par une idée, dont la force gouvernera l'emprise de la volonté sur les facultés inférieures: imagination, mémoire, sensibilité. Cette idée, c'est la vérité, telle que l'explicite la philosophie thomiste. Le *cursus* des études est un corridor étroit qui y donne accès.

Dans les premières années, l'enseignement est dispensé par de jeunes ecclésiastiques sans expérience, sans formation et trop accaparés par leurs propres études de théologie; ce sont le plus souvent de médiocres professeurs. Dans ces classes dites «de grammaire», l'élève fait l'apprentissage de la règle, à travers l'étude du grec et du latin. Plusieurs n'y résistent pas; on dira qu'ils n'avaient pas les aptitudes. «Une fois traversées les zones sèches de l'initiation massive aux grammaires latine et grecque [l'élève passe] comme vers une large clairière, dans le monde enchanté de la littérature et de l'histoire.» (Albert Tessier) Le jeune homme est maintenant initié à l'art de la parole et de l'écriture. Maître du langage, il émerge au-dessus de la masse; il a acquis une nature d'élite. Puis vient l'étape sérieuse des classes de philosophie, consacrées à la maîtrise de la vérité. Les cadres rigides du manuel et le latin dans lequel il est rédigé contribuent à accentuer le caractère transcendant et immuable de la doctrine enseignée.[5] De la règle au vrai, en passant par les mots, le cours classique fabrique des êtres abstraits, sans aptitude à inventer la vie, habitant un univers du sens qui plane au-dessus de la réalité sensible.

Tout au long de ses études, le futur homme d'élite est tenu de fréquenter un confesseur chargé d'orienter ses états d'âme et, surtout, de contrôler la «pureté de ses mœurs». S'il n'a pas trop de problèmes de ce côté ou s'il sait les dissimuler, il peut s'acquitter de cette obligation par une visite de routine sans histoire. Lorsqu'il a quelques aspirations en ce sens, il pourra, s'il tombe bien, bénéficier d'une authentique direction spirituelle; même s'il l'ignore encore, son destin est alors scellé. Discret, le directeur se borne à cultiver cette âme qui lui est confiée, sans lui révéler trop tôt le dessein que Dieu a sur elle. Comme il ne faut rien laisser au hasard, le

---

LA VOIX DE DIEU

Pendant deux ans, j'en suis tourmenté. Serai-je prêtre? Serai-je plutôt serviteur de l'Église dans le monde? Avec toutes mes illusions de jeune homme, je me cramponne à ce dernier rêve [...]. En Philosophie, ni l'une ni l'autre des deux retraites de décision ne m'apportent la lumière victorieuse. Après la seconde, je remets un mémoire à mon directeur où, tout examiné, pesé aussi objectivement que possible, je conclus contre le sacerdoce. Du reste, par sa sublimité et ses terribles engagements, autant l'avouer, il me fait peur. Puis, je puis bien l'avouer, personne, pas même mon directeur, n'a réussi à me démontrer de façon décisive, la grandeur du sacerdoce, la grandeur aussi du prêtre séculier, son rôle capital dans l'Église. Je me serais peut-être fait religieux. Un moment même [...] la vocation de jésuite me hante quelque peu. [...] En ce grave épisode de ma vie, une seule chose va me sauver: la grâce d'un abandon total à la volonté de Dieu. Je ne demandais qu'à voir clair, déterminé à suivre sans sourciller la voie que m'indiquerait l'homme de Dieu. Avec une logique surnaturelle et irréfutable, l'abbé Corbeil, mon mémoire à la main, le démolit pièce par pièce. [...] Dès cet instant, j'arrête ma décision. Décision

rôle d'orienteur peut revenir au prédicateur de retraite de décision, qui se charge d'emporter le morceau. Jusqu'ici on a laissé mûrir le jeune homme. Gare à celui qui n'a pas développé d'ambitions professionnelles trop fermes. Pour peu que les exercices de piété ne le dégoûtent pas et qu'il ait su «triompher de son adolescence», le diagnostic du directeur spirituel ou du prédicateur est clair: «Dieu vous appelle». On ne se dérobe pas facilement à la voix de Dieu. Formé à la règle, au pouvoir de la parole et à la transcendance du vrai, l'appelé accueille sa vocation en toute sérénité d'esprit.

Ce système d'éducation fonctionne bien. Entrés au collège dans la simple intention de faire des études, plusieurs jeunes gens se retrouveront dans les quelque 55% de finissants qui,

---

froide, résolue, sans marchandage. Et, j'en rends grâce à Dieu, le calme, un calme profond, absolu, s'établit aussitôt en mon âme.

(Lionel Groulx, Séminaire de Sainte-Thérèse, 1899)

La retraite de décision eut lieu au cours de la Semaine Sainte. Nous étions vingt-quatre confrères finissants; douze optèrent pour le Grand Séminaire. [...] Chose étonnante, j'avais très peu pensé à mon orientation. La pauvreté de mes dons d'orateur, et même de simple lecteur, pouvait être, à mon avis, un obstacle à la vocation religieuse. Je m'en ouvris à mon directeur de conscience et lui confiai que j'envisageais de me lancer dans le journalisme catholique militant. Comme deuxième choix, je fis valoir un certain penchant pour les missions africaines des Pères Blancs. Mon directeur opposa un veto presque absolu. Mon devoir était de me donner au service de l'Église trifluvienne! Il balaya d'un geste mes inquiétudes et mes objections et je dus m'incliner, sans trop de résistance, comme d'habitude.

(Albert Tessier, Séminaire de Trois-Rivières, 1916)

dans l'ensemble des collèges, optent pour le sacerdoce.[6] Pour accroître les effectifs cléricaux, il suffit alors d'augmenter le nombre d'étudiants dans les collèges classiques. L'accroissement du corps clérical durant la période tient ainsi à de lourds investissements dans la formation du clergé, en réponse à une demande accrue de main-d'œuvre. Investissements en capitaux: de 1898 à 1931, l'Église bâtit dix collèges classiques, huit institutions où l'on dispense les six premières années du cours classique et une dizaine d'autres où l'on donne un enseignement ou de lettres ou de philosophie ou de théologie. Investissements aussi en hommes: les clercs enseignants dans les collèges classiques sont 508 en 1896-1897 et 1075 en 1930-1931, auxquels il faut ajouter, cette année-là, les 155 enseignants des juvénats et scolasticats. Autour de ces institutions gravitent de nombreuses œuvres pour aider au financement des études, dont l'Œuvre des clercs (1902) et l'Œuvre du Petit séminaire (1913) à Chicoutimi, l'Œuvre des vocations (1912) et l'École apostolique (1913) à Québec.

Un clergé préfabriqué

Dans l'ensemble, comment caractériser ce clergé? Nous ne disposons d'aucune étude globale sur cette question. Les jugements des contemporains, disparates et contradictoires, ne sont guère d'utilité. Mieux vaut s'en remettre aux forces qui le façonnent pour en proposer une sorte de portrait type. En grande partie d'origine rurale, ce clergé a gardé les traits de son milieu; il est de condition modeste, rustre dans ses manières, sans grande tradition intellectuelle, proche de ses sous tout en ayant un petit côté normand et bon vivant. Au collège classique, il a acquis le sens de la transcendance et de l'immuabilité du vrai; il ne sait ni douter ni remettre en question. Les grands séminaires où il apprend son métier dispensent une formation morale, qui le rend «énergique et tourné vers l'action concrète», et une formation intellectuelle abstraite, désincarnée, un peu sèche qui le détourne de la réflexion théologique: l'enseignement de la théologie morale, tout entier axé sur la casuistique (art du confesseur), ignore la réflexion éthique (théorie des vertus). Surtout, ces institutions tendent à standardiser les comportements et les attitudes et à façonner des exemplaires conformes au modèle admis du prêtre. L'ecclésiologie dominante définit le prêtre comme «l'homme des sacrements», mandaté par les successeurs des Apôtres pour distribuer les vérités et les sécurités indispensables en ce monde et en l'autre; il assume son mandat avec un esprit de fonctionnaire. La discipline ecclésiastique, renforcée par l'entrée en vigueur du nouveau code de droit canonique en 1918, qui impose une formation commune, un style de piété, des comportements préfabriqués, accentue l'uniformité due à l'origine sociale et à la formation. Ces divers facteurs ont contribué à constituer les clercs en un corps social homogène, «sûr de la direction de son action et habitué à l'exercice d'une autorité souvent paternaliste».[7] En comparaison avec celui du dernier tiers du XIXe siècle, ce clergé plus instruit, mieux formé, n'est peut-être pas plus savant ni plus saint, mais il est sûrement plus pieux, plus soumis aux évêques. Le «mauvais esprit» se rencontre dans des cas individuels, non dans des groupes, comme cela se produisit, semble-t-il, à Rimouski à la fin du XIXe siècle, où, selon Mgr Bégin, «il y a toujours eu un mauvais esprit [...], esprit de critique, esprit de contradiction à propos des actes épiscopaux».[8] En bref, ce clergé conformiste est un corps de fonctionnaires qui étouffe ses rares prophètes. Il est peu apte à assumer le passage de la société rurale à la société urbaine, caractérisée par l'émergence d'un prolétariat. Des aumôniers syndicaux le déplorent en 1927, dénonçant l'attitude de la majorité du clergé qui soutient les patrons et n'accepte le syndicalisme catholique que par crainte des unions internationales.[9]

3.   LES RELIGIEUX

Le clergé régulier

Encore valable pour une part, le portrait type du clerc s'ajuste moins bien aux prêtres religieux (clergé régulier). Bien que collectivement au service de l'évêque, les réguliers ne font pas partie de la structure diocésaine. Ils relèvent de leur communauté respective, rattachée à une maison généralice située le plus souvent en France ou à Rome. D'importation relativement récente au Québec, les communautés sont encore, dans bien des cas, dirigées par des religieux français. Elles ont leur propres maisons de formation, les scolasticats, qui tiennent lieu de grand séminaire. Chacune en outre a son fondateur, ses traditions, sa constitution, sa sous-culture, son esprit. Les Canadiens français y entrent avec leur culture paysanne et leur mentalité de collège classique, mais aussi avec un vague désir de valeurs autres, un instinct de la différence, une recherche d'idéal qui les a détournés de la voie standard du clergé séculier. En fait, les réguliers représentent la face universelle de l'Église, en même temps que l'idéal de la perfection évangélique et les valeurs spécifiques rattachées à l'esprit de leur communauté. Ils sont, d'une certaine façon, l'aristocratie du corps clérical.

Davantage concentré géographiquement, l'apostolat des réguliers est fonctionnellement plus diversifié. En 1931, 54,4% œuvrent dans le diocèse de Montréal où ils constituent 43,2% des effectifs cléricaux. (Tableau 6) Par ailleurs, c'est l'enseignement qui est leur principale fonction, accaparant 33% d'entre eux. Ils sont bien engagés dans le ministère paroissial, desservant une quarantaine de paroisses auxquelles ils affectent 20% de leurs effectifs. Les contemplatifs, qui comptent pour

TABLEAU 6

LE CLERGÉ DE MONTRÉAL, 1901-1931

Année	Séculiers n	Réguliers n	%	Total	Part des effectifs totaux (%)*
1901	398	265	39,9	663	66,7
1911	429	319	42,6	748	59,7
1921	552	358	39,3	910	56,3
1931	696	531	43,2	1 227	54,4

SOURCE: *Le Canada ecclésiastique*.
* Part du clergé régulier montréalais dans l'ensemble des réguliers du Québec.

13%, s'occupent aussi de développement agricole. Les autres réguliers se retrouvent dans la prédication, l'aumônerie, la presse catholique, les mouvements sociaux et les associations pieuses.

Tous les évêques tiennent à la présence dans leur diocèse de quelques réguliers qui, «par l'austérité de leur vie, leur esprit de pénitence, leur prédication apostolique, leurs prières incessantes et leurs mortifications, seront pour les fidèles [...] comme une haie protectrice [...] contre l'esprit du mal».[10] Les curés sont beaucoup plus réticents. Désireux de garder la haute main sur leur paroisse, ils voient d'un œil hostile s'y construire un couvent de réguliers. De fait, ils redoutent les messes dans la chapelle conventuelle, qui sapent l'esprit paroissial, et les rivalités pour l'encadrement des fidèles dans les associations pieuses, les Jésuites réclamant la direction des congrégations de la Sainte-Vierge, les Dominicains, celle des confréries du Saint-Rosaire, les Franciscains, celle du Tiers-Ordre de saint François, etc. Ils sont agacés par le zèle des réguliers qui visitent les malades et confessent à toute heure et ils les soupçonnent d'accorder trop facilement l'absolution pour les péchés, telle la vente de l'alcool, dont la confession est occasion pour eux d'affirmer leur empire sur leurs fidèles. S'ils voient ainsi leur autorité menacée, ils craignent encore plus pour leur administration: les quêtes spéciales dont sont friands les réguliers drainent les aumônes en dehors de la paroisse, et la fâcheuse habitude qu'ont certains de fournir des messes dominicales gratuites risque de faire oublier aux fidèles qu'ils sont tenus d'entretenir leur clergé.

Avant le code de 1918 qui fixe clairement les droits respectifs, l'implantation d'une communauté dans un diocèse donne alors lieu à des négociations, parfois difficiles, avec l'évêque. Il est reconnu de part et d'autre que les religieux ne peuvent s'installer, se construire ou exercer un apostolat quelconque sans l'autorisation de l'évêque. Inversement, l'évêque n'a pas autorité sur la règle de vie de la communauté et ne peut lui imposer de charge. Il garde, cependant, toute latitude d'imposer ses conditions d'implantation. Règle générale, il exigera que la communauté installée sur le territoire d'une paroisse tienne sa chapelle conventuelle fermée aux fidèles le dimanche et ne s'adonne à la prédication que sur invitation. Forts de leurs privilèges pontificaux, certains ordres monastiques n'hésitent pas à rompre les ententes une fois qu'ils sont établis, si bien que, selon le mot de Mgr Bégin, le «*summum jus*» devient, aux yeux d'un évêque, la «*summa injuria*». Les évêques préfèrent donc prévenir le problème en obligeant les communautés à construire leur couvent sur le territoire d'une paroisse en émergence, dont elles auront à prendre charge. Ils normalisent ainsi la situation des réguliers, tout en leur assurant un revenu stable qui les dispensera d'entreprises économiques indésirables. Mais pour les séculiers, cette solution ne vaut pas mieux que le problème qu'elle résout. Car les réguliers s'installent systématiquement dans les villes, ce qui retarde la promotion des curés dans les paroisses urbaines. Comme l'explique l'abbé Prosper Cloutier à son frère, l'évêque de Trois-Rivières: «Une paroisse confiée à des religieux, c'est un lambeau précieux de notre patrimoine légitime, même au point de vue naturel, qui nous échappe.»[11] D'autre part, certaines communautés n'apprécient pas particulièrement le ministère paroissial. Mais la politique des évêques est ferme: «tous les religieux doivent avoir une paroisse».[12] Même les Franciscains, à qui leur constitution interdit de manipuler de l'argent, doivent se soumettre et accepter d'administrer une cure.

En principe, chaque communauté est spécialisée dans un type d'apostolat: les Sulpiciens dans la formation du clergé, les Oblats dans l'évangélisation des pauvres, les Jésuites et les Franciscains dans les missions, etc. (Tableau 7) En réalité, les communautés tendent à occuper des champs diversifiés, bon nombre cherchant à s'assurer une assise en éducation, apostolat profitable à leur recrutement, en plus du ministère paroissial que leur imposent les évêques et qui est une source de revenus. C'est peut-être moins une fonction propre qu'un esprit et un style d'action qui caractérisent et différencient les communautés. Les Sulpiciens, qui assurent en partie la formation du clergé montréalais tout en maintenant un vaste réseau d'œuvres d'assistance publique, sont reconnus pour leur mentalité austère, à relent rigoriste, et leur esprit français. Voués d'abord aux missions chez les Amérindiens et les Esquimaux, les Oblats, qui desservent aussi les chantiers, quelques paroisses ouvrières et un lieu de pèlerinage, ont le geste robuste du défricheur. Les paroisses bourgeoises vont de préférence aux Dominicains, reconnus comme intellectuels raffinés et habiles diplomates. La spiritualité des Dominicains est intellectualiste, celle des Jésuites est volontariste, celle des Franciscains est de tradition mystique. Le zèle modeste des Franciscains ou la virulence des Rédemptoristes contrastent encore avec la force conquérante des Jésuites qui fait flèche de tout bois. Les Jésuites sont perçus comme des soldats disciplinés, maîtres dans l'art militaire: disposition à utiliser le camouflage et les armes de l'adversaire, habileté à concentrer les efforts sur des points vitaux, comme la formation d'une élite, et à maîtriser la propagande par le contrôle d'institutions spécialisées à cette fin. Leur Imprimerie du Messager, installée en 1901 au scolasticat de l'Immaculée-Conception, qui héberge dans la décennie 1920 une cinquantaine de jésuites, dont la moitié environ se voue à l'apostolat de la plume, est une grosse entreprise de presse qui imprime le *Messager du Sacré-Cœur*, le *Bulletin paroissial*, les brochures de l'École sociale populaire, etc.

Minoritaires dans l'ensemble du clergé, les réguliers s'accroissent par contre plus rapidement: de 145% contre 92% chez les séculiers, de 1901 à 1931.[13] D'une décennie à l'autre, le taux d'augmentation fluctue. Jusqu'en 1914, la croissance des réguliers est attribuable, pour une bonne part, à l'afflux de religieux français, poussés à s'exiler par les «lois Combes» qui dissolvent leur communauté, ferment leurs maisons et rendent illégal leur apostolat. Plusieurs de ces religieux viennent renforcer les communautés établies; d'autres en implantent de nouvelles. L'immigration ayant cessé et plusieurs religieux retournant chez eux pour soutenir leur patrie en guerre, le taux d'augmentation recule momentanément, pour accuser une croissance remarquable d'environ 69% durant les années 1920. L'expansion est attribuable cette fois au recrutement local. L'essor des différentes communautés est très variable. De façon générale, celles qui s'établissent au XXᵉ siècle se recrutent plus difficilement que les plus anciennes. L'ancienneté n'est évidemment pas le seul facteur.

TABLEAU 7

LE CLERGÉ RÉGULIER: PRINCIPAUX
CHAMPS D'APOSTOLAT DES COMMUNAUTÉS

Dénomination usuelle, sigle d'identification	Principaux champs d'apostolat (Mission ou dévotion caractéristique)
Sulpiciens (p.s.s.)	Formation du clergé, assistance publique
Oblats (o.m.i.)	Évangélisation des pauvres, missions amérindiennes (Dévotion à Marie)
Jésuites (s.j.)	Prédication, action sociale, éducation
Clercs de Saint-Viateur (c.s.v.)	Éducation
Pères de Sainte-Croix (c.s.c.)	Éducation (Dévotion à saint Joseph)
Dominicains (o.p.)	Prédication (Dévotion au Saint-Rosaire, gardiens de la vérité)
Rédemptoristes (c.ss.r.)	Prédication (Dévotion à sainte Anne)
Trappistes (o.c.s.o.)	Contemplation, développement agricole
Montfortains (s.m.m.)	Prédication, missions étrangères
Pères de Saint-Vincent-de-Paul (p.s.v.)	Éducation des classes pauvres et ouvrières
Franciscains (o.f.m.)	Prédication, missions (Gardiens du Saint-Sépulcre)
Capucins (o.f.m. cap.)	Prédication, missions
Pères du Saint-Sacrement (s.s.s.)	Adoration et apostolat eucharistique (Glorification de Jésus-Christ)
Missionnaires du Sacré-Cœur (m.s.c.)	Prédication, missions, œuvres sociales
Père Blancs (p.b.)	Missions africaines
Eudistes (c.j.m.)	Éducation, missions (Dévotion aux cœurs de Jésus et Marie)
Pères du Saint-Esprit (c.s.s.p.)	Missions africaines
Bénédictins (o.s.b.)	Contemplation, liturgie
Servites de Marie (o.s.m.)	Missions
Assomptionistes (a.a.)	Diffusion de l'esprit romain (Dévotion au Sacré-Cœur)
Pères de la Trinité (o.ss.t.)	Œuvres charitables pour les marginaux (Culte de la Trinité)
Maristes (s.m.)	Enseignement, prédication, missions
Prêtres de la Fraternité sacerdotale (c.f.s.)	Aide au clergé (Glorification du sacerdoce de Jésus)
Conventuels (o.f.m.c.)	Prédication

SOURCE: *Le Canada ecclésiastique.*

TABLEAU 7bis

LE CLERGÉ RÉGULIER: DATE D'IMPLANTATION
ET EFFECTIFS DES COMMUNAUTÉS

Dénomination	Date d'implantation	Effectifs 1901	Effectifs 1931
Sulpiciens	1657	82	98
Oblats	1841	56	117
Jésuites	1842	74	139
Clercs de Saint-Viateur	1847	41	79
Pères de Sainte-Croix	1847	24	60
Dominicains	1873	11	43
Rédemptoristes	1878	39	82
Trappistes	1881	39	90
Montfortains	1883	8	43
Pères de Saint-Vincent-de-Paul	1884	3	14
Franciscains	1890	16	97
Capucins	1890	6	35
Pères du Saint-Sacrement	1890	8	41
Missionnaires du Sacré-Cœur	1900		11
Père Blancs	1901		9
Eudistes	1903		21
Pères du Saint-Esprit	1905		15
Bénédictins	1912		50
Servites de Marie	1912		10
Assomptionistes	1917		4
Pères de la Trinité	1924		5
Maristes	1929		4
Prêtres de la Fraternité sacerdotale	1929		2
Conventuels	1930		4
Total		407	1 073

SOURCE: *Ibid.*

Entrent aussi en jeu le type d'apostolat, plus ou moins en expansion, et l'esprit de la communauté, plus ou moins susceptible d'attirer des recrues. Il faudrait aussi tenir compte d'un facteur conjoncturel, le taux différentiel d'immigration française, qu'on ne connaît malheureusement pas. Les données approximatives concernant les communautés les plus populeuses sont, cependant, assez suggestives. (Tableau 7) En 1901, les Sulpiciens viennent en tête de liste, avec 82 prêtres, suivis par les Jésuites (74), les Oblats (56), les Clercs de Saint-Viateur (41), les Rédemptoristes (39) et les Trappistes (39). En 1931, les Jésuites sont maintenant en tête, avec 65 prêtres de plus, suivis des Oblats (+ 61), puis des Sulpiciens qui se sont peu recrutés (+ 16) et des Franciscains qui ont grimpé de 16 à 97 (+ 81). Avec une augmentation de 39, les Clercs de Saint-Viateur n'occupent plus que le septième rang, devancés par les Trappistes (+ 51) et les Rédemptoristes (+ 43). Quel peut être l'impact de l'immigration française dans cet accroissement? Vraisemblablement, elle a accéléré le développement d'une communauté en émergence comme les Franciscains, établis depuis 1890 seulement. Mais, pour ce cas du moins, qui présente l'augmentation la plus spectaculaire, on sait que l'apport français n'affecte pas sensiblement les effectifs de 1931: la plupart des Français sont morts, retournés dans leur pays ou partis en mission; déjà en 1915, il n'en reste qu'une douzaine. Les Sulpiciens n'ont pas bénéficié de l'apport français; mais c'est surtout leur apostolat trop spécialisé qui semble jouer contre eux. Les prédicateurs (Rédemptoristes) se recrutent mieux que les enseignants (Viatoriens), surtout lorsqu'ils exercent un apostolat diversifié (Jésuites et Oblats). L'esprit monastique des Franciscains et des Trappistes serait leur meilleur atout.

Les communautés

Presque toutes les communautés de réguliers incluent une proportion variable de religieux non clercs, affectés aux travaux manuels et à certaines tâches de service. En outre, sept communautés de frères enseignants œuvrent au Québec en 1901, auxquelles il faut ajouter deux autres communautés de frères, hospitaliers et travailleurs sociaux respectivement, implantées dans les années 1920. Enfin, on dénombre, en 1901, 36 communautés de femmes et 73, trente ans plus tard. Ce phénomène des communautés est très complexe. On appelle communautés des groupements religieux de type assez divers, mais qui répondent à la définition générale donnée par l'Église: «Vie en commun, stable, dans laquelle on tend à la perfection évangélique au moyen des vœux d'obéissance, de chasteté parfaite et de pauvreté, émis dans un institut approuvé.»[14] Outre la reconnaissance officielle de l'Église, c'est donc la vie en commun et l'idéal de perfection qui caractérisent le religieux. Des trois vœux, deux le différencient du prêtre séculier: bien que sa communauté puisse être riche, le religieux ne possède personnellement aucun bien; l'obéissance signifie qu'il a renoncé à sa volonté propre pour adopter celle de sa communauté, personnifiée par les supérieurs et comprise comme volonté de Dieu. Alors que le prêtre, ministre de l'Église, est instrument de Dieu indépendamment de sa perfection personnelle, le religieux travaille d'abord à sa propre sanctification; s'il est aussi au service de l'Église dans l'œuvre du salut des âmes, il est avant tout signe de Dieu par son témoignage de vie parfaite.

La recherche de la perfection évangélique et le service de l'Église prennent parfois la forme de la contemplation (apostolat par la prière), mais plus souvent celle de l'action (apostolat proprement dit). Bien d'autres traits différencient les communautés: statut social, style de vie, statut ecclésial, etc. Selon leur statut ecclésial, on distingue deux types principaux: les ordres monastiques et les congrégations à vœux simples. Pour les congrégations, le droit canon distingue celles qui sont de droit romain, dont la constitution est approuvée par le pape, et les autres qui, plus rarement, relèvent uniquement de l'évêque (congrégations de droit diocésain). Les moniales ont un statut ecclésial plus élevé que les sœurs des congrégations à vœux simples. Elles ont, en outre, un système de stratification interne entre les «mères» et les «sœurs», analogue à la distinction entre les «pères» et les «frères» chez les réguliers. Les religieuses de chœur récitent l'Office et s'adonnent aux activités professionnelles de la communauté.

Les sœurs converses, affectées aux tâches ménagères, pratiquent des exercices de piété plus simples comme la récitation du rosaire, vivent dans des locaux à part et sont identifiées par de légères différences dans le costume. Dans les communautés à vœux simples, la différence entre professionnelles et ménagères, lorsqu'elle existe, n'est pas toujours institutionnalisée par les règlements de la communauté. Alors que la plupart des communautés ont un système d'autorité centralisé et que leurs membres sont régulièrement mutés d'un établissement à l'autre, certains ordres monastiques vivent dans des monastères autonomes qu'ils ne quittent qu'excep-

L'UNIVERS DES COMMUNAUTÉS

1. *État religieux.* État dans lequel, pour tendre à la perfection évangélique, on émet des vœux publics de pauvreté, de chasteté et d'obéissance dans une société approuvée par l'Église.

2. *Un Ordre.* Société dans laquelle des vœux solennels sont émis au moins par un certain nombre de membres. La *Congrégation monastique* est un ordre qui regroupe sous un même supérieur des monastères indépendants.

3. *Congrégation religieuse.* Société dans laquelle les sujets ne prononcent que des vœux simples. Elle est de droit pontifical si elle a obtenu l'approbation du Siège apostolique. Elle est de droit diocésain si, érigée par un Ordinaire, elle n'a pas reçu l'approbation du Siège apostolique. Une congrégation est *cléricale* si la plupart de ses sujets sont prêtres; dans le cas contraire, elle est dite *laïque*.

4. *Province.* Groupement sous un même supérieur de plusieurs maisons religieuses qui font partie d'une même société religieuse.

5. *Religieux.* Les religieux sont ceux qui ont émis des vœux dans une société. Les religieux de *vœux simples* ont fait profession dans une congrégation religieuse; les religieux *réguliers* ont fait profession dans un Ordre. Le terme de *moniale* désigne une religieuse à *vœux solennels*. Les *sœurs* sont des religieuses à vœux simples.

tionnellement. Les moines et les moniales sont en outre cloîtrés. La clôture est une loi papale qui interdit aux laïcs, spécialement à ceux de l'autre sexe, l'entrée dans le couvent. Elle interdit également aux moines d'en sortir sans demander l'autorisation et la bénédiction du supérieur; aux moniales, elle interdit complètement de sortir, sauf pour une raison tout à fait extra-ordinaire, comme la fondation d'un nouveau monastère.

Le style de vie monastique est différent selon que la règle de la communauté s'inspire de celle de saint Basile, de saint Augustin, de saint Benoît ou de saint François.[15] Mais les principes généraux sont les mêmes: lever nocturne pour

---

6.   *Classifications diverses.* On peut classer les sociétés religieuses en instituts. Les *Instituts contemplatifs* s'adonnent à l'oraison et au culte divin; les *Instituts actifs*, aux œuvres; les *Instituts mixtes* unissent l'action et la contemplation. Les Ordres sont *mendiants* ou *non mendiants*. Les premiers ne peuvent posséder en commun des biens immobiliers dont ils pourraient retirer un revenu stable. Quant à la règle, on distingue les Ordres qui suivent l'une des quatre règles anciennes (de saint Basile, de saint Benoît, de saint Augustin ou de saint François d'Assise) de ceux qui ont leur constitution propre.

7.   *Cheminement du religieux.* Le *postulat* est un temps d'épreuve imposé à certains aspirants à la vie religieuse, avant leur admission au noviciat. Le *noviciat* est un temps de formation à la vertu sous la direction du *Maître des novices*. Il dure de un à deux ans. La *profession* est l'acte par lequel un novice s'engage dans l'état religieux par l'émission des trois vœux. Le *vœu* est une promesse délibérée et libre faite à Dieu. Il est public s'il est accepté au nom de l'Église par un supérieur ecclésiastique. Le *vœu solennel* est celui que l'Église a déclaré tel et auquel elle attache des effets particuliers; les autres vœux sont dit *vœux simples* et ils sont soit *temporaires*, soit *perpétuels*.

(D'après le *Code de droit canonique*)

réciter l'Office divin, exercices de piété collectifs, longues périodes de silence, horaires réglementés, nourriture frugale, etc. Le règlement souvent plus souple des autres communautés ne rend pas la vie plus facile; en fait, tous les religieux mènent une vie de prière et de travail intense. On se lève tôt et on déjeune tard, on prend peu de temps pour manger et se récréer, on est souvent surchargé d'occupations. Partout, les novices ont un horaire si minutieusement réglementé qu'il ne leur laisse à peu près aucune zone de liberté. Cette vie austère est, cependant, considérée comme saine. Elle vise à libérer le religieux des exigences de la nature, non à l'abrutir. Les religieux ne sont d'ailleurs pas portés à contester la rigueur de leur règle, à laquelle ils sont très attachés. S'ils trouvent parfois la vie dure, ce sont les difficultés interpersonnelles de la vie en commun qu'ils mettent en cause, ou encore le surcroît de travail qu'entraîne le développement des œuvres de la communauté. C'est ce qu'explique le provincial des Franciscains à son général, dans une lettre datée du 11 décembre 1913: «Les œuvres à notre charge sont nombreuses et importantes. Elles nous ont été imposées par les circonstances ou dictées par le zèle du salut des âmes; mais, à cause du manque de sujets [...], cette multiplicité finit par beaucoup fatiguer et énerver nos religieux, et parfois occasionne des murmures.»[16] Si les supérieurs ne tolèrent pas la paresse ni le goût de la facilité, ils se doivent d'être attentifs à la santé de leurs sujets, celle des jeunes surtout, qui manifestent une trop fréquente tendance à précéder leurs aînés sur la route du paradis. Ce problème sert d'alibi aux Sœurs du Bon Pasteur pour simplifier les règlements de leur communauté. «L'horaire des jours est tellement surchargé par la multiplication des exercices spirituels prescrits, par les nombreuses occupations que commandent les œuvres auxquelles doit se vouer l'Institut que la santé de la plupart des sujets, des jeunes surtout, s'altère grandement.» On accorde un supplément de sommeil aux novices qui en réclament; on prescrit des exercices physiques aux jeunes scolastiques plongés dans leurs études. Quant aux malades, ils sont immédiatement déchargés, mis au repos ou confiés à des médecins. De fait, la santé des religieux donne souvent matière à inquiétude et même les évêques s'en préoccupent. Dans leurs lettres publiques ou privées, ceux-ci insistent sur l'obligation de se récréer, l'inopportunité d'entreprendre trop d'œuvres, les moyens de combattre la tuberculose.

Le moment historique d'apparition des communautés rend compte, pour une bonne part, des grandes différences entre elles. Les moines sont une institution du Moyen Âge; les frères enseignants et les congrégations de prédicateurs, phénomène typiquement français, datent surtout du XIXe siècle. Au XVIIe siècle, les communautés de femmes ne sont approuvées qu'à condition d'être strictement cloîtrées; c'est l'origine des ordres semi-contemplatifs qui se consacrent à l'apostolat (Ursulines, Augustines, Hospitalières de Saint-Joseph).[17] Les congrégations féminines, pour leur part, prolifèrent surtout au XIXe siècle. À la fin de son pontificat, Léon XIII entreprend de mettre un peu d'ordre dans ces communautés de femmes auxquelles l'Église n'a pas encore reconnu de statut ecclésial précis. Un ensemble de mesures, dont la constitution apostolique *Conditae a Christo* (8 décembre 1900), la publication en 1901 d'un recueil de normes par la Sacrée Congrégation des évêques et réguliers, puis le *motu proprio Dei Providentis* (juillet 1906), soumettant au *nihil obstat* du Saint-Siège toute fondation nouvelle, «consacre officiellement l'entité juridique des congrégations à vœux simples et précise leurs structures». L'entrée en vigueur d'un nouveau code de droit canonique en 1918 couronne cet effort de clarification et de consolidation «en confirmant l'accession à l'état religieux canonique» des congrégations à vœux simples et en leur donnant un droit commun. Un effort de révision des coutumes et des droits particuliers des communautés pour s'ajuster au droit commun caractérise le premier tiers du XXe siècle. Selon Marguerite Jean, «les constitutions des communautés auront à peu près toutes adopté la même trame juridique» vers 1930.

À l'exception des Sulpiciens, qui ont franchi les embûches de l'administration anglaise après la Conquête, toutes les communautés d'hommes installées au Québec en 1901 sont d'implantation relativement récente et, sauf les Rédemptoristes qui viennent de Belgique, d'importation française. Aucune n'a été fondée au Québec. Chez les femmes, par contre, cinq communautés remontent à la Nouvelle-France et, sur trente-six, vingt sont des fondations québécoises. Au début du XXe siècle, ces fondations tendent à cesser complètement, tandis que l'immigration de religieuses, éducatrices et contemplatives surtout, se poursuit. En fait, les fondatrices de communautés n'ont jamais agi seules; elles ont toujours bénéficié du soutien d'un évêque ou d'un clerc qui, dans bien des cas, leur a inspiré l'idée ou même forcé un peu la main. On peut citer à titre d'exemple pour le XXe siècle les Antoniennes de Marie, fondées en 1904 par l'abbé Elzéar DeLamarre, dans le but de «seconder les prêtres qui travaillent à la formation du clergé»,[18] et qui seront longtemps confinées dans la fonction de ména-gères du Séminaire de Chicoutimi. Mais les entrepreneurs en communautés se font maintenant rares, car les évêques estiment le Québec suffisamment pourvu sous ce rapport, tant pour les besoins des diocèses en émergence que pour ceux issus de l'urbanisation. Dès 1898, Mgr Bégin considère que son diocèse «a bien tout le personnel religieux dont il a besoin et qu'il est capable d'alimenter».[19] En 1903, il constate que la ville de Québec «est déjà remplie de maisons religieuses; il y en a dans presque toutes les rues».[20] Désormais, les évêques préfèrent s'en remettre aux communautés déjà sur place, dont l'expérience et les ressources sont un gage de succès dans les nouvelles entreprises. Ils suivent en cela les orientations du *motu proprio* de 1906, dont l'objectif est de «freiner la multiplication des communautés religieuses». Chaque année, Mgr Bégin répond négativement «à trois ou quatre pétitions de pieuses personnes qui se croient appelées à fonder des instituts, à se mettre à la tête d'œuvres impor-tantes», car le plus souvent «leur capacité ne correspond pas à leurs inspirations».[21] Il manifeste la même prudence vis-à-vis les communautés étrangères désireuses de prendre pied au Québec, imité en cela par tous les évêques. L'accueil d'une vingtaine de communautés françaises entre 1900 et 1914 relève d'une conjoncture spéciale: certains diocèses étaient encore mal pourvus en main-d'œuvre et l'hostilité dont les commu-nautés étaient victimes en France avait attendri les évêques et suscité envers elles un courant de sympathie dans la popu-lation. Mais, même dans ce cas, c'est un tout petit nombre de communautés qui obtiennent la permission de s'établir au Québec, en dépit des pressions exercées par certains évêques français. De la quarantaine de demandes qu'il a reçues de 1900 à 1903, Mgr Bégin n'acquiesce qu'à une dizaine, parfois à son corps défendant, estimant «que nous avons bien ici assez d'Instituts divers pour répondre à tous nos besoins», et parfois en leur imposant de sévères conditions. Les Rédemptoristines, reçues par charité puisque, contemplatives, elles ne peuvent s'adonner à aucun apostolat utile, doivent s'engager «de ne jamais être à charge au diocèse, de ne pas faire de quêtes pour quoi que ce soit, mais de vivre uniquement de dots».[22]

L'immigration au Québec est plus facile pour les ressortissants des communautés qui y sont déjà établies; dans l'immédiat, elle ne pose que des difficultés d'hébergement dans les couvents. Mais cet afflux de sang neuf fait ressortir un autre problème. À l'abri de leur constitution romaine et sous la gouverne de leur maison générale sise à l'étranger, certaines communautés ont négligé de se canadianiser. L'ouverture d'un scolasticat pour les Rédemptoristes oblige le supérieur belge à poser cette question délicate. Les supérieurs aimeraient bien «belgiser» leurs sujets canadiens, issus d'une race «au caractère peu franc, mou, peu propre à une vie de dévouement et de sacrifice».[23] Mais les Canadiens sont de langue française ou anglaise, si bien que «le gros nuage [...] c'est la question des races et des langues» et «les esprits sont fort divisés sur ce point». Comme les Sulpiciens, les Jésuites, les Dominicains, les Oblats avant eux, les Rédemptoristes belges cèdent peu à peu et créent, après bien des hésitations, non pas une province territoriale canadienne, mais une province d'expression française en 1911 et une vice-province d'expression anglaise en 1912, toutes deux pouvant s'étendre du Pacifique à l'Atlantique. Le même problème se pose lors de l'élection des supérieurs. En certaines communautés, les luttes sont si vives que l'évêque doit intervenir. En 1917, dans une lettre on ne peut plus sèche au supérieur général des Frères des Écoles chrétiennes, le cardinal Bégin insiste sur la nécessité de nommer un Canadien français au conseil de l'Institut. Il y dénonce un «système de délation qui ne cadre guère avec nos habitudes», «l'autocratie et le chauvinisme outrés des assistants français», «un penchant trop marqué pour le favoritisme en ce qui concerne leurs compatriotes», «les procédés d'intimidation à l'égard des frères canadiens-français». Il conclut péremptoirement: «Nous voulons en outre faire donner à nos scolastiques une formation nationale.»[24]

Le phénomène de l'immigration des communautés françaises au Québec, au début du XXe siècle, n'a pas encore été beaucoup étudié, tant dans ses dimensions quantitatives que qualitatives.[25] On devine que la venue de ces religieux a eu un impact culturel certain, mais, cela dit, on n'en sait guère beaucoup plus. André Dubuc a étudié le cas des Frères des Écoles chrétiennes installés au Québec depuis 1837. De mars 1904 à septembre 1908, il a recensé 221 arrivées. La moyenne d'âge de ces frères est de 27,3 ans et les groupes d'âges se répartissent ainsi: 83 ont entre seize et dix-neuf ans, 45 entre vingt et vingt-neuf, 37 entre trente et trente-neuf, 14 entre quarante et cinquante-neuf et 3 entre soixante et soixante-deux. La plupart sont issus de milieux ruraux ou ouvriers et des régions les plus diverses. Besançon avec cent cinquante-quatre et Le Puy avec trente-huit ont fourni les plus gros contingents. Ce sont des gens qualifiés: cent quinze ont un brevet d'instituteur, cinq un brevet supérieur, quatre un baccalauréat et trois, divers titres universitaires. Ils sont aussi expérimentés: cent trente ont été instituteurs, dix ont été inspecteurs ou principaux, dix-sept ont été directeurs d'une communauté ou d'une école et un a été provincial. Ils ont amené avec eux des traditions intellectuelles et artistiques qui ont été bénéfiques pour les Québécois. Ils ont amélioré l'enseignement de la langue, monté des bibliothèques, rédigé des revues et haussé le niveau de la vie artistique. Certains ont mis sur pied des philharmonies, initié des populations locales au théâtre et introduit le grégorien en certaines paroisses. Ils ont aussi suscité des vocations scientifiques. Le cas de Marie-Victorin, formé aux sciences naturelles par le frère Rolland-Germain et dont les travaux ont été ornés de dessins du frère Réole, est le plus célèbre. Entrepreneur tout autant qu'hommme de science, Marie-Victorin est l'âme dirigeante de l'Association canadienne-française pour l'avancement des sciences, fondée le 15 mai 1923; il dominera toute la vie scientifique québécoise des années 1920 et 1930.

On connaît mal les communautés de frères et de sœurs. Outre les Frères des Écoles chrétiennes, les communautés de frères enseignants les plus importantes numériquement sont les Frères du Sacré-Cœur, les frères Maristes et les Frères de l'Instruction chrétienne. Relégués dans l'enseignement primaire, commercial ou technique, destiné aux classes inférieures, les frères exercent un apostolat discret et le plus souvent sans prestige. Pour les communautés de femmes, les critères de stratification sociale sont beaucoup plus complexes. Le prestige d'une communauté dépend de son statut ecclésial, mais surtout de sa taille et de sa richesse, de la localisation du siège social et de la clientèle. Les auxiliaires du clergé, qui sont à toutes fins utiles des servantes de séminaire ou de presbytère, sont nécessairement plus effacées que les hospitalières, propriétaires d'hôpitaux et qui encadrent le travail des médecins. Fondées à Rimouski en 1874, dans le but de pourvoir en institutrices les «petites écoles» du diocèse, les Sœurs du Saint-Rosaire ne font pas le poids à côté des dames de la Congrégation de Notre-Dame, qui ont pignon sur rue à Montréal depuis 1653 et qui ouvrent, en 1909, le premier collège classique pour jeunes filles. La taille moyenne des communautés de femmes est plus élevée que chez les hommes. Plusieurs sont de grosses entreprises, qui ne sont pas sans analogie avec les sociétés à succursales ou les multinationales modernes. Chez les enseignantes, les Sœurs des Saints Noms de Jésus et de Marie comptent, en 1931, 2676 religieuses, plus 343 novices et postulantes, œuvrant dans 189 établissements répartis dans vingt-trois diocèses. Les sœurs de la Congrégation de Notre-Dame sont d'envergure comparable avec 2505 sœurs possédant 178 établissements dans vingt et un diocèses. Viennent ensuite les Sœurs de Sainte-Anne, avec 1619 sœurs, 155 novices et postulantes et 85 établissements. Ces trois communautés sont des fondations québécoises et parmi les plus anciennes. Les communautés qui travaillent dans le bien-être ou la santé sont souvent plus petites. Mais les Sœurs de la Providence, autre fondation québécoise, dépassent les enseignantes en nombre, avec 2908 religieuses, tandis qu'elles gèrent 107 établissements. Et, n'était leur scission en quatre communautés indépendantes dans les années 1840, les Sœurs de la Charité (Sœurs Grises), toujours d'origine québécoise, seraient de loin la plus importante de toutes les communautés du Québec.

Le vent dans les voiles

En trente ans, le nombre de religieux (pères, frères et sœurs) s'est accru de façon spectaculaire, passant de 8612 à 25 332, avec un rapport religieux/fidèles haussé de un pour 166 à un pour 97, sans doute le taux le plus élevé de la catholicité. Malgré le frein qu'on tente de mettre à leur prolifération, vingt-neuf nouvelles communautés s'établissent au Québec entre 1917 et 1930. Vingt sont des communautés de femmes, dont six de fondation québécoise. Parmi ces nouveaux instituts, on remarque une première fondation masculine, la Société des missions étrangères de Québec, dont l'instigateur est d'ailleurs une femme. Sauf celles qui se consacrent aux missions ou aux œuvres sociales, la plupart de ces communautés d'implantation récente se développeront très peu. Ce sont d'ailleurs les communautés établies avant le début du siècle qui profitent de l'accroissement du nombre de religieux: en 1931, celles-ci regroupent 90% des effectifs globaux. Pour les communautés d'hommes, en 1901, les effectifs globaux se chiffrent à 1984, dont 20% de clercs, et à 5716, dont 17% de clercs, en 1931; c'est dire que les religieux non clercs s'accroissent un peu plus rapidement que les clercs réguliers. Le taux d'accroissement est à peu près semblable pour les communautés de femmes, mais les effectifs sont au delà de trois fois plus élevés, se chiffrant à 6628 en 1901. Si l'on compare le nombre de religieuses à celui des clercs et des religieux regroupés, on trouve, en 1931, plus de deux femmes pour un homme (19 616 contre 8474) au service de l'Église.[26]

Alors que le taux québécois de religieux semble bien marquer un record mondial, l'accroissement de ce taux au cours de la période et le déséquilibre dans le recrutement féminin par rapport à celui des religieux et clercs relèvent plutôt de tendances générales. Aux Pays-Bas, par exemple, le clergé régulier est en croissance depuis 1918; entre 1920 et 1940, il se sera accru de 240%.[27] En 1958, par ailleurs, on estimera à un million le nombre de religieuses dans l'ensemble de l'Église catholique, soit «environ deux fois plus que de prêtres (religieux et séculiers)».[28] Convient-il quand même de retenir l'interprétation féministe du phénomène?[29] Les communautés ont pu représenter «une nouvelle avenue privilégiée pour la réalisation des aspirations féminines». Elles offraient d'abord, avec l'assurance de la sécurité matérielle, une issue à la pauvreté ou aux conditions misérables d'existence. Elles ont permis en outre à plusieurs femmes «d'exercer une fonction dans la société sous le couvert du voile». Enfin, elles auraient représenté une forme de contestation de la maternité physique, tout en permettant la jouissance des «avantages moraux de la maternité spirituelle». Le phénomène des fondateurs de communautés et la façon dont celles-ci se sont empressées de modifier leurs constitutions[30] pour les rendre conformes au moule juridique des *normae* de 1901 — aux dépens de leur charisme de fondation — oblige, à tout le moins, à préciser cette interprétation. Les communautés ont pu représenter pour les femmes un moyen de sortir des cadres étroits de la famille, mais non un mode d'affranchissement de la domination mâle, ni une remise en question des critères traditionnels de la division sexuelle du travail. À première vue, l'explication économiste du marché de l'emploi en expansion est plus satisfaisante. Alors que certaines fonctions sont spécifiques aux clercs (ministère, prédication, enseignement dans les collèges classiques), bon nombre de secteurs occupés par les religieuses sont ceux que la société confie traditionnellement aux femmes: soins aux malades et secours aux défavorisés, éducation des jeunes enfants, entretien domestique. En réalité, les communautés ne fonctionnent pas vraiment selon la logique du marché de l'emploi; elles se développent en fonction de leur capital humain plutôt qu'elles n'achètent de la main-d'œuvre pour répondre à leurs besoins de développement. Le recrutement masculin eût-il été suffisant, et en y mettant un peu d'imagination, rien n'aurait interdit la fondation de communautés pour prendre en charge l'apostolat de la colonisation ou d'usines diocésaines. Quoi qu'il en soit de la viabilité des communautés comme modèle de développement social, on ne peut ignorer dans l'attrait pour la vie religieuse ce qui en fait la spécificité: l'idéal de perfection qu'elles proposent. Sans qu'on soit en mesure d'en proposer une explication rationnellement satisfaisante, force nous est de constater que les femmes y sont, statistiquement, plus sensibles. C'est ce que semble révéler, du moins, leur participation massive aux associations pieuses, où ni les facteurs féministes ni le processus de développement social n'entrent en ligne de compte. Les tiers-ordres, qui occupent une place à part dans ces associations, dans la mesure où ils ont le statut ecclésial de véritables ordres religieux séculiers, avec Règle, habit, profession et principe de vie communautaire, offrent ici un point de comparaison utile. Quelques chiffres suffiront. En 1916, le diocèse de Trois-Rivières compte environ dix mille tertiaires de saint François, soit un adulte sur huit, autre record mondial; la proportion est de deux femmes pour un homme. Dans le diocèse de Joliette, en 1924, il y a quatre mille tertiaires, dans une proportion de trois femmes pour un homme. Pourquoi alors les Québécoises optent-elles en si grand nombre pour la vie proprement religieuse quand elles disposent d'associations aptes à répondre à l'idéal de perfection auquel elles semblent adhérer? Il est peut-être éclairant alors d'aborder la question sous l'angle démographique. Partout dans le monde, les familles nombreuses sont proportionnellement plus fécondes en vocations. On peut interpréter cette tendance comme une sensibilité plus grande au phénomène macro-social de surplus démographique. Les jeunes filles pieuses se permettent d'entrer en religion parce qu'elles sentent que leurs services ne sont pas requis pour assurer la survie biologique de l'espèce. En même temps qu'elles servent à éponger les excédents de population, les communautés constituent ainsi un mode d'accumulation du capital humain qui commande un modèle de développement social original, en continuité avec la culture familiale communautaire.

Fortement enraciné dans la culture traditionnelle, le mode de développement par les communautés comporte, par contre, de graves lacunes. D'abord, il est nettement insuffisant du côté masculin. Ensuite, l'élitisme de ce système entrave son efficacité. L'idéal de perfection évangélique ne convient pas au commun des mortels; remettre aux mains des communautés tout le poids du développement social revient à le confier à une élite nécessairement restreinte. Nourrie d'une culture fondée sur l'autarcie, cette élite saisit mal qu'elle a à travailler, non au-dessus du peuple et derrière ses clôtures, mais au cœur de la masse. Obnubilée par son idéal de perfection, elle croit être seule dépositaire de l'avenir d'un peuple impuissant à prendre en main son propre destin. Ne durcissons pas l'image: les prédicateurs et les éducateurs ne tentent rien d'autre, au fond, que de soustraire ce peuple à son impuissance et de lui fournir des armes pour la vie. Mais ils commettent l'erreur de trop prêcher leur propre idéal de perfection, sans tenter suffisamment de le traduire en nourriture pour la vie quotidienne. Marie Gérin-Lajoie, qui fonde en 1923 les Sœurs de Notre-Dame du Bon-Conseil, est une des premières, avec les aumôniers de syndicat, à comprendre les implications de l'idéal de service d'une authentique élite. «Le rôle qu'elle propose aux membres de sa communauté est moins de réaliser par elles-mêmes des œuvres sociales catholiques, que d'aider les personnes de leur sexe à se bien acquitter de ces œuvres en leur suggérant de nouvelles formes d'activités, en éclairant et stimulant leur zèle.»[31] Par ailleurs, au sein même de l'Église, les communautés comme ressources en main-d'œuvre et en idées sont peu ou mal utilisées. Comme le laïcat, celles-ci doivent exécuter sans participer, innover sans savoir. Point de plans pastoraux pour intégrer leur action et encadrer leurs initiatives. Les communautés travaillent beaucoup mais dans la dispersion.

4.   LES MISSIONNAIRES

Les statistiques sur le personnel religieux des diocèses du Québec ne donnent pas une image exacte de la productivité québécoise en vocations. D'une part, certains de ces religieux sont des immigrés. À l'inverse, bon nombre de communautés

ont des succursales en dehors du territoire québécois, où
œuvrent, en plus d'un certain nombre de recrues locales,
quantité de religieux originaires du Québec. Les données
dont on dispose concernent les effectifs totaux de ces succursales. En 1901, 2973 religieuses travaillent hors du Québec;
en 1931, il y en a 7671. Pour les communautés d'hommes,
les effectifs extérieurs sont de 407 en 1901 et de 1214 en 1931.
Il est malheureusement impossible d'estimer la proportion
de religieux d'origine québécoise parmi ces travailleurs de
l'extérieur; on peut cependant considérer qu'ils constituent
une bonne sinon une grosse majorité. Il y a aussi des missionnaires rattachés à des communautés non québécoises;
ceux-ci échappent à la statistique.[32]

TABLEAU 8

MISSIONNAIRES DE LA PROVINCE DE QUÉBEC
DANS LES TERRITOIRES DE LA PROPAGANDE, 1931.

Prêtres et frères	Effectifs
Oblats de Marie Immaculée	111
Missionnaires d'Afrique (Pères Blancs)	94
Franciscains	44
Pères de Sainte-Croix	29
Missions Étrangères (Pont-Viau)	22
Frères de l'Instruction chrétienne	22
Jésuites	16
Rédemptoristes	15
Dominicains	11
Missionnaires du Sacré-Cœur	8
Frères du Sacré-Cœur	8
Eudistes	7
Pères du Saint-Esprit	7
Capucins	5
Servites de Marie	3
Pères Maristes	2
Frères Maristes	2
Prêtres séculiers	26
Total	432

SOURCE: *Bulletin de l'Union missionnaire du clergé*, II, 5, avril 1931: 150-151.

Le paysage missionnaire

La majorité des succursales de l'extérieur sont classées comme établissements missionnaires. Pour ceux-ci, on dispose de données approximatives. En 1900, on dénombre quelque quatre cents missionnaires québécois: trois cents femmes et cent hommes.[33] Ils œuvrent surtout en territoire canadien,

TABLEAU 8bis

MISSIONNAIRES DE LA PROVINCE DE QUÉBEC
DANS LES TERRITOIRES DE LA PROPAGANDE, 1931.

Religieuses	Effectifs
Franciscaines missionnaires de Marie	129
Sœurs de la Providence	78
Missionnaires de l'Immaculée-Conception	77
Missionnaires de N.-D. d'Afrique (Sœurs Blanches)	69
Sœurs Grises de Montréal	64
Sœurs de Sainte-Anne	35
Missionnaires de N.-D. des Anges	26
Sœurs de Sainte-Croix	26
Sœurs Grises de Saint-Hyacinthe	22
Sœurs Grises de Québec	18
Sœurs de N.-D. du Perpétuel-Secours	16
Sœurs de la Présentation	11
Sœurs de Saint-Joseph	10
Oblates du Sacré-Cœur	10
Sœurs Grises d'Ottawa	10
Adoratrices du Précieux-Sang	10
Augustines hospitalières de Québec	8
Carmélites	8
Ursulines	6
Sœurs du Sacré-Cœur	6
Clarisses	5
Franciscaines de Marie	5
Petites Sœurs des pauvres	5
Sœurs de Saint-François d'Assise	5
Franciscaines de l'Immaculée-Conception	4
Sœurs de Jésus-Marie	4
Sœurs de Marie-Réparatrice	2
Sœurs de l'Espérance	2
Total	671
Prêtres et frères	432
TOTAL DES MISSIONNAIRES	1 103

SOURCE: *Ibid.*

soit dans les «réserves des sauvages» qui forment des enclaves dans les diocèses, soit dans les préfectures et les vicariats apostoliques. Les Oblats, qui ont soixante-trois missionnaires disséminés de l'Atlantique au Pacifique, assument la responsabilité de ces missions. Les Capucins sont en charge de la mission de Sainte-Anne-de-Restigouche où ils entretiennent huit missionnaires. Plusieurs communautés de femmes assistent les Oblats. Les Sœurs de la Providence ont soixante-dix missionnaires dans les Territoires du Nord-Ouest, en Colombie-Britannique et au Montana. Les Sœurs Grises de Montréal, de Québec et de Nicolet en ont au total cinquante-trois dans les vicariats de la Saskatchewan, de l'Athabaska-Mackenzie et dans la préfecture du golfe Saint-Laurent. Les Sœurs de Sainte-Anne en ont vingt-quatre en Alaska et sept dans la Saskatchewan et les Territoires du Nord-Ouest. Une seule communauté, les Sœurs de Notre-Dame de Charité du Bon Pasteur d'Angers (Montréal), a poussé des rejetons en dehors du continent. Elle a quatre-vingt-deux missionnaires en Amérique latine. Celles-ci œuvrent dans quelques grandes villes: Quito (Équateur), Lima (Pérou) et La Paz (Bolivie) où elles tiennent des pensionnats et des asiles pour les pénitentes et les madeleines.

Au 1er janvier 1930, le paysage missionnaire varie[34]. Les effectifs ont quadruplé. (Tableaux 8 et 8bis). On dénombre 1565 missionnaires, soit 1068 femmes et 497 hommes. La plupart œuvrent dans les missions rattachées à la Propagande, donc en territoire étranger, soit 671 femmes et 432 hommes pour un total de 1103 missionnaires. Les autres, un total de 462 missionnaires, dont 397 femmes et 65 hommes, travaillent dans des missions relevant de la Consistoriale et situées en majeure partie en Amérique du Nord. Ces missionnaires représentent dix-huit communautés d'hommes et vingt-huit de femmes. Chez les hommes, les Oblats en charge des missions canadiennes et implantés au Basutoland viennent en tête de liste avec 111 missionnaires. Ils sont suivis de près par les Pères Blancs qui ont un contingent de 94 missionnaires en Afrique. Chez les femmes, les Franciscaines missionnaires de Marie fournissent les plus gros effectifs, avec 129, suivies de loin par les Sœurs de la Providence (78) et les Missionnaires

Où sont nos missionnaires?
1932

Où sont ces missionnaires? Au Canada même, les missionnaires canadiens se trouvent dans les vicariats apostoliques du golfe Saint-Laurent, de l'Ontario-Nord, de la baie d'Hudson, du Keewatin, du Mackenzie, de Grouard, du Yukon et de Prince-Rupert; hors du Canada, la Propagande a confié aux nôtres, en Afrique, le vicariat apostolique de l'Ouganda, dont l'évêque est Mgr Michaud, des Pères Blancs, le vicariat de Tabora, dont l'évêque est Mgr Trudel, des Pères Blancs, celui de la Côte d'Azur, confié à Mgr Morin, également des Pères Blancs, et le vicariat du Basutoland, dont l'évêque est Mgr Bonhomme, des Oblats de Marie Immaculée; aux Indes, le diocèse de Chittagong, dont l'évêque est Mgr LePailleur, des Pères de Sainte-Croix; au Japon, le diocèse de Hakodaté, dont l'administrateur apostolique est Mgr Dumas, des Dominicains, et la préfecture apostolique de Kagoshima, dont le préfet est Mgr Roy, des Franciscains; en Chine, la préfecture apostolique de Suchow, dont l'administrateur apostolique est Mgr Marin, des Pères Jésuites; en Mandchourie, le vicariat apostolique de Szepingkai, dont l'évêque est Mgr Lapierre, des Missions-Étrangères du Pont-Viau.

(*L'Action nationale*, III, 4, avril 1934: 249)

de l'Immaculée-Conception (77). En 1908, le préfet de la Propagande avait informé Mgr Bruchési que «tous les pays de mission seraient ouverts» aux Québécois. En 1931, on les retrouve donc aux quatre coins du monde. Ils travaillent dans les sept vicariats apostoliques canadiens et, en dehors du Canada, dans une dizaine d'unités ecclésiastiques diverses.

Un courant mondial

L'activité missionnaire des Québécois s'inscrit dans un courant mondial. Depuis Grégoire XVI (1831-1846), ancien préfet de la Propagande, l'élan missionnaire de l'Église, porté par le mouvement des grandes explorations et les impérialismes qui se partagent le monde, a trouvé un second souffle. Les papes qui se succèdent sur le trône de Pierre en font l'une de leurs priorités et leur zèle se répand sur la terre en un souffle qui fait germer les chrétientés. Ce mouvement porte l'empreinte de son temps. En ce premier tiers du XXe siècle, l'Église découvre la missiologie, cette «science qui étudie d'une manière raisonnée et systématique l'activité expansive de l'Église catholique en ses fondements, son origine, son développement, ses lois, sa fin, ses moyens et ses méthodes».[35] Cette nouvelle discipline, un rejeton issu du développement des sciences de l'homme, naît de la nécessité d'adapter les moyens d'apostolat aux conditions des différents pays. Elle se constitue, sous le leadership de Joseph Schmidlin, professeur d'histoire moderne de l'Église à l'Université de Munster, à partir des connaissances pratiques accumulées par les missionnaires. Chemin faisant, l'Église fait une autre découverte: la valeur positive des cultures non chrétiennes et le respect de l'autre. Ces acquis se traduisent par un renouvellement de l'approche missionnaire et par un désir d'unir dans l'esprit sans brimer la chair. *Maximum illud*, cette Grande Charte des missions promulguée par Benoît XV, le 30 novembre 1919, réflète cet esprit nouveau. L'encyclique prône le respect des cultures, préconise la formation du clergé indigène et condamne le particularisme national en pays de mission. *Rerum Ecclesiae* de Pie XI, en date du 28 février 1926, s'appuie sur ces principes pour exposer un vaste programme missionnaire. Sous son pontificat, des clergés indigènes, dirigés par des évêques sortis du rang, prennent corps.[36]

Au XIXe siècle, l'Église du Québec avait participé indirectement à ce courant, laissant partir ses fils et ses filles vers les lointains pays encadrés par des communautés étrangères. Durant le premier tiers du XXe siècle, elle organise son effort autour de ses propres instituts. Les premières de ces communautés missionnaires sont venues de l'étranger, attirées par la ferveur religieuse du catholicisme québécois qui permettait d'espérer de nombreuses recrues. Dès 1883, les Pères Blancs, dont le fondateur, le cardinal Charles Lavigerie, avait noué des relations avec le futur évêque de Montréal, Édouard-Charles Fabre, au séminaire des Sulpiciens à Issy-les-Moulineaux, avaient commencé de visiter le Québec en quête d'aumônes et de recrues. En 1901, ils ouvrent à Québec une «maison d'études et de recrutement». En 1892, les Franciscaines missionnaires de Marie avaient installé, à Québec, un noviciat. Au tournant du siècle, d'autres suivent. Les sœurs Missionnaires de Notre-Dame d'Afrique (Sœurs Blanches), filles, elles aussi, du cardinal Lavigerie et protégées du père John Forbes, le premier Canadien entré chez les Pères Blancs en 1886, ouvrent, en octobre 1903, une maison à Québec. Elles accueillent en décembre leur première postulante. Les vocations se multiplient et, en 1913, elles aménagent dans des locaux plus spacieux à Lévis. La Société de Marie Réparatrice s'installe en 1911 à Outremont; elle envoie ses premières missionnaires en Ouganda, en 1919. On doit à Délia Tétreault les premières fondations québécoises.

Dès l'âge de dix-huit ans (1883), Délia Tétreault[37] a été inspirée de l'idée d'une double fondation, une de religieuses et l'autre de prêtres, pour les missions étrangères. Après deux mois de noviciat chez les Sœurs Grises, qu'elle a quittées pour cause de maladie, elle est allée travailler dans une maison de bonnes œuvres à Montréal, fondée par un jésuite. Elle y fait connaissance avec un autre jésuite, le père A.-M. Daignault, missionnaire en Afrique de passage à Montréal, qui vient prêter main-forte à l'Esprit dans le rôle d'inspirateur. Sur ses conseils, Délia s'assure le soutien d'un protecteur montréalais, en la personne de son directeur spirituel, l'abbé Gustave Bourassa, frère d'Henri, secrétaire de l'Université de Montréal et membre de la Société royale du Canada. L'abbé appuie l'œuvre naissante aussi bien de ses deniers et de ses relations ecclésiastiques que de ses prières et de ses bonnes paroles. Il commence par acheter une maison pour héberger les premières recrues et obtient de l'archevêque l'autorisation d'y ouvrir une «école apostolique» pour répandre l'esprit missionnaire; l'école, qui, en fait, est un noviciat avant la lettre, est officiellement fondée le 24 février 1902. Il abandonne ensuite sa charge à l'université pour prendre celle d'une cure, ce qui lui donnera de meilleurs revenus pour entretenir ses filles.

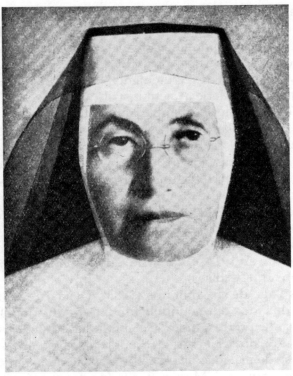

«Un soir que j'étais avec les postulantes dans une
petite pièce, il m'a semblé que Notre-Seigneur me
disait que je devais plus tard fonder une Congrégation de femmes pour les missions étrangères.»
(Mère Marie-du-Saint-Esprit.)

Mais «il n'est pas rare que le Très-Haut, pour marquer sa
suprême indépendance, brise ses meilleurs instruments à
l'heure où sa cause en attend les plus grands services»: l'abbé
Bourassa meurt, le 20 novembre 1904, des suites d'un accident
survenu à sa nouvelle cure. Heureusement qu'il avait pris
soin de mettre dans le coup l'archevêque, aussi méfiant que
son collègue de Québec à l'endroit des jeunes filles en mal
de fondation. Mgr Bruchési est à Rome pour fêter le jubilaire
de la proclamation du dogme de l'Immaculée-Conception
lorsqu'il apprend la nouvelle du décès. Pour rendre hommage
à la mémoire de l'abbé Bourassa, il se sent le devoir de sou-

mettre au pape le projet de fondation, tout en insinuant qu'il n'y tient pas outre mesure. «Fondez, fondez, répond Pie X, toutes les bénédictions du ciel seront sur le nouvel institut, auquel vous donnerez le nom de Société des sœurs Missionnaires de l'Immaculée Conception.» Le 8 août 1905, Délia Tétreault et sa première collaboratrice, Joséphine Montmarquet, font profession et trois postulantes entrent au noviciat. Le 8 septembre 1909, six religieuses partent pour Canton où les attend Mgr Jean-Marie Mérel, préfet apostolique. La cérémonie de départ a lieu à la cathédrale et, au grand désespoir de Délia qui n'aime pas la publicité, Mgr Bruchési lui donne tout l'éclat possible pour aviver le zèle missionnaire de ses fidèles.

Les prêtres des missions étrangères

Cette fondation n'accapare pas tout le cœur de Délia, devenue mère Marie-du-Saint-Esprit, qui rêve toujours d'un séminaire de prêtres pour les missions étrangères. L'idée n'est pas tout à fait nouvelle. Dès 1899, Mgr Édouard-Charles Fabre avait songé à greffer un séminaire de ce genre à son Collège de L'Assomption. Mais le projet avait avorté par précipitation, manque de coordination et insuffisance de ressources. L'enthousiasme de mère Marie-du-Saint-Esprit incite Mgr Bruchési à reprendre l'idée. Il songe à l'établissement d'une succursale du Séminaire des missions étrangères de Paris. Mais, vers 1904, l'épiscopat est divisé sur cette question. L'œuvre paraît prématurée à Mgr Bégin, qui considère d'abord les besoins des églises diocésaines. À ses yeux d'ailleurs, l'œuvre des missions étrangères est déjà assurée par des religieux issus des provinces ecclésiastiques québécoises.[38] La commission préparatoire du Concile plénier discute de cette question lors de sa session du 18 octobre 1904, mais elle n'ébauche aucun projet immédiat. Au fond, les évêques se demandent qui pourrait bien prendre la responsabilité du séminaire. Ils n'ont pas l'habitude des entreprises interdiocésaines et arrivent mal à concevoir la possibilité d'une pareille innovation. Les choses traînent en longueur. Tenace, mère Marie-du-Saint-

Esprit continue de remuer ciel et terre. Sa stratégie consiste à éveiller l'esprit missionnaire des fidèles, de façon à provoquer la demande chez d'éventuelles recrues, et à faire du *lobbying* auprès de l'épiscopat. Peu à peu, elle recrute des alliés: Mgr F.-X. Brunet de Mont-Laurier, qu'elle éblouit par la clarté de son projet, et Mgr Guillaume Forbes, de Joliette. Deux événements font avancer les choses: l'encyclique *Maximum illud* en 1919 et, en octobre 1920, la venue du vicaire apostolique de Canton, Mgr de Guébriant. Il arrive porteur d'un projet qui aurait l'assentiment de la Propagande: l'établissement d'une succursale du Séminaire des missions étrangères de Paris. Mgr de Guébriant est enthousiaste. Il note qu'il «existe un courant de sympathie intense pour les missions»: les Québécois sont fiers de voir œuvrer des compatriotes en pays lointains, le jeune clergé montre un vif intérêt pour les missions et les évêques encouragent les vocations missionnaires, semblant même favorables à l'idée d'une succursale. Les bonnes relations entre Saint-Sulpice de Montréal et les Prêtres des missions étrangères rendraient la chose aisée.[39] Mgr de Guébriant évalue bien la situation, sauf sur un point: le désir d'autonomie des Canadiens français. Mère Marie-du-Saint-Esprit, qui a ses communications directes avec l'Esprit Saint, soutient que le Seigneur «veut du neuf». Les fidèles, qui se rappellent les misères qu'a connues le corps d'armée canadien intégré dans l'armée britannique, se sentent plus enclins à soutenir une entreprise canadienne-française. Des évêques, las de passer à Rome pour des gens qui vivent en dehors du grand courant missionnaire, désirent «des œuvres qui soient nôtres».[40] C'est sur cette question qu'achoppe en 1921 le projet Guébriant. Mgr Labrecque, évêque de Chicoutimi, est catégorique: «Qu'on le veuille ou non, le nationalisme dans la Province de Québec est un fait. On ne peut pas comprendre cela à l'étranger, surtout en France, mais nous avons, nous, le devoir de ne pas l'oublier.»[41] Les évêques confient alors à l'abbé Henri Jeannotte, p.s.s., le soin de préparer un mémoire qui sera soumis à l'épiscopat en février 1921. Le mémoire opte pour une fondation canadienne, située à Montréal. L'épiscopat approuve les grandes lignes du projet et en confie la réalisation à un comité. Le séminaire, installé provisoirement à Outremont, sera une société reconnue sous le nom de Corporation du séminaire Saint-François-Xavier (26 janvier 1922). Il est à la charge de l'épiscopat québécois qui le financera en partie avec les aumônes versées pour la Propagation de la foi. Rome approuve en avril 1921. Une lettre collective de l'épiscopat fait connaître l'œuvre. De septembre 1921 à juin 1924, les aspirants suivent leurs cours au Grand séminaire de Montréal ou à celui de Québec. L'abbé Joseph Roberge est ordonné le 6 mai 1923. Le 27 février 1924, la société s'installe à Pont-Viau et, le 2 septembre, les aspirants commencent les cours. En 1924, des S.O.S. arrivent de plusieurs pays de mission: du Tonkin, de Pondichéry, de Nan-ning, etc. On retient celui de Mgr J.-M. Blois, vicaire apostolique de la Mandchourie méridionale, qui offre une section de la province de Mukden. Le 11 septembre 1925, a lieu le départ des trois premiers missionnaires.

À leur arrivée, les missionnaires s'installent dans la résidence de l'évêque et passent huit mois à apprendre les rudiments de la langue et à s'initier aux coutumes chinoises. En octobre 1926, ils commencent, à titre de vicaire, leur travail d'apostolat au contact de missionnaires expérimentés. Au printemps suivant, Mgr Lapierre est nommé supérieur des dix missionnaires québécois. L'équipe s'installe à Taonan où elle construit une résidence pour les missionnaires qui œuvrent dans les districts de Fakou et de Lichou. La stratégie consiste à s'établir dans des localités assez grosses, bien reliées par chemin de fer, où existent déjà des chrétiens. On procède un peu comme en pays de colonisation au Québec: le missionnaire arrivant dans une localité construit une résidence, une église, une école, un dispensaire. À défaut de religieuses, on forme à la hâte de jeunes Chinoises qu'on initie au traitement des maladies les plus courantes. Les dispensaires sont un des moyens les plus efficaces pour prendre contact avec la population et gagner sa sympathie. Ainsi, en 1928, les missionnaires québécois prennent possession de cinq postes déjà établis par des Belges et des Français, puis en ouvrent trois autres. En août 1929, on procède à la bénédiction de l'église de Szépingkai. Cette ville, située à la tête d'une ligne de chemin de fer, occupe une position stratégique. Elle deviendra un centre régional important. On la préfère donc à Taonan et on décide d'y fixer la résidence du préfet apostolique. On s'empresse d'acquérir de vastes étendues de terrain pour les œuvres futures. On presse les travaux de construction. En 1931, la mission est déjà fort bien charpentée. On compte douze postes bien organisés où réside un missionnaire, et dix-sept chapelles où un missionnaire se rend deux fois par mois dire la messe. Des dix-sept prêtres, quinze sont Québécois et deux sont des Chinois. Szépingkai a fière allure. Outre une résidence centrale d'une vingtaine de pièces, les missionnaires y possèdent un dispensaire, une maison pour les religieuses, deux écoles, un postulat pour les sœurs indigènes et une résidence pour les domestiques.

Le travail du missionnaire n'est pas de tout repos. Le brigandage sévit à l'état endémique: des missionnaires ou des chrétiens sont retenus prisonniers et des résidences sont pillées. Une mission avec ses murs de brique d'au moins huit pieds de haut ressemble à un village fortifié. La porte de l'enceinte donne sur l'église située au centre de la mission. Pour atteindre les âmes, les missionnaires doivent s'engager beaucoup dans le temporel et souvent se compromettre dans les tensions sociales qui divisent la société chinoise. Le missionnaire est souvent celui qui s'oppose aux caprices et aux privilèges des mandarins. Bien des Chinois demandent le baptême pour jouir de la protection du missionnaire. À Pamiencheng, par exemple, des chrétiens cessent de pratiquer dès que le missionnaire se retire des affaires civiles. La culture chinoise est difficile à pénétrer. On demande au missionnaire des dispenses pour l'observance des commandements de Dieu comme on demande au mandarin des dispenses à l'égard de la loi civile. Mais les obstacles ne sont pas insurmontables. En 1931, la communauté chrétienne compte déjà 4865 pratiquants et 885 catéchumènes.

La logistique des missions

L'histoire des missionnaires de Mukden n'est qu'un exemple particulier. Selon le pays de travail et selon l'esprit de la communauté, l'approche missionnaire peut être assez différente. Il existe par contre une organisation canonique centralisée pour orienter et soutenir l'action. Les missionnaires sont une armée au combat. Ils ont besoin d'un commandement et d'une intendance qui apporte sur la ligne de feu les ravitaillements. Le pape est le général en chef de cette armée, la Propagande en est l'état-major, et les clercs et fidèles de tous les pays, les troupiers et les fournisseurs. La Propagande a des besoins infinis à pourvoir et, pour accomplir sa mission, elle a, au cours des siècles, établi une stratégie qui repose sur le principe que la conversion des peuples est une œuvre divine à laquelle l'homme est appelé à coopérer. L'Église n'a pas d'emprise sur la volonté divine; elle peut, cependant, mouvoir celle des hommes et faciliter leur coopération à l'œuvre de Dieu. Elle le fait en avivant leur esprit missionnaire — cette vertu surnaturelle acquise qui porte à s'intéresser constamment au salut des âmes; en les faisant participer par la prière et le sacrifice à la conversion des infidèles; en les incitant à recruter des missionnaires et à les assister matériellement dans leur entreprise. Sous l'égide de la Propagande, de grandes œuvres pontificales, dont les ramifications s'étendent à la grandeur de la catholicité, animent cet esprit missionnaire et appuient l'activité de l'Église en pays de mission: Œuvre de la propagation de la foi, Œuvre de la Sainte-Enfance, Union missionnaire du clergé, Œuvre de Saint-Pierre-Apôtre.

Au Québec, la Société de la propagation de la foi est relativement indépendante de l'organisation centrale, fondée à Lyon en 1822 par Pauline Jaricot et à laquelle elle ne s'affilie qu'après sa fondation. La société québécoise a un but bien à elle — et que la Propagande avait approuvé: soutenir les missions amérindiennes et les paroisses pauvres en régions de colonisation. Ainsi, en 1911, la Société de la propagation de la foi ramasse en aumônes 10 000$, dont 7 295$ vont aux paroisses pauvres et 2 600$ aux missions amérindiennes.[42] Il arrive, cependant, que des fonds soient envoyés aux missions étrangères. En 1901, on a calculé que, de 1868 à 1900, le diocèse de Québec leur a fait parvenir quelque 100 000$.[43] En 1922, l'année même où Pie XI transfère de Lyon à Rome le siège de l'Œuvre de la propagation de la foi, la société canadienne s'efface devant l'œuvre pontificale. En février de cette année-là, le conseil général de l'Œuvre de la propagation de la foi divise le Canada en deux régions. Le Canada-Est, qui va de Montréal à Terre-Neuve, aura un conseil central qui siégera à Québec et servira de lien entre les diocèses et la Propagande. Cette intégration nécessite une réorganisation administrative: chaque diocèse se dote d'un conseil diocésain et chaque paroisse, d'un conseil paroissial. Elle nécessite aussi un partage des fonds entre les œuvres de la Propagande et celles de l'épiscopat canadien — qui ne va pas sans ennuyer certains évêques, inquiets du financement des missions canadiennes et des paroisses pauvres. Cette intégration à l'œuvre pontificale se révèle somme toute bénéfique: de 1922 à 1923, le produit de la quête annuelle triple et l'Œuvre de la propagation de la foi devient, au Canada, l'œuvre pontificale missionnaire la plus rentable au plan financier.

Pour des raisons différentes, l'Œuvre de la Sainte-Enfance,[44] implantée à Montréal en 1851 et à Québec en 1852, connaît une semblable résurrection. Cette œuvre s'adresse aux enfants qu'elle habitue à épargner pour le «rachat et l'éducation catholique des enfants des infidèles, surtout dans les régions où règne l'usage de les abandonner ou de les tuer» (Rerum Ecclesiae). Au dire de Mgr Bruchési, elle fonctionne au ralenti dans les années 1910. En 1916, c'est avec joie qu'il voit mère Marie-du-Saint-Esprit et ses compagnes relancer cette œuvre dans les écoles. Les sœurs prennent la route et vont de paroisse en paroisse recueillir les aumônes. Elles donnent aux enfants des causeries sur les missions, les invitant à partager leur foi et leurs ressources pécuniaires. Elles comptent sur l'appui des curés et des instituteurs pour propager l'œuvre et stimuler le zèle des enfants. Elles utilisent aussi un système de récompenses et elles avivent la générosité en publiant les résultats des quêtes.

Fondée en 1916, l'Union missionnaire du clergé (U.M.C.) groupe exclusivement les prêtres et les futurs prêtres dans un but d'apostolat missionnaire. Ses moyens d'action sont la prière, l'étude et l'aumône. Benoît XV en a fait un rouage de l'organisation missionnaire: elle dispose d'un secrétariat

TABLEAU 9

ÉTAT COMPARATIF DES RECETTES (EN $)
DES ŒUVRES PONTIFICALES MISSIONNAIRES,
DIOCÈSES DU QUÉBEC, DE 1920 À 1944

Année	Union missionnaire du clergé	Propagation de la foi	Saint-Pierre-Apôtre	Sainte-Enfance
1920		19 911		27 817
1921	694	18 236		35 324
1922		24 592		30 793
1923	1 418	68 915		33 490
1924	1 561	85 441		36 446
1925	2 189	91 127	60	37 848
1926	1 948	95 534	225	38 999
1927	1 953	116 075	1 163	44 416
1928	2 597	118 474	9 777	50 263
1929	2 382	142 403	19 007	52 426
1930	2 151	145 960	18 323	57 390
1931	2 629	118 346	27 140	52 708
1932	3 729	96 437	27 769	44 488
1933	2 349	94 141	35 076	35 084
1934	2 895	105 978	62 290	35 542
1935	3 056	104 502	42 048	38 167
1936	3 386	120 410	51 988	45 057
1937	3 211	120 169	64 393	53 552
1938	3 215	141 892	79 944	59 350
1939	5 482	141 855	71 308	60 636
1940	4 735	143 834	79 622	65 094
1941	3 885	248 600	86 985	76 055
1942	3 710	226 556	133 243	90 860
1943	4 676	312 906	46 971	133 395
1944	4 423	415 326	172 436	151 904
Total	68 274	3 317 620	1 129 668	1 387 004

SOURCE: *Bulletin de l'Union missionnaire du clergé*, VIII, 7, septembre 1946.

international, de présidents nationaux et de directeurs diocésains. Le 21 janvier 1921, le cardinal Bégin, en réponse à
Maximum illud qui souhaite l'établissement de l'U.M.C. dans
tous les diocèses, mande au cardinal préfet de la Propagande
d'établir un siège central de cette œuvre: déjà quelque trois
cents prêtres en seraient membres. L'U.M.C. progresse rapidement. En novembre 1922, le seul diocèse de Québec compte

quatre cent cinquante membres. En 1927, l'U.M.C. est organisée dans vingt-quatre diocèses canadiens. Elle se livre à
une intense activité d'animation: mise sur pied, en 1921, d'un
cercle d'étude missionnaire au Grand séminaire de Montréal,
publication, le 1er juillet 1925, du premier numéro de son
bulletin, tenue d'une exposition missionnaire, à Joliette en
1927, qui se répétera périodiquement par la suite. En 1926,
le père Arthur Tremblay, s.j., introduit la Ligue missionnaire
étudiante dans les collèges — la formule avait été inventée
en Allemagne, en 1910, et depuis lors gagnait les pays catholiques. Cette ligue, qui ne recueille pas d'aumônes, se soucie
de développer un esprit missionnaire par toutes sortes d'activités, devenant par le fait même une pépinière de vocations.

Apparue tardivement, l'Œuvre de Saint-Pierre-Apôtre
complète le réseau des œuvres pontificales missionnaires.
Elle avait été fondée en France en 1889, et Benoît XV, en
1919, l'a étendue à la catholicité. Son but est de recueillir des
aumônes pour la formation du clergé indigène. L'œuvre débute
modestement, sous le nom de l'Union Saint-Pierre, au Grand
séminaire de Montréal en 1925. Trois ans plus tard, Mgr Georges
Gauthier rattache l'œuvre naissante à l'Œuvre de Saint-Pierre-
Apôtre. Peu à peu, elle prend racine dans les autres diocèses.

Il existe au Québec, au tournant du XXe siècle, un certain
intérêt pour les missions. À preuve, ces revues étrangères,
*Annales d'Issoudun, Annales des Franciscaines missionnaires de
Marie* (Paris), *Annales de Notre-Dame-du-Sacré-Cœur* — ce
périodique est publié en 1905 par des Missionnaires du Sacré-
Cœur émigrés de France — ou encore ces chroniques sur les
missions dans certaines revues pieuses. Mais pour la masse
des lecteurs, cette curiosité était-elle plus qu'un goût
d'exotisme?

L'installation d'instituts missionnaires autochtones et
l'intérêt accru que l'Église universelle porte, avec Benoît XV
et Pie XI, aux missions éveillent l'esprit missionnaire, jusque-
là assez diffus dans l'Église du Québec, et le tourne résolument
vers les pays extérieurs: Chine, Japon, Afrique. L'émergence
d'un authentique esprit missionnaire au sein de la population
coïncide avec la Première Guerre. Il se reflète d'abord dans
la mise sur pied d'une presse spécialisée sur les missions.

En 1917, les Franciscains, conscients de l'intérêt accru des fidèles pour les missions, transforment leur *Revue du Tiers-Ordre et de la Terre-Sainte*. Ils commencent la publication de l'*Œuvre de Terre-Sainte*. En janvier 1919, les Franciscaines missionnaires de Marie publient désormais leurs annales à Québec. En 1920, les sœurs Missionnaires de l'Immaculée-Conception lancent *Le Précurseur* et, en juillet 1925, paraît le *Bulletin de l'Union missionnaire du clergé*. Stimulée par Rome qui suggère sans cesse de nouveaux moyens d'aviver le zèle missionnaire, la propagande s'amplifie, de même que les œuvres. Cette activité est d'autant plus féconde qu'elle surgit au moment où l'Église du Québec atteint une certaine maturité. De fait, il y a là plus qu'une coïncidence: l'esprit missionnaire est signe d'un état adulte qui rend capable de donner.

*

* *

Qu'ils œuvrent au Québec ou ailleurs, les vignerons canadiens-français ont un trait commun. Ce sont des hommes d'action. Forts du Dieu qu'ils possèdent, ils mènent une vie spirituelle sans recherche et sans aventure. Le Québec n'a pas connu l'affrontement des grandes familles spirituelles et, ici encore, les Canadiens français n'ont rien inventé. Ils se nourrissent de spiritualités élaborées en d'autres temps et d'autres lieux: le rigorisme français du XVIIIe siècle, la tradition des grands ordres religieux, la «petite voie» de sainte Thérèse-de-l'Enfant-Jésus. Parue en 1905, l'*Histoire d'une âme* stimule nombre de vocations de jeunes filles et Lionel Groulx a une dévotion toute spéciale à la petite Thérèse. Durant les années 1920, cette spiritualité, si bien accordée à la mentalité de ce peuple «né pour un petit pain», commence à se répandre et donne des fruits étonnants. Marie-Claire Tremblay, cette «âme canadienne extraordinairement ordinaire» arrive par «la petite voie» au mariage spirituel.[45] Il y a donc d'authentiques mystiques et nombre d'âmes «obsédées de la sainteté» chez ces vignerons de souche canadienne-française. Mais leur expé-

Marche des roses de sainte Thérèse. (Fonds Jacques
Grimard, Archives nationales du Québec.)

rience est de celles qui ne se disent pas. Ils jugent préférable
d'ailleurs de «laisser des actions dignes d'être écrites» plutôt
que «des écrits dignes d'être lus». Le frère André, qui répand
la dévotion à saint Joseph en guérissant les corps, incarne
l'idéal de cette mystique pratique. (Benoît Lacroix)

On commence à trouver des traces de quête spirituelle
dans les journaux intimes de jeunes religieux vers les années
1920. Cette spiritualité est de type ascétique, fondée sur la
mortification et la discipline personnelle. C'est que le jeune
religieux, dans l'attente des tâches d'apostolat, n'a d'autre
obligation que de travailler à sa propre perfection; à celui qui
en est avide, la sainteté se présente alors comme l'art de

«Le frère André incarne l'idéal de cette mystique
pratique.» (Benoît Lacroix)

«posséder son âme», par la répression de la spontanéité, à
coup de règlements et d'exercices répétés. «Il faut que j'arrive
à me mortifier à chaque repas», écrit Paul-Émile Lavallée; «la
mortification, précise-t-il, est l'alphabet de la vie spirituelle
et la mortification des yeux est la garde du cœur.» En 1927,
paraît l'aventure spirituelle de ce scolastique oblat, mort noyé
à vingt-trois ans, et qui était parvenu à «conquérir pour toujours
la liberté de [son] cœur» — peut-être aussi, commente son
biographe, à «un commencement de vie mystique». Œuvre
du père J.-M. Rodrigue Villeneuve, o.m.i., futur cardinal-
archevêque de Québec, le livre est proposé en modèle à la
jeunesse sous le titre suggestif de L'un des vôtres.

CHAPITRE III

INSTAURARE OMNIA IN CHRISTO

À la fin du XIXe siècle, le Québec est déjà entré de plain-pied dans l'âge industriel, et la civilisation urbaine a commencé de pénétrer ses avant-postes. Venue d'ailleurs, celle-ci se concentre dans Montréal et de là, au rythme des conjonctures, irradie ses plaques de béton sur le paysage, laissant intactes, ici et là, des zones verdoyantes. Un nouveau genre de vie, chambardant les coutumes et déplaçant les valeurs, se répand à la manière d'une épidémie.

L'Église, gardienne de la morale, perçoit tout naturellement l'ampleur du changement par la transformation des mœurs. Tout naturellement aussi, c'est l'évêque de Montréal, responsable de la zone la plus urbanisée, qui le premier sonne le tocsin. Le titre d'une lettre pastorale publiée au début du siècle traduit l'esprit des temps nouveaux: «L'affaiblissement de l'esprit chrétien et le goût des plaisirs du monde». Cette lettre s'adresse surtout aux classes aisées et dénonce la morale païenne qui pétrit la vie urbaine et dont les principaux traits sont la recherche effrénée des biens de la terre qui absorbe l'intelligence et le cœur, les mondanités qui détournent les parents «des charmes sereins et purs du sanctuaire de la

L'Église, gardienne de la morale.

famille», les appâts de la vie urbaine qui corrompent la jeunesse. Ils sont nombreux ceux qui relèvent le changement des mœurs dans la société montréalaise. «La nourriture, l'habillement, l'habitation, tout est devenu plus luxueux au contact du bien-être américain; les jours de fête et les jours de repos ont dû être multipliés [...]».[1] De 1898 à 1912, Mgr Bruchési publie dix-sept lettres pastorales sur les mœurs urbaines, la sanctification du dimanche, le mariage et les relations avec les protestants. Signe que la maladie ne gangrène que progressivement le corps social, l'évêque de Québec, toujours préoccupé de tempérance, ne s'étend sur ces thèmes qu'après 1911 et les autres évêques, que dans les années 1920. La Première Guerre mondiale constitue un terreau propice à la croissance de la nouvelle culture.

1. La guerre des empires

Aux yeux de l'Église, le changement se présente comme une recrudescence du paganisme. On le reconnaît à plusieurs signes qu'on appelle «les maux de l'heure présente». Ces maux qui bafouent la loi naturelle, les prescriptions de l'Église, les traditions les plus sacrées sont révélateurs d'un changement profond dans les valeurs. L'esprit de sacrifice fait place à la recherche du plaisir; la résignation, à la révolte; l'obéissance, à la licence; le travail, à la dissipation; la vertu, au vice. De fait, c'est le style de vie urbain qui est tout entier invitation au mal et «école d'immoralité». Mgr Bruchési le constate déjà en 1898 quand il décrit ces jeunes gens «sollicités par des lectures frivoles ou déshonnêtes, par la licence des rues, des théâtres et quelquefois même des salons, par des fréquentations sans surveillance, par les funestes entraînements des clubs et des maisons de jeux, par les dangers non moins grands qu'offre la mode des excursions, des villégiatures et des stations balnéaires». À mesure que progresse le XXe siècle, l'invasion prend la portée d'un véritable cataclysme. Évêques et clercs voient avec effarement une société païenne se juxtaposer à la société chrétienne qu'ils avaient façonnée.

Pour ces terriens qui vivent en marge des grands courants nord-américains et dont le regard fixe le point d'horizon, là où le tré-carré de la terre ancestrale se confond avec la porte du paradis; pour ces catholiques qui identifient l'idéal chrétien à la morale traditionnelle; pour ces prêtres acculturés par une scolastique qui a figé le monde dans un système conceptuel et par une théologie qui n'a pas encore entrepris de démêler les œuvres du Père et les travaux de l'Homme: le changement ne peut être que l'œuvre du Malin.

Les agents du changement

Comment enrayer une épidémie sans une connaissance profonde des mécanismes de transmission des germes de mort? Catalogue des symptômes, les mandements sont aussi catalogue des agents de transmission. Il en est d'anciens, fort bien connus et déjà inventoriés: ceux qui, favorisant la promiscuité de l'ivraie et du bon grain, tels les mariages mixtes, les *high schools*, les associations neutres ou secrètes, sont porteurs d'indifférentisme religieux; ceux qui, étalant les passions, nommément les livres, les théâtres, les affiches, éveillent les instincts mauvais; ceux qui, rendant l'homme semblable à la bête (la bière, le gin et autres bouillons), le tiennent dans la misère et l'ignorance. Mais de nouveaux agents circulent dont l'influence délétère est d'autant plus périlleuse que leur pouvoir d'attraction est grand et que les armes conventionnelles — Index, interdits, refus d'absolution — sont incapables de les contenir.

Jusqu'à la Première Guerre, les interdits publics sont fréquents. Ils donnent parfois lieu à des accrochages avec les pouvoirs civils. En 1901, Mgr Bruchési demande au maire de Montréal de faire disparaître «les annonces licencieuses qui s'étalent au grand jour». Au printemps de la même année, la législation qui autorise la Compagnie du cimetière du Mont-Royal à posséder un four crématoire suscite l'ire de Mgr de Montréal qui, suivant l'enseignement de Léon XIII, estime la crémation en contradiction «avec le sens chrétien et le sentiment populaire», et la loi, une bravade des esprits forts, hostiles à la croyance en l'immortalité de l'âme. Il interdit la crémation à «tous les enfants de l'Église» et avertit les législateurs que «ce prétendu respect de la liberté individuelle» mènera tout droit au «communisme, au socialisme et à l'anarchie». De son côté, Mgr Bégin ne réussit pas, même avec le concours de Thomas Chapais, à mobiliser les membres du Conseil législatif contre cette loi qui «est une honte et une souillure pour nous». Les interdits de l'épiscopat frappent surtout le théâtre et la presse. En novembre 1905, Mgr Bruchési défend aux Montréalais d'assister aux représentations de Sarah Bernhardt; il leur interdit le Théâtre des Nouveautés le 31 mars 1907 et le Théâtre Royal le 24 mai 1909. Le 25 septembre 1913, il condamne *Le Pays*, comme il avait condamné *Les Débats* dix ans plus tôt.

Les condamnations officielles se font plus rares après la Première Guerre, du moins à Montréal. Ces interdits perdent de leur efficacité dans une civilisation de masse, et les nouveaux agents échappent en grande partie au contrôle de l'Église. C'est le cas de la presse qui, au tournant du siècle, devient langage de masse. Les grands quotidiens, *La Presse* et *La Patrie*, utilisent toutes les ressources de l'art et de la technologie pour accroître leur clientèle. Une mise en page savante, faite de manchettes, de sous-titres et de photos, et un contenu complaisant envers les instincts des lecteurs confèrent aux quotidiens une grande emprise sur la masse. La presse à bon marché devient une fenêtre sur le monde. Sur le vice aussi, déplorent les évêques. La «Une» donne en pâture «des scènes criminelles», des «drames sanglants et démoralisateurs». Des feuilletons au titre trouble se complaisent dans l'étalage des bas instincts et récompensent le vice. Des éditoriaux et des blocs-notes, par de perfides insinuations incitant à la désobéissance, sapent l'autorité religieuse. Des reportages décrivent des coutumes étranges et rapportent des incidents scandaleux. «Irrespectueuse de l'autorité religieuse, destructrice de la conscience catholique», la presse à sensation a pour effet «d'amoindrir les caractères, énerver les âmes, réveiller les mauvais instincts».[2] Certains journaux de combat, d'un tirage plus limité, sont encore plus dangereux parce qu'ils corrompent les élites et s'en prennent directement aux coutumes et aux croyances. *La Petite revue* (2 janvier 1899 — 15 décembre 1900) prône le divorce, l'instruction obligatoire et dénonce «le règne abominable de la théocratie». Un autre journal, *Les Débats*, «insulte les prêtres», au dire de Mgr Bruchési qui le condamne en septembre 1903, «ridiculise le *Syllabus*» et répand «des doctrines voisines de l'hérésie». Plus finauds, des journaux s'en tiennent à un persiflage dévastateur. En bref, les journaux sont à classer parmi les agents les plus pernicieux et les plus dangereux, d'autant plus qu'ils ne cessent d'accroître leur tirage. (Selon Jean de Bonville, les quotidiens montréalais tireraient à 104 718 exemplaires en 1891, 179 344 en 1901 et 296 491 en 1911.) Au fur et à mesure que progresse le siècle, le cinéma tend à supplanter la presse à sensation comme ennemi public numéro un.

Outre les *mass media*, les évêques pointent deux autres chaînes d'agents de transformation. Certains œuvrent au palier économique. C'est le cas des manufactures de pâtes et papiers. En 1920, elles sont cinquante à tenir leurs employés au travail jusqu'à l'angélus du dimanche matin et à les faire entrer à l'usine à l'heure des vêpres, provoquant ainsi l'ire des évêques et de la bonne presse. D'autres œuvrent au palier idéologique, tels les groupuscules socialistes ou radicaux, les syndicats internationaux dont la philosophie matérialiste ne saurait conduire à autre chose qu'à la désobéissance civile et religieuse. Ces nouveaux agents et d'autres sont identifiés, dénoncés, honnis, mais, aux yeux des évêques, les plus dangereux sont les *mass media*. D'instinct, les clercs ressentent que, rejoignant directement la population, les *media* court-circuitent la communication sociale qui traditionnellement s'effectuait via les élites. C'est le fondement même de leur pouvoir qui est mis en cause. De moins en moins les dirigeants et les élites sont en mesure de tamiser les significations: là où existent des communications de masse, le peuple décante et interprète lui-même les messages. C'est là la nouveauté qui rend compte de l'effarement des dirigeants: ces *mass media* sont en train «d'usurper la fonction pastorale et éducative des églises, des partis politiques, des sociétés nationales, des chambres de commerce et des syndicats». (Jean de Bonville)

L'empire du Malin

Les évêques voient des Églises très chères à leur cœur, celles de France et d'Espagne, subir le ressac des ajustements inévitables entre une Église intransigeante et des sociétés modernes qui ne le sont pas moins. Au point de départ, ils assimilent la situation du catholicisme québécois à celle de la catholicité. «L'Église de Jésus-Christ traverse des temps remplis de troubles et [...] une longue et redoutable tempête l'accable de maux cruels.»[3] D'un côté ou de l'autre de l'océan, les problèmes sont les mêmes, mais leur intensité varie: «Je redoute pour notre Canada l'invasion des mêmes idées pernicieuses et des mêmes vices qui ruinent notre ancienne mère-patrie», confie Mgr Bégin, en 1904, à un évêque de France. Les causes aussi sont les mêmes. C'est le Malin qui tire les ficelles derrière les agents du changement. En virtuose qu'il est, il joue sur les deux composantes de l'homme: l'animalité et la rationalité, les mœurs et les idées. Le paganisme qui transforme les mœurs et l'éthique protestante qui renverse les valeurs sont l'avers et le revers d'une même fin et d'une même révolte: le *non serviam* des séraphins qui s'enracine dans la contemplation de soi. Comme la Providence, le Malin intervient dans le monde par les causes secondes et ce sont les mêmes qui sont à l'œuvre dans la catholicité: les francs-maçons, les Juifs, les socialistes, les débitants d'alcool, etc.[4] Ce sont là les visages charnels du Malin pour de nombreux catholiques québécois, sauf les évêques, qui désignent rarement les Juifs.

Cette analyse de la situation n'est pas une simple transposition d'une réalité européenne. Elle a des rapports avec la réalité québécoise qui la rendent crédible. Une page de *La Semaine religieuse de Québec* montre comment se fabrique et s'accrédite une idéologie. Dans un premier temps, le rédacteur établit une adéquation, à partir d'une situation étrangère, entre la franc-maçonnerie et le Malin: «La France officielle, aujourd'hui, c'est le Grand-Orient. Il n'est pas étonnant que les ordres religieux aient été expulsés, que les catholiques soient pour ainsi dire chassés, exilés de leur patrie [...] il n'y a que la guillotine qui manque.» S'appuyant sur *La Patrie, Le Journal, The Gazette* — tous des journaux réputés non catho-

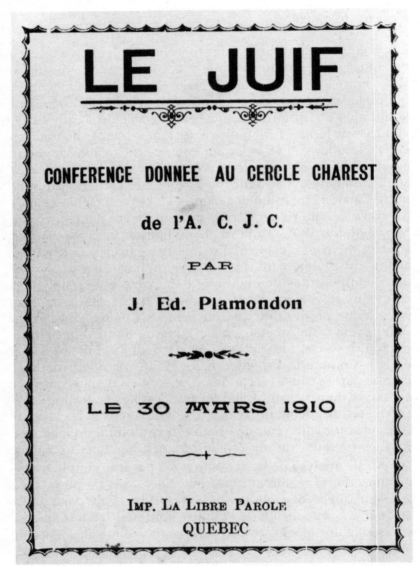

«Jamais question ne se peut trouver de plus intéressante que celle du Juif qui met en danger notre foi, notre vie, notre honneur et nos biens.»

HENRI BERNARD

LA LIGUE

-- DE --

L'ENSEIGNEMENT

HISTOIRE

D'UNE

Conspiration maçonnique

À MONTRÉAL

NOTRE-DAME DES NEIGES-OUEST, P. Q.

1903

«Oui, Canadiens français, je le répète, vous n'avez pas de pire ennemi que cette Ligue qui semble sommeiller. Il faut lui écraser la tête. Sinon, la fille fera dans la Nouvelle-France l'œuvre de mort que la mère accomplit dans l'Ancienne.»

liques — le rédacteur montre ensuite que le Grand-Orient a des ramifications à Montréal: «Une enquête sûre et discrète parmi le monde maçonnique indique», selon *The Gazette* vers 1905, «que 450 Canadiens français environ sont affiliés aux différentes loges maçonniques de notre ville. Il se peut que leur nombre s'élève à 500». Compte tenu de la faible population du Québec, c'est un nombre très élevé. Il ne reste plus alors au rédacteur qu'à démontrer que les francs-maçons canadiens-français ont les mêmes comportements antireligieux et anti-catholiques que leurs confrères de France. On le démontrera en 1910 par une brochure révélant les noms et les activités des francs-maçons. On renforcera la dénonciation en étalant les deux stratégies des francs-maçons: le sectarisme brutal en milieux indifférents, comme en France, et la ruse en milieux majoritairement catholiques. «L'une des plus grandes ruses employées alors pour corrompre graduellement l'esprit d'un peuple catholique, c'est la propagation dans les masses de l'idée de neutralité.»[5]

Le cas des Juifs est différent. Ils représentent le phénomène de l'étranger dans un milieu traditionnel, qui, tout simplement parce qu'il est autre, pose problème et, partant, est mis à part. De cette communauté juive montréalaise, on n'a à l'époque qu'une connaissance superficielle, à partir de quelques points de contact qui déforment la réalité: les sous-entrepreneurs qui vivent du travail à domicile des femmes et des enfants, les petits commerçants qui tiennent leur échoppe ouverte les dimanches et les jours fériés, les réfugiés de l'Europe de l'Est qui militent dans les syndicats internationaux et le Parti socialiste. On les redoute d'autant plus qu'ils s'acculturent à la société anglophone et croissent, par l'apport de l'immigration, à un rythme rapide. Ils sont 2703 en 1891, 30 268 en 1911 et 59 736 en 1931. Ce contexte est un terreau propre à alimenter un sentiment antisémite et à accréditer le mythe d'une «juiverie internationale» qui, tout comme le Grand-Orient, aurait pris racine à Montréal. «Les Juifs, écrit Arthur Saint-Pierre, alliés naturels, ou plutôt inspirateurs et maîtres de la franc-maçonnerie, ont envahi Montréal [...]; non contents de corrompre notre jeunesse par les mauvais théâtres et la mauvaise littérature à bon marché; non contents de ruiner nos marchands par une concurrence très souvent déloyale, [ils] aspirent encore à l'autorité et réclament ce qu'ils appellent leur part de l'administration de notre ville.»[6] Les Juifs sont des boucs émissaires pour les ultramontains et certains nationalistes.

Les socialistes, qui arborent le drapeau rouge dans les rues de Montréal et crient «à bas la calotte» en paradant devant l'université, émergent, en 1909, année où la Fédération des ligues du Sacré-Cœur se proclame «adversaire déclaré du socialisme envahisseur», comme une force du mal. Eux aussi sont perçus comme des étrangers. Et ils le sont par leur origine — la plupart des meneurs et des membres sont des immigrés — par leur idéologie, par les unions internationales qui les encadrent à l'usine et par les tribuns d'Angleterre et des États-Unis qui les haranguent sur la place publique. Aux yeux d'un Arthur Saint-Pierre, ils ne sont qu'une «foule bigarrée de voyous et d'énergumènes des deux sexes», que «des aventuriers sans foi ni loi». Sous le manteau, ultra-montains et nationalistes échangent des documents inquié-tants, tel ce texte de l'Union des travailleurs en chaussures réclamant «la suppression finale du système de concurrence des salaires et la possession par le peuple collectivement de tous les moyens de production, distribution, transport, communication et d'éclairage».[7]

Francs-maçons, Juifs, socialistes sont des épouvantails commodes pour baliser l'idéologie et donner chair à des notions abstraites: le paganisme et l'éthique protestante. Ces têtes de Turc sont aussi révélatrices d'une attitude d'assiégé et d'une mentalité de complot qui, au plan des stratégies, portent à mettre l'accent sur les tactiques défensives et un enseignement de type apologétique.

Un souffle venu d'ailleurs

À l'image de la société, l'Église du Québec n'a pas de vie intellectuelle et spirituelle propre. Elle regarde le monde avec les yeux de Rome, elle ressent les événements avec la sensibilité de Rome et elle juge avec la conscience de Rome. Rome est le tronc; elle est le sarment. Les quelques théologiens québécois, si brillants soient-ils, sont enfermés dans les problématiques européennes et acculturés par leur formation romaine.

La crise du modernisme est révélatrice à cet égard. Ni le décret *Lamentabili sane exitu*, du 3 juillet 1907, ni l'encyclique *Pascendi Dominici gregis*, du 8 septembre de la même année, ne suscitent quelque remous au sein de l'épiscopat ou quelque effervescence dans les universités. Un concert de louanges salue ces deux documents. Les évêques y voient «deux impérissables monuments de fermeté, de clairvoyance et de sagesse».[8] Le jeune abbé Lionel Groulx, qui vit ces événements chez les Sulpiciens d'Issy-les-Moulineaux, se réjouit de ce «vigoureux coup de barre». Les prêtres français, rapporte-t-il, sont «atterrés devant le geste du pape» qu'ils perçoivent comme un «retour à l'obscurantisme»; pour eux, «l'Église se ferme proprement les portes de l'avenir». Et Groulx décèle derrière leur désarroi «le dévergondage de la pensée française» dont même les ordres religieux «sont plus ou moins contaminés».[9] Au Québec; la condamnation du modernisme n'a d'autre conséquence que de susciter un raidissement de l'orthodoxie et une application encore plus rigoureuse des règles de l'*Imprimatur* et de l'*Index*. L'Université Laval profite de l'occasion pour proclamer qu'elle s'est toujours efforcée «de ne rien enseigner qui fût contraire aux doctrines romaines» et qu'elle «se fera un devoir d'inspirer à ses élèves [...] une instinctive horreur pour les nouveautés dogmatiques et bibliques, pour ces opinions subversives dont les hommes de talent [...] se font çà et là les zélés propagateurs».

Fille de Rome, l'Église du Québec élève au niveau des vertus héroïques l'intransigeance du *Syllabus* et de *Pascendi Dominici gregis*. Une intransigeance opiniâtre, sûre de sa vérité, sûre de sa force et sûre de sa victoire, mais qui appelle une action continue et conquérante contre les forces du Mal à l'œuvre dans le monde. Et l'action nécessite un chef, une doctrine, une stratégie et une armée, d'autant plus qu'elle s'insère dans la lutte qui oppose la cité de Dieu à la cité du Malin. L'armée est à recruter sur les lieux du combat, là même où on improvise les tactiques. Le reste est la responsabilité du quartier général, Rome, où réside le chef infaillible. L'action des pontifes de ce premier tiers du XXe siècle procède d'un même souci: ramener les hommes au Christ en proposant un authentique humanisme chrétien. Léon XIII avait écrit plusieurs encycliques sur le Christ et, sur la fin de sa vie, avait consacré le genre humain au Sacré-Cœur; Pie X, par la communion fréquente, entend assurer le règne du Christ; Pie XI instaurera la royauté du Christ. Dans sa lettre aux évêques d'Italie, en juin 1905, Pie X explicite sa doctrine sur le royaume du Christ: replacer Jésus-Christ dans la famille, dans l'école et dans la société; rétablir le principe de l'autorité humaine comme représentant celle de Dieu.[10] *Instaurare omnia in Christo*, c'est le mot d'ordre que Pie X lance aux fidèles du monde entier. En d'autres mots, il faut empêcher les sociétés humaines de s'organiser en dehors de la civilisation chrétienne et les prolétaires de déchoir dans la «barbarie».

La tâche est énorme et, pour l'accomplir, les papes, s'inspirant de l'allégorie du corps mystique, mettent à contribution toutes les forces vives de la catholicité. Leur plan d'action en appelle «au concours unanime et constant» de chacun des clercs et des fidèles sous la gouverne des évêques. Leur stratégie s'inspire d'une tradition déjà longue. «Le premier devoir» de la Hiérarchie est d'enseigner et d'exhorter; celui des fidèles, d'intérioriser les vérités et les normes, car une authentique révolution jaillit d'abord d'une conversion des cœurs. Clercs et laïcs doivent travailler ensemble à «réparer les pertes éprouvées dans le royaume conquis [...] par la diffusion de la vérité chrétienne, l'exercice des vertus chrétiennes et les œuvres de charité». L'ensemble de ces œuvres s'appelle l'action sociale catholique. Les principaux promoteurs doivent en être les laïcs eux-mêmes. La nature et la forme de ces œuvres varient en fonction des besoins de chaque Église, des exigences de chaque société, «sans jamais cependant porter atteinte à l'intégrité ou à l'immutabilité de la foi, de la morale».[11] Les formes et les modalités de l'action peuvent varier, non les principes qui l'animent. Dans *Graves de communi* (1901), Léon XIII avait exprimé son désir de voir l'action sociale catholique se maintenir en dehors du champ politique, lui assignant une mission éducative dont le résultat serait la lente imprégnation des sociétés par le christianisme.

L'efficacité d'une telle stratégie repose sur des conditions d'exercice. Elle implique une conversion des mentalités des clercs et des laïcs, les uns parce qu'ils se comportent comme s'ils participaient seuls au sacerdoce du Christ, les autres, comme s'ils n'y participaient pas. Elle nécessite aussi la formation d'une élite disciplinée et unie par une même communauté de vues: «des catholiques à toute épreuve, convaincus de leur foi, solidement instruits des choses de la religion, sincèrement soumis à l'Église». Enfin, elle exige chez les laïcs la soumission à «la haute direction de l'autorité ecclésiastique, sans pour autant qu'une saine liberté nécessaire à leur action ne soit entravée».

Tout comme la doctrine sociale, l'action sociale catholique est un grain de sénevé appelé à se perfectionner dans le temps.[12] Léon XIII avait demandé au laïcat de défendre sa foi, de la manifester et de s'unir sous la direction de la Hiérarchie. Pie X et Benoît XV mettent l'accent sur le caractère social et conquérant de cette action — d'où le nom d'action sociale catholique. Pie XI, s'inspirant de l'action catholique italienne et face à la révolution bolchevique, s'efforcera de dégager la spécificité de ce qui désormais s'appellera l'action catholique. Il la définira comme un «moyen de sauver la société des méfaits du laïcisme», la distinguant ainsi des œuvres de piété individuelle et des associations professionnelles ou politiques. Il la centrera non sur les œuvres mais sur le milieu. L'action catholique de Pie XI inspirera l'Église québécoise dans les années 1930. Pour l'heure, cette Église en est à l'apostolat par les œuvres.

Le salut par l'élite

Dans ce premier tiers du XXe siècle, ils sont plusieurs, clercs et laïcs, à déplorer l'absence de chrétiens imprégnés d'esprit apostolique, dont le caractère soit fortement trempé et la conscience, ouverte aux problèmes sociaux. Le père Gonthier considère «ignorantes de la religion» et catholiques par tempérament, par habitude et par tradition de famille plutôt que par conviction les générations des classes dirigeantes formées dans les séminaires.[13] Mgr Bégin abonde dans le même sens en 1907: «bon nombre de nos hommes politiques [sont] catholiques pratiquants dans leur paroisse, musulmans ou bouddhistes dans le Parlement, si le parti l'exige».[14] En 1914, *La Semaine religieuse de Québec* constate que «nos bons catholiques de 40 ans n'ont pas la main ni l'esprit fait aux besognes d'apostolat catholique».[15]

La crise d'identité collective provoquée par la résurgence des courants impérialistes, par l'afflux massif dans les villes et les prairies canadiennes de millions d'immigrants et par la transformation des genres de vie amène l'Église à se préoccuper de la formation d'apôtres laïcs. Des esprits éclairés ressentent vivement l'apathie et l'indifférence de la masse, l'éparpillement et la faiblesse des forces de résistance. Jaillit alors de la tradition un élan de «fierté nationale» et de «fidélité religieuse» qui, pour s'épanouir en de multiples mouvements liant indissolublement la langue et la foi, a besoin de militants formés par l'étude et l'apprentissage. Une technique de formation importée d'Europe s'impose: les cercles d'études et d'apprentissage qui sont, au dire de Joseph-Papin Archambault, de véritables laboratoires où se discutent des idées, s'analysent des faits, s'élaborent des doctrines, se forgent des convictions. Ils «ont pour fin de donner à la société et à l'Église moins des soldats que des chefs».[16]

Le milieu par excellence, susceptible de fournir des chefs, c'est celui où s'éduque la future élite de la nation: les collèges classiques. Dans les coulisses, des prêtres éducateurs préparent le réveil religieux et national. À Valleyfield, en 1901, sous l'impulsion du tout jeune abbé Lionel Groulx, un groupuscule de collégiens s'engage dans un mouvement de spiritualité destiné à faire d'eux «le ferment qui fait lever l'âme populaire». Ce sont des croisés, des chevaliers de Dieu partis à la conquête d'eux-mêmes et à la conquête des âmes au nom d'un idéal de noblesse, de virilité spirituelle, de pureté, de devoir et de sacrifice. À la vulgarité du monde qui les entoure, ils opposent le témoignage de leur pureté et de leur distinction. Ils ont troqué l'ivresse des passions pour «l'enivrante amertume du sacrifice» et la douleur «est leur maître». Leur objectif est la régénération de la jeunesse et leur stratégie, la cellule secrète et la conquête une à une des âmes de leurs condisciples à leur idéal chevaleresque.

En d'autres lieux, selon des modalités moins éthérées, on cherche à rallier la jeunesse autour de nobles causes. À Saint-Hyacinthe, l'abbé Émile Chartier dirige un mouvement d'action catholique un peu semblable à celui de l'abbé Groulx. Au collège Sainte-Marie de Montréal, le père Samuel Bellavance, s.j., anime le réveil national des étudiants; sous le leadership de leur condisciple Joseph Versailles, les étudiants réclament la reconnaissance officielle du drapeau Carillon-Sacré-Cœur comme emblème national des Canadiens français. Jules-Paul Tardivel, dans *La Vérité*, prône un congrès des mouvements de jeunesse. La coordination s'amorce en 1903. Les «actionnaires» de Valleyfield sont réticents; ils n'auraient voulu enrôler «dans leur œuvre sainte [...] que de petits ouvriers aux mains pures, à l'âme mystique des constructeurs de tabernacles».[17] Ils abandonnent donc le leadership du mouvement aux nationalistes de Montréal — ils poursuivront plus tard leur idéal dans la voie cléricale. L'idée d'un commando d'élite spirituelle fait donc place à l'embrigadement massif de la future élite de la nation. L'année suivante, l'Association catholique de la jeunesse canadienne-française (A.C.J.C.) prend son envol officiellement. Elle se présente comme une fédération de cercles paroissiaux et collégiaux animés par les Jésuites. Son credo tient à quelques dogmes: l'existence d'une «race» canadienne-française dont la mission providentielle transcende les intérêts partisans, et dont la survie s'enracine dans la fidélité au catholicisme; la primauté de l'action sociale sur l'action politique. Son objectif est de former par «la piété, l'étude et l'action» des «chrétiens convaincus et des patriotes éclairés». C'est le premier mouvement d'étudiants au Québec et aussi le premier mouvement d'allure moderne qui utilise toutes les techniques alors connues pour mobiliser des militants et promouvoir sa cause. Il a un journal, *Le Semeur*, dont le premier numéro paraît en septembre 1904. Il tient périodiquement des congrès généraux dont les enquêtes et les réflexions sont publiées. Les thèmes des congrès montrent que, si le mouvement s'enracine dans le spirituel, il œuvre dans le temporel et le profane: «La religion», Québec,

1908; «Le système scolaire», Trois-Rivières, 1913; «Le devoir social au Canada français», Montréal, 1914; «La colonisation», Saint-Hyacinthe, 1916; «Le problème industriel», Québec, 1921; «Les infiltrations étrangères», Hull, 1923. Des mots d'ordre annuels mobilisent les membres et orientent les activités du mouvement. Ainsi, les droits scolaires de la minorité francophone au Canada donnent lieu périodiquement à des pétitions et des quêtes publiques.

«Le bataillon d'élite» de Mgr Bruchési œuvre dans une atmosphère de camp armé. Lors de la convention régionale de 1906, un certain père Turgeon, s.j., s'adresse à «des soldats» dont «le pape est le général» et «le monde entier, le champ de bataille».[18] *Le Devoir* entretient cette atmosphère militaire: «L'état-major du corps d'armée montréalais de l'A.C.J.C. était presque au grand complet à la réunion du conseil», dont «les officiers et les aumôniers de régiment».[19] Le mouvement bat le tambour et sonne la trompette. Ne fait-il que du bruit? Les campagnes sur le droit des minorités francophones, sur la colonisation et sur les unions ouvrières catholiques semblent avoir été plus bruyantes qu'efficaces. En revanche, celles sur la christianisation de la société et la formation religieuse ont connu plus de succès. Mais c'étaient des objectifs seconds. Mouvement de formation d'une élite, l'A.C.J.C. a été l'enclume sur laquelle s'est forgée une bonne partie des militants catholiques de l'entre-deux-guerres. En 1910, elle compte 37 cercles et 1400 adhérents, 56 cercles en 1913, 101 en 1916, 127 en 1924. Ces cercles sont plus ou moins vivants, bien des membres succombant aux charmes des partis politiques qui s'efforcent de récupérer cette jeunesse, mais il n'en demeure pas moins que l'A.C.J.C. fournit aux œuvres sociales et aux associations catholiques des cadres et des chefs.

Popularisée par l'A.C.J.C., la formule des cercles connaît bien des applications. Des évêques l'utilisent pour initier leurs prêtres et leurs séminaristes à la doctrine sociale et à l'action sociale. En 1908, au scolasticat des Jésuites et, plus tard, chez les Oblats d'Ottawa, un cercle existe pour «faire progresser ses membres dans l'intelligence des questions et des devoirs sociaux du temps».[20] Fondé le 23 novembre 1910, et dirigé par l'abbé Edmour Hébert, le Cercle sacerdotal d'études sociales de Montréal réunit des curés et des aumôniers engagés dans le mouvement social. Des aumôniers utilisent la formule pour récupérer le mouvement ouvrier. Le cercle ouvrier comprend une vingtaine de membres. Il se réunit tous les quinze jours — du moins selon la théorie des cercles — pour une discussion de deux heures à laquelle les participants se sont préparés par des lectures et par la prière. L'aumônier en est l'animateur, «présent mais discret», disent les manuels.[21] Un cercle s'occupe aussi d'œuvres sociales et religieuses: retraites fermées, caisses populaires, patronages, etc. Établi en novembre 1915, le Cercle d'études des ouvriers de Québec est né sous l'impulsion de la Commission des questions ouvrières de l'Action sociale catholique désireuse de contrer la propagande des unions ouvrières neutres. Les cercles ouvriers semblent avoir plus de succès en province qu'à Montréal où les unions neutres et les partis politiques ont, au XIXe siècle, établi un réseau de clubs ouvriers qui propagent les idées modernes. D'ailleurs, Montréal, déjà un milieu cosmopolite et urbanisé, se révèle très difficile à investir pour les organisations catholiques. Plus que dans les cercles, l'Église en viendra à placer le gros de ses énergies dans les retraites fermées, qui deviendront peu à peu la technique par excellence de formation d'une élite.

2.   La récupération des masses

Pour être encore une société largement rurale, le Québec de la fin du XIXe siècle n'en a pas moins quelques fenêtres ouvertes sur le monde. D'Europe parviennent les échos des conflits ouvriers et des expériences du catholicisme social. De passage à Québec en 1888, Rameau de Saint-Père y avait donné une conférence sur la doctrine sociale de Frédéric LePlay. Ce qu'entendirent ce soir-là Stanislas Lortie et Jules Dorion, étudiants en philosophie, «fut pour eux une révélation»; ils se mirent avec enthousiasme à l'étude de la sociologie leplayiste. Dans l'ensemble du clergé, on est encore convaincu que «la question sociale ne se pose pas au Canada».[22] Quelques prédicateurs pourtant tirent la leçon du fait qu'au Québec, «la grande industrie se substitue rapidement à la petite industrie et amène, comme conséquences inévitables, une foule de questions à résoudre et de conflits à calmer».[23] Et plusieurs clercs, partis parfaire leurs études à Rome, en reviennent imprégnés de la pensée de Léon XIII et convaincus de l'urgence de s'occuper de la question sociale au Québec. À Chicoutimi, l'abbé Eugène Lapointe pose un premier jalon du syndicalisme catholique en fondant, en 1907, une mutuelle ouvrière. De Rome où il était son confrère, l'abbé Stanislas Lortie avait observé, de 1891 à 1893, les initiatives du laïcat français, belge et allemand; de retour à Québec, il fait connaître les expériences de Léon Harmel au Val-des-Bois, les caisses populaires Schultz et Raiffaisen, ouvrant ainsi la voie à l'implantation du catholicisme social.

L'Action sociale de Mgr P.-E. Roy

Stanislas Lortie a bientôt l'occasion de s'imposer comme spécialiste de la question sociale. Lors de la célèbre grève de la chaussure, en 1900, réglée par l'arbitrage de Mgr Bégin, c'est à lui que l'archevêque de Québec confie le dossier; c'est lui qui trouve la solution, grosse d'avenir, que l'archevêque «revis[e] lui-même et soum[et] aux ouvriers le 10 janvier 1901».[24] Homme de doctrine, puisqu'il sera l'auteur du premier manuel québécois de philosophie scolastique, Lortie se préoccupe aussi des faits. En 1904, il publie une monographie de famille ouvrière réalisée selon la méthode de LePlay. Au cours de son travail, il a dû prendre conscience du hiatus entre ces deux ordres de réalité: quel rapport établir entre l'inventaire des biens familiaux, tasse par cuiller, et les grands principes de doctrine sociale sur lesquels se fonde l'arbitrage de Mgr Bégin? C'est en vue d'établir un pont entre la doctrine et les faits que Lortie fonde, en 1905, la Société d'économie politique et sociale, cercle d'études où quelques ouvriers sont invités à venir exposer leur manière de voir et à expliquer ce qui se passe dans leurs boutiques. Les plus assidus aux séances du cercle sont l'abbé Paul-Eugène Roy, curé de la nouvelle paroisse ouvrière Notre-Dame-de-Jacques-Cartier, Mgr C.-O. Gagnon, ex-secrétaire à l'archevêché, et deux laïcs, le docteur Jules Dorion et Me Adjutor Rivard.

Les temps sont mûrs. Cédant aux pressions de la Société d'économie politique et à l'enthousiasme de l'abbé Lortie, Mgr Bégin publie, le 31 mars 1907, un mandement établissant l'Action sociale catholique et l'Œuvre de la presse catholique dans le diocèse de Québec. S'appuyant sur les enseignements pontificaux et les expériences du catholicisme social européen, le document définit l'Action sociale comme instrument de pensée, d'éducation et de coordination des mouvements diocésains. L'archevêque a de hautes visées pour le nouveau mouvement. Il accepte d'en confier la direction au candidat que lui propose Lortie, l'abbé Paul-Eugène Roy, déjà réputé pour son zèle et son éloquence et dont il fera, l'année suivante, son évêque auxiliaire puis, en 1920, son successeur désigné.

L'abbé Roy se fixe pour objectif d'arracher les forces vives du catholicisme à leur individualisme. Il faut sortir les tertiaires et les congréganistes de leurs églises et de leurs pèlerinages, secouer les sociétés de Saint-Vincent-de-Paul de leur apathie, pour en faire une milice au service du curé. Le mouvement sera une «coopérative des efforts»; l'action à privilégier, c'est l'association. Dès le printemps de 1907, le directeur dévoile son plan d'action et les structures organisationnelles du mouvement. Sous la gouverne de l'archevêque, un directeur général préside un comité central permanent, composé de soixante-quatre prêtres et laïcs, chargé de l'administration générale de l'œuvre. Ce comité, qui travaille par commissions, s'enracine dans les diocèses — les diocèses suffragants avaient été invités à participer au mouvement — par des comités diocésains, et dans les paroisses, par des comités paroissiaux. Un comité de la presse s'occupe des publications et un comité d'études surveille le contenu doctrinal du mouvement. Les membres de tous les comités constituent le conseil général qui se réunit une fois l'an pour débattre des orientations et des priorités. Des dons, des souscriptions, des cotisations et des quêtes en assurent le financement. Constituée en corporation légale le 14 avril 1908, l'Action sociale catholique est une structure gigantesque qui coiffe tous les groupements religieux diocésains: les associations pieuses, les associations d'hygiène morale (sociétés de tempérance, la Ligue de protection contre les mauvais livres, et autres), les associations de bienfaisance, les associations ouvrières et professionnelles, les associations d'ordre économique.

Mgr Roy voit grand — peut-être trop grand. Les œuvres auxquelles il songe sont considérables pour un seul diocèse déjà surchargé et qui fait plus que sa part dans le maintien d'une université. Il voit peut-être aussi trop abstraitement. Créer une conscience sociale catholique, développer les liens de solidarité susceptibles de vaincre ce qu'il considère comme le grand mal de l'époque, l'individualisme, se ramène pour lui à enrégimenter les fidèles dans une structure conçue à la manière d'un syllogisme. Cette belle architecture, ordonnée par le haut, est lourde et la mise en place de l'appareil s'effectue lentement: le Secrétariat général des œuvres, qui est une tentative pour coordonner l'assistance privée sous une autorité unique, ne commence à fonctionner qu'à la mi-décembre 1909 et le premier comité paroissial n'est mis sur pied qu'en juin 1910. On en fonde une trentaine de 1910 à 1911, mais on ne sait si le réseau de comités en vient à couvrir tout le diocèse. Dès le début, l'Œuvre de la presse catholique accapare le gros des énergies et des ressources. Le 21 décembre 1907, *L'Action sociale* — rebaptisée *L'Action catholique* en 1915 pour éviter la confusion entre le journal et le mouvement —, un quotidien dont la direction est confiée à Jules Dorion, publie son premier numéro. *Le Croisé*, chronique mensuelle du mouvement, paraît en septembre 1910 et on procède, en 1913, à la réorganisation de *La Semaine religieuse de Québec*. Le mouvement complète son réseau de presse par la publication, à partir de 1917, d'un *Almanach* annuel, destiné aux familles, et lance en 1919 un nouveau mensuel, *L'Apôtre*. Comme il le souligne dans son testament spirituel, Mgr Roy privilégie, outre la presse, deux autres champs d'action: la croisade de tempérance, où il investit une bonne part de ses énergies personnelles, et les syndicats ouvriers, où il est intervenu de façon occasionnelle. En 1910, il organise un premier congrès de tempérance qui orientera l'action dans le domaine pendant plusieurs années; à l'issue du congrès, on met sur pied un Conseil central de la Croix noire, dont la présidence est confiée à Mgr C.-O. Gagnon, assistant-directeur du mouvement. En

1915, Mgr Roy opère un coup de force à Thetford Mines, dans une assemblée ouvrière organisée par les internationaux: «De sa voix autoritaire, [il] ordonn[e] à ceux qui ne désiraient pas devenir membres d'une union catholique de quitter la salle.»[25] Pour consolider cette première victoire, il confie aussitôt à l'abbé Maxime Fortin la mission d'organiser les unions catholiques dans tout le diocèse; une première Convention des unions ouvrières nationales et catholiques a lieu à Québec les 31 août et 1er septembre 1918. Mgr Roy aide aussi à la naissance de quelques œuvres sociales, tels l'Institut Saint-Jean-Bosco, l'Hôpital Laval, l'Hôpital Saint-Sacrement, l'École apostolique Notre-Dame de Lévis. C'est sous le patronage du mouvement encore que Stanislas Lortie et Adjutor Rivard organisent le premier congrès de la langue française au Canada, ouvert le 24 juin 1912 à l'Université Laval.

Dans l'état actuel de l'historiographie, il est impossible de tracer un bilan sérieux de l'Action sociale de Québec. Tel que pensé et organisé par Mgr Roy, le mouvement ne semble pas avoir rempli les attentes de ses fondateurs. Après dix ans d'effort, des signes d'essoufflement apparaissent. L'Action sociale ne s'est pas ramifiée dans les diocèses suffragants et, dans les années 1920, avec la mise en veilleuse de la campagne de tempérance — avec la maladie et la mort de Mgr Roy surtout — son action semble bien discrète. Le mouvement n'est pas devenu ce foyer de rayonnement catholique qu'on espérait; sauf à l'occasion des grands congrès des premières années, il n'a pas regroupé les forces vives du catholicisme québécois. Les ressources humaines auraient-elles manqué? Mgr Roy, très accaparé par ses fonctions pastorales et administratives à l'archevêché, réussit pourtant à être partout; mais Mgr Gagnon est un homme malade, et le penseur du mouvement, l'abbé Lortie, est mort en 1912. L'équipe centrale par contre est relativement nombreuse, bien structurée et donne des signes non équivoques d'enthousiasme. Le journal aura sans doute absorbé une trop grande part des énergies et des finances. Surtout, Mgr Roy a peut-être une vision trop dominatrice et centralisatrice de l'action. Homme d'autorité, énergique et intransigeant, il songe davantage à dompter qu'à soulever les masses. Aux forces vives du catholicisme, il n'offre, comme forme d'action, que l'affiliation à son appareil. Il ne semble guère se préoccuper de former une élite et d'assurer la relève. À lui seul, ce «géant» tend à incarner tout le mouvement, qui lui survivra mal. On devine pourtant que l'Action sociale a exercé une influence certaine. Dans la lutte pour la tempérance d'abord, mais surtout par les institutions qui sont issues d'elle. Le quotidien, disparu en 1973, aura mené la vie dure aux gouvernements libéraux et rallié les éléments conservateurs du catholicisme québécois. Affranchis du mouvement, qui a plus ou moins directement présidé à leur naissance, les syndicats catholiques et «l'action française» sont promis à un long avenir. L'Action sociale a encore favorisé l'expansion des caisses populaires et des coopératives agricoles. Entreprise inadéquate d'un homme, mais expression d'un besoin ressenti par plusieurs élites, elle aurait servi de catalyseur, de justification ou de support à bon nombre de mouvements ou d'institutions.

La croisade de tempérance

Un des champs d'action privilégiés par Mgr Roy s'inscrit davantage dans la tradition qu'il ne relève des maux de l'heure présente: la lutte à l'ivrognerie et à l'alcoolisme, qui remonte aux années 1850. Au tournant du siècle, ce ne sont pas les évêques du Québec qui remettent le problème sur la table. Toute l'Amérique du Nord est traversée par une vague prohibitionniste, issue de mouvements réformistes convaincus de la capacité du pauvre d'améliorer seul son sort, pourvu qu'on l'éduque et qu'on lui enlève les occasions de gaspiller son temps et son argent. Au Canada, le mouvement est renforcé par l'activité de la Dominion Alliance (1876), fédération des sociétés prônant la prohibition. En 1898, le Québec manque de passer sous le régime de la prohibition. Certaines sectes puritaines de Halifax et de Toronto forcent le gouvernement fédéral à tenir un référendum sur la question. Un Laurier désabusé pose les règles du jeu: la prohibition sera généralisée si la majorité des électeurs inscrits, et non pas seulement une majorité de votants, se déclare en faveur. Drôle de campagne.

Dans un camp, les puritains et leur Bible; dans l'autre, les débitants d'alcool, les politiciens libéraux, nombre de citadins. L'Église ne peut décemment prendre parti ni pour l'un ni pour l'autre. Sur le fond de la question, elle est d'ailleurs divisée. Les rigoristes sont en faveur de la prohibition, mais l'épiscopat trouve cette mesure excessive. Les évêques s'abstiennent de se prononcer officiellement et, dans le Québec, la prohibition est rejetée.[26] Mais la Loi de tempérance (1878), dite aussi Loi Scott du nom de son parrain, demeure toujours en vigueur: toute municipalité peut par mode de référendum opter pour la prohibition.

UN ÉVÊQUE ANTIPROHIBITIONNISTE, 1898

La prohibition totale de la vente des spiritueux est une doctrine essentiellement protestante et sectaire, entièrement opposée à la loi naturelle et à l'esprit de l'Église. Une loi de prohibition serait un attentat à la liberté naturelle puisqu'elle interdirait l'usage licite, en soi, d'un bien que Dieu a créé. Or ce n'est pas l'usage des liqueurs alcooliques qui est défendu, mais l'abus qu'on peut en faire [...] Satan se met un masque de vertu [...] Le peuple devra se faire un devoir de se rendre aux urnes au jour fixé, et de voter sans exception contre la prohibition.

(Mgr de Rimouski au chanoine P.-J. Saucier, 10 septembre 1898)

Sur la question de la prohibition, je crois qu'il vaut mieux ne rien dire au peuple du haut de la chaire. Laissons-le faire ce qu'il voudra dans l'exercice de son droit de vote [...] les méchants qui sont si nombreux aujourd'hui pourraient abuser de ces distinctions ou explications que l'on donnerait au peuple en nous accusant de travailler à favoriser plutôt le commerce des boissons alcooliques [...]

(Mgr de Rimouski au curé Th. Smith, 19 septembre 1898)

L'échec que les forces prohibitionnistes ont essuyé lors du référendum n'entame pas leur ardeur ni ne règle le problème de l'alcoolisme qui, dans Montréal, prend un caractère aigu: cette ville possède plus de «buvettes» que les onze plus grosses villes canadiennes ensemble. Les dirigeants de Quebec Alliance, section québécoise de la Dominion Alliance, rencontrent à maintes reprises Mgr Bruchési qui prend sur lui de lancer une nouvelle croisade de tempérance, initiative à laquelle l'épiscopat se rallie. À travers la lutte qu'entreprennent les évêques, c'est d'abord une guerre au paupérisme qu'on prétend mener.[27] «Avec la tempérance, croit Mgr Bruchési, le paupérisme n'existerait plus qu'à l'état de souvenir. L'épargne deviendrait en honneur, la vieillesse aurait un abri, des vêtements et du pain. Le chômage serait inconnu. Il n'y aurait plus guère de grèves.»[28] Ce diagnostic relève d'une grille de lecture propre au XIXe siècle: les taudis, le chômage, la pauvreté sont compris comme les effets, rarement comme les causes de l'alcoolisme; on minimise encore la notion de qualité de vie, même si des Pères de l'Église ont enseigné qu'on ne pouvait pratiquer la vertu sans un minimum de bien-être socio-économique. La thérapie proposée met alors l'accent sur la réforme de l'individu, la fuite des occasions, la réglementation de la fabrication et de la vente de l'alcool. Mais, au fond, ce sont peut-être les moyens d'action qui déterminent le diagnostic plutôt que l'inverse. Mgr Roy veut donner un caractère franchement religieux à la lutte entreprise par la Ligue antialcoolique de Québec, organisme laïque. C'est dans cette intention explicite qu'il met sur pied un Conseil central et une Association diocésaine de la Croix noire. Le paupérisme sert surtout d'alibi et l'intempérance, d'occasion, pour une épreuve de force avec un ennemi (le paganisme) dont on sent la présence sans en connaître encore toutes les positions. Sur ce terrain familier et avec ses armes classiques, l'Église peut mesurer sa capacité à mobiliser la conscience populaire et à revitaliser les fondements de la civilisation chrétienne.

Les évêques, comme à l'accoutumée, attaquent le problème sur deux fronts: les croisades populaires et le contrôle de la législation. Parce qu'elles sont à l'origine de la déchéance de nombre d'individus et de maux sociaux considérables, la vente et la consommation d'alcool sont des questions d'une exceptionnelle gravité sur lesquelles ils ont le devoir impérieux de donner leur avis aux pouvoirs civils. Et cet avis est diffusé à trois paliers: le gouvernement qui réglemente, la municipalité qui octroie les permis et le juge qui applique la loi. À chacun de ces paliers, les interventions sont nombreuses et intransigeantes. Chaque tentative gouvernementale pour modifier la législation, entreprise souvent sous la pression des brasseurs de bière et des fabricants et commerçants d'alcool, donne lieu à de sévères mises en garde. La loi a-t-elle pour but de favoriser la tempérance ou de grossir les revenus de l'État? En 1904, Mgr Bégin, alors à Paris, fait dire au premier ministre Simon-Napoléon Parent «qu'il compte sur lui, comme l'année dernière, pour faire renvoyer [le projet de loi] aux calendes grecques et qu'en agissant ainsi il se conciliera les bonnes grâces des évêques, du clergé et de tous les honnêtes gens». En mars 1904, l'épiscopat prie le premier ministre de lui donner connaissance du projet en préparation, afin de pouvoir «exprimer à temps [son] sentiment sur ce grave sujet». Au niveau diocésain, chaque Ordinaire exerce sur les maires une vigilance aussi tatillonne que celle que le corps épiscopal exerce sur les gouvernants. Ainsi, Mgr Bégin oblige en conscience tous les conseillers municipaux à suivre sa politique, qui consiste à n'octroyer un permis que dans les localités où «les esprits sont bien disposés, les abus sont rares», les voyageurs assez nombreux et pour autant qu'il s'y trouve une personne sûre, capable de bien tenir la buvette. En l'absence de l'un ou de l'autre de ces critères, il prie les conseillers d'en référer aux autorités diocésaines. Fidèle aux conciles du XIXe siècle, il tient pour «indignes des sacrements» les personnes «qui vendent des boissons enivrantes sans permis».

Le contrôle de la législation s'effectue le plus possible dans la discrétion: les dirigeants n'aiment pas qu'on leur fasse la morale en public ni que l'on sache que des éminences grises tirent les ficelles. Par contre, la conversion des cœurs, qui, elle, donne tout leur poids aux interventions en coulisse, parce qu'elle repose sur la pression sociale, obéit à une logique plus ostentatoire. La croisade que lance Mgr Bruchési le 20

1ère période de "La Tempérance" (exclusivement anti-alcoolique), sous Mgr P Bruchési et trois Ministres Provinciaux (1906-1924)

T.R.P. ANGE-MARIE — T.R.P. COLOMBAN-MARIE — T.R.P. JEAN-JOSEPH

R.P. GERMAIN-MARIE — MGR PAUL BRUCHÉSI — R.P. HUGOLIN-MARIE

R.P. JOACHIM-JOSEPH — R.P. LADISLAS — R.P. ZÉPHIRIN-MARIE

A l'occasion du "Jubilé d'Argent" de "La Tempérance" (1906-1931)

Les Franciscains, spécialisés dans la prédication populaire, assumèrent, à la demande de Mgr Bruchési, le leadership de la campagne de tempérance.

décembre 1905 démarre de façon spectaculaire. Une lettre pastorale la place sous le signe de la Croix noire, incitant chaque paroisse à établir une société de tempérance, pressant les gouvernants d'appliquer les lois avec rigueur et les élites d'éduquer le peuple, conviant enfin les Franciscains, ces spécialistes de la prédication populaire, à prendre la conduite des opérations. Tour à tour, les autres évêques étendent cette croisade à leur diocèse. Les Franciscains mènent les opérations rondement. Dès 1906, ils publient une revue, *La Tempérance*, conçue pour préparer les esprits à la parole des prédicateurs, «assurer la persévérance des uns» et la «conversion des autres». Ils entreprennent une tournée de prédication populaire, assistés en cela par tous les ordres religieux. Les «missions de tempérance» s'effectuent sous forme de retraite paroissiale ou de triduum qui traduisent un même schéma de base. Les missionnaires font une série d'exposés simples, pratiques, percutants, puis embrigadent leur auditoire dans une société de tempérance dont le conseil comprend le plus grand nombre possible de membres du conseil municipal. Peu à peu, les élites laïques, groupées dans des ligues antialcooliques, viennent prêter main-forte aux prédicateurs. La première ligue est fondée à Québec en 1907 et la présidence échoit à l'honorable François Langelier, juge en chef de la Cour supérieure. Ces ligues dispensent un enseignement antialcoolique, appuient les sociétés de tempérance et font pression pour que les gouvernants amendent les lois. Elles ne sont pas prohibitionnistes. La croisade atteint une intensité exceptionnelle. De février 1906 à mai 1908, les Franciscains prêchent cent soixante triduums ou retraites, prononcent soixante-dix-huit conférences et des dizaines de sermons dominicaux. Considérons le cas du diocèse de Québec. *La Libre parole* du notaire Alphonse Huard et l'éloquence impérieuse de Mgr Paul-Eugène Roy concertent l'action contre les buvettes, les législateurs complaisants et les habitudes païennes. Pour mater la «bête hideuse», Mgr Roy fulmine, pourfend, ordonne et assène ses vérités avec une telle vigueur qu'il laisse l'auditoire «cloué sur place». De 1905 à 1910, des prédicateurs prononcent plus de deux mille sermons sur la tempérance, sans compter les homélies dominicales; des conférenciers visitent 60 des

185 paroisses du diocèse et l'Action sociale distribue une douzaine de tracts et de brochures. De son côté, Mᵍʳ Bégin ne cesse d'intervenir lui-même auprès du premier ministre, des conseillers municipaux et des curés pour renforcer la loi ou son application. Cette intense activité culmine dans le Congrès de tempérance de 1910, qui enregistre 2639 participants d'horizons divers.[29] Préparé par une «enquête sociale» auprès de tous les curés du diocèse sur la situation de l'alcoolisme dans leur paroisse, le congrès présente une quarantaine de communications sur les diverses facettes du problème (éducation, législation, aspects médical, moral, économique) et émet une liste impressionnante de «vœux» pour orienter l'action future. Conformément à l'un des vœux, le Comité catholique du Conseil de l'instruction publique, dominé par l'épiscopat, rend obligatoire l'enseignement antialcoolique dans les écoles, et les évêques répandent à plus de cent mille exemplaires le *Petit manuel antialcoolique* (1905) du chanoine R.-Ph. Sylvain.

La croisade est axée tout autant sur l'option collective contre la vente d'alcool que sur la réforme intérieure de l'individu. En apparence, elle connaît des résultats spectaculaires. La loi est amendée à maintes reprises. De 1905 à 1914, le nombre de débits d'alcool licenciés diminue de 878. Déjà en 1912, le père Hugolin, directeur de *La Tempérance*, évalue à un million le nombre d'adhérents, dont trois cent mille hommes et jeunes gens.[30] De fait, les statistiques triomphantes étalées par les prédicateurs induisent en erreur, si on ne tient pas compte du fait qu'elles incluent, bien souvent, les enfants et si on ne les décortique pas par milieu social. Cela saute aux yeux à qui analyse les statistiques du père Hugolin. Il reste que, sur le plan collectif, le peuple, en majorité, a marché. Dans les milieux ruraux, la pression communautaire joue en faveur des prédicateurs. Ceux-ci le savent, qui font précéder un référendum municipal, comme à Trois-Rivières en 1915, d'une prédication sur les fins dernières. Des curés n'hésitent pas à prendre «les grands moyens». En 1912, le curé de Baie-Saint-Paul menace les antiprohibitionnistes des foudres du ciel et du refus de l'absolution, alors que, venus à la rescousse, les Rédemptoristes prédisent de nouveaux tremblements de terre. Les prohibitionnistes gagnent, mais le juge Blaise Letellier invalide le vote pour ingérence cléricale.[31] Par contre, dans les zones urbaines, la croisade rencontre des poches de résistance. Dans la très conservatrice cité de Québec, *La Vigie* qualifie cette croisade de «terrorisme religieux». Au dire du père Hugolin lui-même, «les buvettes et épiceries licenciées sont pour ainsi dire entassées dans [...] quelques villes ou muni-

---

LES SÉQUELLES DE LA PROHIBITION

La délation:

La dénonciation est répugnante lorsqu'elle est faite par des personnes sans réputation et pour des motifs intéressés ou vils, soit cupidité, vengeance ou autres. Elle est méritoire et digne de louange lorsqu'elle est faite par des personnes honorables et qu'elle a lieu par sentiment du devoir et dans l'intérêt public, afin d'assurer l'observance des Lois.

Quelques suggestions:

La ligue antialcoolique suggère donc à tous les amis de notre cause et à tous les amis de l'ordre, conclut M. le juge Lafontaine:
1.   d'obtenir du conseil de leur localité la passation d'une résolution décidant de faire observer la loi et les règlements en tout et partout, et autorisant le maire ou un conseiller à faire toute démarche nécessaire à cette fin, et prendre tous les procédés que la loi autorise;
2.   de faire nommer par le conseil, le maire, un magistrat ou un juge de paix, un contribuable comme constable ou officier municipal, chargé de faire les perquisitions et visites domiciliaires que la loi autorise pour trouver et saisir les boissons qui pourraient être gardées illégalement pour être vendues;
3.   de former, dans chaque localité, un comité de vigilance ou d'honneur pour surveiller les agissements louches et les personnes sujettes à caution, surveiller

cipalités plus populeuses et moins travaillées par la tempérance». Le district de Montréal, en 1912, détient les deux tiers de toutes les licences et la seule ville de Montréal en a la moitié. La ville cosmopolite résiste à l'Église.

Par ailleurs, cette croisade née sous le signe de l'ambiguïté commence à dévier de ses objectifs à partir de 1910. Mgr Bruchési avait stigmatisé en 1905 «les excès dans l'usage des

---

les arrivages de marchandises et, en particulier, les postillons et les compagnies de transport et de messagerie, se procurer les renseignements nécessaires relativement aux infractions qui pourraient être commises, et prêter main-forte aux autorités municipales.

(«Communiqué» de la Ligue antialcoolique de Montréal, *Le Devoir*, 25 mars 1916)

La contrebande:

Il est également, Nos très chers Frères, un autre abus contre lequel nous avons résolu de sévir avec la dernière énergie; nous voulons parler de la *contrebande de boissons enivrantes.*

Vous savez tous quelle lutte vigoureuse ont menée dans le diocèse en faveur de la vertu de tempérance, notre bien-aimé Coadjuteur et la pléiade d'apôtres, ecclésiastiques et laïques, qui ont secondé ses efforts. Après plus de quinze ans de travail, ils avaient à peu près terrassé l'ennemi, et nous nous plaisions à entrevoir la fin des ravages causés par les excès de l'alcool. Mais hélas! voici que se répand un peu partout l'intolérable abus que nous dénonçons et, en particulier, la fabrication subreptice d'un alcool plus nuisible que tout autre à la santé du corps et de l'âme; poison mortel qui s'attaque aux forces vives de l'individu, de la famille et de la société et qui, si nous ne réagissions fortement, accumulerait bientôt des ruines irréparables.

(Lettre du cardinal L.-N. Bégin, 21 novembre 1923)

boissons». Les sociétés qu'il recommande n'exigent pas une abstinence totale, mais une abstinence partielle qui laisse place à la bière et au vin et n'exclut que les «boissons fortes» et la pratique de la «traite». À Québec, cependant, Mgr Bégin, influencé par Mgr Paul-Eugène Roy, ne distingue pas nettement entre le commerce licite et illicite, l'excès et l'usage, et les sociétés de tempérance de son diocèse prônent une abstinence totale et la prohibition locale. La fissure dans le camp catholique fait le jeu des prohibitionnistes protestants, dont la stratégie est de gagner les catholiques à leur cause. Peu à peu, catholiques et protestants en viennent à militer ensemble. Au début, la concertation de l'action vise à rendre la législation plus rigoureuse, mais de plus en plus de catholiques se font à l'idée de la prohibition totale. La Dominion Alliance et la Ligue antialcoolique de Montréal travaillent main dans la main, forçant le gouvernement de Lomer Gouin à nommer une commission royale d'enquête sur l'octroi des licences et la vente des boissons alcooliques.[32] Le président de la Ligue antialcoolique de Montréal, le juge Eugène Lafontaine, reconnaît devant les commissaires que la situation a bien évolué depuis trente ans: «au contact de nos amis de langue anglaise, les catholiques se sont mis à réfléchir [...] et nous nous sommes mis à leur suite [...] La meilleure loi que je suggérerais — et sous ce rapport je crois être de l'opinion d'un grand nombre — serait la loi la plus courte et je dirais: la fabrication, l'importation ou l'usage des boissons alcooliques sont défendus dans le pays.» Sous le leadership du juge Lafontaine, la campagne de tempérance se dégrade en campagne prohibitionniste, d'autant plus que la mode est à la prohibition dans le monde occidental. Au printemps de 1914, la Ligue antialcoolique de Montréal fait campagne en faveur de la prohibition locale. En 1916, quarante-trois comtés sont prohibitionnistes. Le mouvement gagne les petites villes. Outre Montréal et Québec, il n'y a guère que Saint-Hyacinthe et Valleyfield qui ne soient pas au régime sec.

Le moment semble propice à une action spectaculaire, propre à frapper l'imagination populaire et vaincre la résistance du gouvernement de Lomer Gouin. Le 4 octobre 1916, la Ligue antialcoolique de Montréal délègue trois cents personnes auprès du premier ministre Gouin, afin de lui arracher une loi de prohibition générale. Mgr P.-E. Roy représente le cardinal Bégin. Le gouvernement résiste, mais consent à réduire le nombre de buvettes à Québec et à Montréal. Les prohibitionnistes répliquent par un référendum (4 octobre 1917) dans la ville de Québec même; grâce à l'appui du cardinal et à l'éloquence fougueuse de son auxiliaire, ils remportent une victoire éclatante. La vague emporte les derniers îlots de résistance. En février 1918, 92% des municipalités sont prohibitionnistes. On s'apprête à investir Montréal quand le gouvernement Gouin passe une loi qui instaurera la prohibition générale en mai 1919, sauf pour «des fins sacramentelles, de médecine, de mécanique, de fabrication et d'industrie». Est-ce enfin la victoire? Non. La prohibition dans une grande ville est un leurre. À preuve, ce qui se passe dans la ville de Québec: les pharmaciens sont débordés de fausses ordonnances de médecin et les politiciens établissent un système de tolérance.[33] Les «trous» se multiplient au point que les policiers ne savent où donner de la tête. Mgr Bégin réclame une «législation qui effraie et une mise en application rigoureuse». Loin de céder au cardinal, le gouvernement Gouin, sentant que les forces prohibitionnistes s'essoufflent, fait marche arrière. Il tient un référendum le 10 avril 1919: les Québécois ont le choix entre un régime de prohibition totale et un régime de prohibition mitigée permettant la vente des bières, cidres et vins. Les partisans de la prohibition mitigée l'emportent par plus de cent mille voix. De fait, les municipalités prohibitionnistes ne sont pas touchées par ce résultat qui ne concerne que les municipalités non prohibitionnistes. La victoire du gouvernement ne signifie pas une volte-face des citoyens: une chose est d'être en faveur de la prohibition locale et une autre d'être en faveur d'une prohibition générale. Dans le premier système, on peut toujours aller «faire ses provisions» dans une localité non astreinte à la prohibition!

L'attitude de l'épiscopat, du clergé et du laïcat catholique mériterait une étude approfondie. Au début du siècle, la modération dans l'usage des biens de ce monde caractérise la position catholique. Celle-ci évolue sous des pressions conjoncturelles: la propagande protestante, le zèle rigoriste et simplificateur des prédicateurs ne s'embarrassant pas de subtilités et la crainte que les conscrits ne soient entraînés davantage à boire qu'à porter les armes. La guerre terminée, les esprits se ravisent. Les conscrits retournent dans leur foyer. L'expérience du régime sec à Québec s'avère un remède plus dangereux que le mal qu'il combat. Des citoyens éminents et modérés font pression sur les évêques, notamment sur Mgr Bruchési. Le cardinal met une sourdine à son intransigeance. Des clercs se prononcent dans les journaux en faveur d'un usage modéré de la bière et du vin. L'épiscopat revient à sa position initiale et, tout comme en 1898, et pour les mêmes raisons, il s'abstient de prendre part à la campagne référendaire. Le mouvement prohibitionniste est décapité et seule l'arrière-garde protestante continue le combat, avec l'appui de quelques rigoristes catholiques.

La loi provinciale de 1919, qui confie à vingt-cinq maisons réparties sur le territoire la vente des spiritueux à des personnes qui sont en possession d'une ordonnance médicale ou d'une autorisation spéciale, est franchement mauvaise. Elle concentre aux mains de quelques-uns un commerce lucratif et est, par ailleurs, inapplicable. Conscient des lacunes de la loi et désireux d'accroître les revenus de l'État, le premier ministre Louis-Alexandre Taschereau crée, en 1921, la Commission des liqueurs, une régie d'État détentrice du monopole de la vente des boissons alcooliques. Le nouveau système concerne essentiellement les villes, où seront ouverts les magasins de l'État. Les municipalités rurales et les petites villes restent responsables de maintenir la prohibition sur les limites de leur territoire. Centralisant aux mains du gouvernement la vente de l'alcool, la réforme inquiète d'abord l'épiscopat. Elle plaît aux catholiques modérés et les évêques eux-mêmes ne tardent pas à reconnaître qu'elle a assaini le problème. Seuls les ultras continuent leur campagne. Les évêques et les curés se limitent à mettre en garde, de temps à autre, les fidèles contre les abus de l'alcool, tout en gardant un œil vigilant sur l'application de la loi et sur le maintien de la prohibition dans les zones non urbanisées. En mai 1922, Mgr Bégin s'oppose à l'ouverture d'une succursale de la Commission des liqueurs à Beauceville, pour des raisons morales et économiques, de

même que pour le «précédent déplorable» qu'un acquies-
cement constituerait; il intervient auprès du juge Henry George
Carroll qui lui donne raison. Mais la croisade de tempérance
perd de son intensité. Si quelques bataillons d'arrière-garde
poursuivent une lutte farouche par l'imprimé, la prédication
contre l'alcool n'est plus qu'une affaire de routine.

La presse catholique

La prédication des clercs et l'action des élites sur les milieux
relèvent de la communication directe. Dès l'apparition au
XIXᵉ siècle de la société de masse, les papes avaient compris
que, pour atteindre les individus déracinés et inorganisés, le
message chrétien, comme tous les autres messages sociaux,
devait emprunter désormais le nouveau canal de communication: la presse. De Pie IX à Pie XI, tous les papes incitent
les évêques à fonder des œuvres de presse qui sont, selon
Léon XIII, «au nombre des moyens les plus aptes à défendre
la religion». Ces œuvres prolongent la prédication, soutiennent
l'action ponctuelle des élites, débusquent «l'erreur insidieuse
qui se cache sous les fleurs d'une littérature élégante et mon-
daine [...] et font aimer et respecter l'autorité, au sein de
l'ébranlement universel où nous vivons».[34]
    Au Québec, le problème ne se pose pas avec la même
acuité qu'en Europe. La presse québécoise, à la fin du XIXᵉ
siècle, n'est pas antireligieuse; elle est tout au plus et occa-
sionnellement anticléricale. L'Église est assez puissante pour
exercer une certaine police des idées. Dans l'ensemble, la
presse est très favorable au catholicisme — sauf la presse
protestante anglophone et d'éphémères journaux de combat
que les évêques ont tôt fait de mater par des interdits. Plusieurs
journaux, dont La Vérité de Jules-Paul Tardivel, La Défense de
Chicoutimi, La Semaine de Montréal, le Journal de Rimouski,
sont ouvertement dévoués «à la libre diffusion des saines
idées, des principes d'ordre et de stabilité».[35] Mais, en quête
d'un marché, la grande presse — La Presse, La Patrie, Le Soleil
— publie trop «de récits préjudiciables à la morale». Les
évêques veulent «faire contrepoids à ces productions mal-

saines» et «donner à [leur] peuple des lectures sérieuses, morales, propres à alimenter la piété, à développer ses connaissances».[36] Déjà existe un vigoureux embryon de presse catholique: à la mi-été 1898, on recense neuf annales et deux mensuels contrôlés par l'Église. L'heure est venue d'étendre ce réseau. L'œuvre de presse devient une priorité de l'épiscopat.

La première question qui se pose est celle de l'utilité d'un grand quotidien catholique. Là-dessus les avis divergent. À Montréal, Mgr Bruchési préfère influencer indirectement la grande presse plutôt que de créer un quotidien, geste qui risquerait d'indisposer nombre d'entreprises de presse en paix avec le catholicisme et d'entraîner l'épiscopat dans de stériles luttes politiques. Mgr Bruchési préfère agir en coulisse, interdire du haut de la chaire et surtout éduquer la presse qui «n'a pas pour ambition principale d'encaisser à tout prix de grosses recettes [...], mais de travailler avec une énergie constante à la saine éducation morale et sociale des populations».[37] Mgr Bruchési est convaincu que cette stratégie lui vaut «plus d'influence réelle sur l'opinion». Il a quelque poids à La Patrie et à La Presse. Ainsi, en 1907, La Presse donne vingt dollars par mois à un prêtre de l'évêché de Montréal pour traiter dans ses colonnes les questions qui peuvent, à un titre quelconque, intéresser la religion. De plus, à partir de 1903, Mgr Bruchési peut compter sur le journal La Croix, œuvre de Joseph Bégin, gendre de Jules-Paul Tardivel, qui joue à Montréal le rôle de La Vérité à Québec. «Au service du pape et de l'Église», La Croix, qui recrute sa clientèle dans le clergé paroissial, défend des positions ultramontaines et pointe du doigt les complots ourdis par les Juifs, les francs-maçons et les esprits libéraux. À Québec, Mgr Bégin est d'un autre avis. Depuis son accession à la coadjutorerie, il songe à créer un «quotidien exclusivement catholique, placé au-dessus de tous les partis». Des évêques et des clercs l'appuient, notamment les ultramontains groupés autour de La Vérité. C'est une entreprise audacieuse et ce n'est que le 31 mars 1907 qu'il annonce son intention de passer à l'action, confiant à Mgr Paul-Eugène Roy la responsabilité de mettre sur pied un quotidien. Mgr Bégin a raconté les circonstances qui l'ont amené à poser «le geste le plus important de son épiscopat». La mauvaise presse a perdu la France et la bonne presse (384 périodiques) fait la force du catholicisme allemand. Au Québec, c'est la presse qui véhicule le socialisme chez les ouvriers et les idées maçonniques dans l'élite. Seul un quotidien catholique pourrait endiguer ces idées mauvaises.[38] Forte de l'appui du clergé diocésain qui pourvoit à son financement et à sa diffusion, L'Action sociale (L'Action catholique, à partir de 1915) se taille une place enviable sur le marché — non cependant sans susciter l'ire du Soleil et de La Vigie qui n'apprécient pas l'apparition d'un concurrent financé à grands frais par l'Église. Elle tire déjà à quarante mille exemplaires en 1921. Ce tirage est plus élevé que celui du Canada ou de La Patrie, mais est de beaucoup inférieur à celui de La Presse, dont la circulation atteignait déjà soixante-trois mille copies en 1899. Le quotidien de Mgr Bégin rayonne dans la région de Québec et surtout dans les milieux ruraux. La grande presse domine dans Montréal et dans les villes. Dotée d'une imprimerie dès juillet 1908, L'Action sociale [catholique] devient un centre de publication de littérature religieuse, imprimant des revues, un almanach, un magazine pour la famille, des tracts et des volumes et, de 1910 à 1922, Le Croisé, bulletin de liaison des œuvres d'action sociale. Le geste de Mgr Bégin inspire d'autres évêques et, peu à peu, chaque Église diocésaine en vient à posséder un journal officieux de l'évêché: Le Bien public (Trois-Rivières, 1911), Le Droit (Ottawa, 1913), L'Action populaire (Joliette, 1918), Le Progrès du Saguenay (Chicoutimi, vers 1913), Le Messager de Sherbrooke (1917).[39]

La presse catholique s'affirme une force sociale non négligeable. Le Comité central permanent de l'Action sociale de Québec entreprend d'unir tous les journaux catholiques dans une action commune, «dont l'objet principal est la défense des intérêts religieux» et le souci premier, «une entière soumission à l'autorité ecclésiastique». En mars 1910, le comité esquisse le projet d'une association des journalistes et publicistes français catholiques de l'Amérique du Nord, dont les structures s'inspirent de la Corporation des publicistes chrétiens de France. On est alors à la recherche d'un plan d'action pour «soustraire notre presse catholique à la tyrannie des agences du judéo-maçonnisme international». En octobre de la même année, le projet d'association se concrétise dans une Ligue de la presse catholique de langue française du Canada et des États-Unis, qui tient son premier congrès en 1912. La ligue regroupe, en 1914, trente et un périodiques: trois quotidiens, un bihebdomadaire, dix hebdomadaires, un bimensuel et seize mensuels. De son siège social à Québec part chaque mois des directives et des mots d'ordre qui donnent lieu à des campagnes religieuses et nationales contre l'intempérance, le travail du dimanche, le cinéma démoralisateur, ou en faveur des droits scolaires des minorités canadiennes-françaises et des droits civiques des Acadiens. Dans les années 1920, l'activité de la ligue semble s'éteindre tout doucement.[40]

D'inspiration ultramontaine, les journaux catholiques véhiculent une idéologie mettant l'accent sur l'ordre et l'autorité; ils défendent des positions intransigeantes et sont de puissants agents de conservatisme social. Le père Archambault en parle, dans les années 1930, comme d'une «ligue inébranlable où se brisèrent les offensives ennemies, le rempart dont chaque pierre protégea nos institutions, le phare lumineux qui éclaira et orienta les esprits». Ils concourent à perpétuer l'ancien régime au Québec, sans pour autant freiner les progrès de l'urbanisation. Par leurs excès mêmes, ils divisent le clergé et les élites. Mgr Raymond-Marie Rouleau, alors évêque de Valleyfield, s'en ouvre en 1923 confidentiellement au directeur du *Droit*. Il reproche aux journaux catholiques leur ton polémique qui «frise la grossièreté», leur manque de respect «pour les ecclésiastiques qui n'adoptent pas leurs vues» et l'utilisation à la légère de l'excommunication. Et l'évêque de conclure, reprenant sans le savoir des vues anciennes de Mgr Bruchési: pourquoi ne pas tenter d'améliorer les feuilles non catholiques?[41] Par ailleurs, le statut d'organe officieux d'un évêché est lourd d'ambiguïtés et gênant tant pour l'évêque responsable que pour les rédacteurs. Mgr Bégin s'en rend compte et, en 1923, il s'efforce de délimiter les responsabilités de chacun: l'évêque n'a que «la haute surveillance» et «un sympathique intérêt»; le journal «ne relève immédiatement que de ses bureaux de direction et d'administration».[42] La formule du journal indépendant, laïc, d'inspiration catholique, celle-là même qu'adopte *Le Devoir* en 1910, semble d'une plus grande efficacité.

La presse nationale et régionale n'épuise pas l'œuvre de presse catholique. Dans les paroisses urbaines en éclatement, le pasteur ne peut plus prolonger l'homélie dominicale par une présence vécue en une communion d'idées et de sentiments avec tous ses fidèles. La paroisse urbaine appelle de nouveaux modes de transmission du message évangélique. L'Église invente alors le bulletin paroissial qui est «la parole du curé répétée sommairement dans chaque foyer» et le langage de la grande famille paroissiale répercuté par le clocher. Les bulletins apparaissent au tournant du siècle et viennent raffermir les solidarités primaires. Ils sont, à l'origine, de format, de présentation et de contenu différents. Peu à peu, ils acquièrent une structure rédactionnelle à trois volets: un bloc doctrinal d'informations religieuses; un calendrier des activités paroissiales (offices religieux, fêtes, cérémonies officielles, etc.); des éphémérides, qui sont parfois complétées par des notes sur l'histoire de la paroisse. En novembre 1909, la parution du *Bulletin paroissial de la paroisse de l'Immaculée-Conception* constitue un événement. Le père Louis Boncompain, s.j., y rédige de véritables cours d'instruction religieuse et morale. Des curés manifestent le désir de les reproduire dans leur bulletin paroissial. En novembre 1911, une dizaine de curés expérimentent une nouvelle formule: le bulletin paroissial comprenant un bloc doctrinal commun à plusieurs bulletins et un bloc d'informations locales. La formule connaît du succès. Encouragés par Mgr Bruchési et inspirés par *Peuple de France* que publie l'Action populaire de Reims, les Jésuites mettent sur pied l'Action paroissiale, vaste chaîne de bulletins paroissiaux que publie leur Imprimerie du Messager. En 1929, selon Adélard Dugré, s.j., l'Action paroissiale publie soixante-huit bulletins mensuels, tirés à cent six mille exemplaires et distribués dans les paroisses, dont cinquante-cinq dans la ville de Montréal. La formule est encore utile, mais elle semble en régression dans les années 1920 — comme bien d'autres œuvres d'ailleurs. En 1918, au dire de Papin Archambault, il y avait 225 bulletins paroissiaux de langue française. À Québec, *L'Action catholique* a une chaîne du même genre qui

Le Messager Canadien du Sacré Coeur

Publié au No 1075, rue Rachel, Montréal. Prix de l'abonnement, 50 sous; pour les États-Unis, 60 sous.

LA SAINTE CROISADE
POUR LES MOURANTS

Revue bimestrielle
en l'honneur de

Saint Joseph

Publiée par

LE CENTRE CANADIEN
DE LA

Pieuse Union du Trépas de Saint Joseph

96, Chemin Ste-Foy,
QUÉBEC

Revue honorée d'une bénédiction de S. S. Pie XI.

SI QUÆRIS MIRACULA

LE MESSAGER DE SAINT-ANTOINE

BULLETIN MENSUEL
DE LA DÉVOTION
À
SAINT ANTOINE DE PADOUE
& DE L'ŒUVRE DU
PAIN DES PAUVRES
"HÔTEL-DIEU SAINT-VALLIER"
CHICOUTIMI

Imprimerie du "MESSAGER DE SAINT-ANTOINE".

ANNALES de Notre-Dame du Cap
Reine du T.S Rosaire

LA PRÉSENTATION

BULLETIN MENSUEL DU PÈLERINAGE NATIONAL
DE LA TRÈS SAINTE VIERGE AU CANADA

Publié par les RR. PP. OBLATS de Marie Immaculée
Au CAP-DE-LA-MADELEINE, (Co. DE CHAMPLAIN) P. Q. CANADA.

alimente les bulletins de l'Est du Québec. Outre ces bulletins paroissiaux, l'Église met en circulation quantité d'autres publications spécialisées, dont on n'a jamais fait l'inventaire détaillé. Point de communauté qui ne publie une annale ou une revue ou, à tout le moins, sauf les contemplatives, des tracts, des brochures, des dépliants ou des manuels. Mais bon nombre de ces publications restent étrangères au mouvement du catholicisme social. Elles traitent plutôt de spiritualité et servent surtout de source de revenus aux communautés.

L'œuvre de presse fournit un support indispensable aux mouvements d'action sociale et aux activités pastorales des clercs. Elle aura contribué à ralentir la marche des idées et des mœurs modernes dans les milieux ruraux. Mais n'est-ce pas, à nouveau, le combat de David contre Goliath, si on met en parallèle les forces en présence?

Les débuts du syndicalisme

Le succès mitigé remporté par la croisade de tempérance en milieu urbain préfigure les difficultés que rencontreront les élites à pénétrer le milieu ouvrier montréalais. *Rerum novarum* avait sensibilisé l'opinion catholique aux problèmes ouvriers et, au Québec, l'offensive des syndicats internationaux à partir de 1897, la fondation du Parti ouvrier en mars 1899, le prosélytisme des socialistes dans la première décennie du XXe siècle forcent l'Église québécoise à s'ouvrir aux problèmes ouvriers et à opposer aux unions neutres des unions catholiques. L'histoire du mouvement est bien connue.[43] Elle commence en 1900 avec l'intervention de Mgr Bégin dans la grève qui oppose, à Québec, les cordonniers aux manufacturiers de chaussures. L'archevêque donne raison aux ouvriers en leur reconnaissant formellement le droit d'association, enjeu majeur du conflit. En retour, il leur impose la révision, à la lumière de *Rerum novarum*, des constitutions et règlements des unions neutres qui les encadrent, ainsi que la présence d'un aumônier chargé de faire respecter ces constitutions. Commence alors la lente catholicisation des unions neutres à Québec. Les premiers «chapelains» assignés aux fraternités de cordonniers de Québec, en 1901, sont les curés de trois paroisses ouvrières : Saint-Sauveur, Saint-Roch et Notre-Dame-de-Jacques-Cartier. Conscient peut-être du fait que la question ouvrière déborde les cadres paroissiaux, dès l'année suivante, l'archevêque réajuste sa stratégie d'encadrement. Il nomme un aumônier unique pour les trois unions mises en tutelle et il le choisit dans un ordre religieux perçu comme près du peuple, les Capucins. C'est l'abbé Paul-Eugène Roy, alors curé et chapelain de syndicat, qui lui suggère le père Alexis, auteur de quelques commentaires sur *Rerum novarum*. Toujours fidèle au poste, le bon père intervient rarement dans les discussions aux réunions ouvrières; en fait, la question qui le passionne et où il investit ses énergies, c'est la croisade de tempérance. En 1914, il est remplacé auprès des ouvriers par un prêtre inexpérimenté, l'abbé Eugène Delisle, appelé à une longue et tumultueuse carrière dans le mouvement.

En l'absence d'une élite de clercs et de laïcs versés dans la question ouvrière, le syndicalisme catholique tarde à se constituer. À Québec, forteresse des syndicats nationaux, qui, bien que neutres, échappent à l'emprise des unions américaines, le terrain serait favorable, mais on manque de promoteurs. Fief des syndicats internationaux, Montréal offre peu d'emprise au mouvement catholique. L'agitation des militants socialistes, par contre, y inquiète davantage les esprits. Alertée par le prosélytisme des unions neutres, la vigilance jésuite précipite l'action. En novembre 1910, dans un mémoire confidentiel, l'exécutif de la Fédération des ligues du Sacré-Cœur — association d'allégeance jésuitique — lance le problème à la face de l'épiscopat. Les unions neutres, soutient le mémoire, sont des organisations anticléricales et socialistes, dont l'idéologie se reflète dans le programme du Parti ouvrier qui, non content de réclamer l'instruction obligatoire et la création d'un ministère de l'Instruction publique, prétend «remplacer le système politique actuel par un système d'économie politique, sociale et coopérative plus conforme aux intérêts et au bien-être de tout le pays».[44] Le mémoire a un effet retentissant. Le 25 janvier 1911, une assemblée secrète réunit chez les

Jésuites à Montréal des délégués de tous les diocèses, qui se prononcent en faveur d'une action immédiate.

L'exemple vient de Chicoutimi où l'abbé Eugène Lapointe, revenu de Rome avec des idées sociales fort en avance sur celles de son milieu, a déjà fondé, en 1907, une association ouvrière d'inspiration corporatiste, la Fédération ouvrière de Chicoutimi. Mal embrayée, l'association végète. À l'occasion d'un voyage en Belgique cette année-là, l'abbé Lapointe finit par «trouver la formule», et le premier véritable syndicat catholique apparaît en 1912, la Fédération ouvrière mutuelle du Nord. D'autres clercs se mettent à l'œuvre: Maxime Fortin, appuyé par Mgr Roy, à Québec; le jésuite Joseph-Papin Archambault et l'abbé Edmour Hébert, à Montréal; Anselme Bois et P.-S. Desranleau, à Sherbrooke. Tous déploient dans le monde ouvrier l'énergie farouche et conquérante des prêtres colonisateurs. Ils sont, diront-ils en 1927, non seulement «les conseillers moraux, [mais] les fondateurs et les initiateurs, les propagandistes et les hérauts, les architectes, les constructeurs, les organisateurs, les avocats et les défenseurs» du syndicalisme catholique, dont ils constituent «les ressorts parce qu'ils en sont l'élément intellectuel».

Dans plusieurs diocèses, le mouvement marque des points. Après la première fondation à Chicoutimi apparaissent: la Corporation ouvrière catholique des Trois-Rivières (1913), la Fédération ouvrière catholique de Montréal (1914), l'Union catholique des ouvriers mineurs de Thetford (1915), l'Association ouvrière de Hull (1915). De 1915 à 1918, l'activité du temps de guerre paralyse le mouvement syndical catholique. Mais, à Québec, Maxime Fortin poursuit le travail de formation d'une élite ouvrière par son cercle d'études. Établi en 1915, le Cercle d'études des ouvriers de Québec groupe, à sa fondation, vingt-deux ouvriers membres des syndicats nationaux. Contre la propagande des unions neutres qui veulent confiner les prêtres à la sacristie, le cercle cherche à inculquer l'idée que la question sociale est une question religieuse et que seule l'Église en détient la solution.

L'Église entend faire régner l'ordre et la paix sociale par l'établissement de la justice et de la charité, fondements de toute société chrétienne. Les directives épiscopales aux

L'abbé Maxime Fortin, premier aumônier de la
C.T.C.C., 1921-1932.

aumôniers ne cessent de développer ce thème. «Tâchez de
trouver les moyens de sauver les ouvriers des dangers [des
unions internationales] en organisant chez nous une association
[...] propre à les maintenir dans l'ordre, la justice et le salut»,
écrit l'évêque de Rimouski à un organisateur syndical. Face
aux internationales, dont la grève ou la menace de grève est
l'arme favorite, le syndicalisme catholique se présente comme
«un instrument de paix, de conciliation, d'entente et de
concorde».[45] L'abbé Émile Cloutier, de la Corporation ouvrière
catholique des Trois-Rivières, supplie un militant «de fourrer
vite et bien dans la tête de [ses] ouvriers une mentalité pacifique».[46] L'ennemi numéro un du syndicalisme catholique à

ses débuts, ce n'est pas le capital et ses agents, mais la grève — et par conséquent ses agents, les internationaux. Non seulement parce que la grève sape l'autorité du patron, mais parce qu'elle détruit la paix sociale et, surtout, parce qu'elle introduit la misère et la désorganisation dans la famille.

La montée du neutralisme et de l'esprit protestant qui le sous-tend force l'Église à affronter l'ennemi «sur le seuil des écoles» et «à la porte de la manufacture».[47] Aux yeux des clercs, l'enjeu de la question ouvrière est essentiellement doctrinal: il faut soustraire les masses à l'influence des idées socialisantes. S'ils prêchent le juste salaire et les conditions de travail décentes, les apôtres du syndicalisme catholique vibrent peu à l'idéal de promotion et de libération de la classe ouvrière. Ils endossent les revendications professionnelles de leurs troupes, mais dans l'intention d'abord de «rendre au peuple la confiance qu'il a perdue» (Mgr P.-E. Roy). Encore en 1918, Mgr Lapointe écrit: «Il est grand temps que les ouvriers aient une légitime augmentation de gages [...] D'ici là, il est impossible de promouvoir les intérêts de l'unionisme catholique.» La lettre, il est vrai, est une remontrance adressée à un patron; elle n'exprime peut-être pas le fond de la pensée de son auteur. Il reste que, dans la majorité des esprits, la cause ouvrière est ordonnée à la promotion du mouvement catholique, et non l'inverse.

3. AVANCES SUR LE FRONT JÉSUITE

À Montréal où ils ont leurs quartiers généraux, ce sont les Jésuites qui prennent la tête du mouvement d'action sociale. Les champs d'action sont à peu près les mêmes, mais la stratégie est assez différente de celle de Mgr Roy, de Québec. Les Jésuites comptent tout autant sur la diversification que sur la centralisation des efforts; ils se préoccupent tout autant de mobiliser que d'organiser. En même temps qu'ils sont à l'affût des forces vives du milieu, ils n'hésitent pas à importer, de France ou de Belgique, les dernières nouveautés en matière d'action sociale catholique.

Le Gesù. Cette chapelle publique de Montréal, de style florentin de la Renaissance, a été ouverte au culte le 3 décembre 1865. Célèbre lieu de prédication et de conférences.

Les Ligues du Sacré-Cœur

L'esprit jésuite a contribué à donner une orientation temporelle au mouvement de jeunesse qui, à l'orée du siècle, germait dans les collèges classiques. Tout comme Mgr Roy, les Jésuites songent à imprimer une orientation analogue aux associations pieuses. Les Ligues du Sacré-Cœur offrent un terrain propice à cette transformation. Fondées en 1884, les Ligues sont les premières associations à rechercher une action sur le milieu. Elles visent «à propager et à maintenir l'esprit chrétien dans la famille et dans la paroisse». De fait, elles en viennent à fonctionner comme la majorité des associations pieuses: recrutement extensif des membres dans la paroisse, promesse solennelle au moment de l'adhésion, puis quelques réunions par année. L'intention est là, non la technique ni l'expérience. C'est le père Léonidas Hudon, alors directeur de l'Apostolat

Scolasticat de l'Immaculée-Conception. Le corps central du Scolasticat a été construit en 1884. À gauche, l'aile Papineau (1893) et à droite, l'aile Bordeaux (1923). À l'extrémité droite, la salle paroissiale et la chapelle flanquée de deux ailerons (1909). (Archives de la Compagnie de Jésus.)

de la prière et du *Messager canadien du Sacré-Cœur*, qui entreprend, sous la crainte des menées «de la franc-maçonnerie, de la juiverie et du socialisme», de convertir les Ligues en un authentique mouvement d'action sociale catholique inspiré des directives de Pie X. En 1909, il regroupe les cinq mille ligueurs de Montréal dans une union régionale et, en 1910, il fonde la Fédération des ligues du Sacré-Cœur qui unit les quatre-vingt mille ligueurs de l'Amérique francophone. Le *Nouveau manuel* reflète cette mutation vers l'action sociale. Il met l'accent sur la discipline: «chaque ligue forme un bataillon avec les chefs de groupe pour officiers et sous-officiers, et le Directeur pour colonel et instructeur»; il insiste sur la formation d'une élite, «chaque directeur se d[evant] surtout de former avec un soin particulier ses chefs de groupe», et sur l'esprit

Aux origines de l'École sociale populaire, 1911: le
père Léonidas Hudon, s.j. (1863-1941), le fondateur.

apostolique aussi. Désormais, la formation religieuse des
membres, le noyautage sur une base paroissiale et l'action
sociale caractérisent le mouvement. Ni confrérie ni congrégation, celui-ci se définit «une union de tous les cœurs chrétiens
avec le Sacré-Cœur». Son programme privilégie les travailleurs:
«Bientôt, on verra surgir dans les paroisses ouvrières de Montréal des Bureaux de renseignements et de placement — ou
secrétariats du peuple — des caisses d'épargne, des sociétés
coopératives, toutes les œuvres, en un mot, capables de venir
en aide à la classe ouvrière.»[48] Son organisation annonce déjà
celle de l'action catholique spécialisée: elle comprend un conseil
général incluant le directeur (aumônier) général, le directeur
et les présidents de chaque ligue affiliée, des chefs de groupe
dont on s'attend qu'ils seront des «gentilshommes dans leur
paroisse», qu'ils visiteront les malades, qu'ils feront partie

de la Société de Saint-Vincent-de-Paul, qu'ils organiseront la Fête-Dieu et qu'ils se soucieront de faire infiltrer les unions ouvrières par des militants. Par des mots d'ordre et des campagnes, les ligues se révèlent de puissants agents de conservatisme social et, par leur mode de fonctionnement, elles reflètent une des caractéristiques de l'action sociale de cette époque: la forte intégration du laïcat aux clercs et son peu d'initiative.

Les retraites fermées

Selon une conviction solidement ancrée dans la tradition catholique, «les grandes transformations morales, celles qui atteignent le fond même des choses, ne s'opèrent que par des hommes qui se sont d'abord complètement transformés eux-mêmes». Arracher les associations pieuses à leur individualisme ne veut pas dire les priver de vie intérieure et de spiritualité, source indispensable de dynamisme et d'emprise sur le monde. La formule des cercles d'études, parce qu'elle ne s'adresse qu'à l'intelligence, ne suffit pas à former une élite militante. On lui préférera celle des retraites fermées. Le procédé est simple: un groupe d'individus s'enferment dans un lieu retiré pour s'y livrer durant quelques jours à des exercices spirituels sous la direction d'un prêtre dont ils reçoivent instructions et conseils. Florissante en France, cette œuvre est encore inconnue au Québec au début du XXe siècle. Les âmes pieuses qui se rendent à la Villa Manrèse (Québec) ou à la Maison Saint-Joseph (Sault-au-Récollet) le font isolément et n'ont aucun moniteur à leur disposition. C'est un jeune jésuite, le père Joseph-Papin Archambault, alors scolastique et professeur de belles-lettres au Collège Sainte-Marie, qui implante l'œuvre au Québec en 1909. Durant l'hiver de cette année-là, il la fait connaître dans *Le Semeur*, puis obtient de son supérieur qu'on en fasse l'expérience durant l'été au noviciat du Sault-au-Récollet. Le père Louis Lalande prêche la première retraite à quelques membres de l'A.C.J.C. À l'automne, le père Archambault publie une brochure de propagande sur la question, *L'œuvre qui nous sauvera*.

Villa La Broquerie, à Boucherville. La maison et le terrain avaient été légués aux Jésuites par Mgr Alexandre Taché, à la condition que l'endroit demeurât un lieu de prières. La villa accueillit en 1909 son premier groupe de retraitants. (Maison provinciale des Jésuites)

La villa Saint-Martin, près de Montréal.

Encouragé par les évêques et soutenu par d'autres communautés, notamment les Oblats, le mouvement des retraites fermées prend son envol. Les communautés mettent leur maison à la disposition des retraitants. De 1909 à 1923, quelque vingt-huit mille hommes, selon le père Archambault qui se plaît à aligner les statistiques, font une retraite fermée. Et le nombre de femmes ne doit pas être inférieur. Durant les annés 1920, point de région qui n'ait sa maison de retraite fermée.

À la différence des cercles, les retraites sont axées sur la spiritualité et elles ne s'adressent pas qu'à la seule élite. Chez les Jésuites, où les exercices de saint Ignace sont à l'honneur, la durée du séjour est variable. La retraite courante dure trois jours (souvent abrégés à deux et demi), mais il en est de quatre, de cinq ou de huit jours. On évite les longs

Le père Joseph-Papin Archambault, s.j. (1880-1966). «Par les œuvres qu'il a fondées et lancées, il appartient à l'histoire de l'Église du Canada français.» (Richard Arès)

exposés doctrinaux ou apologétiques et on tient l'esprit fixé sur le salut, le péché, «le règne des deux étendards». Point de place pour les exposés techniques. Un bon prédicateur de retraite s'efforce de faire naître «la soif de la justice sociale et un zèle brûlant de charité». On regroupe les retraitants par catégorie socio-professionnelle, de façon à faciliter l'adaptation des méditations aux besoins de chacun. À Québec, entre 1918 et 1921, huit cents ouvriers ont ainsi participé aux retraites de la Villa Manrèse, ouverte par les Jésuites en 1912. Mais les frais de pension, pourtant modestes, sont encore trop élevés; les ouvriers ne se sentent pas chez eux à la haute ville; les exercices de piété, au goût de plusieurs, laissent trop de place à la méditation personnelle. Les Oblats répliquent par l'ouverture, en 1923, de Jésus-Ouvrier, maison de retraite destinée spécifiquement aux ouvriers de la basse ville et aux ruraux de la région. L'entreprise est confiée au père Victor Lelièvre, immigré français venu en 1903, déjà reconnu comme «le père des ouvriers». Homme du peuple, l'oblat s'empresse de renoncer au principe jésuite de la sélection soignée des retraitants et des trois jours de retraite. «Former une élite est une tâche qu'il abandonne à d'autres»; lui, il s'adonne au «marathon des âmes». Son objectif: remplir les confessionnaux au rythme de trois «blanchissages» par semaine.

Les retraites fermées sont à l'origine d'un renouveau religieux dont il est difficile de mesurer l'ampleur et l'intensité. C'est une réalité silencieuse dont on sent la présence. Là-dessus, les témoignages abondent. Ce sont les retraitants qui sont les plus actifs dans les œuvres, animant les associations tant professionnelles que nationales ou pieuses, les ligues de toutes sortes, les milieux paroissiaux. Les Oblats soutiennent que Jésus-Ouvrier est le berceau du syndicalisme catholique. Les retraites forgent des élites et domestiquent les masses. L'oblat Alexandre Faure, directeur de Jésus-Ouvrier, ne cache pas son intention profonde de «former des masses ouvrières plus soumises à la direction de [leurs] chefs, [...] plus dociles à subir leur légitime influence et à suivre la ligne de conduite tracée par l'autorité compétente».[49] À quoi tient le succès de ces retraites? Certes, l'organisation compte pour beaucoup. Les retraitants séjournent dans des maisons aménagées à cet effet, souvent dans un décor enchanteur. Les frais de pension sont minimes et le contenu est à la portée de tous. Mais les retraites répondent aussi à un appétit religieux dont les symptômes prolifèrent en ce début du XXᵉ siècle. Assoiffés de significations ou en quête de salut, une masse de Canadiens français investissent dans la religion leur désir de dépassement et de renouvellement des cadres de l'existence.

L'École sociale populaire

C'est le secrétariat de la Fédération des ligues du Sacré-Cœur qui organise le congrès interdiocésain de 1911 (26 et 27 janvier), sur la situation de la classe ouvrière. Encouragés par Pierre Gerlier, président de l'Association de la jeunesse catholique française, et par Thellier de Poncheville, qui sont de passage à Montréal à l'occasion du Congrès eucharistique de 1910, les ligueurs entreprennent de s'engager sur le terrain de l'organisation professionnelle. À l'issue du congrès interdiocésain, les délégués, qui proviennent de huit diocèses, se constituent en un comité permanent, dont la mission consistera à vulgariser la doctrine sociale et à aider les ouvriers à se grouper en associations professionnelles. C'est l'aboutissement d'une idée longuement mûrie par le jésuite Léonidas Hudon. Mgʳ Bruchési approuve les constitutions du mouvement le 11 avril et donne son approbation officielle le 22 mai. Le 12 novembre, une cérémonie officielle au Monument national marque l'ouverture de l'École sociale populaire. L'école se définit comme «une société de propagandistes sociaux». Elle est un calque d'un mouvement français, l'Action populaire de Reims. Elle utilise les tracts périodiques, les cercles d'études sociales, les conférences pour mettre en œuvre un programme axé sur la législation sociale, l'organisation professionnelle, la vulgarisation de la doctrine sociale et la mise sur pied d'œuvres sociales. Placée sous le haut patronage de l'évêque de Montréal, elle comprend un bureau de direction — où siègent entre autres l'abbé Philippe Perrier, visiteur des écoles catholiques, Édouard Montpetit, professeur d'économie politique, Léonidas Hudon, s.j., Arthur Saint-Pierre, «sociologue» et publiciste — et quatre comités permanents dont les activités se rapportent aux publications, à la propagande, aux finances et à l'action ouvrière. Elle comporte deux catégories de membres: les membres correspondants nommés par les évêques et les membres actifs qui paient leur cotisation. L'œuvre est logée au scolasticat des Jésuites, dans les locaux du *Messager*. À distance, cette fondation est la réponse des Jésuites à la poussée des unions neutres à Montréal.

Lancée dans l'euphorie d'un congrès, l'École sociale populaire connaît des débuts difficiles. Son programme est ambitieux; son équipe, animée par le père Hudon, est ardente, mais peu formée, peu expérimentée et peu homogène; ses ressources sont si modestes que le père Hudon ne peut engager aucun permanent. Elle œuvre sur deux fronts: la vulgarisation de la doctrine sociale au moyen de tracts, de conférences et de communiqués dans les journaux, et l'organisation ouvrière. Son secrétaire, Arthur Saint-Pierre, participe à la mise sur pied du Syndicat du commerce et de l'industrie et de trois autres unions dans le secteur du bois. Mais des dissensions se font jour. Mgr Georges Gauthier, auxiliaire de Mgr Bruchési, veut orienter les syndicats vers l'action sociale, tandis qu'Arthur Saint-Pierre veut les confiner à l'action professionnelle. Durant l'hiver de 1914, la nomination d'un comité diocésain pour s'occuper du mouvement syndical naissant fournit à Mgr Bruchési l'occasion d'intervenir. Il confie l'École sociale populaire aux Jésuites et restreint son mandat: elle diffusera la doctrine sociale, laissant à d'autres, notamment au comité diocésain, le soin de bâtir des œuvres.[50] Les Jésuites s'en tiennent à ce mandat. Ils continuent la publication des brochures, ces imprimés mensuels de trente-deux pages, tirés à dix mille exemplaires et consacrés à une question sociale (enquête, exposé doctrinal ou monographie). En 1919, ils lancent l'Œuvre des tracts — des imprimés de seize pages, rédigés par des clercs et axés sur la formation religieuse et la sanctification des âmes. S'inspirant des Semaines sociales de France, ils établissent en 1920 les Semaines sociales du Canada, tribune annuelle et ambulante où, six jours durant, des conférenciers triés sur le volet, à qui on a remis un dossier et souvent un plan, viennent développer devant des élites locales l'une ou l'autre dimension d'un thème soigneusement choisi, tel que la famille, la colonisation. La «bonne presse» reproduit les communications des conférenciers et le directeur des Semaines sociales, le père Archambault, les réunit en un volume.

L'École sociale populaire d'avant 1930 est l'œuvre d'une élite s'adressant à une élite. Elle a produit une littérature où les problèmes sociaux du Québec sont étudiés à la lumière de la doctrine sociale. On ne peut s'empêcher de s'interroger sur la portée pratique de cet enseignement. Comme les sermons du dimanche, cette littérature n'aurait-elle converti que les convertis? Encore en 1920 — alors qu'une bonne centaine de brochures sont parues — Arthur Saint-Pierre déplore «le manque presque absolu de connaissances de notre classe instruite et de notre classe patronale à l'égard du plus for-midable des problèmes actuels, le problème social».[51] Même la plus grande partie du clergé «n'y accorderait qu'une attention passagère». Et Saint-Pierre de noter que c'est chez les grands industriels anglo-protestants que cette doctrine est le mieux accueillie, parce qu'ils devinent, contrairement aux patrons canadiens-français choyés par des employés imbus de la morale catholique, les dividendes que peut rapporter une masse ouvrière docile. Ces thèmes développés *ex cathedra* dans une formulation scolastique semblent n'avoir sur la conscience des élites qu'un retentissement assourdi.

Les Voyageurs de commerce

La Fédération des ligues du Sacré-Cœur puise sa vitalité dans le mouvement des retraites fermées. Il en est de même de l'Association catholique des voyageurs de commerce du Canada (A.C.V.). L'idée d'une telle association avait germé dans l'esprit du père Louis Lalande qui la communique, en août 1914, à des voyageurs réunis en retraite fermée à la Villa Saint-Martin, les référant pour de plus amples informations au père Samuel Bellavance du scolasticat de l'Immaculée-Conception. L'A.C.V. est essentiellement une fédération de cercles de dix à cinquante membres. Faire une retraite fermée est une condition d'admission et d'éligibilité à un poste électif.

Les retraites et les discussions du cercle visent à former l'homme total qui ne connaît pas le compartimentage du public et du privé. Les textes que l'on discute doivent porter l'*Imprimatur* de l'aumônier. L'A.C.V. tient des journées sociales annuelles. Elle a, comme la plupart des mouvements catholiques — car l'Église n'a pas emprunté aux fascistes ou aux communistes l'art d'embrigader les hommes — une symbolique étendue et raffinée. Elle a un hymne: «Le chant du Voyageur»; un sceau: la croix de Malte aux angles de laquelle s'épanouit la feuille d'érable; un bouton: la partie centrale du sceau; un diplôme: un parchemin de grand format conçu et réalisé comme une œuvre d'art. Ses moyens d'action sont nombreux: «le bon exemple, les bonnes conversations, la sobriété, les bonnes lectures, les retraites fermées». Dès sa fondation, l'A.C.V. s'affirme une association dynamique, voire agressive. Elle mène une guerre ouverte aux blasphèmes, à l'ivrognerie, aux journaux jaunes. Le Voyageur est un crâneur qui n'hésite pas à «clouer le bec» à l'adversaire. Sachant qu'un jour le Seigneur lui-même dut prendre un fouet, il lui arrive de se comporter comme un «bouley» (fier-à-bras): il aime la paix mais ne fuit pas la bagarre. Dès les années 1920, l'action des Voyageurs se fait sentir dans différents milieux. Ils comptent parmi les principaux recruteurs de la clientèle des retraites fermées. En quelques années, ils distribuent plus de 32 850 livres et 21 370 almanachs catholiques. On les désigne aussi comme les militants les plus actifs de la francisation des services publics, du monde des affaires et du secteur de l'hôtellerie.

*
* *

Le mot d'ordre de Pie X se voulait d'abord un appel à l'évangélisation. Compte tenu de l'ecclésiologie de l'époque et de l'appétit de pouvoir de la curie romaine, ce mot d'ordre pouvait-il ne pas déboucher dans la vie concrète sur une tentative d'«instaurer toutes choses» dans une Église hiérarchique et cléricale? Dans les pays où l'Église était minorisée au sein d'une puissante société laïcisée, clercs et laïcs étaient davantage en situation de comprendre la portée profonde du message de Pie X et les citoyens ont pu parer les dangers qu'il comportait, forçant Rome à adoucir ses positions — ou du moins à faire montre de tolérance. La situation était tout autre au Québec. D'une part, l'homogénéité socio-religieuse de la population invitait Rome à y bâtir la chrétienté idéale; d'autre part, l'instinct de conservation du peuple cherchait à s'exprimer à travers son Église. Les deux visées se renforçaient l'une l'autre. Cette conjoncture spéciale mit l'Église québécoise en situation de bricoler un encadrement socio-religieux qui enserrait le peuple dans le filet du sacré.

CHAPITRE IV

LA CHARGE DES CHOSES

Face aux exigences du développement et aux forces de changement à l'œuvre dans et hors de leur société, les élites québécoises sont en quête de doctrines susceptibles de leur fournir des principes d'action. Deux courants idéologiques se sont cristallisés à la fin du XIXᵉ siècle: le libéral et l'ultramontain, le britannique et le romain, le bourgeois et le clérical. La représentation de la société et le mode de compréhension de l'histoire que structure chacune de ces doctrines diffèrent peu. D'un côté comme de l'autre, on se réfère aux lignes de forces de l'Occident que sont le capitalisme et le christianisme; on perçoit le Canada français comme la petite patrie d'un pays beaucoup plus vaste et les Canadiens français, comme une race distincte par la langue, le catholicisme et les coutumes; on envisage l'avenir en termes de survivance d'un groupe dont la faiblesse numérique et économique ne permet ni de maîtriser le changement ni de se lancer dans une action par trop aventureuse. Dans l'un et l'autre camp, les intellectuels appréhendent le réel à travers des catégories abstraites, impuissantes à en rejoindre la mouvance et la diversité. Les divergences entre les deux doctrines n'en sont pas moins

Hôtel-Dieu de Saint-Joseph en 1926. Communauté et hôpital des Religieuses Hospitalières de Saint-Joseph, à Montréal. (Archives des RHSJ)

profondes, et les projets que ces doctrines sous-tendent, difficilement conciliables.

Au principe de l'autorité de droit divin, les libéraux opposent «le dogme sacré de la souveraineté du peuple» et aux valeurs traditionnelles de la petite communauté, celles de la rationalité collectiviste. Ils ont assumé les idées de progrès, de modernité, de démocratie et d'individualisme. Ils sont partisans de la bonne entente entre les races et de la tolérance religieuse; ils se font les promoteurs de l'industrialisation par le capital étranger; ils acceptent volontiers le système fédéral canadien. Conscients d'incarner les aspirations du peuple vers une meilleure qualité de la vie, ils prônent l'adaptation de la société québécoise aux exigences du monde moderne: l'élargissement du rôle de la femme, la réforme du système scolaire, le bilinguisme généralisé, la formation d'une main-d'œuvre adaptée à une société industrialisée et d'une classe ouvrière instruite, apte à la mobilité sociale. Ils combattent essentiellement l'obscurantisme, l'autoritarisme, la routine et les idées étroites qu'incarnent, à leurs yeux, les cléricaux. Sauf quelques esprits forts, les libéraux ne prônent pas la laïcité, encore moins le démantèlement de l'Église. Ils se proclament catholiques, mais refusent «l'immixtion du clergé dans les affaires publiques et privées», la soumission de l'autorité civile à l'autorité ecclésiastique.[1] Ils font de la religion une affaire personnelle et réclament le droit de débattre du temporel en dehors du discours religieux. Au pouvoir de l'Église, ils opposent celui de l'État comme instrument de la survivance nationale et de la libération du peuple.

Si la doctrine libérale, qui se projette dans l'État, a comme groupe de support le Parti libéral, au pouvoir à Québec durant tout le premier tiers du XXe siècle, les authentiques esprits libéraux ne sont guère nombreux. Mais ils sont instruits, bruyants et influents. Ils forment l'aile gauche, dite radicale, du parti qui, pour se maintenir au pouvoir, pratique une politique éminemment conservatrice. Ils se recrutent parmi les élites des villes et les chefs des syndicats internationaux. Ils ont leurs journaux, *Le Pays* et *L'Union*, et leurs associations, la loge maçonnique l'Émancipation et la Ligue d'enseignement (1902). Ils ont aussi des chefs pittoresques: Godefroy Langlois

(1866-1928), avocat et journaliste, laïciste convaincu, incorruptible que le club Papineau verrait bien ministre de l'Instruction publique, mais dont le Parti libéral juge préférable de se débarrasser; Télesphore-Damien Bouchard (1881-1962), le «diable de Saint-Hyacinthe», parvenu fier de ses origines modestes, pourfendeur des «préjugés de race et de religion» et qui défend la doctrine du progrès avec la vigueur et l'intransigeance abstraite d'un Mgr P.-E. Roy.

Optimistes et sûrs de soi, convaincus d'incarner les forces de l'avenir et d'y avoir leur part puisqu'ils disposent du levier de l'État, les libéraux ne perçoivent que la face positive du changement social. Parce que celui-ci met en jeu leur propre pouvoir ou leur capacité d'emprise sur le réel, les cléricaux sont davantage sensibles aux forces d'aliénation collective à l'œuvre dans l'étreinte du Québec par le capitalisme nord-américain. Ils redoutent surtout les forces de centralisation, le spectre du «socialisme» qui rôde autour du pouvoir de l'État. Débordés par l'accélération de l'histoire qu'ils sentent leur échapper, bafoués dans leurs valeurs les plus chères, ils ressentent dans leur chair les angoisses d'un monde en dislocation sous la pression des forces extérieures. Pour conserver l'unité menacée de leur société, ils sont acculés à une position de repli — repli sur soi, sur la terre, sur le passé.[2] Héritière d'une théologie fixiste pour qui la création est un domaine figé et définitif, dont l'ordre hiérarchique et organisé a été brisé par le péché et ne pourra être rétabli que par la soumission de l'homme au Christ-Roi,[3] l'Église apparaît à ces marginalisés du progrès comme la gardienne naturelle de l'ordre, de la culture et de la tradition. Regroupant sous son étendard toutes les forces de résistance au changement — ultramontains, conservateurs, nationalistes ou populistes — elle met son pouvoir temporel au service de l'ordre immuable des choses, pour contrer une modernité nivellatrice des mœurs, destructrice de la culture en même temps que grosse d'un État neutre.

Les deux pouvoirs

À la fin du XIXe siècle, la doctrine catholique concernant les rapports de l'Église et de l'État est fixée. S'appuyant sur le fait qu'historiquement l'Église a été la gardienne de la civilisation chrétienne, cette doctrine proclame que la société civile et la société religieuse sont deux sociétés distinctes, l'une assumant les intérêts temporels et l'autre, les destinées spirituelles, et que le gouvernement du genre humain relève de deux pouvoirs, souverains chacun dans son ordre propre. Les deux travaillent en étroite union au bonheur des peuples: l'Église fabrique les moules dans lesquels les sociétés coulent leurs institutions. En cas de désaccord, le pouvoir civil doit se plier aux vues du pouvoir ecclésiastique. L'application de la doctrine de Léon XIII, reprise en juin 1905 par Pie X dans *Il fermo proposito*, ne va pas de soi. D'une part, l'effritement du consensus chrétien sur la notion de civilisation chrétienne et l'apparition d'idéologies qui proposent de reconstruire la société sur des modèles non chrétiens sont sources de tensions; d'autre part, les milieux catholiques interprètent différemment la doctrine: la tradition ultramontaine a tendance à donner une portée fort englobante au principe énoncé par Pie X qui réclame «la reconnaissance publique de l'autorité de l'Église dans toutes les matières qui touchent de quelque façon à la conscience». Absorbant l'idée de société dans celle de pouvoir, la doctrine ouvre d'ailleurs la porte à l'ambiguïté. Si on insiste sur la distinction entre les deux sociétés, on est facilement amené à remettre à l'État la gouverne des rapports sociaux concrets et la prise en charge de l'existence culturelle des collectivités, refoulant ainsi «hors de ce monde» le Royaume de la société religieuse. Selon l'esprit du catholicisme, cependant, l'idée d'une société civile relativement autonome par rapport à l'Église ne peut référer qu'à l'État, et la théorie des deux sociétés doit être comprise comme théorie de la répartition des pouvoirs dans la prise en charge de la société concrète, qui est une, dans la mesure où les deux pouvoirs «ont l'un et l'autre les mêmes sujets».

Au Québec, *Il fermo proposito* inspire les décrets du Concile qui définissent les rapports de l'Église et de l'État, l'intervention du clergé dans les affaires politiques et la conduite des laïcs en temps d'élection. Les disciplines diocésaines reprennent largement ces décrets.[4] Ainsi, les prêtres ont l'obligation stricte de s'occuper, même publiquement, de questions qui touchent à la foi, aux mœurs et aux droits de l'Église, mais ils doivent s'abstenir «de se mêler aux factions civiles» et s'efforcer de «maintenir la religion au-dessus des choses humaines». Évêques et clercs, règle générale, conforment leur agir aux décrets conciliaires. La période de l'ingérence cléricale en temps d'élection — au sens d'une intervention publique d'un évêque ou d'une fraction importante du clergé en faveur d'une formation politique — est définitivement close. Mais l'influence des clercs en temps d'élection et des évêques dans les affaires publiques ne l'est pas. Seules changent les justifications et les stratégies. Au XIXe siècle, l'Église québécoise avait fait victorieusement le siège d'un système politique en formation et avait réussi à établir son quartier général au cœur même des structures politiques de la société. Maintenant elle doit conserver ses positions dans la société face à ses ennemis qui veulent l'en déloger.

En contrepartie du retrait de l'Église hors de la sphère politique et de la relative autonomie reconnue à l'État en matière temporelle, une profonde méfiance se développe vis-à-vis le pouvoir civil, doublée d'un certain mépris pour le politicien. À l'accusation d'ingérence cléricale dans les affaires publiques, on oppose celle d'ingérence étatique dans le domaine de l'initiative privée, à quoi s'ajoute le soupçon d'incompétence, en matière de bien commun, du politicien trop soumis à l'empire des puissances occultes et davantage soucieux de ses intérêts personnels que de ceux de la population. Les cinquième et sixième vœux adoptés lors du premier congrès de l'A.C.J.C., en juin 1904, expriment bien cette tentative de disqualification du politique: l'apôtre social reconnaît la primauté du bien commun sur le parti, la primauté de l'action sociale sur l'action politique, car «la vie politique n'est que l'efflorescence de la vie sociale». Les théologiens, de leur côté, précisent les domaines de juridiction des deux pouvoirs au moyen des catégories de justice et de charité. L'Église a juridiction sur tout ce qui relève de la justice en matière de religion; l'État, sur tout ce qui relève de la justice en matière temporelle. Ce qui n'est pas stricte matière de justice est laissé à la libre initiative des laïcs, des familles, des associations; mais, tombant alors sous la catégorie de charité, ce domaine libre n'en relève pas moins de l'autorité morale de l'Église, qui est ainsi l'âme de la société civile, constituée essentiellement des liens communautaires de charité.

Confiné par la doctrine de l'Église dans le domaine du bien commun, dont on trace la frontière la plus étroite possible, l'État reste un adversaire dangereux, par sa tendance incoercible à déborder sur les territoires réservés de la justice religieuse et de la charité. Cette définition des rapports de pouvoir commande la stratégie de l'Église en matière politique. Désormais, l'épiscopat évite de poser des gestes et de prononcer des paroles qui pourraient être perçus comme de la provocation. Les manifestations publiques sont pour l'Église l'occasion d'étaler sa loyauté envers la couronne, son respect de l'autorité civile, sa fermeté dans le maintien des droits acquis et son désir de collaborer avec les gouvernants au bien commun. L'épiscopat préfère régler hors cours les questions litigieuses, par le truchement de rencontres entre le cardinal et le premier ministre, de mémoires confidentiels, d'interventions discrètes auprès du personnel politique. Mais la discrétion va de pair avec une vigilance de tous les instants. En mai 1905, l'épiscopat s'assure des services de E.-J. Flynn, un avocat de Québec, pour passer au crible la législation gouvernementale et suggérer des amendements. Peu satisfait, semble-t-il, des services de ce juriste, l'épiscopat en 1924 est à la recherche de deux «hommes sûrs», l'un à Québec qui serait bien au fait des activités du bureau du Procureur pour informer le cardinal de ce que le département de la Justice concocte, et l'autre à Montréal, proche des avocats qui préparent les textes de loi, pour soumettre à l'archevêché de Montréal les projets de loi «avant même leur départ pour le bureau du procureur général».[5] Les poignées de main officielles camouflent mal une certaine méfiance réciproque, que les ultras de la presse catholique et les radicaux du Parti libéral, las souvent de la prudence des chefs, attisent. Evêques et ministres ne réussissent point toujours — et peut-être ne le désirent-ils pas! — à calmer la combativité de leurs troupes. À partir de 1923, au moment où les pressions pour des réformes se font plus vives, les altercations entre *Le Soleil* et *L'Action catholique* se font plus nombreuses, si virulentes même qu'un retour à «la guerre religieuse» est à craindre. Taschereau demande à *L'Action catholique* «où elle veut en venir avec cette guerre sans merci». Henri Bourassa, dans *Le Devoir*, plastronne, affirmant qu'on n'aura pas «besoin de tirer du canon pour écraser des punaises». Aux yeux du *Soleil*, les rédacteurs de *L'Action catholique* sont «des pharisiens quotidiennement drapés dans la divine pensée du Christ qu'ils mettent en lambeaux».[6] Ces escarmouches inquiètent davantage les autorités civiles, directement attaquées par les francs-tireurs cléricaux, que l'épiscopat, auquel la presse libérale officielle n'oserait pas s'en prendre directement. Très conscients de la puissance sociale de l'Église et plus ou moins rassurés quant à sa faible influence sur l'électorat, les hommes politiques préfèrent éviter de se la mettre à dos. Et si le cardinal Bégin ne craint pas d'informer le premier ministre Taschereau du désir de l'épiscopat «que, dans sa législation, notre catholique province laisse bien voir le souci de respecter les droits de l'Église et de sauvegarder des positions acquises au prix des plus grands sacrifices», Taschereau, de son côté, tout en poursuivant sa propre politique d'industrialisation, proteste régulièrement de son désir de rencontrer les vues de l'épiscopat et de lui donner satisfaction. L'enjeu fondamental déborde, cependant, largement les rapports d'autorité ou de bonne entente entre évêques et ministres. Seule la capacité de l'Église à prendre en charge le développement de la société concrète peut faire du Québec une société à dominante davantage cléricale qu'étatique.

1.   LA REPRODUCTION DES INSTITUTIONS

Dans le premier tiers du XXe siècle, le catholicisme québécois est assiégé par de puissantes forces de dislocation. Rome maintient un intransigeantisme incompatible avec l'avènement d'un monde moderne. Le Canada s'affirme un État moderne au service d'une seule langue, d'une seule culture, d'une seule nation. L'Amérique du Nord se révèle la matrice d'une civilisation fondée sur la rentabilité économique, la technologie, l'interdépendance régionale et le confort matériel. Au Québec, la mise en valeur de nouveaux territoires, l'industrialisation de l'économie, l'urbanisation du paysage, la migration des populations sont des épiphénomènes nord-américains qui appellent une réponse de la part de l'Église-institution, chargée de maintenir l'ordre naturel des choses et de distribuer les moyens de salut. L'Église du Québec s'efforce de faire face avec les ressources qu'elle possède et les institutions dont l'efficacité est déjà éprouvée.

Le système scolaire

Dès son arrivée au pouvoir (1897), le gouvernement libéral de Félix-Gabriel Marchand avait remis en question les arrangements entre l'Église et l'État concernant l'instruction publique. La loi de 1875 attribuait à un pouvoir local, la commission scolaire, l'administration financière des écoles primaires (taxation, investissements, engagement du personnel) ainsi que le choix des professeurs et des manuels — soumis toutefois au contrôle du curé. Elle confiait à un Conseil de l'instruction publique la réglementation du système en matière pédagogique: programmes et examens, approbation des manuels, qualification des enseignants, inspection des écoles, etc. Le Conseil de l'instruction publique était composé statutairement de tous les évêques du Québec, d'un nombre égal de laïcs catholiques et d'un nombre égal de protestants (clercs et laïcs), nommés par l'État. Il était présidé par un fonctionnaire, le surintendant de l'Instruction publique, dont le département était rattaché au Secrétariat de la province. Membre du cabinet, le secrétaire de la province tenait ainsi lieu de ministre de l'Éducation, avec comme seul pouvoir — mais un pouvoir de taille — celui de dépenser. En pratique, le Conseil de l'instruction publique ne gouvernait rien; il coiffait officiellement deux comités complètement indépendants, l'un catholique, où les évêques, qui comptaient pour 50%, gardaient un contrôle suffisant, et l'autre protestant, chaque comité étant responsable de son propre réseau scolaire. Quant au surintendant, il servait d'exécutif pour les deux comités et d'agent de liaison avec l'État, auquel il était tenu de faire un rapport annuel et auquel il présentait son budget. L'État ne s'était réservé aucun pouvoir officiel sur l'enseignement secondaire et universitaire; en milieu catholique, cet enseignement relevait complètement de l'Église.

Soucieux d'adapter le système scolaire aux besoins réels de la société, Marchand voulait doter l'État d'un instrument d'intervention directe dans le domaine: un ministère de l'Instruction publique. Répudié par le conseil législatif en 1897, grâce à une intervention de l'épiscopat, le projet Marchand refait surface durant l'hiver de 1899. Le premier ministre a de gros atouts dans les mains. Le cardinal Marien Rampolla del Tindaro lui a confié que le Saint Père voulait la concorde, de bons rapports entre l'Église et l'État, mais non la démission d'un gouvernement. De plus, il compte fléchir l'opposition du Conseil législatif, composé en majorité de conservateurs, en brandissant la menace de son abolition. Marchand a, par contre, un adversaire de taille: Wilfrid Laurier, premier ministre à Ottawa et chef incontesté de l'appareil libéral. Or Laurier s'oppose à toute mesure provinciale de nature à blesser l'épiscopat québécois. Engagé dans les difficiles négociations avec le gouvernement Greenway du Manitoba, au sujet des écoles catholiques, il a besoin de l'appui de Mgr Bruchési pour convaincre le Vatican de ses bonnes intentions et calmer les appréhensions de l'évêque de Saint-Boniface. D'autre part, l'archevêque de Montréal a des problèmes financiers, que le réseau du premier ministre pourrait peut-être aider à soulager. Entre Laurier et Bruchési une alliance se noue et la question se règle en coulisse. Laurier conseille à Marchand la prudence et la modération. Marchand se replie sur un projet de loi qui respecte les structures en place et le partage des responsabilités entre l'Église et l'État. Ce nouvel échec incite le gouvernement du Québec à louvoyer. En 1905, il propose à l'épiscopat un amendement à la Loi de l'instruction publique qui se limite à faire du secrétaire de la province un membre de droit du

Conseil de l'instruction publique. Mgr Bégin y voit «le prélude d'une intrusion de la politique dans notre conseil et un acheminement vers un ministère».[7] Mgr Bruchési proteste lui aussi et le gouvernement retraite à nouveau.

La haute main sur l'instruction publique est la clé de voûte du système famille-école-paroisse, lieu d'emprise de l'Église sur la société. Les évêques refusent de céder un pouce de pouvoir sur ce terrain. Les réflexions du chanoine Marie-Rémi-Clothaire Décarie, curé de Saint-Henri (Montréal), sur le projet de fusion des commissions scolaires de la ville et de la banlieue de Montréal, en 1909, illustrent bien les enjeux de la question scolaire.[8] La fusion des commissions scolaires, observe le chanoine Décarie, aurait l'inconvénient de sevrer l'école de la vie paroissiale, «qui a fait jusqu'ici notre force au point de vue religieux et national», et le malheur de «diminuer fatalement l'influence du clergé», qui, «avec un peu d'habileté et de tact», est en mesure de contrôler l'école paroissiale, mais non une grosse machine administrative, comme «la chose est démontrée par ce qui se passe à la commission centrale». De fait, les trois prêtres qui y siègent «ne parviennent à maintenir tant bien que mal leur position qu'en usant de diplomatie... ce qui n'est guère agréable et ce qui n'est pas sûr du tout». De plus, la pastorale s'exerce plus facilement là où les frontières de la commission scolaire et de la paroisse coïncident, car ces petites unités ont plus tendance que les grosses à recourir aux services des frères et des sœurs pour l'enseignement. Ici encore, le cas de Montréal est éclairant: des dix-neuf écoles de garçons, huit sont déjà aux mains des laïcs. Ces arguments n'épuisent pas le rapport du chanoine Décarie, qui insiste aussi sur l'appât que constituerait une «grosse administration» pour «les gens friands de patronage», «les tireurs de ficelle», les carriéristes en mal de popularité.

Les évêques n'en sont pas moins soucieux d'ajuster le système scolaire aux besoins de l'heure. En 1904, Mgr Bégin est d'avis qu'on a «déjà assez et même trop de collèges classiques» et que «l'encombrement des professions libérales est une calamité nationale». Il s'efforce de convaincre ses curés que «ce dont a besoin la masse des jeunes des Cantons de l'Est, ce n'est pas de la littérature, mais de l'arithmétique, de l'anglais et du français, de la tenue des livres, des connaissances pratiques». Comme «tous les évêques du Canada», il considère qu'il manque de «ces institutions où l'on enseigne les matières nécessaires aux gens du monde ordinaire, marchands, industriels, ingénieurs».[9] Tout en accordant la primauté à l'éducation morale, la Hiérarchie catholique se soucie, à maintes reprises, que les religieux donnent à la jeunesse «toutes les connaissances usuelles et pratiques que requièrent le commerce, l'industrie et une sage direction des affaires quotidiennes». L'État de son côté, mine de rien, met en place les éléments d'un troisième réseau scolaire, promis à un grand avenir: l'enseignement spécialisé. L'embryon de ce système date du XIXe siècle, avec les cours du soir pour ouvriers, les écoles d'arts et métiers, l'École d'industrie laitière de Saint-Hyacinthe. Sans rien vouloir céder de ses droits inaliénables en matière d'éducation, mais incapable d'assumer seule le développement de ce secteur, l'Église abandonne à l'État le sort de ces «tertiaires», sans grande importance stratégique à ses yeux. C'est le sens de l'entente Gouin-Bruchési qui, en 1905, établit le partage des responsabilités: l'Église garde le contrôle sur l'éducation nationale, laissant à l'État le soin d'aménager le secteur utilitaire de l'enseignement professionnel, qui sera non confessionnel. En 1907, le gouvernement Gouin met sur pied les écoles techniques de Québec et de Montréal, ainsi que l'École des hautes études commerciales, à Montréal. Parce qu'elle est de niveau universitaire, l'École des hautes études repose le problème de l'hégémonie de l'Église en matière d'éducation: peut-on soustraire à son contrôle la formation de l'élite nationale, serait-ce celle du monde économique? En 1915, l'École est donc rattachée nominalement à l'Université Laval de Montréal, tout en gardant son indépendance de fait. En 1922, le gouvernement Taschereau ouvre les écoles des beaux-arts de Québec et de Montréal. En 1926, la Loi des écoles techniques et professionnelles regroupe les écoles d'État en un réseau régi par un organisme unique: la Corporation des écoles techniques, qui échappe en partie à l'emprise de l'Église. De son côté, le comité catholique du Conseil de l'instruction publique introduit de timides réformes. En 1923, le cours primaire régulier est prolongé de quatre à six ans, tandis que l'ancien cours académique, à programme unique, est transformé en cours complémentaire de deux ans, diversifié en quatre spécialisations pour répondre aux besoins des différents milieux. En 1929, l'enseignement public est complété par un cours primaire supérieur de trois ans.

Le système scolaire du Québec n'est donc pas figé mais plusieurs facteurs en freinent l'évolution. Bien au courant des difficultés que la réforme scolaire avait posées à l'Église de France, les évêques s'opposent systématiquement à toute tentative de réforme préconisée par les libéraux. L'État, de son côté, aux prises avec les problèmes du développement économique, préfère laisser à l'Église un domaine où l'urgence se fait moins sentir et où les besoins conscients sont encore sous-développés. Sur un budget quatre fois et demie plus élevé en 1929 qu'en 1912, le gouvernement ne consacre plus qu'une proportion de 10%, contre 16% en 1912, à l'instruction publique; la voirie a pris la part du lion. Étant donné, enfin, le contrôle financier du système par le pouvoir local, l'investissement en éducation suit de près la demande populaire, dont la croissance reste simplement additive. Répugnant à taxer le contribuable, les commissions scolaires n'entreprennent aucune amélioration de l'instruction publique; elles s'efforcent plutôt de minimiser les coûts, aux dépens de la qualité de l'enseignement, notamment en payant des salaires de famine à des institutrices sans diplôme et sans expérience.

Jusqu'aux années 1920, les problèmes concrets de développement de l'éducation ont été enveloppés dans une lutte de principe, qui recouvre une lutte de pouvoir. Incapables d'obtenir que l'État contrôle le système scolaire, les radicaux ont changé leur stratégie. Ils revendiquent maintenant une loi d'instruction obligatoire, telle que la chose existe dans la plupart des sociétés modernes. À plus ou moins court terme, l'instruction obligatoire implique nécessairement une intervention accrue de l'État: on ne peut obliger les enfants à fréquenter des écoles inexistantes, ou évaluées comme déficientes. Discutée depuis 1875, la question de l'instruction obligatoire est reposée, le 5 mars 1901, par Tancrède Boucher de Grosbois, député de Shefford, qui propose à la Législature de rendre la fréquentation scolaire obligatoire seize semaines par an à tous les enfants de huit à treize ans. La motion est rejetée massivement. Dès son élection en 1904, Godefroy Langlois, «homme fourbe, libre-penseur et très probablement franc-maçon», selon la perception de Mgr de Québec, fait de l'instruction obligatoire son cheval de bataille, s'efforçant de susciter un mouvement populaire. À chaque session, il annonce son intention de présenter un projet de loi en ce sens. En 1912, il appuie avec vigueur le projet de loi du protestant John Thom, député de Saint-Laurent (Montréal), visant à rendre l'instruction obligatoire aux enfants du réseau dissident. Les droits de l'Église ne semblent pas cette fois mis en cause puisqu'il ne s'agit que des protestants. Mais les cléricaux sentent bien que la mesure, en sanctionnant le droit d'intervention directe de l'État en matière scolaire, serait à plus ou moins court terme fatale à leur propre système: «dans tous les pays où l'instruction obligatoire est imposée, le ministère de l'éducation a suivi à brève échéance, accompagné de l'école neutre».[10] Sous la pression des évêques, les députés n'osent voter en faveur du projet — rejeté d'ailleurs par les députés protestants eux-mêmes. Le premier ministre tente alors de fermer le débat: à la suggestion de Mgr Bruchési, semble-t-il, il nomme Godefroy Langlois agent de la province en Belgique. Mais T.-D. Bouchard, député de Saint-Hyacinthe, qui s'est déjà mis en vedette en 1912, reprend le flambeau de l'instruction obligatoire. Le 18 mars 1916, il prononce un vigoureux plaidoyer devant le Club de réforme de Québec. Le mouvement prend de l'ampleur. Le 18 janvier 1919, Raoul Dandurand, sénateur et gendre de feu le premier ministre Marchand, présente à Mgr Bruchési une requête en faveur de l'instruction obligatoire, signée par une centaine de personnalités. C'est le début d'une vaste campagne de presse, alimentée d'une violente bataille statistique. Pris à partie par T.-D. Bouchard, l'inspecteur général des écoles catholiques, C.-J. Magnan, entreprend de démontrer que la fréquentation scolaire au Québec est dans un état nettement meilleur que dans la plupart des sociétés où l'instruction obligatoire est en vigueur. Statistiques et enquêtes comparatives à l'appui, il soutient que le taux d'inscription scolaire des enfants de sept à quatorze ans peut raisonnablement s'estimer à 95%, ce qui place le Québec au second rang de tout le Canada, à peine derrière la Colombie-Britannique. Évidemment, entre s'inscrire à l'école et la fréquenter, il y a une marge. Sans trop insister, l'inspecteur général prétend que, là encore, la situation est très satisfaisante, avec une présence moyenne d'environ 75% à 80%. Le 20 juillet 1920, Mgr Bégin se prononce contre toute ingérence de l'État dans l'éducation. Et *Le Pays* de commenter: «Parce que c'est l'ignorance qui a sauvé autrefois notre peuple de l'assimilation, on s'obstine encore à vouloir nous y conserver comme des cornichons dans le vinaigre. On ose dire publiquement qu'il suffit à un Canadien français de savoir son catéchisme et les éléments de calculs.»[11]

Les radicaux, qui prétendent se battre pour l'instruction du peuple, ont-ils été ébranlés par l'impressionnante démonstration de l'inspecteur général? Fait symptomatique, dans leurs *Mémoires*, T.-D. Bouchard et Raoul Dandurand oublieront cet épisode. L'arsenal d'arguments déployés par les francs-tireurs de l'Église, par contre, ne peut apparaître à l'adversaire que montage de sophismes étayés par de pures inepties. On ne craint pas d'affirmer, en effet, que la gratuité scolaire — complément inévitable de l'école obligatoire — ne serait que mensonge et injustice, puisque les pauvres, tout comme les riches, devraient payer des impôts; que l'école obligatoire et la gratuité scolaire détruiraient l'esprit de famille en enlevant aux enfants l'une des occasions d'être reconnaissants envers leurs parents; que la situation ne justifie en rien ces réformes car, dans le passé, les ancêtres ont permis à la société d'atteindre sa fin primaire «sans avoir bénéficié d'aucune instruction»; que toujours il existera une classe «de vidangeurs et de cireurs de bottes qui n'ont point besoin pour cela d'instruction perfectionnée». Et de brandir un spectre familier: «Citez-nous un argument en faveur de l'école obligatoire qu'un gouvernement ne puisse invoquer en faveur de l'école neutre.» L'archevêque de Québec y va lui-même d'un argument douteux, tiré, selon lui, de l'expérience, mais qui est surtout révélateur d'une certaine conception de l'État. L'immixtion de la politique partisane dans l'éducation, écrit Mgr Bégin, ne pourrait que «livrer notre système d'éducation

aux caprices, à l'inexpérience et, quelquefois aussi, aux mauvaises dispositions de ministres qui, pour se faire de la popularité, posent en réformateurs».[12]

L'argument de base de la Hiérarchie catholique reste,
cependant, la question de principe: le droit direct et immédiat
du père de famille sur l'éducation de ses enfants, dont il est
propriétaire; le droit intangible de l'Église à enseigner, en
vertu de sa paternité spirituelle. La société civile n'est qu'une
«association de familles déjà toutes constituées et vivant de
leur vie propre»; «en entrant dans la société, les individus
et les familles [n'abdiquent pas] leurs droits pour les mettre
à la disposition de l'État», dont le rôle est de simple suppléance:
«aider les activités privées et entreprendre lui-même ce qui
dépasse les efforts». Les parents ont bien le devoir de faire
instruire leurs enfants, mais c'est là un devoir de charité, non
un devoir de justice, et qui, par conséquent, ne relève pas
de l'État. Mgr Paquet a fixé la doctrine dans son grand ouvrage,
«intégriste et réactionnaire» au dire du dominicain Ceslas-
Marie Forest, intitulé *Le droit public de l'Église*. «Sacro-saint,
tabou, intouchable», Mgr Paquet a produit «une bible» qui
allait inspirer quelques générations d'évêques et de clercs.
La thèse officielle de l'Église ne fait pas, cependant, l'unanimité
dans le clergé. Le jésuite Hermas Lalande, qui dénie à l'État
tout pouvoir coercitif en matière d'éducation, s'attire la réplique
du dominicain Marie-Albert Marion. Appuyant son argumentation notamment sur l'encyclique *Commissio divinitus*,
où Benoît XV reconnaissait le droit du gouvernement de l'Ontario à exiger que l'anglais soit enseigné dans les écoles, le
dominicain soutient que «l'État a un droit strict sur les moyens
les plus aptes à assurer le progrès de l'instruction scolaire
profane». Cette thèse contredisant l'enseignement de Mgr
Paquet et la récente prise de position du cardinal Bégin fait
scandale. La presse catholique rugit. On réfère la cause au
délégué apostolique. Le père Marion est invité discrètement
à retirer son ouvrage, pour lui substituer une seconde édition
édulcorée.[13] Bloqué dans l'Église par la censure et mis de côté
à la Chambre d'assemblée, le débat de principe sur l'instruction
obligatoire est tranché par l'encyclique *Repraesenti in terra*,
sur l'éducation chrétienne de la jeunesse, promulguée le 31

décembre 1929. Dans cet écrit, dont l'intention se borne apparemment à la condamnation de l'école neutre, Pie XI réitère les mises en garde de l'Église contre les prétentions de l'État à imposer ses propres écoles. Il reconnaît, cependant, au passage que «l'État peut exiger et, dès lors, faire en sorte que tous les citoyens aient [...] un certain degré de culture intellectuelle, morale et physique qui, vu les conditions de notre temps, est vraiment requis par le bien commun». C'est ce qu'on retient au Québec: le reste, on le savait. Sauf si on a des yeux pour ne pas lire: «Faut-il conclure de là que l'État doit établir l'enseignement obligatoire? Ce serait évidemment forcer les termes.»

À la fin des années 1920, la question des écoles juives relance le débat scolaire sur un autre front. Depuis la loi de 1903 (3 Édouard VII, chap. 16), les personnes de religion judaïque sont assimilées, pour fins scolaires, aux protestants — sauf que des formes de ségrégation prévalent dans l'élection des commissaires, l'engagement des professeurs et le logement des enfants. Les Juifs désirent jouir d'un système scolaire parallèle ou, dans le cadre de la loi de 1903, jouir des mêmes droits que les protestants. Catholiques et protestants s'opposent à la mise sur pied d'un troisième réseau confessionnel. Les Juifs portent leur cause devant les tribunaux et le dossier se rend au Conseil privé de Londres qui, en 1928, reconnaît le caractère exclusivement chrétien du réseau scolaire québécois. Le gouvernement est confronté à une alternative: amener les Juifs à s'entendre avec les protestants ou créer un réseau parallèle. En 1930, le premier ministre Taschereau, tout en souhaitant que Juifs et protestants en arrivent à une entente, annonce son intention de créer des écoles juives indépendantes. L'archevêque de Québec proteste et, le 18 mars, rend publique une lettre dans laquelle il exprime ses craintes que les écoles juives ne soient un premier pas vers la neutralité du système scolaire. L'Église et l'État tiennent un sommet à l'archevêché de Québec où l'on jette les bases d'une sorte de Commission scolaire juive pour la région de Montréal. En avril, les députés sont invités à voter une loi inspirée des principes élaborés au cours de ce sommet. Le cardinal Rouleau insiste pour que la commission scolaire juive dépende du Conseil de l'instruction publique et non pas seulement du surintendant, ce qui ouvrirait la voie à un ministère de l'Instruction publique. Pendant qu'à Québec, députés, conseillers et évêques en arrivent péniblement à un consensus, à Montréal, Juifs et protestants concluent un accord de quinze ans. Sitôt votée, la loi est donc désuète. Des amendements en 1931 réduisent la juridiction de la commission scolaire juive aux territoires de Montréal et d'Outremont, et son mandat, à surveiller l'exécution de l'accord survenu entre Juifs et protestants.

Tandis que l'aile gauche du parti se bat pour les principes et l'instruction du peuple, le gouvernement libéral pratique une politique «réaliste» d'intervention discrète dans le domaine de l'éducation. Soucieux avant tout de répondre aux exigences de l'industrialisation, Taschereau, comme son prédécesseur, ne songe aucunement à une réforme globale du système d'éducation. Le développement économique du Québec repose d'abord sur une main-d'œuvre à bon marché que le système actuel est parfaitement apte à fournir. Il n'y a donc pas plus d'intérêt à se mettre à dos les évêques qu'à se mettre sur le dos la charge peu rentable de l'instruction populaire. Mais l'essor industriel exige aussi la formation de compétences, le développement d'une élite nouvelle, plus diversifiée et plus spécialisée. L'essentiel, c'est d'être en mesure de fournir les «employés compétents, que réclament de plus en plus les industriels, les commerçants et les agriculteurs de la province».[14] L'État interviendra donc dans le système «par le haut». Sans avoir à grever un budget fortement accru, notamment par la vente des ressources naturelles, le gouvernement, durant les années 1920, cherche à rationaliser l'enseignement professionnel et à développer l'enseignement universitaire. L'École des hautes études commerciales bénéficie d'un octroi spécial destiné à attirer, par des bourses d'études, une clientèle trop rare; en 1920, le gouvernement «confie» un million à chacune des trois universités — y compris McGill; à partir de 1922, les collèges classiques reçoivent un octroi annuel de 10 000 $. Quant à l'Église, elle n'oppose aucune résistance à cette forme d'intervention, qui ne met pas en cause le principe d'indépendance de l'enseignement secondaire et universitaire.

Dans le secteur public, l'ancien système se reproduit, au rythme de l'accroissement numérique et de l'expansion territoriale de la population. De 1897 à 1931, pour répondre à une augmentation de 132% de la population d'âge scolaire, quelque deux mille écoles ont dû être ouvertes. En 1921, on craint une crise d'encombrement dans les écoles; à Montréal, la commission scolaire catholique «estime à trois ou quatre mille le nombre d'enfants qui ne pourront trouver place dans les classes régulières».[15] Alors que les radicaux voient dans cette ferveur scolaire un effet de leur campagne en faveur de l'instruction obligatoire,[16] il devient de plus en plus évident, aux yeux des cléricaux, «qu'il y a une disposition générale à s'instruire et à faire instruire ses enfants» et qu'une loi d'instruction obligatoire n'améliorerait en rien la situation de l'instruction publique. «En 1922 comme en 1919, ce dont Montréal a besoin, comme les autres municipalités, ce sont des écoles en nombre suffisant et des maîtres compétents. Les parents feront le reste sans la menace dégradante du fouet de l'État.»

Il est difficile d'évaluer l'apport effectif de l'Église au développement de l'instruction. Dans l'état actuel des connaissances, il faut s'en tenir à des généralités. Outre les quelque deux mille écoles primaires, qui relèvent des commissions scolaires, environ 418 autres institutions d'enseignement ont été ouvertes entre 1897 et 1931. L'Église y a contribué, pour l'enseignement de type professionnel, notamment par 181 écoles ménagères et 28 écoles normales; l'État plus particulièrement par 8 écoles techniques et 15 écoles d'arts et métiers. En 1929, l'Église fournit 43% des enseignants à tous les niveaux.[17] En 1931, elle possède ou dessert 1087 des 6774 écoles élémentaires catholiques — comparativement à 386 sur 4756 en 1897-1898; elle possède également 181 écoles ménagères et 31 écoles normales; elle a aussi le monopole sur l'enseignement classique, qu'elle dispense dans 29 collèges subventionnés et 10 autres non subventionnés; elle gère encore tout le secteur universitaire catholique, en fait, francophone. Sur la contribution financière de l'Église, on ne dispose à peu près pas de données utiles. Le *Rapport* annuel du surintendant de l'Instruction publique n'inclut pas, dans ses statistiques financières, ce qui concerne les collèges classiques et les universités; et l'apport de l'Église dans les autres secteurs y figure dans la catégorie «institutions indépendantes subventionnées», ce qui inclut les écoles privées, notamment du réseau protestant. À titre indicatif, mentionnons tout de même qu'en 1930-1931, sur une dépense globale d'un peu plus de 35 000 000 $, les commissions scolaires ont contribué pour 53,5% et leurs écoliers, pour 1,7%, la part de l'État comptant pour 16,5% et celle des «institutions indépendantes» pour 28,3%, soit 10 036 360 $. De ce dernier montant, il faudrait, pour connaître la contribution de l'Église, soustraire celle des écoles privées protestantes et le montant des frais de pension et de scolarité dans les écoles catholiques.

L'assistance publique

Le système d'assistance publique mis en place au XIXe siècle pour répondre aux besoins en matière de sécurité, de bien-être et de santé avait subi une double influence: la catholique, qui reconnaissait à l'Église une primauté de responsabilité et d'action, la britannique, qui rendait les autorités locales ou municipales responsables des pauvres. Dès la fin du XIXe siècle, les unions ouvrières avaient été parmi les premiers groupes de pression à douter de la capacité de l'Église à satisfaire les besoins de l'indigence et à garantir une sécurité décente aux populations urbaines. À l'écoute des expériences étrangères, elles réclament périodiquement une intervention gouvernementale en ce domaine, sous la forme de fonds de pension pour les vieillards, d'assurance-accident, d'allocations aux chômeurs, entre autres. L'Église, comme l'ensemble de la population d'ailleurs, redoute ces nouveautés: la misère est un problème de charité plutôt que de justice et, partant, relève de l'Église. L'épargne, les œuvres de charité, les subventions d'appoint du gouvernement semblent les seules thérapies possibles à ce problème, perçu comme individuel plutôt que social. Commentant un projet de fonds de pension pour les vieillards, Mgr Bégin se demande, en 1912, s'il n'est pas à craindre que «les familles empochent les bénéfices» et que «ces fonds ne soient bientôt des annexes aux caisses électorales». De plus, le risque est grand que ces prestations grèvent les budgets publics et que leur administration excite «de nouvelles convoitises chez les exploiteurs».[18] Pour les ultra-conservateurs traumatisés par les drames auxquels a donné lieu en Europe la séparation de l'Église et de l'État, les formes étatiques de sécurité sociale sont une machination maçonnique pour détruire l'Église.

Dans les villes, cependant, les problèmes sociaux anciens prennent une ampleur jusque-là inconnue. Un exemple: selon l'estimé du docteur Joseph Gauvreau, 26,7% des nouveau-nés meurent à Montréal entre 1899 et 1901. Les mois de juillet et d'août sont témoins de véritables hécatombes. Encore en 1911, Montréal est, avec Calcutta, la ville où le taux de mortalité infantile est le plus élevé au monde: environ 250 au mille, contre 135 à Rome, 129 à Londres et 112 à New York. Débordée, l'initiative privée sent le besoin de coordonner ses efforts. Vers 1900, les protestants sont les premiers à passer à l'action; ils fondent, à Montréal, la General Organization of United Charity, qui obtient sa reconnaissance juridique en 1902 et devient par la suite le Central Office of Charity. En vain invitent-ils la Société de Saint-Vincent-de-Paul — qui, en 1911, compte au Québec quelque 3848 membres et porte secours à quelque dix mille personnes — à concerter son action avec la leur. Au nom de l'orthodoxie, la Saint-Vincent-de-Paul décide de faire cavalier seul. Elle attend jusqu'en 1916 pour tenter un premier regroupement des forces catholiques montréalaises dans un Secrétariat des œuvres de charité. Banque d'informations, tant sur les nécessiteux que sur les institutions, le Secrétariat met en relation les besoins et les ressources. Il prend graduellement ses distances avec la société fondatrice pour devenir une œuvre autonome: la Société catholique de protection et de renseignements. En 1919, la fondation du Conseil canadien du bien-être social, conçu comme un organisme d'étude et de documentation en matière de service social, et alors tout particulièrement intéressé aux problèmes de l'enfance, manifeste la tendance grandissante à la concertation de l'action.

L'Église, qui historiquement a assumé le secours des indigents, ne cesse de son côté de multiplier ses institutions et ses œuvres. De 1898 à 1931, elle aura fondé 32 hôpitaux, 4 sanatoriums, 35 institutions d'assistance, soit 71 des 90 établissements mis sur pied au Québec durant la période. Mais d'une décennie à l'autre, d'une crise cyclique à l'autre, les besoins vont s'amplifiant. Au chômage saisonnier — rares sont les manufactures de textiles ou de chaussures qui fonctionnent à pleine capacité douze mois l'an — se juxtapose un chômage conjoncturel qui atteint parfois des milliers de familles. Le 17 avril 1914, *La Presse* évalue à cinquante mille le nombre des Montréalais en chômage; le 20 avril, ils sont plus de douze mille à aller quémander de l'emploi à la mairie et, le lendemain, plus de sept mille à défiler sur le Champ de Mars. L'archevêque de Montréal tente de répondre, en décembre, par un appel spécial au clergé paroissial, tandis que la Saint-Vincent-de-Paul crée d'urgence trente-neuf conférences, organise l'œuvre de la soupe et accepte la responsabilité de distribuer aux chômeurs et aux indigents des fonds que lui fournit la municipalité. Toutes les associations et les œuvres sont mises à contribution pour cette entreprise charitable — dont la désuétude n'échappe toutefois pas aux observateurs. Dépossédée de ses moyens de production, plongée dans l'insécurité par le chômage et les bas salaires, démembrée par le travail des femmes et des enfants, en bien des quartiers ouvriers la famille n'offre plus de protection aux malades et aux vieillards, qui se ruent sur les hôpitaux et les hospices. En 1919, il y a au Québec plus de quarante mille patients en institutions, dont le tiers ne paient rien.

L'expansion du salariat dans les années 1910 aggrave à un tel point les problèmes liés à l'indigence que les pressions en faveur d'une intervention gouvernementale se font irrésistibles. Les établissements hospitaliers sont en déficit; certains manquent d'espace et la plupart sont mal équipés. Les communautés religieuses sont a court de ressources et l'opinion publique se fait plus critique à l'égard du système d'aide aux nécessiteux. L'Hôpital Notre-Dame de Montréal menace de fermer ses portes si la ville n'augmente pas sa contribution. L'Hôpital Sainte-Justine et l'Institut des sourdes-muettes à Montréal, l'Hôpital du Sacré-Cœur et la Crèche à Québec sont dans une situation désespérée.

Le 7 mars 1921, le gouvernement Taschereau inscrit au feuilleton de la Chambre d'assemblée la Loi de l'assistance publique, que les députés ravis votent rapidement. Pour les radicaux, c'est là une question de justice distributive; l'aile modérée en fait une question pragmatique, fonction de la nécessité de récupérer les masses urbaines à des fins électorales. À distance, la loi apparaît une nécessité historique et un premier effort pour systématiser l'assistance gouvernementale aux institutions de bienfaisance; jusqu'en 1960, elle demeure «l'instrument fondamental de l'intervention des pouvoirs publics» dans le bien-être et la santé. En apparence du moins, aucune trace de perfidie chez les législateurs, mais un simple désir d'épauler les municipalités et les institutions privées dans une tâche d'urgence nationale. La loi répartit également entre les institutions, les municipalités et l'État le financement de l'indigence. Elle impose une taxe de 10% sur les billets d'entrée des lieux d'amusement dont les revenus iront pour la moitié aux municipalités et pour l'autre moitié au Fonds de l'assistance publique qui sera administré par le Service de l'assistance publique. Les institutions demeurent libres de s'affilier ou non à ce service, dont la mission est de surveiller les dépenses et de collaborer avec les institutions — mais l'affiliation est une condition pour recevoir des subventions. D'inspiration française, la loi calque de très près la Loi sur les aliénés, ce qui explique ses lacunes: elle ne distingue pas les catégories d'assistés, elle ignore les indigents secourus en dehors des institutions et elle est humiliante à l'égard des assistés qui devront fournir des certificats assermentés. L'Eglise relève ces déficiences, mais ses préoccupations fondamentales se situent à un autre niveau: quel est le rôle de l'État dans l'assistance publique? et dans quelle mesure peut-il demander des comptes à des communautés religieuses qui administrent des institutions?

Sur la première question, l'épiscopat est divisé. Tous les évêques redoutent une intervention accrue de l'État dans le domaine du bien-être et de la sécurité sociale, puisque le problème de l'indigence se situe dans l'ordre «de la prudence et de la charité» et non dans celui de la justice. Mais les évêques ne dénient pas nécessairement à l'État toute part de responsabilité en matière d'assistance publique. C'est affaire de modalités: ils accepteraient un accroissement de l'aide financière, n'était-ce des mécanismes de contrôle qui laissent présager une extension des pouvoirs de l'État. Sauf Mgr Labrecque et Mgr F.-X. Cloutier, les membres de l'épiscopat se montrent discrets sur cet aspect du problème et laissent la presse catholique débattre publiquement de l'orthodoxie des principes qui fondent la loi et des arrière-pensées qui pourraient animer les législateurs. *Le Devoir* et *L'Action catholique* se font caustiques à l'égard de la loi et du gouvernement. Henri Bourassa attaque sur deux fronts: la loi serait destructrice de l'ordre social parce qu'en ignorant l'aide à domicile elle désorganise la famille; elle risque de réduire en servitude ou à la famine les institutions privées soumises à une réglementation tâtillonne. Bourassa rejoint ici les préoccupations des évêques qui redoutent que des institutions sans autonomie ne deviennent un rouage de l'appareil étatique. Dans une requête envoyée au premier ministre, le 13 janvier 1922, l'épiscopat se demande si «ce gouvernement ne pourrait [...] pas venir en aide à ces institutions dont les charges vont croissant, sans leur imposer les formalités très gênantes de la loi de 1921?»[19] Un mémoire annexé à la requête explicite ses préférences: abroger la loi ou insérer une clause «par laquelle l'autonomie des institutions canoniques [serait] pleinement sauvegardée» ou encore, en dernier ressort, «n'adopter l'hypothèse d'un contrat entre les communautés dirigées par l'évêque, et le gouvernement que si la loi [a] été d'abord profondément modifiée».[20] Le cardinal Bégin souhaite obtenir davantage encore: il désire un représentant de l'autorité religieuse dans le Service de l'assistance publique, une réduction de la portée des fonctions attribuées au Service de l'assistance publique et au directeur médical des hôpitaux, de même qu'une meilleure définition de l'indigence.

Pris entre les radicaux de son propre parti, les Églises et les Juifs, Taschereau temporise. Il défend sa loi au nom de l'obligation pour un gouvernement de rendre compte des dépenses publiques. Faute d'une politique commune et face à des communautés aux abois, l'épiscopat n'est pas en meilleure position. Quelques évêques autorisent leurs communautés à passer des contrats avec le gouvernement; à la fin de 1922, cinq d'entre eux s'opposent encore à ce que leurs communautés s'affilient au Service de l'assistance publique. Des évêques qui ont mis leur veto ou qui ont gardé un silence dit prudentiel ont vu leurs communautés s'affilier sans autorisation. Des supérieurs de communauté parlent publiquement d'une loi providentielle qui les tire d'embarras.

Partisan de la modération, Mgr Ross suggère à ses collègues, en septembre 1923, de s'en tenir à l'essentiel: la reconnaissance de l'autorité que le droit canonique confère à l'Ordinaire sur les communautés et la garantie du respect de la discipline interne des communautés. L'attitude de l'évêque de Gaspé rallie l'épiscopat qui le mandate pour négocier avec le premier ministre. Les négociations durent deux ans. Et Mgr de Gaspé d'apprendre comment on joue aux échecs! L'astucieux premier ministre mise sur les divisions au sein de l'Église et ne se prive pas de rappeler à Sa Grandeur que «tout le monde est content de cette loi; il n'y a que les évêques qui la désapprouvent». En 1924, Mgr Ross obtient un premier amendement qui oblige les communautés à fournir une approbation de l'Ordinaire dans leur demande d'affiliation. Ce n'est guère satisfaisant, mais la plupart des évêques, sous la pression des communautés qui leur «ont passé par-dessus la tête», s'en contentent dans l'immédiat. En 1925, un deuxième amendement — obtenu après la défaite d'un candidat libéral dans une élection partielle — précise que rien dans l'application des règlements ne doit préjudicier aux droits de l'Ordinaire sur les communautés.

En limitant le financement direct par l'État aux seuls indigents en institutions et aux seuls inaptes au travail, la loi de 1921 soulage fort peu l'Église de ses responsabilités. Tandis que 20% seulement des dépenses des institutions sont assumées par l'État en 1921, et 40% en 1931, tout le fardeau de l'assistance non institutionnalisée est laissé à l'Église ou à l'initiative privée. Et l'accroissement des besoins se fait sentir encore davantage dans ce deuxième secteur: alors que le nombre de personnes secourues en milieu institutionnel augmentait de 116%, entre 1916 et 1931, l'augmentation se chiffrait à 292% pour les personnes secourues à domicile ou hors institution. Comparée à l'accroissement de la population, l'augmentation des investissements dans le domaine du bien-être semble indiquer un progrès spectaculaire: à un accroissement de 74% de la population correspond une augmentation de 82% pour le nombre d'institutions, de 212% pour le nombre de lits et de 1155% pour le nombre des indigents assistés hors institutions. Mais l'aune prête flanc à la critique: les besoins naissent moins d'un accroissement de la population que d'une mutation des genres de vie et d'une dégradation des solidarités primaires. Les besoins dépassent largement la capacité d'intervention d'un système fondé sur le zèle et la charité.

À partir de 1927, la question des pensions de vieillesse et des allocations familiales relance le débat sur le rôle de l'État en matière de bien-être et de sécurité sociale. Çà et là, de persistantes mentalités rurales refont surface: «les pensions en argent», lit-on dans L'Événement, journal conservateur, «deviennent une prime à la cupidité, une source de fraudes, la porte ouverte à d'autres abus».[21] Et Le Soleil de préciser: «Le soir de la vie ne constitue pas chez nous un problème social.»[22] Plus que l'intransigeance de l'Église, les contenus culturels de la société bloquent au Québec l'établissement d'un système de sécurité sociale étatique, dont les embryons s'observent ailleurs au Canada. Déjà en 1920, plusieurs provinces ont instauré un système d'allocations aux mères nécessiteuses: le Manitoba (1916), la Saskatchewan (1918), l'Alberta (1919), la Colombie-Britannique et l'Ontario (1920). Les idées nouvelles pourtant font leur chemin: en 1927, le jésuite Léon Lebel justifie les allocations familiales versées par l'État au nom de «la justice distributive» et admet que «pareille loi entre dans la sphère du pouvoir de l'État».[23]

Le réseau paroissial

Dans le projet libéral comme dans le clérical, la place de la ville semble bien petite. Quand a-t-on vu un Gouin ou un Taschereau chanter les charmes de la ville et présenter la vie urbaine comme cadre d'épanouissement pour le peuple du

Québec? Que les libéraux n'aient jamais eu une politique urbaine en dit long sur le retentissement négatif de la ville sur la conscience canadienne-française. Symbole de l'étranger, de la corruption des mœurs, du nivellement des individus, de l'infériorité économique des Canadiens français, la ville n'a pas de place dans l'image qu'on se donne de soi et ne peut être pensée pour elle-même dans la prise en charge du développement territorial. La ville est «une agglomération de familles». Les évêques ont donc très peu songé à y implanter des cadres de chrétienté originaux. Leur zèle pastoral se résume à y reproduire tant bien que mal, au rythme des mouvements de la population, les cadres paroissiaux de la société rurale.

Tout au long de la période, l'érection de paroisses demeure un souci constant des évêques. À lui seul, Mgr Bégin en aurait érigé quatre-vingt-cinq durant son règne, dont soixante-dix de 1892 à 1917. Selon le *Canada ecclésiastique* — publication annuelle dont les données ne sont pas toujours sûres — de 1898 à 1930 les évêques du Québec créent 463 paroisses, soit une moyenne annuelle de 13,3. C'est là un ordre de grandeur dont il ne faut pas forcer l'exactitude.[24] Le rythme de création est relativement constant: 34 de 1898 à 1900, 146 de 1901 à 1910, 134 de 1911 à 1920 et 143 de 1921 à 1930. On passe ainsi d'un total de 736 paroisses en 1898 à 1182 en 1931. Cette extension de l'échiquier paroissial tient pour les deux tiers au mouvement de colonisation et pour le tiers au mouvement d'urbanisation. Mais le poids de l'urbanisation se fait chaque décennie plus déterminant. De 1901 à 1910, 24% des nouvelles érections résultent de la subdivision de grosses paroisses urbaines ou rurales; la proportion passe à 31% durant la décennie 1911-1920 et à 40% entre 1921 et 1930.

La multiplication des paroisses suit de près la croissance démographique; alors que le nombre de catholiques augmente de 72% entre 1901 et 1931, la population moyenne d'une paroisse n'augmente que de 12% (de 1856 à 2083). Au ras du sol, cependant, des écarts s'accentuent en certains milieux. En 1898, 80% des paroisses ont moins de deux mille fidèles, 13% en ont entre deux mille et trois mille, et 7% seulement, plus de trois mille. De 1901 à 1931, la proportion des paroisses de plus de trois mille fidèles double. Le mouvement affecte particulièrement le diocèse de Montréal, dont 37% des paroisses, en 1931, se situent dans cette catégorie. À l'opposé, le diocèse de Gaspé présente encore en 1931 une structure paroissiale du type XIXe siècle: 2,5% des paroisses gaspésiennes ont une population inférieure à 500, 30% encadrent de 500 à 999 fidèles, 52,5% de 1000 à 1999 et 15% de 2000 à 2999 fidèles.

La structure paroissiale de Montréal en 1931 préfigure l'avenir. On y compte déjà une trentaine de paroisses de plus de huit mille fidèles. Des communautés desservent six de ces grosses paroisses: les Sulpiciens ont Notre-Dame et Saint-Jacques; les Jésuites animent l'Immaculée-Conception qui, avec ses 18 351 fidèles, est la paroisse la plus populeuse du Québec; les Servites de Marie ont la responsabilité de Notre-Dame-della-Difesa, les Rédemptoristes, celle de Saint-Alphonse, les pères du Saint-Sacrement, celle qui porte leur nom. Dans la répartition de ses effectifs cléricaux, l'évêque de Montréal semble appliquer les normes suivantes: un curé et quatre vicaires pour une paroisse de 8000 à 12 000 fidèles, un curé et cinq vicaires pour les paroisses de plus de 12 000; Saint-Stanislas-de-Kostka, qui dispose de sept vicaires pour une population de 16 600 fidèles, constitue une exception. Les curés des paroisses populeuses se plaignent déjà qu'ils ne connaissent plus leurs ouailles et qu'il leur est impossible de faire la visite paroissiale annuelle. Les problèmes liés à l'immigration amènent par ailleurs Mgr de Montréal à faire une entorse au système paroissial traditionnel. Reconnaissant aux fidèles le droit à être desservis dans leur langue maternelle, il s'efforce de donner satisfaction à tous et à chacun en érigeant des paroisses allophones. Pour combler les cures, il n'hésite pas à faire venir d'Europe des prêtres de diverses nationalités. Et ces paroisses sont érigées sur une base, non pas territoriale mais ethnique. En 1930, il existe à Montréal vingt-cinq paroisses non francophones, dont cinq ont été érigées avant 1898, sept de 1902 à 1908, puis cinq de 1910 à 1917 et huit de 1923 à 1930. Les Irlandais, les Anglais, les Polonais, les Italiens, les Tchécoslovaques, les Allemands et les Chinois ont ainsi une ou plusieurs paroisses desservies dans leur langue et, le plus souvent, par un prêtre de leur nationalité.

L'érection d'une paroisse va rarement de soi. Elle nécessite une enquête dont les modalités varient suivant les circonstances. En pays de colonisation, tantôt l'évêque et le missionnaire-colonisateur devancent les colons en choisissant, en accord avec le ministère de la Colonisation, le site de l'église et de l'école, tantôt des colons déjà installés sur des lots demandent l'érection d'une paroisse. L'évêque se soucie dans la mesure du possible d'ajuster les frontières de la paroisse religieuse à celles de la municipalité civile. Il s'assure aussi que la communauté locale sera en mesure de subvenir aux besoins d'un curé et d'une infrastructure paroissiale. Certains évêques organisent l'Œuvre des tabernacles dont la fonction est d'aider les paroisses pauvres de leur diocèse.

La subdivision d'une paroisse pose des problèmes plus complexes. Les paroisses mères craignent souvent qu'une amputation les mette en mauvaise posture financière. Les fidèles qui essaiment redoutent les frais qu'entraîne la mise en place d'une nouvelle paroisse et divergent souvent d'opinion sur le site de l'église. La subdivision d'une paroisse demande beaucoup de doigté de la part de l'évêque et des curés concernés. «On se dispute ici pour bâtir des églises», écrit Mgr Bégin au délégué apostolique qui a reçu une pétition de paroissiens mécontents, «comme on guerroyait au moyen-âge pour avoir en sa possession des reliques des Saints».[25] «Les paroisses, constate un autre témoin, rivalisent entre elles à qui aurait la plus grosse église, le plus vaste presbytère, la plus belle chorale et même la Ligue du Sacré-Cœur la plus nombreuse. [...] Il y a les petites et les grosses cures, celles-là requérant un simple curé, telle autre un chanoine, telle autre un monseigneur, etc.» (André Beauchamp) En ces circonstances, Mgr Bégin suggère trois règles à ses curés: veiller à la bonne entente, observer scrupuleusement la loi civile, éviter que les mécontents en viennent «à passer avec leur famille à l'hérésie protestante».[26] Mgr Bégin parle d'expérience. Ainsi, en 1903, lors de la création de la paroisse Notre-Dame-du-Bon-Conseil, les mécontents ne se soumettent pas: «les uns cessèrent de fréquenter les sacrements, les autres de payer dîme; d'autres s'aigrirent au point de menacer de se faire protestants et s'adressèrent même au ministre protestant d'une paroisse des environs pour l'attirer au milieu d'eux».[27]

L'administration temporelle des paroisses n'évolue pas. On conserve, à toutes fins pratiques, l'héritage de l'ancien droit paroissial. La Fabrique, personne civile, représente la paroisse et gère ses intérêts. Le Conseil de fabrique, présidé par le curé, est composé de trois ou quatre marguilliers élus soit par les francs-tenanciers, soit par les marguilliers anciens et nouveaux. On les remplace au rythme de un par année. Mgr Bégin a toujours souhaité uniformiser le mode d'élection. Son ordonnance épiscopale du 27 avril 1901 réserve aux marguilliers anciens et actuels l'élection d'un nouveau marguillier. En 1924, il réclame au premier ministre une loi spéciale pour que les assemblées tenues pour l'élection des marguilliers, la reddition des comptes et toute affaire d'intérêt général soient composées uniquement de marguilliers anciens et nouveaux.[28] La requête de Mgr Bégin ne semble pas avoir de suite et les deux procédures demeurent en vigueur.

2. LES RESSOURCES FINANCIÈRES

Le système paroissial n'est pas seulement le cadre fondamental de la vie chrétienne; c'est aussi la base financière de l'Église catholique. La paroisse est financièrement autonome. La Fabrique assume la gestion des revenus tirés du casuel (coûts des services religieux particuliers, tels que mariages, baptêmes et enterrements), de la vente des bancs d'église, des quêtes ordinaires et de la répartition (impôt spécifique destiné à couvrir les coûts de construction de l'église et du presbytère). L'Église dispose aussi d'un système de perception hérité de l'Église française du XVIIe siècle, la dîme, qui lui permet d'assurer la subsistance du clergé paroissial; rien d'étonnant alors à ce qu'elle affecte massivement son personnel au ministère paroissial. Le cadre paroissial fournit en outre une bonne part des revenus extraordinaires, destinés au financement des multiples œuvres que l'Église a à sa charge, qui proviennent de quêtes spéciales et d'activités de loisir: fêtes, bingos, parties de cartes, etc.

L'entretien du clergé

Au dire de Mgr Bégin, en 1906, la dîme «constitue, d'ordinaire, un revenu bien suffisant» pour les curés. Définie comme le 26e minot de tous les grains, la dîme fait cependant de plus en plus problème, car la production céréalière diminue au profit de l'industrie laitière, de l'élevage et de la culture du foin. Et de moins en moins de Québécois vivent d'agriculture. Une dîme sur les seuls grains, et payée en nature, devient encombrante et peu rentable. Le Concile plénier laisse à l'Ordinaire le soin de régler ce problème: «on assignera aux prêtres appliqués au ministère des âmes une honnête subsistance, dont le mode et la mesure seront déterminés par l'évêque, pour chaque diocèse» (décret 627). Les évêques en viennent à généraliser un supplément sur le foin et les pommes de terre, dans les régions rurales, et une capitation pour les emplacitaires des villages et des villes. Les bases de la capitation sont variables: elles consistent en certains endroits en une redevance fixe payée par les chefs de famille; en d'autres, en une taxe en fonction du revenu ou de la valeur de la propriété. Des évêques songent à uniformiser la capitation et à la substituer à la dîme par «une cotisation basée sur le rôle d'évaluation». La proposition ne rallie pas le corps épiscopal qui, en février 1926, décide de s'en tenir aux règlements en vigueur dans les diocèses. La dîme, édictée par l'Édit royal de 1679 et garantie par l'Acte de Québec de 1774, est la seule taxe religieuse que la loi civile reconnaît et elle a même priorité sur les taxes municipales. Habitués au système de la dîme, les fidèles font peu de différence avec la capitation, considérée comme une autre modalité de la même obligation. En réalité, seule la dîme est légalement obligatoire. C'est la raison pour laquelle plusieurs évêques sont convaincus que «pour rien au monde il ne faudrait toucher [au] système de dîme».

Au niveau diocésain, le soutien temporel des évêques est assuré par la cathédratique, taxe imposée aux paroisses en vertu de l'article 1473 du droit canonique qui demande de disposer du superflu en faveur des pauvres. La cathédratique québécoise, bien bénéficial, diffère de la cathédratique du code probénédictin, qui est nominale et symbolique d'un état de dépendance. Effectivement, les revenus tirés de la cathédratique dépassent les besoins personnels de l'évêque et du personnel de l'archevêché; ils sont donc utilisés pour le financement des œuvres diocésaines. La cathédratique s'alimente à deux sources: le revenu des curés (indult 1852) et celui des fabriques (indult 1889). D'un diocèse à l'autre, son application varie, selon que l'évêque dispose ou pas des revenus d'une église cathédrale. En 1900, ni Québec, ni Nicolet, ni Trois-Rivières ne prélèvent de cathédratique. Chicoutimi la perçoit et, à Rimouski, l'évêque l'a fixée au dixième des revenus de ses curés. En 1904, le clergé de Rimouski en appelle au délégué apostolique, la trouvant trop lourde. Le Concile plénier laisse les évêques libres de pourvoir à leur subsistance et à leurs œuvres par une cathédratique ou une taxe spéciale fixée avec équité. Afin de rencontrer leurs obligations de plus en plus lourdes, la plupart des évêques sont obligés de percevoir une cathédratique ou un équivalent. En 1915, l'établissement d'un chapitre oblige le cardinal Bégin, incapable d'accorder des prébendes aux chanoines à même les revenus de l'évêché, de percevoir une cathédratique, qu'il limite à 5% des rentes de bancs paroissiaux, un taux bien inférieur à la coutume. En 1929, le cardinal Rouleau devra en hausser le taux.

Il n'existe aucun système établi pour l'entretien des religieux, si ce n'est le principe général que le peuple doit les nourrir pendant qu'eux se chargent de l'édifier. Les clercs tirent un maigre revenu des honoraires de messes et reçoivent, le cas échéant, des honoraires plus substantiels des curés qui retiennent leurs services pour la prédication; ces revenus vont à la communauté. Règle générale, les enseignants du secteur public reçoivent un faible salaire des commissions scolaires. Chaque communauté se tire d'affaire comme elle peut, selon ses ressources, ses traditions ou les possibilités du moment. Les Sulpiciens sont de riches propriétaires fonciers; les Trappistes et les Bénédictins, selon la tradition monastique, vivent d'agriculture; les Augustines de Chicoutimi, communauté hospitalière, cultivent un jardin et impriment, aux frais de leur protecteur, *Le Messager de Saint-Antoine*; les Sœurs du Bon Pasteur d'Angers exploitent une buanderie;

expertes quêteuses, les Sœurs de la Miséricorde se rendent quand même utiles par des travaux de couture. La subsistance de leur personnel, qui vit très pauvrement, ne représente cependant qu'une bien faible part du problème de financement des communautés, qui ont, pour la plupart, des œuvres considérables à faire fonctionner. Sans le soutien de leurs bienfaiteurs, la majorité des communautés auraient vu leur développement complètement paralysé.

Le financement des œuvres

Première responsable de l'éducation, de la santé et de la sécurité sociale, l'Église a plusieurs charges d'un État sans en avoir la capacité de taxation. Elle doit donc recourir au système de la «taxe volontaire», sous forme de quêtes et de chasse aux bienfaiteurs. Les fidèles ne songent guère à remettre en question ce mode de financement; les quêtes spéciales ont beau se multiplier, la population catholique continue de payer. La philanthropie, en outre, s'en remet volontiers aux communautés plutôt que de songer à s'organiser sur une base d'initiative privée. Le financement des œuvres de l'Église est ainsi largement assuré par la charité publique. Partie intégrante du développement économique, l'accroissement des besoins pris en charge par l'Église appelle cependant un bouleversement de ce système: au cours du XXe siècle, les œuvres de l'Église auront à se déplacer de la sphère de la charité à celle de la justice, qui relève de l'État.

Jusqu'aux années 1920, l'État ne contribue aux œuvres de l'Église que par des subventions d'appoint. En 1898, par exemple, les Sœurs de la Miséricorde chiffraient leurs dépenses depuis cinquante ans à 336 571$, dont 4 802$, soit 1%, payées par le gouvernement. Entre 1901 et 1931, la part des subventions gouvernementales dans les revenus des institutions gérées par l'Église augmente de 1266%, l'accélération datant surtout des années 1920. Les subventions à l'indigence notamment ont un peu plus que doublé en 1921 par rapport à 1911; dix ans plus tard, elles auront encore presque quadruplé.

TABLEAU 10

SUBVENTIONS ÉTATIQUES À L'INDIGENCE

(EN DOLLARS)

ANNÉE	Aliénés	Hôpitaux	Sanatoriums	Asiles, etc.	Total
1901	321 979	27 212	—	17 358	366 549
1911	460 737	31 780	—	24 048	533 565
1921	988 993	39 518	108 778	88 818	1 245 107
1931	1 300 000	2 097 411	584 902	438 965	4 641 278

SOURCE: *Annuaire du Québec.*

Un sociologue de l'époque a recueilli certaines données sur la situation financière, en 1930, des communautés qui travaillent dans le secteur du bien-être.[29] Des 173 établissements de charité répertoriés par Arthur Saint-Pierre, 145 sont la propriété de 39 communautés. Le budget global de ces 145 établissements privés se chiffre à 8 224 834$ pour les dépenses et à 7 844 394$ pour les revenus, soit un revenu moyen d'environ 55 000$ et un déficit moyen de quelque 2 600$; 10 des 39 communautés accusent, cependant, un surplus au lieu d'un déficit. La part des subventions gouvernementales dans le revenu est établie à 2 997 787$ (38%), celle de la clientèle payante à 1 764 624$ (22%), l'autre 40% (3 081 933$) provenant de sources «diverses». Quant aux déboursés, ils sont comptabilisés pour 15% dans la rubrique «intérêts et investissements», pour 1,3% dans la rubrique «taxes», 83% étant attribué aux rubriques «salaires et divers». C'est dire qu'on ne sait à peu près rien sur les sources de revenus des communautés et sur leur budget de fonctionnement.

Il serait extrêmement hasardeux de tenter de décrire de façon relativement sûre le mécanisme de financement des œuvres de l'Église et son évolution dans le premier tiers du XXe siècle. Les monographies font défaut, les données utilisables ne sont pas inventoriées et, qui plus est, le système financier de l'Église est un écheveau inextricable qui semble se caractériser par la décentralisation, l'autonomie, la disparité et le manque de rationalité comptable. Les œuvres de l'Église sont implantées et prises en charge par les communautés, petites entreprises qui fonctionnent bien souvent avec des systèmes de broche à foin. Elles ne dépendent pas financièrement du diocèse, qui s'apparente sous ce rapport à une communauté parmi d'autres: les évêques ont leurs œuvres comme les Jésuites ou les Sœurs de la Charité ont les leurs. Plusieurs communautés, cependant, dont les communautés de femmes, ont à rendre compte à l'évêque de leur administration. Réciproquement, les communautés bénéficient parfois de l'assistance financière du diocèse. Les Sœurs de la Miséricorde, par exemple, propriétaires d'un vaste immeuble au centre de Montréal qui leur a été fourni gratuitement par les financiers de Mgr Bourget, se font encore donner, en 1903, un terrain de banlieue par Mgr Bruchési. À Québec, Mgr Bégin a confié à l'abbé P.-E. Roy le sauvetage financier de l'Hôpital du Sacré-Cœur. Il s'agit là toutefois de mesures d'exception. La décentralisation caractérise encore l'administration interne des communautés; règle générale, chaque établissement est financièrement autonome et la maison mère n'intervient qu'en cas d'extrême nécessité. Si les finances de l'Église ont quelque chose qui s'apparente à un système, la charité, ici encore, en semble le seul mécanisme d'intégration. Les communautés riches et les curés de paroisses, qui disposent d'un revenu assuré, sont en effet les premiers souscripteurs aux campagnes de financement déclenchées par le développement d'une œuvre, établissant ainsi une sorte de péréquation en faveur des communautés pauvres. Lorsqu'en 1913, par exemple, les Sœurs du Bon Pasteur d'Angers, déjà bien cousues de dettes, entreprennent de se construire, elles font appel à l'archevêque qui «recommande l'œuvre à la libéralité [des] familles catholiques». «À quelques épargnes, fruit de sévères économies, s'additionnent les premières souscriptions: la liste s'ouvre par les Messieurs de Saint-Sulpice (2 000$).»[30]

D'une communauté à l'autre, d'un type d'œuvre à l'autre, le mode de financement est fort variable. Les besoins d'abord sont différents: les hospitalières ont des dépenses d'équipement à couvrir et les communautés vouées à l'assistance doivent pourvoir à l'entretien matériel de leurs clients, alors que l'enseignement ne coûte à peu près rien. Dans le domaine de la santé et du bien-être, les communautés doivent renforcer leurs effectifs par une main-d'œuvre salariée, pratique exceptionnelle chez les enseignants. (Les laïcs qui travaillent dans l'enseignement se retrouvent surtout dans le secteur public, au niveau primaire, où ils sont payés par les commissions scolaires.) Comme les enseignants, les hospitalières peuvent boucler leur budget grâce à une clientèle en bonne partie payante, mais les communautés dites «de charité», qui s'adressent à une clientèle par définition non payante, doivent recourir à d'autres expédients. La plupart exploitent une industrie d'appoint. Toutes dépendent d'un ou de plusieurs bienfaiteurs; toutes misent sur la charité publique. La plupart ont également commencé, dès le début du siècle, à faire pression sur le gouvernement, qu'elles auraient bien souhaité voir figurer en tête de liste de leurs «bienfaiteurs».

L'absence de base financière institutionnalisée, sauf chez certaines communautés qui ont été bien dotées durant le Régime français, a-t-elle des incidences importantes sur le développement des œuvres des communautés? Entreprises à but non lucratif, les communautés se développent en fonction de leur capital humain, non en fonction de profits réels ou escomptés. On fonde quand on a du personnel disponible; mais où choisit-on de fonder? Étant donné la norme d'autonomie financière de chaque établissement, les communautés préfèrent parfois implanter leurs œuvres là où la subsistance du personnel est d'avance assurée. Le cas des Sœurs de la Miséricorde est assez instructif sous ce rapport. Cette communauté, destinée à venir en aide aux filles-mères, a été fondée et financée par Mgr Bourget au milieu du XIXe siècle. De 1898 à 1914, les sœurs ouvrent huit filiales, dont une seule au Québec. Les autres fondations sont faites au Canada anglais et aux États-Unis, le plus souvent à la demande et grâce au support financier de l'évêque du lieu. Dans plusieurs cas, l'œuvre des filles-mères est mise de côté. «À notre œuvre première, déclare la supérieure, nous avons ajouté, sur l'avis des évêques, celle des hôpitaux, notamment [aux États-Unis].» En fait, les sœurs, qui quêtent systématiquement outre-frontière depuis plusieurs années, ont manifesté leur reconnaissance aux Américains en acceptant la charge de deux hôpitaux protestants, financés respectivement par les citoyens et par un philanthrope. De 1914 à 1929, il n'y a aucune fondation, malgré plusieurs demandes venues principalement des diocèses du Québec. Les religieuses préfèrent consolider les maisons existantes et donnent pour justification le manque de personnel. En 1925, la supérieure générale est ainsi en mesure d'écrire à sa communauté: «Je ne vous cache pas, mes chères sœurs, que ces succès matériels dans quelques-unes de nos missions me font peur.»[31]

Les biens de l'Église

Pour aucune année nous ne disposons d'une vue d'ensemble des revenus de l'Église. Encore moins disposons-nous d'une vue de ses biens et capitaux fonciers ou monétaires. Une telle statistique sera difficile à établir. Parmi ces capitaux, il faut d'abord mettre à part les biens des fabriques (églises, presbytères, terres de fabrique) dont la valeur marchande est presque nulle et qui appartiennent en fait à la communauté paroissiale, non au clergé. Il faudrait aussi considérer séparément les biens personnels du clergé séculier, qui n'entrent dans la catégorie des «biens d'Église» que sous certains aspects, les taxes et impôts notamment. Les biens d'Église institutionnels comprennent les biens diocésains, contrôlés par l'évêque, qui sont généralement relativement modestes, et les biens des communautés, dont la valeur est extrêmement variable. La conscience populaire a retenu que les communautés religieuses étaient riches, perception qui s'est probablement formée progressivement, au cours des années 1900-1930, à mesure que le territoire québécois se parsemait de couvents, d'hospices, etc., et que s'élevait le montant des taxes foncières destinées à assurer les services municipaux, dont ces immeubles jouissaient presque gratuitement. Au début du siècle, les anciennes communautés sont effectivement riches d'immeubles libres de toute dette, que bien souvent elles ont reçus gratuitement. Au XXe siècle, les dons en terrains semblent se faire beaucoup plus rares, de sorte que les communautés nouvellement implantées doivent nécessairement s'endetter pour s'établir. Bien souvent, elles n'hésitent pas à se mettre sur les épaules une dette disporportionnée par rapport à leurs ressources, pour s'établir à leur convenance et développer leur œuvre. Reste à savoir comment elles comptent éponger cette dette. Les communautés sont en fait d'incurables propriétaires fonciers, ce qui donne une face visible à leur richesse. Mais si une propriété est nécessairement source de dépenses, elle n'est pas nécessairement — à moins d'en réaliser la valeur marchande — source de revenus. Par ailleurs, on ne sait strictement rien sur le capital financier des communautés. De sorte que, derrière la façade majestueuse d'un couvent, peut tout aussi bien se dissimuler une pesante hypothèque qu'un confortable capital-action. Au chapitre des biens matériels, on ne peut alors que formuler des hypothèses. Tout d'abord, il semble bien que l'Église québécoise est beaucoup moins riche, même compte tenu de sa population, que l'Église de France d'Ancien Régime. Peu de ses institutions sont constituées: ni les évêchés, ni les chapitres, ni la majorité de ses communautés ne le sont. Vers 1900, des Églises diocésaines, telles celle de Chicoutimi et celle de Rimouski, sont fort pauvres et, au dire de Mgr Bégin, nombreuses sont les communautés qui «chiffrent leurs dettes dans les cent mille piastres et le champ où elles doivent moissonner les ressources nécessaires pour se maintenir et se développer est bien restreint». Une autre hypothèse serait que l'Église québécoise a considérablement accru ses biens durant le premier tiers du XXe siècle et qu'elle les a accrus à un rythme plus rapide que celui de la société canadienne-française. Cela tient à la capitalisation croissante des communautés dont les effectifs augmentent rapidement, à l'urbanisation qui accroît la valeur des propriétés foncières urbaines dont dispose l'Église, à une habile gestion des épargnes et des propriétés. Donnons un indice: l'évolution de la valeur des propriétés catholiques exemptes de taxes dans la ville de Québec. Ces propriétés sont évaluées à 3 063 160$ en 1901, 4 922 460$ en 1911, 10 561 760$ en 1921 et 21 431 900$ en 1931. Cette année-là, ces propriétés représentent 45% des propriétés exemptes de taxes.

Les immunités ecclésiastiques

Les biens de l'Église québécoise sont exemptés de taxes. L'immunité ecclésiastique, ce droit par lequel les personnes et les biens de l'Église échappent aux impositions séculières, est une antique tradition chrétienne qui trouve son fondement juridique dans le droit divin — l'indépendance souveraine de la société religieuse — et son fondement social dans le service à la communauté. Les biens de l'Église, soutient-on, sont les biens de Dieu; «ils sont en dehors du territoire soumis au pouvoir civil et au-dessus de sa juridiction». Les immunités ecclésiastiques ne sont donc pas un privilège accordé à l'Église par l'État et que celui-ci peut retirer si le bien commun l'exige: «seul le bon vouloir de l'autorité ecclésiastique peut apporter à l'usage de ce droit les limites, les tempéraments que le bon sens ou l'équité exige». Inflexible sur la question de principe, l'Église pourrait condescendre à quelques arrangements mais fort limités. Car taxer l'Église n'est pas seulement demander à Dieu de payer tribut à l'État, c'est «diminuer d'autant les sources de la charité qui alimentent la vie des pauvres».[32]

De 1847 à 1870, les biens de l'Église avaient joui d'une immunité complète. Le Code municipal de 1870 avait percé une brèche dans ce système de privilèges: il avait assujetti à l'impôt les biens ecclésiastiques possédés pour en retirer des revenus et obligé clercs et religieux à entretenir les chemins de front longeant leurs propriétés. Assez curieusement de prime abord, la Loi des cités et villes de 1873 n'établissait pas ces distinctions et, comme le code d'avant 1870, semblait consacrer l'immunité complète des biens ecclésiastiques. Au fond, le maintien de l'exemption en faveur des entreprises de l'Église visait peut-être l'entreprise comme telle et non seulement son caractère sacré. Pour favoriser le développement économique, en effet, plusieurs petites villes ne taxaient pas non plus les propriétés industrielles. Ce système généralisé d'exemptions causait problème aux édiles municipaux. L'aménagement urbain coûtait cher et si l'Église, un des plus gros propriétaires fonciers, était exempte de taxes, au même titre que les entrepreneurs qui faisaient vivre la population, les coûts d'amélioration des services retombaient sur les épaules des commerçants et des petits contribuables. En revanche, l'aménagement urbain profitait à l'Église, non seulement parce qu'elle utilisait comme les autres les services publics, mais parce que la valeur de ses propriétés foncières s'accroissait d'autant. Le problème se posait avec acuité à Montréal, où on évaluait, en 1889, à 17 000 000$ la valeur des propriétés possédées en mainmorte, et aussi dans certaines villes où les biens ecclésiastiques dominaient le paysage. Peu à peu se dessinait un mouvement en faveur d'une immunité mitigée. Lors de la session de la Chambre en 1893-1894, le député G.W. Stephens avait proposé un projet de loi visant à taxer les communautés religieuses possédant une petite entreprise et, en 1898, Mgr Bruchési et le fidèle Laurier avaient de justesse empêché le maire de Montréal de passer un règlement en ce sens.[33]

Il eût été étonnant que l'Église jouât toujours gagnante. En 1903, la Loi des cités et villes, conçue en fonction des problèmes montréalais mais dont la portée est générale, élargit la brèche ouverte en 1870 par le Code municipal: désormais les biens ecclésiastiques sont assujettis aux taxes extraordinaires pour les améliorations locales, telles que les travaux d'égouts, la construction des trottoirs et des rues, l'éclairage public. À partir de 1903, prévaut donc une situation fort complexe. La ville de Québec est sous le régime de l'immunité absolue; celle de Montréal n'est liée par aucune réglementation quant aux modalités de prélèvement d'une taxe spéciale; certaines villes ont par leur charte des droits particuliers; les municipalités rurales, à toutes fins pratiques, appliquent l'immunité.[34]

Les édiles municipaux désirant faire contribuer les biens ecclésiastiques à l'aménagement de leur ville sont placés devant une alternative: s'entendre à l'amiable avec l'Ordinaire ou obtenir des pouvoirs spéciaux dans la charte qui érige leur ville en corporation civile. La bataille des immunités se livre donc au niveau des municipalités urbaines et du Parlement. Elle débute à Saint-Hyacinthe, en 1905, où T.-D. Bouchard, rédacteur de L'Union, se fait élire au municipal en inscrivant dans son programme la municipalisation de l'électricité et la taxation des propriétés religieuses, ainsi que des emplacements industriels. Sa stratégie consiste à demander que certaines clauses de la Loi des cités et villes de 1903 soient incluses dans la charte de Saint-Hyacinthe. T.-D. Bouchard rêve d'une grande bataille mais ses collègues, plus modérés, préfèrent une entente à l'amiable: les communautés s'engagent à payer la taxe d'eau, et l'Ordinaire, à verser une subvention spéciale de 800$ comme contribution aux améliorations locales. En 1906, ce sont les Rimouskois qui manifestent leur mauvaise humeur. L'Église possède dans leur ville des propriétés estimées aux deux cinquièmes de l'ensemble de l'évaluation foncière. Obligés d'effectuer des travaux d'aqueduc et d'égout évalués à 125 000$, les édiles de Rimouski demandent à la Législature d'amender leur charte de façon à pouvoir imposer les biens ecclésiastiques. Mgr Blais décide de mener le bon combat. À l'Assemblée, le débat s'effectue suivant des lignes partisanes: les bleus, alimentés en sous-main par des canonistes, défendent le principe des immunités, et les libéraux, l'idée non d'un impôt mais «d'une légère contribution». Le projet rallie une majorité de députés. L'affaire prend des proportions provinciales et les très catholiques Rimouskois en sont gênés. Pendant que Thomas Chapais fourbit ses armes pour une grande bataille au Conseil législatif, les édiles de Rimouski battent en retraite et proposent une entente à Mgr Blais qui, plutôt que de risquer de tout perdre, l'accepte. Le projet de loi modifié n'est plus que la mise en forme d'une entente à l'amiable, et le Conseil législatif la vote.

L'épiscopat, qui n'avait pas cru bon en 1903 de réagir collectivement à la Loi des cités et villes, se trouve maintenant dans une impasse. Une vingtaine de villes font amender leur charte dans le sens de la loi de 1903, bien que, semble-t-il, il n'y ait que Longueuil — et peut-être Saint-Lambert et Beauceville — qui se prévalent de leur pouvoir pour taxer les communautés. La taxe d'eau tend à se généraliser dans les villes. Faute d'une action concertée, chaque évêque en est rendu à s'efforcer seul de contenir l'appétit des édiles municipaux de son diocèse. En 1910, Mgr Paul-Eugène Roy tance vertement le maire de Québec qui, à l'occasion d'une refonte en profondeur du système de taxation, songe à imposer les communautés: «Vos avocats font mieux de ne pas trop remuer ces choses-là, et je conseille fortement aux échevins de ne pas soulever de discussions autour de quatre ou cinq pauvres couvents.»[35] À Trois-Rivières, Mgr Cloutier obtient que la ville restitue les taxes (quelque 1 000$) qu'elle a prélevées sur les institutions religieuses. Mais à Saint-Hyacinthe, Mgr Alexis-Xyste Bernard ne peut contrebalancer l'influence des radicaux de sa ville qui portent leur cause devant un comité privé de l'Assemblée législative. La question des immunités devient, en 1915, l'occasion d'un affrontement politico-religieux. La bonne presse, dont *La Revue dominicaine*, défend la cause des immunités. À Mgr Cloutier qui, en mars, suggère une lettre collective, le cardinal Bégin répond qu'il est un peu tard pour le faire, qu'il éprouverait de la difficulté à obtenir un consensus et qu'il regrette qu'on ait «laissé depuis bien des années nos villes voler certaines immunités [...], se forger toute une législation et se dresser toute une armée de chartes urbaines qui sont comme les défis permanents aux droits de l'Église».[36] Dans les journaux, le débat s'envenime mais semble manquer de profondeur. *L'Action catholique* prophétise plus qu'elle ne raisonne: «Malheur aux peuples chez qui sont amoindries les vérités saintes! Malheur à notre pays, si l'absence de doctrine parvient à se généraliser.» En 1916, le débat qui entoure l'adoption d'un nouveau Code municipal fait monter la fièvre, car un article, inspiré de la Loi des cités et villes, assujettit les biens ecclésiastiques aux impôts prélevés «pour l'éclairage public, l'achat et l'entretien des appareils destinés à combattre les incendies»; l'impôt cependant est basé sur la valeur, non de l'immeuble mais du terrain seulement. *L'Action catholique* a beau traiter les radicaux «de mangeurs de curés, taxeux des biens d'Église, démagogues», le projet devient loi. L'immunité absolue n'existe plus au Québec, si ce n'est en quelques municipalités urbaines dotées d'une charte spéciale. La loi proclame le principe de l'immunité, mais par le truchement de la taxe spéciale elle le détruit dans la pratique. Par le jeu des exceptions dans les chartes des villes, le législateur en vient graduellement à ériger l'exception en règle générale.

En 1922, lors d'un nouveau projet de loi des cités et villes, le gouvernement tente d'accroître davantage le fardeau de l'impôt sur les biens ecclésiastiques (projet de loi n° 3, art. 492). Cette fois-ci, l'Église réagit et vite. En janvier, sans doute au courant de la législation en préparation, l'épiscopat demande au premier ministre Taschereau de révoquer la législation qui assujettit à l'impôt les biens ecclésiastiques. En novembre, le cardinal Bégin lui fait savoir qu'il n'acceptera pas de fardeau plus lourd que celui qu'impose le Code municipal de 1916. Taschereau s'incline et le cardinal Bégin, en décembre, l'informe qu'il nourrit «l'espoir que le gouvernement de notre catholique province s'en tiendra à la limite atteinte, et ne forcera jamais l'épiscopat, par de nouvelles exigences, à défendre contre lui les droits de la sainte Église».[37]

3. L'ÉDIFICATION DE LA SOCIÉTÉ

L'industrialisation par le capital étranger, épine dorsale du projet libéral, apporte une réponse toute faite au problème collectif qui angoisse les élites canadiennes-françaises depuis un demi-siècle: l'émigration massive aux États-Unis. Amorcé tôt au XIXe siècle, le mouvement migratoire se poursuit jusqu'en 1930, où il ne cesse qu'avec la fermeture de la frontière américaine. Selon les estimés d'un publiciste de l'École sociale populaire, de 1851 à 1910, l'émigration aux États-Unis aurait saigné la nation de quatre cent-trente paroisses de mille âmes.[38] Le phénomène entretient un sentiment d'urgence nationale. Pour les pasteurs du peuple, ces fiers jeunes gens, ces belles familles qui partent chaque année, c'est leur propre patrimoine qui leur est arraché. Le jésuite Adélard Dugré stigmatise cette saignée migratoire comme «le phénomène le plus complet d'insouciance, de naïveté, de désagrégation nationale qu'ait fourni une nation civilisée à l'histoire du monde». Aveuglé par les appâts du lucre, abandonné par les sociétés nationales et les gouvernements, le peuple a abdiqué. La faute est collective, immense, irréparable. Le mythe de la mission providentielle — «échappatoire inventée après coup pour pallier la désertion de nos ignorants, de nos endettés, de nos flâneurs et de nos éblouis» — a donc fait son temps; sous le leadership de l'Église, les Canadiens français tentent maintenant de contrer la poussée migratoire par de nouveaux ressorts à la

Sous le leadership de l'Église, les Canadiens français tentent maintenant de contrer la poussée migratoire par de nouveaux ressorts à la vie communautaire. *De gauche à droite:* Alphonse Desjardins (Caisses populaires Desjardins); Ivanhoé Caron (Archives nationales du Québec).

vie communautaire, mettant ainsi en place les leviers d'une possible émancipation.

Les caisses populaires

Dès le début du XXᵉ siècle, l'Église mise sur l'idée de coopération, qui vise à affranchir le pauvre de la tutelle du riche par l'entraide et la mise en commun. Apparue timidement au XIXᵉ siècle, sous la forme d'assurances mutuelles puis, sous l'impulsion des Chevaliers du travail, dans différents secteurs de la vie économique, l'idée coopérative fait son entrée en force, au tournant du siècle, grâce à l'initiative d'un laïc, Alphonse Desjardins (1854-1920).[39]

Rapporteur officiel des débats aux Communes, Desjardins avait pris conscience du problème du crédit populaire à l'occasion d'un projet de loi sur l'usure, en 1893: le système bancaire a été institué pour répondre aux besoins du commerce et de l'industrie; sans système adapté à leurs besoins, les couches populaires sont livrées à la merci des usuriers. Au lieu de sanctionner les pratiques usuraires, mieux vaudrait les faire disparaître en les rendant inutiles. L'instabilité financière du peuple, s'était dit Desjardins, n'est sûrement pas le moindre facteur dans la désertion des campagnes et la migration aux États-Unis. Il y a sûrement moyen d'attaquer le mal par là: «Pour l'amour de Dieu, commençons!» Pendant plusieurs années, Alphonse Desjardins étudie les systèmes d'épargne et de crédit populaire qui existent en Europe et cherche un moyen d'adapter l'idée au milieu québécois. L'unité paroissiale lui apparaît comme «la cellule économique idéale, le cadre parfait où doit fonctionner une telle caisse», parce qu'une association coopérative, étant basée sur la confiance réciproque, présuppose l'existence de liens communautaires. La caisse coopérative, en retour, «greffée sur l'unité paroissiale, ne peut manquer de fortifier l'attachement de nos compatriotes pour le clocher natal, le leur rendre plus cher puisqu'il symbolisera non seulement leurs aspirations les plus élevées, mais aussi celles de l'ordre matériel, qui ne sont pas à dédaigner après tout».

L'idée n'est évidemment pas pour déplaire au clergé, d'autant plus qu'Alphonse Desjardins, ardent dévot du Sacré-Cœur, peut faire valoir ses titres d'authentique apôtre social. Le 1er janvier 1901, l'abbé François-Xavier Gosselin, curé de la paroisse mère de Lévis, salue du haut de la chaire, en des termes prophétiques, la naissance de la première caisse populaire: «Cette institution aura une répercussion sur notre avenir national; demain cette organisation coopérative d'épargne et de crédit couvrira toute l'Amérique.» L'initiative de Desjardins est à ce point indiscutable que les gouvernementaux lui font le même accueil enthousiaste. Recevant le projet de loi des syndicats coopératifs que Desjardins veut faire adopter en Chambre, le premier ministre Gouin répond à l'auteur: «Mon cher Alphonse, tu prépares par cette loi l'indépendance économique des nôtres»; et la loi est adoptée à l'unanimité, à la session de 1906.

Le mouvement coopératif est catholique et français et il se développe sur une base paroissiale, à l'ombre des clochers.

Ses visées rencontrent directement celles de l'Église, car Desjardins le conçoit autant comme œuvre de restauration morale que de restauration économique. Par delà la fonction d'émancipation économique, la coopération est appelée à remplir un rôle primordial d'éducation au civisme, à la vraie démocratie et aux vertus chrétiennes. Sans s'attarder à certains aspects par trop révolutionnaires de la pensée de Desjardins — qui veut adapter ses associations non seulement aux besoins et aux circonstances, mais «même aux désirs des classes populaires» — le clergé se fait un fervent promoteur du mouvement. «Sans l'appui des prêtres, avoue Desjardins, l'institution des caisses populaires ne serait jamais née.» Plusieurs curés agissent comme gérants de caisses. Et Mgr Bégin, soucieux de ne pas compromettre l'essor du mouvement, fait appel au pape, en 1911, lui demandant de retarder d'une année l'application du décret du 18 novembre 1910 qui interdit au clergé de gérer des entreprises. Il argumente de la nécessité de jouer un rôle de suppléance — plusieurs paroisses n'auraient pas de laïcs capables de tenir la comptabilité — afin d'assurer l'avenir des caisses populaires «qui font un très grand bien, habituant notre peuple à l'économie, à la sobriété, à la fuite du luxe».[40]

La colonisation

Les caisses populaires s'adressent indifféremment aux ruraux et aux citadins, pour répondre à des besoins tant de consommation que d'investissement et elles ne privilégient aucun secteur de la production économique. C'est leur fonction éducative et culturelle qui leur vaut le patronage de l'Église. Pour la même raison, l'agriculture demeure, aux yeux de l'Église, l'activité économique privilégiée: c'est elle qui peut conserver au peuple «son indépendance et sa dignité, sauvegarder la simplicité de ses mœurs, le maintenir sobre et honnête».[41] La mise en valeur de nouveaux territoires agricoles est la première tâche d'urgence nationale prise en charge par l'Église. Poursuivant un projet esquissé dans la seconde moitié du XIXᵉ siècle, l'Église oppose, à l'industrialisation par le capital étranger, «la colonisation de notre pays par les enfants du sol»: pour Mgr Bégin, en 1901, «voilà le gage de notre avenir commun comme peuple, c'est en elle que reposent les espérances de notre nationalité canadienne-française». Périodiquement, des congrès rallument la flamme de la colonisation et lancent des mots d'ordre: à Montréal en 1898, à Chicoutimi en 1919, à Québec en 1923, à Montréal en 1926. Les mandements des évêques, les sermons, les tracts, la bonne presse amplifient ces messages. En 1923, une lettre collective des évêques fait aux ruraux un devoir de rester fidèles à la terre ancestrale.

Contrairement au XIXe siècle, l'Église n'appuie que mollement l'émigration dans l'Ouest canadien, en dépit des appels pressants de Mgr Langevin. Elle concentre son action au Québec, notamment dans le Témiscamingue et en Abitibi, que le Transcontinental ouvre à la colonisation vers 1910, ainsi que dans le nord de l'Ontario. Mgr de Rimouski s'en explique à Mgr de Saint-Albert: «L'honneur de notre race, la conservation de sa foi [...] nous imposent l'obligation sacrée de travailler d'abord, et sans relâche, à l'affermissement de son règne sur les bords du Saint-Laurent.»[42] Symptôme d'échec de l'utopie d'un Canada biculturel, ce repli en terre québécoise, ou dans sa périphérie, s'explique aussi par le peu d'attrait qu'exerce l'Ouest sur les Québécois. Ceux qui consentent à l'exil se dirigent massivement vers la Nouvelle-Angleterre, d'où le retour est chose facile et d'ailleurs fréquente.

Tandis que l'État se charge d'ouvrir les routes, la politique de colonisation, esquissée dans les congrès et le cabinet des évêques, est mise en œuvre par l'appareillage monté au XIXe siècle: les sociétés diocésaines de colonisation, les œuvres des missionnaires-colonisateurs et des missionnaires agricoles. Ivanhoé Caron (1875-1941) s'impose comme le prototype du missionnaire-colonisateur durant cette période. Sa célébrité lui vient en partie de la région qu'il dessert, l'Abitibi. Caron y exerce son ministère de 1911 à 1923. Il est nommé à ce poste par le gouvernement. Il assume trois fonctions: la publicité, l'assistance aux colons et l'organisation de la colonisation. Il se révèle l'un des plus habiles publicistes de l'époque, prononçant des conférences et distribuant des tracts dans les vieilles paroisses débordantes de vitalité. Sa vision des choses est très claire. L'exode vers les États-Unis menace l'équilibre socio-économique entre la production et la consommation et il hypothèque l'avenir. «Restons donc chez nous et emparons-nous du sol.» Caron favorise l'émergence de «centres de colonisation» dans les paroisses de la vallée, afin de recruter des colons et amasser des fonds par sous-criptions publiques. Deux fois l'an, il organise des excursions par chemin de fer qui transportent, à prix réduits, les colons dans l'Abitibi. Il veille à leur implantation. Avec l'évêque du lieu, les ingénieurs forestiers et les agents des terres du gouvernement, il repère les bonnes terres et fixe l'emplacement des futurs villages. Il favorise une colonisation communautaire, arguant qu'il est plus aisé de pourvoir en services une population bien regroupée. Dans ses rapports annuels au ministère de la Colonisation, il établit des bilans, identifie des besoins, pressant les uns et les autres de se dévouer à une cause éminemment nationale.[43]

Les associations agricoles

Le projet d'une société à base agricole ne peut se réduire au mouvement d'expansion territoriale; il suppose aussi la consolidation et le développement des structures du monde rural. Vers la fin du XIXe siècle, les cercles agricoles, associations professionnelles à base locale, étaient venus concurrencer les trop élitistes sociétés régionales d'agriculture dans la course aux subventions étatiques. En 1893, une loi les plaçait sous la tutelle du gouvernement et détruisait le caractère professionnel de l'association qui les regroupait. Trop dépendants de l'État, les cercles étaient impuissants à insuffler un véritable dynamisme au monde rural. Au début du XXe siècle, l'Église et l'État tentent d'y pourvoir par l'implantation du mouvement coopératif qui venait de percer dans le domaine de l'épargne et du crédit.[44]

L'Église se retrouve ici pionnière. Dès 1903, l'abbé J.-B.-A. Allaire, alors curé d'Adamsville dans le diocèse de Saint-Hyacinthe, y fonde la première coopérative agricole, dans un but surtout d'éducation et de formation sociale. Le mouvement ne se répand cependant qu'à partir de 1909, à la faveur de la Loi des sociétés coopératives agricoles de 1908. En 1909, on ne compte encore que trois coopératives agricoles dans tout le Québec, mais, en 1913, il y en a déjà quarante. L'année suivante, l'abbé Allaire se rend en Belgique compléter sa formation coopérative en observant le mouvement qui y est implanté, la Ligue des paysans de Belgique. À partir de 1910, l'État embarque dans le mouvement, conçu ici comme démarche de rationalisation et de centralisation de la production et de la mise en marché. À l'instigation et sous le haut patronage du ministre de l'Agriculture, J.-E. Caron, la première coopérative provinciale de producteurs agricoles, la Coopérative des fromagers de Québec, qui s'occupe strictement de mise en marché des produits laitiers, voit le jour en 1910. L'année suivante, soucieux d'encadrer tout le mouvement coopératif, le ministre nomme l'abbé Allaire organisateur des coopératives agricoles, avec mission de regrouper en fédération les coopératives locales nées sous son inspiration. La Confédération des coopérateurs agricoles est fondée en 1916, avec comme fonctions propres l'éducation coopérative et l'approvisionnement. L'abbé Allaire semble malheureusement plus savant en doctrine coopérative qu'en organisation et la Confédération doit déclarer faillite en 1921.

Entre-temps, les Jésuites ont veillé à ne pas manquer le bateau. C'est le père Charles-Albert Bellemare qui prend en charge ce champ d'action avec la fondation, en 1913, du Comptoir coopératif de Montréal, inspiré directement du modèle belge. Comme les coopératives locales de l'abbé Allaire, le comptoir du père Bellemare, organisme interdiocésain, s'occupe d'approvisionnement et, bien sûr, d'éducation coopérative. Ici encore, des difficultés financières forcent le comptoir à se réorganiser complètement en 1920; les anciens leaders sont éliminés et on ouvre des succursales locales, reconnaissant par ce mode d'organisation centralisée plutôt que fédérative le caractère avant tout économique du mouvement coopératif. Avec l'appui d'une troisième coopérative supralocale, fondée cette fois par un agronome et dont les affaires sont bonnes, le ministre Caron décide de centraliser tout le mouvement coopératif agricole et de le prendre en tutelle. Malgré l'opposition du Comptoir coopératif et de l'abbé Allaire, la Coopérative fédérée voit le jour en 1922. Sous la haute surveillance du ministre, elle s'occupe surtout de la mise en marché des produits laitiers.

Le mouvement coopératif ayant été récupéré par l'État, l'Église se retourne vers l'organisation professionnelle des agriculteurs, domaine où son action ne risque pas d'être paralysée par son peu d'intérêt pour les questions d'ordre proprement économique ou son incompétence en gestion d'entreprise. L'initiative en ce domaine ne vient pas des clercs, mais des cultivateurs eux-mêmes qu'inspirent les fer-

---

L'ÉPISCOPAT ET L'U.C.C., 1928

La question de l'Union catholique des cultivateurs est la première à l'ordre du jour. S.E. donne lecture des lettres de M. l'abbé Picotte, aumônier-général, et de M. l'abbé Grondin, signalant le danger qu'il y aurait de ne pas prendre la direction de ce mouvement. On est unanime à redouter l'effet des antipathies de quelques-uns des initiateurs. Ils développent chez les cultivateurs le défaitisme, l'aigreur, la haine de classe. Il faut prévenir, sinon, on aurait plus tard à envisager la nécessité d'une condamnation.

Mgr Gauthier suggère que chaque évêque en parle à son clergé en retraite.

Il faut laisser entendre: 1. Que l'Union, en principe, a l'approbation des évêques; 2. que les curés doivent s'en occuper activement; 3. qu'une restriction doit s'ajouter à l'article qui admet les protestants à faire partie de l'Union; de telle sorte qu'un protestant ne puisse pas être élu président d'un cercle de cette Union catholique; que la direction en soit toujours sous la direction de catholiques et sous le contrôle doctrinal de l'aumônier; 4. que les règlements déjà approuvés par les évêques soient observés, de telle sorte que l'Union ne soit inféodée à aucun parti politique.

miers de l'Ontario et de l'Ouest canadien regroupés récemment dans les Fermiers-Unis. Diverses associations d'agriculteurs naissent en 1918. L'une d'entre elles, les Fermiers-Unis du Québec, s'impose rapidement grâce au charisme personnel de son leader, Noé Ponton, qui est agronome et propriétaire-directeur du *Bulletin des agriculteurs*. Ce «grand gaillard plein de vie» est un éveilleur et un meneur. Ponton perçoit dans la tutelle étatique une dégénérescence du véritable esprit coopératif. Il songe d'abord à faire la guerre aux libéraux par la voie électorale, se portant lui-même candidat aux élections fédérales de 1921. La défaite lui fait prendre conscience des

Un aumônier devra être donné à chaque cercle. La question de l'aumônier-général amène l'assemblée à parler du perfectionnement qu'il convient d'apporter à l'action combinée de cet aumônier général et des aumôniers locaux, au service des mêmes doctrines. Il est proposé que M. l'abbé Picotte soit encore aumônier-général pour l'année et qu'il garde sa cure pour sa subsistance, l'Union n'ayant pas les moyens de faire vivre un aumônier général. Le plus tôt possible, qu'un aumônier diocésain soit nommé par chaque évêque, que ces aumôniers se réunissent en congrès sans tarder pour se concerter, et que le procès verbal de ce congrès, comme des réunions ordinaires des aumôniers diocésains, soit communiqué aux évêques avant leur réunion de l'an prochain.

L'organe actuel de l'Union (*Le Devoir*) n'atteint que 2000 lecteurs chez les cultivateurs. *La Voix nationale*, qui vit par ses propres abonnements, serait disposée à servir d'organe gratuit à l'Union catholique des cultivateurs en même temps qu'à l'œuvre des missionnaires colonisateurs. S.E. propose qu'une lettre soit rédigée à l'adresse du Président de l'Union catholique des cultivateurs.

(*Procès-verbal de la réunion des archevêques et évêques de la province civile de Québec*, 8 mai 1928.)

deux erreurs tactiques qu'il a commises: il a fonctionné à l'écart du clergé et il s'est compromis en politique. Il se ravise alors et, avec l'appui de son ami Firmin Létourneau, entreprend de transformer son association en véritable syndicat d'agriculteurs, confessionnel en même temps que neutre politiquement. Le 1ᵉʳ mai 1924, il lance dans son *Bulletin* l'idée d'un grand congrès agricole, qui aura lieu en octobre suivant. D'ici là, il prépare «son coup d'État», car il lui faut court-circuiter et les libéraux et les Fermiers-Unis. Il manœuvre pour que le chanoine Elzéar Lavoie, curé de la paroisse cathédrale de Rimouski et président de l'Association des missionnaires agricoles, préside le congrès et que Laurent Barré, un cultivateur, soumette aux délégués la proposition d'une nouvelle association. C'est ainsi que l'Union catholique des cultivateurs voit le jour, le 2 octobre 1924.[45]

Parce qu'il a des antécédents politiques, Ponton demeure en retrait: il ne recherche aucune nomination. Il continue, cependant, d'animer le mouvement par son *Bulletin* qui est le porte-parole de l'U.C.C. — non pas son organe officiel. Situation ambiguë: elle agace le ministre Caron, qui craint toujours un noyautage politique, et inquiète les évêques qui ne partagent pas les idées socialisantes du *Bulletin*. Le ministre fait la «petite guerre» à Ponton, et les évêques, en février 1926, décident de donner à l'U.C.C. un aumônier général, un homme capable de veiller à ce que les «idées discutables» du *Bulletin* n'entraînent pas l'U.C.C. « sur une fausse route».[46] Ponton comprend que le bien du mouvement exige qu'il s'en dissocie complètement. Au congrès de novembre 1926, il annonce «la séparation du *Bulletin* d'avec l'U.C.C.». Le cardinal songe à le remplacer par la *Voix nationale*, organe des missionnaires-colonisateurs; les dirigeants de l'U.C.C. refusent la suggestion. Début de 1927, *La Terre de chez nous*, modeste page hebdomadaire que publie *Le Devoir*, devient l'organe de l'U.C.C. et, en mai 1928, l'épiscopat décide de prendre en main la direction du mouvement. À partir de 1929, l'U.C.C. met sur pied ses propres coopératives, dans le cadre de la loi pensée par Desjardins — ce qui lui permet d'échapper au contrôle du ministre de l'Agriculture; en 1930, elle les regroupe en Comptoir coopératif de l'U.C.C.

L'essor du syndicalisme

Petit à petit, l'Église du Québec s'efforce de prendre en charge la nouvelle société industrielle. Mise en balance avec le cataclysme de l'émigration aux États-Unis, l'industrie étrangère apparaît bientôt comme un moindre mal. En Mauricie, au Saguenay, dans nombre de petites villes, elle est accueillie avec bienveillance. Les clercs facilitent aux entrepreneurs anglais et protestants, avec qui ils entretiennent des relations de voisinage, le concours de la population et l'assentiment du gouvernement. Figures du principe d'autorité, les patrons sont facilement assimilés à la catégorie des pères-propriétaires du peuple, «généreux bienfaiteurs, indispensables pourvoyeurs d'emplois et de dons». Indéniablement, l'idée d'un ordre naturel hiérarchique, que la conscience d'aujourd'hui reconnaît comme celui des dominants et des dominés, comporte un préjugé favorable à la cause du capital. Ce texte de l'abbé Edmour Hébert, un aumônier syndical, est des plus révélateurs: «Ajoutons que plusieurs manufacturiers des États-Unis et même des provinces canadiennes de langue anglaise songent à venir s'établir dans notre province parce qu'ils considèrent que l'esprit d'ordre, le respect de l'autorité, la constance au travail que donne à nos populations ouvrières la fidélité à leurs principes religieux et à leurs traditions nationales sont une garantie de stabilité et de sécurité pour leurs industries.»[47]

Dans les grandes villes, où la population est déjà prolétarisée et où le patronat, bien installé, n'a que faire de l'appui de l'Église, celle-ci porte sa sollicitude directement sur le monde ouvrier. Il s'agit moins ici d'accueillir les nouveaux pères envoyés par la Providence que de civiliser le patronat selon les attentes spécifiques du peuple canadien-français. C'est là la mission propre du syndicalisme catholique.

En avril et juin 1919, le père Archambault organise à la Villa Saint-Martin des Journées sociales interdiocésaines, avec la collaboration d'Alfred Charpentier, un unioniste neutre qu'il a converti au syndicalisme catholique. C'est la répétition des événements de janvier 1911, à cette notable différence près que plusieurs travailleurs cette fois sont invités. À la première réunion, l'abbé Maxime Fortin, de Québec, explique comment il a infiltré les unions neutres grâce à une élite formée dans son cercle d'études. L'enthousiasme gagne les participants et le mouvement syndical catholique trouve son second souffle. Dans chaque diocèse, l'Ordinaire nomme un prêtre pour s'occuper des questions sociales, et un peu partout des cercles d'études sont mis sur pied. À Montréal, Edmour Hébert fonde le Cercle Léon XIII, le 13 juin 1918, qui en quelques années participera à la fondation d'une vingtaine de syndicats. L'archevêque de Montréal va jusqu'à payer le salaire de deux organisateurs, si bien qu'en 1920 le temps est venu de créer un conseil central et un secrétariat permanent.

Nonobstant le caractère utopique de l'idéologie de justice sociale qu'il véhicule, le mouvement syndical catholique réussit une percée, surtout en dehors de Montréal, fief des internationaux. Il s'efforce de rejoindre les secteurs négligés par ceux-ci ou réfractaires à leur emprise: travailleurs non qualifiés, employés des services. De 1916 à 1921, il met en place soixante-dix-sept unions nouvelles et, en 1921, il possède cent dix unités syndicales et quelque vingt-six mille membres, soit près du quart de tous les syndiqués du Québec.[48] Maxime Fortin estime qu'il faut convertir ces éléments disparates en une force bien disciplinée. S'inspirant de la constitution de la Fédération américaine du travail et de la Confédération française des travailleurs chrétiens, il rédige la constitution d'une centrale syndicale catholique. Après les trois congrès d'orientation, qui ont eu lieu à Québec en 1918, à Trois-Rivières en 1919 et à Chicoutimi en 1920, le Congrès de fondation a lieu à Hull, en 1921. Pierre Beaulé, adjoint de Maxime Fortin à Québec, est élu président de la Confédération des travailleurs catholiques du Canada (C.T.C.C.) qui aura son siège social à Québec. Le cardinal Bégin nomme Maxime Fortin aumônier général des syndicats catholiques.

Durant les années 1920, la C.T.C.C. doit faire face à plusieurs difficultés extérieures qui bloquent son développement: récession économique de 1921, hostilité des syndicats internationaux et du gouvernement fédéral, grève catastrophique à Québec, le château fort du mouvement, en 1926. Le *membership* se maintient autour de seize mille. Sauf dans

les métiers de la construction et dans l'imprimerie, qui bénéficient des commandites des institutions religieuses aux
entreprises prosyndicales, le mouvement semble en régression.
Grâce au soutien financier direct et indirect de l'Église, la
C.T.C.C. tient pourtant le coup et peut même arborer certains
trophées remportés sur le front législatif, notamment la Loi
des syndicats professionnels (1924).

Œuvre chérie de l'Église, le syndicalisme d'après-guerre
n'est cependant plus un véritable mouvement d'action catholique. Sans pour autant renoncer aux principes de l'ordre
social chrétien, il s'est clairement défini, à la réunion de juin
1918, comme organisation professionnelle vouée à la défense
des intérêts des travailleurs. Cet objectif heurte de front l'utopie
de l'harmonie sociale et de la conversion massive du patronat.
En haut lieu d'ailleurs, on se pose déjà des questions à ce
propos. Mgr Bruchési pouvait déclarer calmement en 1903:
«Ce que Dieu a décrété, ce que le Christ a maintenu, les
hommes n'y changeront pas un iota. Les créatures, jusqu'à
la fin des temps, seront donc partagées en deux grandes
classes, la classe des riches et la classe des pauvres.» Mais
aujourd'hui il semble plus sensible à l'autre face des choses.
Aux Semaines sociales de 1920, il pose le problème dans sa
réalité brutale: «La justice et la charité! Tous s'accordent là-
dessus en principe, mais qui fera entrer ces vertus dans la
réalité des choses? Si vous alliez, demain, au bureau de la
Compagnie Canadien Pacifique, comment feriez-vous accepter
par les directeurs votre proposition?» Sans doute effrayé de
la réponse, l'épiscopat ne cherche guère, s'en remettant aux
desseins insondables de la Providence. Mais ouvriers et
aumôniers ne tardent pas à comprendre que des unions sans
droit de grève sont des armées sans armes.

Dans les années 1920, une contradiction se fait jour entre
la doctrine et l'action syndicale. Des militants remettent en
question les principes de base qui régissaient jusque-là leur
stratégie: inégalités naturelles des classes sociales, harmonie
du capital et du travail, liberté du travail et autonomie patronale. La C.T.C.C. prend ses distances avec «ces graves théologiens» du début du siècle qui posaient comme préalable à
une grève que: 1. les revendications soient fondées; 2. les

autres moyens, épuisés; 3. le patron ait été prévenu à temps; 4. la tâche commencée par contrat implicite ou explicite soit terminée; 5. les commandes acceptées par le patron soient remplies; 6. l'ordre public ne soit en rien troublé; 7. les «scabs» puissent franchir sereinement les lignes de piquetage. Au contact de la réalité des rapports capitalistes de production et à l'école des dirigeants laïques du mouvement, les aumôniers commencent à perdre eux aussi leur phobie de la grève et de la lutte des classes. Dès 1921, Maxime Fortin se voit forcé d'admettre que la lutte est imposée aux ouvriers par le patronat.[49] Après l'échec de la grève des cordonniers de Québec, en novembre 1926, il tire la leçon qui s'impose: les syndiqués doivent pouvoir utiliser le droit de grève et résister aux bas salaires; les évêques doivent donner aux aumôniers leur appui, leur confiance, et partant une certaine marge de manœuvre; enfin, tous doivent cesser de brandir l'épouvantail du socialisme et cesser de se comporter comme si les unions catholiques étaient vouées à l'écrasement des autres unions et non au mieux-être des ouvriers. Les ouvriers eux-mêmes, avec leur gros bon sens, n'auraient-ils pas ressenti la vanité d'un unionisme par trop pacifique?

L'épiscopat aussi a fait du chemin. Si Mgr Bégin, en 1903, faisait porter tout le poids de la justice sociale sur les épaules des ouvriers quand il écrivait qu'au Québec le problème ouvrier était plus facile à résoudre «grâce au sens chrétien des populations», lors de la grève de 1926, Mgr Alfred Langlois, administrateur du diocèse, blâme publiquement le patronat qui nie aux travailleurs le droit d'association. Les temps sont mûrs pour lever les ambiguïtés qui planent encore sur le mouvement.

Dans un mémoire soumis à l'épiscopat en 1927 et qui révèle une tension grave entre la Hiérarchie catholique et les milieux syndicaux, les aumôniers prennent position.[50] Ce mémoire est un plaidoyer en trois points mettant en lumière l'attitude rétrograde du clergé envers les ouvriers et les aumôniers, la véritable nature du syndicalisme et l'insuffisance des moyens dont dispose le syndicalisme catholique. Écrit dans une langue colorée, le document s'en prend «aux intégristes impénitents», «aux théologiens de salon» et «aux pourfendeurs de socialisme». Il réclame des aumôniers qui fréquentent moins les riches et davantage les pauvres, de préférence des fils d'ouvriers, qui ne retireront leur salaire ni du patron ni de l'ouvrier. Il souhaite qu'à l'instar de certains évêchés — Québec en 1925, Montréal en 1927 — les communautés prennent soin dans les contrats qu'elles signent avec les entrepreneurs d'imposer une échelle de salaire et la clause préférentielle. Il revendique «une plus grande autonomie des syndicats» qui, comme tous les mouvements catholiques à l'époque, sont sous le contrôle tâtillon de la Hiérarchie: «le syndicalisme catholique n'est la chose de personne mais il est libre et autonome. Il est libre de choisir les voies et les moyens.» Le mémoire prône encore le système de l'atelier fermé, longtemps tenu pour suspect parce qu'il limite le principe de la liberté individuelle. Il dénonce la collusion de l'Église et des patrons, le particularisme paroissial et diocésain qui paralyse le mouvement, le système des villes fermées, «ces villes féodales où l'ouvrier est serf».

On ne saurait être plus net. Le mémoire est symptôme à la fois d'une crise et d'une prise de conscience. Entre le réseau de concepts théologiques et les dures réalités de la vie qui ne s'y laissent point facilement cerner, le clergé du Québec peut apprendre à faire son choix.

*

*   *

L'Église n'a pas la responsabilité du développement économique qui relève au premier chef de la société civile. Son projet de société ignore l'industrialisation et son discours véhicule des préjugés défavorables à la vie urbaine. Son enseignement, tout centré sur l'édification du Royaume — encore qu'ici des distinctions s'imposent entre l'enseignement des clercs et des sœurs et celui dispensé par certaines communautés de frères plus pragmatiques — ne valorise pas les bâtisseurs de la cité temporelle. Deux raisons rendent compte de ses préjugés et de ses silences. D'une part, ce sont les implications morales des questions économiques qui retiennent son attention. Parce qu'elles semblent favoriser des mœurs sobres et respecter la dignité de la personne, l'agriculture et la colonisation sont objet de sollicitude de sa part. Les maux sociaux qu'engendre l'industrialisation invitent non à une apologie, mais à des mises en garde, à des réflexions théologiques et morales sur les conditions de son développement. D'autre part, la nation qui s'exprime dans le projet de l'Église est une nation tronquée, dépourvue d'une classe de gros entrepreneurs industriels. Il va de soi que les définisseurs de la situation ne vont pas faire reposer le destin de la nation sur des activités sur lesquelles ils n'ont pas d'emprise.

En tant qu'agent de paix sociale, l'Église est cependant un agent positif dans le processus d'industrialisation. Une Église qui prêche en faveur des familles nombreuses, du respect de l'autorité, de la fonction salvatrice du travail, du respect de la propriété favorise la cause du capital, et partant, à l'époque, le développement industriel. De plus, le traumatisme de l'émigration des Canadiens français, qui incite si fortement les hommes politiques à encourager l'industrialisation par le capital étranger, conduit l'Église à s'inspirer dans son agir de la philosophie des accommodements. Évêques et curés mettent leur influence au service de tout ce qui peut concourir à garder la population sur place. Les pasteurs sont plus pragmatiques que les idéologues qui fabriquent le discours. Ils œuvrent sur deux plans: ils font du *lobbying* auprès des gouvernants pour obtenir des infrastructures favorables à l'industrialisation et ils s'efforcent de maintenir entre les entrepreneurs et les populations locales des relations harmonieuses.[51] Les idéologues eux-mêmes évoluent. Dans les années 1920, ceux-ci s'en prennent non à l'industrialisation mais à ses modalités, dénonçant l'anarchie qui prévaut dans l'exploitation des ressources naturelles et l'absence d'une politique économique nationale. [52] Par ailleurs, le projet de colonisation de l'Église n'est pas sans incidence sur l'industrialisation. L'ouverture des terres neuves met en place les infrastructures qui, à moyen terme, activent l'expansion de l'industrialisation en certaines régions. Il fournit sur place la main-d'œuvre que requiert l'exploitation des ressources naturelles.

Tant par son projet que par sa doctrine sociale et sa philosophie des accommodements, l'Église est, indirectement, un facteur positif d'industrialisation. Elle l'est davantage encore, et là directement, du simple fait qu'elle est une institution humaine qui, comme telle, n'échappe pas aux réalités terrestres. Le ressort de cette Église n'est pas le profit, ses objectifs fondamentaux ne sont pas économiques et son organisation administrative n'est pas, du moins à l'époque, centralisée. L'Église n'est pas une entreprise conçue pour exercer un leadership dans la vie économique. Mais, moins comme corps que par ses composantes, elle contribue à la croissance économique et elle le fait de diverses manières. L'Église consomme des biens et des services. Les presbytères, les églises et les édifices qu'elle élève stimulent l'industrie du bâtiment. Elle met sur pied de petites et moyennes entreprises, blanchisseries, imprimeries, librairies, etc., qui accroissent l'équipement de la société. Elle accumule du capital que par ses placements elle rend disponible aux entrepreneurs. Des institutions religieuses spéculent sur des terrains, placent de l'argent dans des banques, achètent des obligations du gouvernement et des actions de compagnies, prêtent sur hypothèque. Les études sur les activités économiques de l'Église sont encore trop fragmentaires pour dépasser ces considérations générales.

Chapitre V

L'ÂME DU PEUPLE

1. En quête d'une âme

L'Église, selon le dogme catholique, est médiation nécessaire, voulue par Dieu, entre l'âme et son Créateur. «Hors de l'Église, pas de Salut.» Au Québec, cette vérité d'ordre théologique se confond inextricablement avec l'un des postulats centraux de la conscience historique: sans l'Église, point de survivance possible pour le peuple canadien-français. Seule l'Église est en mesure de s'offrir et de s'imposer comme lieu où la société puisse se dire à elle-même ce qu'elle est et d'où il soit possible aux élites de débattre des problèmes et du destin du peuple.

Solidaire du troupeau dont elle a la garde, l'Église du Québec épouse tout naturellement — mais non sans y mettre les restrictions que la prudence impose — la cause du nationalisme qui refait surface au début du XXᵉ siècle. La philosophie thomiste, désormais tenue pour critère et mesure de toute vérité, lui fournit les justifications doctrinales nécessaires. «Aucun appétit naturel ne peut être vain, car la nature ne fait rien d'inutile.» Or, «les nationalités sont issues de la nature même». Donc, elles ont le droit de «lutter, honnêtement sans doute, contre les forces d'assimilation qui les envelop-

Au Congrès eucharistique de Montréal, la procession du Saint-Sacrement passe sous l'arc érigé à l'intersection des rues Saint-Denis et Cherrier. (Fonds Gilles Robitaille. Archives nationales du Québec.)

pent». Certes, l'Église réprouverait une révolte, mais elle ne saurait s'opposer à «cette organisation des petites patries dans la grande, à cette notion généreuse, compréhensive et féconde, du patriotisme et de la liberté». Indéniablement, cet être collectif a le droit de se perpétuer et le nationalisme, «du moment qu'il est contenu dans les limites de la vertu de prudence, d'équité et de modération», a droit de cité.[1] La véritable position de l'Église en la matière coïncide mal, cependant, avec le syllogisme qui la recouvre. Par delà la dialectique de la grande et de la petite patrie ou les questions de morale politique, le problème national est d'ordre spirituel. Aux pasteurs du peuple revient alors de guider la nation dans la quête de son âme collective. «L'âme canadienne-française commence à peine à prendre conscience d'elle-même. [...] Malléable à l'excès, n'est-elle pas exposée à être déformée dans tous ces chocs qu'elle subit plus que jamais?»[2]

Résurgence du nationalisme

À la fin du XIXe siècle, le champ des idéologies partageait les élites entre citoyens de l'Empire britannique, les libéraux, et fidèles de l'Empire romain, les ultramontains. Le peuple, lui, enclin à transhumer outre-frontière, était du continent américain. Son sentiment patriotique, naguère canalisé dans un parti politique national par le charisme de Papineau, s'était maintenant fixé sur la grande figure de Laurier, héraut d'un Canada impérial. Après l'affaire Riel, après l'affaire des écoles du Manitoba, survient la guerre des Boers (1899) qui remet en question le statut du Canada dans l'Empire. C'est un nouveau tocsin qui oblige les élites à réviser la carte des idéologies. À la faveur du climat d'euphorie des années 1900, qui suscite une forte poussée du sentiment national chez la jeunesse intellectuelle, l'ultramontanisme va donner naissance au nationalisme. Déjà Jules-Paul Tardivel, franc-tireur ultra-montain, avait ouvert la voie dans *La Vérité*, à partir des années 1880. Pour Tardivel, l'idéal de catholicité était irréalisable dans le cadre des institutions politiques anglo-saxonnes; il exigeait l'indépendance du Canada français. «La nation que nous voulons voir se fonder, à l'heure marquée par la divine Providence, c'est la nation canadienne-française.»[3] Tardivel apportait ainsi, «à l'enthousiasme de la jeunesse des collèges et séminaires, un espoir national» qui, à ses yeux, était «une nécessité religieuse».[4] Sur un même fondement ultramontain, Henri Bourassa prône une formule plus conservatrice: «un nationalisme canadien fondé sur la dualité des races et sur les traditions particulières que cette dualité comporte».[5]

   Du libéralisme et du nationalisme de son grand-père, Louis-Joseph Papineau, Henri Bourassa n'a hérité que la surface.[6] Il tient farouchement à son indépendance d'esprit et il est profondément attaché à son peuple; il a milité dans le Parti libéral avant de se faire le défenseur de la langue et de la culture française en terre d'Amérique. Viscéralement, cependant, c'est un conservateur, qui place l'ordre social au rang des valeurs suprêmes. Aristocrate d'esprit universaliste, il est aussi très religieux: par conséquent, il est «catholique», ultramontain. Mais Bourassa s'est donné une mission d'homme politique, non de pamphlétaire ou de théologien; en ce domaine, sa vision ultramontaine se traduit dans une doctrine de type nationaliste. Ce nationalisme est une réaction à la montée de l'impérialisme britannique, cautionné par Laurier avec la participation du Canada à la guerre des Boers. Si les Canadiens anglais ont deux patries, les Canadiens français n'en ont qu'une: le Canada. Et cette patrie est à défendre, non contre les ennemis de l'Angleterre, mais contre la civilisation matérialiste américaine. S'il doit se maintenir au nord du 45e parallèle une nation autonome et originale, la responsabilité en incombe essentiellement aux Canadiens français, porteurs de la grande tradition spirituelle du catholicisme. De là la nécessité de maintenir fermement le principe de l'égalité entre les deux partenaires de la Confédération, et de défendre la culture canadienne-française, ses valeurs spirituelles et ses traditions familiales. Parce qu'ils sont d'abord sujets du seul empire humain légitime, l'Église catholique, les Canadiens français forment la pièce maîtresse de cette grande nation universaliste que doit être le Canada.

Tardivel mort en 1905, le nationalisme canadien reste seul en lice. De Tardivel à Bourassa, la différence n'est cependant pas que d'époque et de formule. L'un est un franc-tireur de la plume, embusqué à Québec; d'origine française et américaine, il n'a de racines en sol québécois qu'idéologiques. L'autre est un homme politique, héritier du prestige d'une grande famille de dirigeants et, qui plus est, du charisme de la parole. En même temps qu'il canalise le mouvement nationaliste vers la politique et qu'il l'oriente selon la formule de la dualité canadienne, cet orateur éblouissant pourra soulever les foules et, par endroit, drainer vers sa propre figure le sentiment patriotique du peuple. Jusqu'aux années 1920, sans en être le plus authentique représentant, Bourassa sera le «Dieu» du nationalisme canadien-français.

À l'instigation et sous le patronage de Bourassa, quelques jeunes journalistes de tendance libérale mettent sur pied, en 1903, la Ligue nationaliste, officiellement vouée à la défense des minorités canadiennes-françaises dans la Confédération. L'année suivante, le leader du mouvement, Olivar Asselin, fonde un hebdomadaire, *Le Nationaliste*, journal de combat qui, tout en endossant la doctrine de Bourassa, s'en prend surtout aux politiciens du provincial. *Le Nationaliste* supplante *La Vérité* auprès de l'intelligentsia en germe dans les collèges classiques, à laquelle il apporte chaque semaine «l'instinctif éclat de rire devant la sottise». Polémiste autrement plus féroce que Tardivel, Asselin n'a rien d'un ultramontain; la racine de son nationalisme, c'est le culte de la France et de la culture française. Il se bat pour la langue, non pour la religion. Son allégeance à Bourassa est fondée sur le dénominateur commun politique: l'anti-impérialisme et le principe de l'égalité des partenaires dans la Confédération.

Bourassa, lui aussi, a délaissé la politique fédérale pour venir combattre sur la scène provinciale. Politicien par tradition familiale, il a toujours eu horreur du système des partis, qui humilie sa supériorité intellectuelle et son indépendance d'esprit. Pour demeurer un homme politique indépendant, il préfère prendre l'arme du journalisme. En 1910 apparaît le quotidien *Le Devoir*, qui s'intalle sur le terrain ouvert par *Le Nationaliste*.

Au départ, l'Église ne se compromet pas dans le mouvement nationaliste, qui a pris un visage politique et dont la thèse fondamentale, l'anti-impérialisme, est hors de ce qu'elle considère son champ de juridiction. D'ailleurs, tout catholique qu'il soit, Bourassa n'est pas un clérical et *Le Devoir* n'a pas partie liée avec l'épiscopat. Quant à Asselin, c'est un libéral de type anarchisant, sans cesse à l'affût d'un adversaire à pourfendre; inévitablement, il finira par se retrouver en guerre contre Mgr Bruchési. Devenu président de la Société Saint-Jean-Baptiste, en 1913, il déclare que la fête du 24 juin n'a rien à voir avec la religion; il ose même ridiculiser le mouton national. Sa Grandeur croit de son devoir de se porter à la défense de l'Agneau de Dieu. À quoi Asselin rétorque par un pamphlet virulent qui s'en prend aux «singeries» des institutions catholiques.[7] Il vient de se classer, à son corps défendant, dans le camp des anticléricaux.

L'épiscopat n'en poursuit pas moins un combat parallèle sur son propre terrain, celui des écoles séparées et des sièges épiscopaux. En outre, dans les collèges, le directeur du *Nationaliste* a pris «l'auréole d'un héros» et les jeunes prêtres «s'attachent fortement à l'astre nouveau [Bourassa]». «Sans grand évêque ou grand homme d'Église à qui donner notre admiration», explique l'abbé Groulx dans ses *Mémoires*, «les jeunes clercs que nous étions suivaient peut-être plus qu'il ne fallait l'entraînement général.»[8] Manque-t-on réellement de chefs dans l'épiscopat? De fait, la fermeté doctrinale et le panache, les principes et la parole, sont répartis entre Québec et Montréal. Alors que Bourassa, homme de doctrine autant que de parole, synthétise dans sa personne les aspirations divergentes de toutes les élites nationalistes, tant libérales qu'ultramontaines, tant cléricales que politiques.

À partir de 1910, lorsque la question des écoles séparées se pose sur le plan linguistique, que Bourassa délaisse la politique active pour le journalisme, que Asselin prend ses distances avec un patron trop hautain, que la Ligue nationaliste, faute de s'être transformée en parti politique, est sur le point de mourir, le mouvement nationaliste semble mûr pour être pris en charge par l'Église, sous le nouveau slogan de Bourassa: «la langue gardienne de la foi». Le Congrès eucharistique international de Montréal en 1910 fournit l'occasion où s'amorce ce virement de cap. À la grande assemblée du 10 septembre, en l'église Notre-Dame, des laïcs ont aussi été invités à parler, dont le prestigieux Henri Bourassa, assis dans le chœur, au milieu des évêques. Cuisiné par les évêques irlandais, qui veulent mousser leur thèse sous le couvert de son prestige et de son statut international, l'archevêque de Westminster, Primat d'Angleterre, prononce un discours à la défense de la langue anglaise comme véhicule du catholicisme au Canada. Dans la nef, personne n'a entendu ce que raconte Mgr Francis Bourne; mais, sans savoir qu'elle va assister à ce que les témoins du temps vont percevoir comme un événement historique, la foule attend le discours de Bourassa, prévu comme dernier orateur. Et l'événement a lieu: «une foule qui fait corps avec l'homme qui parle, la soulève, la manie comme un magicien», écrit Groulx, aux yeux de qui, ce soir-là, «une voix d'homme fut véritablement la voix d'un peuple». La voix de tout un peuple? L'église Notre-Dame n'avait évidemment rassemblé que le tout-Montréal. Il reste que, l'année suivante, l'éloquence de Bourassa et le travail de la Ligue nationaliste parviennent à détrôner l'idole du peuple: grâce à un partage du scrutin dans la province de Québec, les conservateurs renversent le gouvernement Laurier aux élections de 1911.

L'Église, de son côté, prend les devants sur le terrain de la langue. En 1912, l'abbé Stanislas Lortie et l'avocat Adjutor Rivard, principaux collaborateurs de Mgr P.-E. Roy, organisent le Premier congrès de la langue française, sous les auspices de la Société du parler français (1902). Tenu à Québec du 24 au 30 juin, sous la présidence de Mgr Roy, le congrès rassemble des délégations de tous les groupes francophones nord-américains auxquels se joignent des représentants de la France. Les organisateurs ont pris soin d'évincer les radicaux de Montréal; Olivar Asselin l'aura longtemps sur le cœur. Par contre, on a su convaincre le délégué apostolique de venir cautionner les assises de sa présence. «Humble envoyé du Père spirituel de toute race et de toute langue», Mgr Stagni s'inquiétait de la pertinence de sa participation. D'un autre côté, explique-t-il dans son discours d'ouverture, «est-ce que j'allais empêcher, par mon abstention, une si belle manifestation de dévouement à l'autorité suprême de l'Église de la part de fils fidèles [...] après tant d'épreuves?». Ce qui fournit l'occasion à Mgr Bégin de déclarer publiquement, en guise de réponse: «Un congrès de la langue française au Canada ne peut pas ne pas être un congrès catholique.»[9] Le congrès se déroule dans «l'ambiance d'une semaine sainte».[10] Les chefs des délégations revendiquent les droits de la langue française au pays. Les applaudissements des troupiers révèlent l'instinct de survie du peuple. Mgr P.-E. Roy manœuvre pour écarter toute résolution qui pourrait paraître agressive. L'Église démontre ainsi sa détermination de soutenir les minorités, mais aussi de contenir ce courant revendicateur dans un chenal à pente douce.

La guerre de 1914 allait bientôt mettre en évidence les ambiguïtés du mouvement nationaliste: Asselin, l'anti-impérialiste, s'enrôle volontairement, par amour pour la France; Bourassa, le catholique, reprend le cheval de bataille anti-impérialiste et dénie aux évêques le droit de se prononcer en la matière; les pasteurs du peuple, pris au piège de leur diplomatie romaine, donnent leur appui officiel à la participation du Canada à la guerre.

L'épiscopat et la guerre

En août 1914, le déclenchement des hostilités en Europe, suivi de l'entrée en guerre du Canada, ne semble pas poser à l'épiscopat un problème bien difficile. Dès le début des hostilités, Mgr Bruchési prend position: c'est un devoir d'aider l'Angleterre par tous les moyens y compris l'envoi de troupes.[11] Sollicité par des ministres fédéraux de prendre position officiellement et collectivement, l'épiscopat se rallie à Mgr Bruchési et, le 23 septembre, une lettre collective donne un appui officiel à la politique de guerre: «L'Angleterre compte à bon droit sur notre concours, et ce concours, nous sommes heureux de le dire, lui a été généreusement offert en hommes et en argent.»[12] Les circonstances qui entourent la rédaction de cette lettre sont encore mal connues. Que les évêques aient fait porter leur lettre non sur la participation à la guerre, mais sur le soutien au Fonds patriotique révèle un certain malaise. En cette affaire, la Hiérarchie s'appuie sur la tradition: tradition de fidélité au pouvoir légitimement établi, de loyalisme envers l'Angleterre, d'intervention dans les questions politiques où le bien-être de ses fidèles et le destin de la nation canadienne-française sont engagés. Le loyalisme envers la métropole anglaise et la survivance française et catholique vont de pair: l'Angleterre, s'exclame Bruchési s'adressant aux soldats de Valcartier, «a protégé notre liberté et notre foi et c'est un juste retour des choses de lui accorder notre apppui».[13] La presse catholique soutient la position des évêques, qui rejoint, de fait, celle de la majorité des Canadiens en septembre 1914. *L'Action sociale* va jusqu'à faire de la participation à la guerre une obligation de droit naturel et accepter qu'il appartient à l'Angleterre de déterminer le poids de cette participation. La prise de position de l'épiscopat trouve son fondement dans la perception qu'il a des origines de la guerre. Ce n'est pas une guerre impérialiste déclenchée par une métropole en mal d'agrandir ses terres ou de consolider son emprise en quelque partie du monde. Au contraire. L'Angleterre a tout fait pour éviter cette guerre qu'elle subit maintenant. Elle n'y participe que par fidélité à ses engagements internationaux.[14]

Le consensus de l'automne de 1914 repose sur des bases précaires. Il occulte de graves problèmes. Les Canadiens français sont mécontents du statut de leur langue et de la place qu'ils occupent au sein de la Confédération canadienne. Les Canadiens eux-mêmes ne s'entendent pas sur le statut, le rôle, les responsabilités du Canada au sein de l'Empire. De plus, le gouvernement Borden, terne et sans leadership, n'a pas d'assise politique très forte au Québec. Au sein de l'Église québécoise même, tous n'ont pas l'ardeur, sinon l'impulsivité, d'un Mgr Bruchési. Mgr L.-A. Paquet ne partage pas les thèses de *L'Action catholique*. Mgr Bégin est silencieux et Mgr Georges Gauthier, l'auxiliaire de Mgr Bruchési, confie à Henri Bourassa qu'il «s'estime heureux de n'avoir pas eu à signer le mandement du 23 septembre».[15] Mgr de Rimouski et Mgr de Chicoutimi ne partagent pas non plus la thèse de l'obligation morale. Dès l'automne de 1914, les nationalistes ont exprimé leur réticence ou leur opposition à une participation totale, aveugle, inconditionnelle à la guerre; ils deviennent, en 1915, les chefs de file d'un mouvement d'opposition qu'alimentent les exigences d'un effort de guerre total et des erreurs politiques, telles la nomination d'un anglophone protestant au poste de chef recruteur dans le Québec, la fusion des Canadiens français catholiques dans des unités militaires anglophones et protestantes, etc. Henri Bourassa, qui en 1916 s'affirme comme le chef du mouvement d'opposition, ne considère la lettre collective de septembre 1914 ni comme un «enseignement doctrinal» ni comme «une directive disciplinaire» — ce que l'épiscopat reconnaît d'ailleurs. Soucieux de préserver en public

L'ACTION CATHOLIQUE, LES ÉVÊQUES ET LA GUERRE

Je le confesserai à plat ventre s'il le faut, je n'ai pas qualité pour discuter avec «l'organe du Cardinal-Archevêque de Québec» [...] si le catholicisme gagnerait plus à la victoire des Alliés qu'à celle des empires germaniques. Je laisse à ceux qui croient pouvoir mener de front la propagande religieuse et la propagande politique cette tâche glorieuse. Ce qu'il me paraît plus important de relever, dans «l'admirable analyse» de la feuille de Son Éminence, ce sont les insinuations qui en font la substance et qui, comme presque toutes les insinuations des casuistes, sont mensongères. [...]

Personne, que nous sachions, n'a accusé L'Action catholique de «méconnaître les intérêts catholiques parce qu'elle défend la cause de l'Angleterre et de la France»: on a seulement prétendu, et très justement, qu'elle compromet les intérêts catholiques en faisant intervenir la religion dans une question où Son Éminence le cardinal Bégin et S. G. Mgr Bruchési ont exactement la même autorité que notre ami Phidime Phidimous de Terrebonne, — et même moins, puisque de par leur état ils sont moins libres d'exprimer toute leur pensée. [...]

L'intervention officielle et collective de nos évêques dans le débat impérialiste était par lui-même un attentat injustifiable à nos droits de citoyens. Si bref qu'il soit, le passage du mandement de 1914 relatif au devoir du Canada envers la métropole contenait en principe l'avalanche de lourde prose crétino-théologique que L'Action catholique a fait rouler depuis sur les adversaires de la politique impérialiste. [...]

L'impair commis, la prudence la plus élémentaire conseillait aux évêques de ne rien faire pour l'aggraver. Dès le lendemain du mandement, des journaux canadiens-français avaient, comme L'Action, nettement déclaré, ou bien comme Le Devoir, Le Progrès du Golfe et une couple d'autres, clairement fait comprendre, qu'ils n'entendaient pas en tenir compte. L'épiscopat pouvait, sans trop sacrifier de sa dignité, reconnaître son erreur en laissant dire; tout le monde eût été heureux de croire que sa bonne foi avait été surprise, qu'une plume inhabile avait trahi sa pensée, ou qu'il n'avait cédé aux supplications et aux menaces de nos vice-rois impérialistes que mollement, de guerre lasse, et pour mieux se reprendre à la première occasion favorable [...] Au lieu de cela, nous avons eu la campagne de sophismes, de mensonges et d'intimidation de *L'Action catholique*.

J'ai eu, durant mes quelques années de journalisme, maintes occasions de constater comment un archevêque peut s'arranger pour tirer parti de feuilles avec lesquelles il ne voudrait pour rien au monde se reconnaître des accointances. Que de fois, par exemple, à propos du drapeau du Sacré-Cœur, qu'il me disait désapprouver comme moi, j'ai demandé à Mgr Bruchési: «Mais pourquoi diable laissez-vous *La Croix* propager ce prétendu drapeau au nom de la religion?[...] Dites publiquement, une fois pour toutes, que M. Bégin ne parle pas en votre nom et nous serons contents»[...] Et Monseigneur, invariablement, de s'écrier les bras au ciel: «Vous ne savez pas! ... Vous ne comprenez pas! ... Mon rôle... ma situation... Je ne peux pas faire taire les gens...» J'eus beau faire, je ne pus jamais faire sortir Monseigneur de cette *discrétion*, qui devait certainement avoir sa raison d'être, puisque apparemment elle profitait à l'Église, mais que chez tout autre qu'un archevêque on n'hésiterait pas à qualifier de duplicité.

[...] rien n'autorise *L'Action catholique* à parler pour tous les évêques. [... Elle n'est que] l'organe de l'archevêché de Québec, et rien de plus. Or l'archevêché de Québec, à l'heure actuelle, ce n'est pas Son Éminence le cardinal Bégin, comme *La Patrie* l'affirme pour donner plus de valeur marchande à ses reproductions de *L'Action catholique* [...] Le véritable maître, c'est l'évêque auxiliaire,

Mgr Paul-Eugène Roy, avec pour Éminence Grise, l'ex-
Jésuite d'Amours, né Damours à Trois-Pistole, P.Q.[...]

Roy, d'Amours! de quoi seraient incapables deux
personnages de ce calibre, armés d'un journal qu'ils présentent aux peuples béants comme le porte-parole attitré
de l'épiscopat, et que celui-ci ne peut rappeler à la raison
sans dévoiler les laideurs morales qui se cachent parfois
sous la mitre. Dans le diocèse de Rimouski, où il est
connu, le clergé dit carrément de d'Amours polémiste:
«C'est une canaille». Dans le diocèse de Québec, une
bonne moitié des catholiques instruits, tout en acceptant
humblement l'autorité de Mgr Roy en matière religieuse,
ont le plus profond mépris pour son caractère ambitieux,
autoritaire et fourbe. [...]

Réflexion faite, il nous a semblé que ce langage,
encore trop modéré s'il s'adressait aux deux ou trois
politiciens d'Église dont ce reptile de d'Amours s'est fait
l'âme damnée, nous n'avions pas le droit de le tenir à
des patriotes comme Mgr Latulippe, à des saints comme
tel prélat que nous pourrions nommer; que la plupart
des évêques avaient manqué surtout en ne déférant pas
au délégué apostolique, par crainte du scandale, les
faussaires qui abusaient de leur signature; que, conscients
de l'erreur qu'ils avaient commise en signant le mandement sur la guerre, ils ne patientaient en silence que
pour mieux venger, d'un seul coup, l'honneur et la dignité
de l'Église, si gravement compromis par les directeurs
de *L'Action catholique*.

Pour l'instant, nous campons dans cette conclusion.
Nous demandons respectueusement à l'épiscopat de ne
pas nous forcer à en sortir.

(Extraits de: Olivar ASSELIN, «Petit plaidoyer pour la
liberté de pensée du Bas Clergé et des laïques catholiques
en matière politique», *L'Action*, 11 septembre – 15 octobre
1915; rep. dans: *Écrits du Canada français*, VI, 1960: 225-
274.)

l'autorité des évêques, il s'en prend en privé, avec véhémence, à la thèse impérialiste que cautionnent la lettre collective et l'empressement de Mgr de Montréal à «mériter à l'épiscopat canadien le bon vouloir des puissants du jour et des hautes influences politiques anglaises».[16] Aux yeux de Bourassa, l'attitude de Mgr Bruchési révèle un asservissement de l'épiscopat aux puissances politiques et indique une voie qui mène tout droit à la subordination des intérêts nationaux aux ambitions de l'impérialisme anglais. Plus frondeur, Olivar Asselin sert à l'épiscopat un cinglant *Petit plaidoyer pour la liberté de pensée du Bas Clergé et des laïques catholiques en matières politiques*. Entre *Le Devoir* et *L'Action*, d'une part, et *L'Action catholique*, d'autre part, où l'abbé Joseph-Arthur D'Amours, alors directeur de ce quotidien, signe ses thèses impérialistes, s'engage une vive polémique reflétant une profonde division au sein des catholiques en général et du clergé en particulier. Chez le clergé, les élites et le peuple, le prestige de l'épiscopat est à son plus bas. Depuis les beaux jours de l'Institut canadien, jamais des laïcs n'avaient avec autant d'aplomb revendiqué le droit à la dissidence et à la libre expression dans l'application concrète de la doctrine en matière politique: en ce domaine, écrit Henri Bourassa, «je ne reconnais plus aux évêques qu'une liberté d'opinion égale à celle des autres citoyens».[17]

Bourassa reproche aux évêques d'avoir, en invoquant le principe de la solidarité, sanctionné une politique impérialiste et mis le doigt dans un engrenage. L'année 1917 semble lui donner raison. En janvier, le gouvernement crée la Commission du service national, chargée de recenser les hommes valides et d'activer le recrutement. Les esprits s'échauffent. Le premier ministre Borden demande à l'épiscopat, par l'intermédiaire de Mgr Bruchési, de collaborer au recensement, donnant cependant de fortes assurances qu'il n'y aurait pas de conscription. Des évêques, par une lettre pastorale que bien des curés refusent de lire en chaire ou se contentent de bredouiller, exhortent leurs fidèles à répondre aux questions de la commission. Le 29 mai 1917, faisant volte-face, le gouvernement dépose aux Communes la Loi du service militaire que les députés votent le 24 juillet et les sénateurs, le 5 août. Mgr Bruchési, qui s'était toujours opposé à la conscription, est atterré. Il se sent trompé et trahi. Il le dit en privé et en public. L'épiscopat éprouve le même sentiment. Le 7 juillet, Mgr L.-A. Paquet, sous le pseudonyme de Louis Romain et sans doute avec l'accord de Mgr Bégin, publie dans *La Vérité* une interprétation de la lettre collective de septembre 1914 par laquelle l'épiscopat prend ses distances avec la politique du gouvernement Borden. La participation à la guerre serait une affaire d'entraide mutuelle et de charité, non une obligation morale pouvant justifier la conscription. Les évêques ne prennent pas parti collectivement sur la conscription, mais la plupart ne cachent pas leur opposition. Ils exhortent cependant leurs fidèles à maintenir leur opposition dans la légalité. Plus audacieux, certains curés se font complices des déserteurs et, lors de l'émeute du 31 mars 1918, ils sont quelques-uns à dénoncer les agissements des forces armées pour réprimer les troubles à Québec.

La discrétion des évêques sur la question de la conscription tient, en partie, au fait qu'ils doivent négocier avec le gouvernement l'exemption des séminaristes et des membres des communautés religieuses. La Loi du service militaire exempte «les membres de tout ordre d'un caractère exclusivement religieux reconnu par l'Église» et «les ministres de toutes les confessionnalités». Ces termes sont vagues. Incluent-ils les novices, les frères laïcs, les clercs tonsurés?[18] Sentant qu'ils tiennent en main une laisse, les hommes politiques évitent de clarifier les choses et se reposent sur les juges pour interpréter la loi. Situation inconfortable qui oblige le cardinal Bégin et d'autres évêques à intervenir auprès des politiciens pour obtenir des adoucissements à l'application trop rigoureuse de la loi. Ces lettres sont l'occasion de rappeler la loyauté traditionnelle de l'Église, l'appui qu'elle a donné à la politique de guerre et le rôle du prêtre dont «la prière peut faire plus pour le succès d'une armée que les plus intrépides régiments».[19]

L'approche de la paix fait baisser la tension. Les gouvernants se tournent vers les problèmes de l'après-guerre: l'inflation, la réintégration des soldats, le chômage, la situation du Canada dans l'Empire. L'épiscopat sort de la guerre quelque peu ébranlé et divisé. Mgr Bruchési ne se remettra pas ni de la trahison de Borden ni de la désaffection du peuple et du bas-clergé. Les évêques constatent combien dans les villes la guerre a été un creuset qui a transformé les mœurs. Dans l'immédiat, cependant, un problème préoccupe le cardinal Bégin: les attaques qui, en certains pays, fusent contre la politique pacificatrice et les tentatives d'arbitrage de Benoît XV, et que la diplomatie romaine ne réussit pas à faire taire. Le 14 juin 1918, à la demande expresse du délégué apostolique, il envoie au nom de tout l'épiscopat et des fidèles un télégramme au secrétaire d'État aux Affaires étrangères, Th. A. J. Balfour, priant le gouvernement britannique de dénoncer l'article 15 du Pacte de Londres qui «a une portée injurieuse pour Sa Sainteté», de même que l'interprétation que des députés anglais en ont fait aux Communes.[20] Le 3 septembre, il envoie à Benoît XV une longue lettre de réconfort. Cette lettre exprime la solidarité des catholiques canadiens avec l'action pontificale durant le conflit; leur admiration pour la compassion que Sa Sainteté a témoignée à l'humanité en détresse: prières, protestations, lettres de réconfort, libération des prisonniers, secours alimentaires aux soldats et aux civils, de même que leur réprobation indignée des injures et des calomnies «dont [Elle a] été l'objet dans l'exercice des fonctions de médiation et de pacification [qu'Elle] a su remplir avec tant de tact et de prudence». Et le cardinal de conclure: «Vous avez grandi, illustré, immortalisé aux yeux de l'opinion impartiale et de la postérité le pouvoir apostolique dont vous êtes investi.»[21]

L'action de l'épiscopat pendant la guerre a donné lieu à bien des interprétations. Dans ses *Mémoires*, Lionel Groulx avoue «n'avoir jamais compris la ferveur belliqueuse des chefs religieux» et déplore que les évêques ne se soient pas limités à n'être que «des hommes de prière et des prédicateurs de la paix du Christ». Le jugement est un peu court: on ne peut tout à la fois prétendre incarner le destin d'un peuple et se terrer à l'heure des choix difficiles. On pourrait reprocher aux signataires de la lettre pastorale du 23 septembre 1914 de n'avoir pas mieux analysé la conjoncture et explicité plus directement les principes, tout en laissant aux fidèles le soin d'en faire des applications concrètes; on peut aussi s'étonner que les évêques n'aient pas tenu compte d'un des postulats de leur agir politique qu'ils avaient déjà énoncé dans leur lettre collective du 23 mars 1897, à savoir que dans le peuple, la loyauté à l'Angleterre passe par le respect du droit minoritaire.[22] Il reste que l'Église du Québec a derrière elle une longue tradition de soumission à l'autorité britannique, historiquement son alliée. Surtout, dans la conjoncture, les évêques n'ont guère le choix. Depuis quelques années, les mémoires pleuvent à Rome où l'on s'efforce de démontrer que l'Angleterre est parfaitement satisfaite des évêques canadiens-français en autorité dans le Dominion: l'épiscopat ne peut s'opposer à la participation du Canada à la guerre sans enfoncer une des pièces majeures de son argumentation dans la bataille des sièges. En somme, la crise de la conscription était déjà inscrite, en 1914, dans la situation scolaire des minorités francophones canadiennes. Placés devant une alternative: soit faire de la reconnaissance du droit minoritaire une condition de la participation à l'effort de guerre, soit rendre, à long terme, Rome, l'Angleterre et le gouvernement fédéral favorables à la vision d'un Canada bilingue, où, d'une mer à l'autre, les Canadiens français se sentiraient chez eux, les évêques ont été quasi forcés de choisir la seconde voie. Rentable peut-être à long terme, cette voie ne pouvait que placer l'épiscopat en difficulté, car mis à part au sein de la Confédération, les Canadiens français allaient tout naturellement faire bande à part dans l'effort de guerre total.

L'âme de la race

Tandis qu'aux avant-postes les chefs nationalistes combattent pour la langue et les droits collectifs, l'Église est surtout soucieuse de préserver «l'âme de la race», «faite de communes traditions, du culte des ancêtres, du parfum des foyers, de la gloire des héros, des sciences».[23] L'entité collective que forment les Canadiens français — «le peuple», «la nation» ou «la race»: on ne distinguera ces notions qu'après 1930, pour se démarquer des fascismes — est représentée par une image où dominent trois teintes, la catholicité, la francité et la ruralité; c'est une totalité homogène, que n'entament ni différences de classes, ni disparités de région ou de genre de vie. «L'un des grands bonheurs de notre nation, ç'a été, c'est de ne pas compter de classe privilégiée. Du peuple nous sommes tous sortis, et par nos attitudes les plus profondes nous restons du peuple», déclare Mgr Georges Gauthier au Monument national en 1914. Ce sera l'œuvre de *L'Action française*, au sortir de la guerre, de renouveler cette définition de l'identité collective et de «ramener le problème national à un concept synthétique».

Le premier congrès de la langue française avait eu des retombées. L'année suivante, le jésuite Papin Archambault, toujours à l'affût des nouveautés, avait mis sur pied la Ligue des droits du français (11 mars 1913), en vue de raffermir l'usage du français dans la vie publique. Il s'était associé quelques laïcs, dont Omer Héroux, membre de la Ligue nationaliste et fidèle acolyte de Bourassa au *Devoir*. En 1917, la Ligue des droits du français fonde une revue, *L'Action française*, dont la direction est confiée à Héroux. La Ligue compte parmi ses membres l'abbé Philippe Perrier, curé de la paroisse Saint-Enfant-Jésus de Mile End, à Montréal, qui jouit d'un grand prestige dans le clergé. Le curé Perrier a en outre le double atout d'être l'hôte préféré de son paroissien, Henri Bourassa, et d'héberger comme pensionnaire l'abbé Lionel Groulx, qui a quitté son diocèse par suite de conflits dans son collège et de mésententes avec son évêque, Mgr Émard, d'esprit trop libéral à ses yeux. Récupéré par Mgr Bruchési, Groulx est devenu, en 1915, le premier professeur d'histoire de l'Université Laval de Montréal, chargé de conférences publiques qui sont très populaires. Tout naturellement, il devient un des collaborateurs et, bien vite, le leader de *L'Action française*.

Au collège, Groulx lisait *La Vérité*. Jeune professeur, il s'est enthousiasmé pour *Le Nationaliste*. Il était présent au discours de Notre-Dame. Il a collaboré aux travaux de la Société du parler français. Chez le curé Perrier, il assiste aux causeries vespérales de Bourassa, soirées, écrira-t-il, «où j'ai le plus appris». Imbibé de toute la pensée nationaliste de l'époque, il a «compris l'attente de ce milieu intellectuel»; il y apporte la dimension de profondeur de son savoir d'historien, sa spiritualité de prêtre-éducateur et le catalyseur de sa

Premier groupe de la Croisade d'adolescents, 1905-1906. (Éditions Bellarmin)

mythologie personnelle. Aux élites en quête d'un projet collectif, il est en mesure d'offrir une création de son esprit: l'âme conquérante de la race canadienne-française.

Ambitionnant de devenir journaliste catholique, Lionel Groulx s'est laissé recruter par l'institution ecclésiastique. Il est devenu prêtre-éducateur, métier, avouera-t-il, qui l'a «littéralement enivré». Il s'est donné pour mission d'ouvrir les fenêtres de l'idéal dans la grisaille des murs de collèges, entre lesquels jadis il s'était cru mourir de nostalgie. Par son enseignement, d'abord, qu'il tente de rendre concret, enraciné dans les réalités canadiennes-françaises. Par la spiritualité surtout, clé de voûte de l'homme total qu'il entreprend de façonner. Aux adolescents qu'il dirige, Groulx propose l'idéal du chevalier au cœur pur. En pratique, le ressort de cette spiritualité est double: la volonté et l'apostolat. Conquête de soi-même, d'abord, par le respect intégral de la discipline quotidienne et l'ascèse sexuelle; conquête du milieu, ensuite, au relèvement spirituel et culturel duquel s'est vouée la «croisade d'adolescents». Groulx s'est épris de la beauté de ses jeunes gens. Parti en quête des origines historiques du peuple canadien-français, il y retrouve fatalement le visage de cette jeunesse héroïque: l'âme de la race, dans toute la pureté de son adolescence. «Dès mes premiers abords de l'histoire canadienne, une entité spirituelle m'est apparue, unique sur le continent, enfantée dans la lumière radieuse de ses premiers matins: cette foi apportée de France, un peu austère, mais si pure, si expansive, si apostolique. Et cette entité c'était mon pays, la Nouvelle-France de jadis.»[24] La disparition du chef de la croisade, un jeune homme dont le cœur «avait quelque chose de la pureté du cristal», mort accidentellement à vingt-cinq ans (1908), achève de transformer l'image en mythe. Toute sa vie, Groulx rêvera de faire revivre le jeune homme, «héros de volonté et d'action», «surhomme de la foi», «résumé de sa race», dont il a cru découvrir le prototype historique: Dollard des Ormeaux, le jeune guerrier mort pour la patrie en 1660.

Groulx est un sentimental que la spiritualité de la volonté transforme en homme d'action. Devenu le dépositaire de la conscience historique de la nation et le directeur spirituel de tout un peuple, il entreprend la bataille pour «que l'esprit de race finisse par l'emporter sur l'esprit de parti».[25] Au mouvement qu'il dirige, il assigne comme objectif de «reconstituer en nous l'homme d'autrefois, le ‹type ethnique› qu'avaient formé nos pères et que la conquête a peu à peu défiguré».[26] Loin de cautionner un repli nostalgique, cet idéal de continuité historique est projet de reconquête de soi. Aux politiques fatalistes d'adaptation au progrès ou à la nécessité historique, Groulx oppose le mot d'ordre: «être absolument, opiniâtrement nous-mêmes, le type de race créé par l'histoire et voulu par Dieu».[27] Car le peuple canadien-français est de ceux à qui leur destinée commande l'effort de s'élever jusqu'à «l'état d'âme supérieur» où ils puissent prendre, «dans la synthèse de leurs vertus natives [et] dans le commandement de leur histoire, l'essor souverain de leur vie». L'avènement de la personnalité nationale exige un double travail de libération du peuple: libération de la sujétion étrangère — tâche à laquelle toute l'élite est conviée — et libération de «l'inconsistance de ses propres pensées», ce qui est la mission spécifique du chef, porteur de la doctrine. Parce qu'il l'a reconnu dans l'histoire, Groulx est en mesure de définir ce type ethnique, pierre angulaire de la doctrine nationaliste. Des trois éléments constitutifs qu'on s'accorde à lui reconnaître, catholicité, francité, ruralité, il met carrément l'accent sur le second: ce peuple est de type français, tout en étant rigoureusement caractérisé par une histoire et une géographie distinctives; c'est ce qui le rend si radicalement autre, dans son mode de pensée, ses réactions instinctives, ses projets collectifs. Par affinité, par tradition, par la grâce de la Providence, il est aussi catholique. C'est là la meilleure garantie de son avenir, car il y a «une puissance de résurrection latente en l'âme de tout peuple catholique». Et c'est la meilleure source d'où procède son élite: «à égalité d'intelligence et de savoir-faire, ce seront toujours les surnaturels qui serviront le mieux notre pays». La ruralité est l'autre garantie d'avenir: «les races qui vainquent et les races qui durent, ce sont les races qui épousent le sol».[28] L'âme canadienne-française a puisé dans ses racines terriennes son «opiniâtreté», la longue patience de ceux qui savent pousser jusqu'au bout leur coup de charrue. Groulx ne remet pas en question l'idée que l'agriculture soit «l'institution divine la plus propre à faciliter l'épanouissement de l'homme» et il reconnaît, avec la plupart des nationalistes du temps, qu'elle est «notre grande force économique». Il reste que, avant le mariage avec la terre, la Nouvelle-France fut pionnière, conquérante, apostolique. L'abbé Étienne Couillard-Després exalte la figure de Louis Hébert, premier agriculteur de la Nouvelle-France; Groulx lui préfère le mythe de Dollard des Ormeaux, dont le culte gagne la jeunesse intellectuelle d'après-guerre. Le peuple restera défricheur, habitant, forestier; mais, sous la devise «jusqu'au bout», c'est toute la vie économique, toute la vie intellectuelle qui s'offrent à la conquête du jeune homme «ambitieux de vastes entreprises».

Au cours des années 1920, les nationalistes se sont mis à douter de l'avenir de la Confédération. Sous l'influence de la mystique ethnique de Groulx, ils abandonnent le canadianisme de Bourassa pour reprendre la formule Tardivel, sans lui donner, pour le présent, une expression politique. Le nationalisme est devenu une question culturelle et la Ligue d'action française se définit comme mouvement d'action intellectuelle. Outre la revue qui en est le cœur, le mouvement met en œuvre toute une batterie de moyens d'actions: conférences, débats publics, publications, pèlerinages historiques. Aux meilleurs moments, *L'Action française* atteint un tirage de cinq mille: une grosse fraction des élites. La Ligue est bien consciente de ne pas avoir d'audience en milieux populaires. Peu importe, après tout, puisque l'action va du chef aux élites et des élites au peuple; puisque l'âme de la race est concentrée dans les «natures d'élite», «esprits intuitifs, doués d'un organisme plus délicat, qui ont comme une âme collective qui pense et ressent pour tous».

L'Action française est un mouvement d'intellectuels, au sujet duquel les élites cléricales sont divisées. Le foyer de l'opposition est à Québec, où Mgr Camille Roy, recteur de l'Université Laval, voit d'un mauvais œil son historien, Thomas Chapais, déclassé par l'étoile montréalaise; son théologien, Mgr Paquet, flirter avec le nationalisme; ses étudiants recevoir leurs mots d'ordre de l'ancienne succursale de Montréal. Dans l'ensemble, cependant, l'épiscopat cautionne le mouvement. Mgr Bruchési a bien voulu prêter Groulx comme directeur officiel de *L'Action française*: «Je crois opportun qu'en ces entreprises d'ordre intellectuel de mes prêtres se mêlent aux laïcs.»[29] Et lorsque ce dernier retourne à plein temps à sa chaire d'université, en 1927, Mgr Gauthier l'encourage à garder ses contacts avec le mouvement. À Québec, le cardinal, dans une lettre pastorale de 1923, insiste pour que les enseignants se préoccupent de la formation nationale.

Avec Groulx, la formule de Bourassa se trouve inversée en: «la foi, sauvegarde de la culture». Sans sa formation cléricale, d'ailleurs, Groulx n'aurait pas eu les ressources symboliques indispensables à l'invention de l'identité collective des Canadiens français.

2.   FISSURES DANS LA CIVILISATION CHRÉTIENNE

Le conflit mondial n'a pas seulement exacerbé la conscience nationale; au cours des années 1920, «un vent de sensualisme, venu des pays étrangers, se propage avec une alarmante rapidité».[30] On le constate à plusieurs signes qu'on appelle «les maux de l'heure présente».[31] Et ils sont nombreux. En tête du palmarès vient «la folie des modes». La guerre a révolutionné le costume féminin d'une façon que l'on juge d'abord ridicule. Les vêtements de sport, «d'une bizarrerie, d'une fausseté et d'une laideur sans nom», affichent en réalité la «fausse joie des filles émancipées, pour ne pas dire la lubricité des garçonnes». Et les modes qui font appel à «un voile transparent» ou une «gaze légère» révoltent la conscience parce qu'elles sont «une provocation au mal». Tout aussi pernicieuses sont les danses lascives qui éveillent les passions, ou ces tangos immoraux qui «ont soulevé une immense clameur de réprobation dans le monde entier». Plus perfide encore est le cinéma. Il empoisonne le cœur et l'esprit du peuple en diffusant insidieusement «des idées nouvelles, insoupçonnées des âmes simples et droites, qui sont un attentat à la vieille tradition familiale ou sociale».[32] Le spectacle affligeant de ces mœurs nouvelles culmine en un scandale d'autant plus angoissant qu'il est susceptible «d'attirer les redoutables châtiments que Dieu ne manque pas d'infliger en cette vie». Ce scandale est la profanation du dimanche, transformé par «les divertissements défendus en un jour de lucre et de péché».

Pour contrer cette recrudescence de l'invasion païenne, l'Église fait appel aux militants d'action sociale catholique qui mettent sur pied diverses ligues, instruments d'action concertée de toutes les associations catholiques vers un objectif précis, axé sur la réforme des mœurs. Aux ligues de tempérance du début du siècle succèdent ainsi: la Ligue des bonnes mœurs (1921),la Ligue du dimanche (1923), la Ligue du cinéma (1925), la Ligue catholique féminine (1927) vouée à la défense de la modestie dans le vêtement. Le mode d'intervention des ligues fait appel à l'enquête, à la propagande, à la formulation de vœux et à de grandes campagnes de pression sur l'opinion publique. Les ligues constituent une force de frappe impressionnante. Mais que peuvent-elles contre le vent d'euphorie qui, au cours des années folles, a soufflé jusqu'au cœur du peuple canadien-français?

Le jour du Seigneur

La question du respect du dimanche s'est posée au Québec dès le début du siècle, sous l'influence de la vague de puritanisme qui traverse alors l'Amérique. Le Lord's Day Alliance, mouvement pan-canadien d'origine puritaine, milite alors en faveur d'une loi fédérale interdisant non seulement le travail, mais aussi l'ouverture des salles de cinéma et de théâtre, des buvettes et des salles de danse. À Québec, le grand vicaire Mgr Marois s'inquiète de cette effervescence pour une double raison: la question ne lui semble pas du ressort du gouvernement fédéral, où l'Église «a si peu d'influence», et le projet, qu'on lui soumet en mars 1904, comporte des «exagérations funestes» qui sont de nature à empêcher «les citoyens de jouir de certains plaisirs nullement défendus par la loi naturelle, non plus que par la loi positive».[33] Présenté aux Communes en 1906, le projet obtient, du moins dans ses principes, l'approbation de Mgr Bruchési, mais non celle des radicaux, des nationalistes, des chefs ouvriers et des ouvriers montréalais. Devant des foules houleuses — l'une au Champ de Mars groupe dix mille personnes — Henri Bourassa en fait une question de liberté et de droits civils. Ce mouvement, où confluent des motivations diverses, telle la lutte contre l'intolérance, contre le sectarisme et contre les Églises, tire sa force du désir des Montréalais de conserver leur mode de vie.[34] Le projet, amendé à plusieurs reprises, devient une loi-morte, car les procureurs provinciaux, dont plusieurs manifestent leur opposition, devront consentir aux poursuites pour infraction à la loi. En 1907, le Québec adopte sa propre loi du respect du dimanche.

Au mépris de la loi québécoise, les usines de pâtes et papiers restent en opération le dimanche. Certaines ne ferment qu'à sept heures du matin, d'autres reprennent en fin d'après-midi; partout, le dimanche est consacré aux travaux de maintenance. Pour le théologien, c'est un vol et une profanation, car le dimanche, de minuit à minuit, est la propriété de Dieu. De fait, l'ouvrier qui quitte l'usine à sept heures du matin n'ira pas s'asseoir sur les bancs d'église; il rentre se coucher. Pour le sociologue catholique, le repos hebdomadaire est une nécessité biologique et sociale, il est dû en stricte justice à l'ouvrier. Et il n'est pas indifférent que ce repos soit pris tel ou tel jour, car le dimanche est aussi le jour de la famille. S'il n'a pas sa journée du dimanche, «l'individu, père de famille, devient presque un étranger pour ses enfants et c'est une chose terrible, parce que c'est la démolition du principe d'autorité, parce que c'est une brèche à l'unité de la famille»; le dimanche, «tous sont libres et entièrement sous la dépendance de leur père».[35]

Mgr Eugène Lapointe, grand vicaire de Chicoutimi et promoteur du syndicalisme catholique dans l'industrie des pâtes et papiers, est l'un des premiers à s'être scandalisés de cet état de choses. Le 15 décembre 1912, inspiré très certainement par son grand vicaire, Mgr Labrecque dénonçait énergiquement, dans une lettre pastorale, «la coutume de traiter le saint jour du dimanche comme un jour ordinaire». Une enquête personnelle, menée avant la guerre, révélait à Mgr Lapointe que cette situation affectait la majorité des petites villes industrielles de la province et qu'elle datait de plusieurs années. Importée par le capitalisme américain, la pratique du viol de la loi du dimanche s'est «infiltrée, comme beaucoup de choses mauvaises, sans que nous y prissions garde». L'ouvrier s'est d'abord résigné; peu à peu, le travail du dimanche lui a paru normal. Pour Mgr Lapointe, cette situation est profondément humiliante et inquiétante. Aux Semaines sociales de 1922, il pose brutalement la question. Comment des capitalistes étrangers qui réalisent des millions à même nos ressources naturelles et sur le dos de notre classe ouvrière peuvent-ils se croire «assez puissants pour mépriser nos lois, faire fi des injonctions de nos gouvernements, se moquer des décisions de nos tribunaux et des lettres pastorales de nos évêques, violenter la conscience de nos ouvriers, bouleverser notre organisation paroissiale», en supprimant le repos dominical? Ne sommes-nous pas en droit de nous demander «si nous sommes encore maîtres chez nous»? Ceci pour l'humiliation. Mais le prélat s'inquiète surtout de l'avenir du peuple. «Notre peuple est beau», poursuit-il, beau dans sa foi, ses mœurs simples et honnêtes, sa sociabilité, son esprit clair et son gros bon sens; «beau jusque dans son amour du confort et du bien-être qui [...] le garde de la sordide avarice». Mais que deviendra l'âme populaire si on «gêne l'ouvrier dans sa pleine liberté d'assister aux offices religieux», détournant ainsi «son esprit et son cœur de l'enseignement de l'Évangile pour les orienter de plus en plus exclusivement vers des préoccupations et des affections d'ordre matériel»? Une chose à tout le moins est prévisible: «une diminution considérable sinon une perte totale de la foi» pour la génération qui grandit. «Avant un quart de siècle, dans nos villes industrielles, nos églises seront en partie désertes.»

Et dans la grande ville? Le travail dominical s'implante surtout — ou de façon plus visible — par la voie du commerce. La loi provinciale prévoit, en effet, que les Juifs, s'ils respectent leur sabbat, peuvent travailler le lendemain. Le dimanche étant congé pour la plupart des travailleurs, c'est un jour fort commode pour le magasinage; les commerçants juifs de Montréal en profitent. Inquiets de cette concurrence, nombre de catholiques et de protestants tiennent eux aussi boutique ouverte le dimanche. Parmi ces commerces illégaux, il en est une catégorie doublement pernicieuse, celle des loisirs payants, la plupart du temps déshonnêtes, et au tout premier chef: le cinéma.

Le succès du cinéma aura été foudroyant au Québec. Des cirques ambulants avaient introduit à Montréal, en 1896, des «photographies animées» puis, en janvier 1900, Ernest Ouimet avait ouvert un Ouimetoscope, minable salle de cinéma. L'engouement du public l'amène à ouvrir une salle plus luxueuse, rue Sainte-Catherine, en 1907, où il projette des films américains et, bien sûr, les films français de la maison Pathé. Commence alors la grande aventure du cinéma muet qui se répand en province et gagne la faveur populaire. En 1922, dans la seule ville de Montréal, on recense cinquante-cinq salles, soixante mille clients par jour dont six mille enfants de moins de seize ans. On estime à six millions de dollars les recettes annuelles.[36] *La Semaine religieuse de Québec* parle «d'une ivresse du cinéma, de nos jours, comme il y a une ivresse causée par les liqueurs alcooliques».[37] Et comme l'eau-de-vie au temps de Mgr Laval, le cinéma au temps des Bégin et Bruchési divise les esprits. «D'un côté, le clergé, les associations nationales et la bonne presse. De l'autre côté, l'industrie judéo-américaine du cinéma, le trust de la Famous Players Corporation, les journaux [...] et tous ceux que la bonne presse agace par son austérité, son indépendance, ses partis pris, sa prétention à tout régenter.»[38] On s'inquiéterait à moins, si on s'en tient aux enquêtes menées par les catholiques. En 1916, les 284 films visionnés par les membres de l'A.C.J.C. exhiberaient 448 scènes immorales, 6 antireligieuses, 93 antisociales, 113 de mauvais goût, 50 inoffensives, 22 instructives.[39] On relève un constat identique dans les enquêtes menées par Léo Pelland, professeur à l'Université Laval, par Oscar Hamel et par d'autres militants catholiques. À la décharge de l'industrie cinématographique, convenons que les normes sont élevées. Oscar Hamel considère immoral le fait de représenter «un jeune homme et une jeune fille sur une île», «des modèles de studio et des danseuses de cabaret», «la vie d'un certain grand monde d'Amérique», «des baisers à pleine bouche».[40] Les évêques décrètent le cinéma une occasion de profanation du dimanche et, du même souffle, «une occasion prochaine de péché». Au sortir de la Première Guerre, il est «le grand mal, la grande plaie, la lèpre hideuse dont il faut arrêter le progrès». Traçant la voie à la bonne presse, *La Semaine religieuse de Québec* publie des articles sans nuance contre cet «instrument de la damnation le plus perfectionné dont l'enfer se soit servi contre les âmes sauvées par Jésus-Christ». Les mots ne sont jamais assez forts pour stigmatiser cette «antichambre des maisons de prostitution», cette «école d'erreurs, de vices, de révolution», ce lieu où toutes « les concupiscences trouvent leur pâture».[41] Mais l'immoralité des spectacles n'est que l'aspect le plus évident d'un problème plus profond. Que les salles soient fermées le dimanche et que les films soient scrupuleusement triés ou censurés ne suffiraient pas à réconcilier les élites avec ces «spectacles pour sourds-muets». Car projeté au-dehors de l'univers quotidien des significations et assailli par le langage du corps, essence même du cinéma muet, le public s'échappe de la culture de la Parole; le peuple déserte le domaine d'emprise de l'élite.

Le dimanche 9 janvier 1927, une panique provoquée par un incendie dans un cinéma de Montréal cause la mort de soixante-dix-huit enfants. La tragédie du Laurier Palace marquera les esprits pour plusieurs années. Dans l'immédiat, elle suscite une enquête publique sur l'industrie cinématographique, à laquelle fait écho une campagne intensive de la Ligue du cinéma. Le rapport du commissaire-enquêteur, déposé le 30 août, révèle, entre autres, que «les citoyens en général et la classe ouvrière sont, généralement parlant, en faveur de l'exclusion des enfants au-dessous de seize ans et contre l'interdiction du spectacle le dimanche». En conséquence, le juge Boyer recommande de lever l'interdiction de principe qui affecte le cinéma du dimanche. (En fait, à Québec et à Montréal, l'interdiction n'avait jamais été appliquée.) L'opinion catholique se scandalise que le commissaire ait cru bon de consulter l'opinion publique plutôt que les évêques. Et sans oser s'arrêter sur le fond de sa pensée, Mgr Gauthier s'étonne: «Jamais le goût des amusements n'a exercé pareille emprise sur notre population [...] C'est l'aspect même de notre vie sociale qui en a été modifié en même temps que les signes extérieurs d'un pays chrétien, et comme il est difficile de s'arrêter sur une pareille pente, l'on a fait du dimanche l'un des jours les plus commercialisés de la semaine.»

Les mariages mixtes

Le mariage est un des piliers clés de l'ordre social puisqu'il circonscrit et réglemente ce que la civilisation moderne conçoit comme la sphère de la vie privée. En reconnaissant un caractère sacré à cette institution, l'Église s'approprie un important instrument de contrôle social. Le mariage catholique est indissoluble, quels que puissent être les échecs, les infidélités ou la volonté mutuelle des conjoints. C'est là un verrou implacable aux passions, à l'instinct de liberté ou la volonté d'affirmation individuelle. Dans les «États hérétiques», au dire de Mgr de Gaspé, le mariage n'est qu'une «plaisanterie, à laquelle on se livre et dont on se délivre au gré d'un caprice ou de la passion». En pays catholiques, il est reconnu comme institution divine, ordonnée à «prolonger l'acte créateur dont l'humanité est issue» par la génération et l'éducation des enfants. Si le mariage catholique remplit par surcroît une seconde fonction, «le mutuel perfectionnement» des deux êtres l'un par l'autre, il accorde peu de place à la sexualité. De ce point de vue, il n'est qu'un «simple remède» pour une nature viciée, une sorte de «moyen efficace pour vivre honnêtement et dans la justice», c'est-à-dire au-dessus de l'empire des «fonctions bestiales». La doctrine de l'Église en cette matière rejoint les mœurs et les principes d'organisation de la société rurale traditionnelle, où le choix d'un conjoint et les fréquentations sont sévèrement contrôlés par le groupe, où l'inexistence du temps des loisirs et la promiscuité empêchent le développement de l'art érotique, où les rôles féminins ne débordent pas l'univers familial et où le contrôle des naissances est encore à peu près inexistant.

Au début du siècle, l'institution du mariage n'est pas remise en question et les rares cas de déviance font figure de scandale public. En 1902, l'évêque de Rimouski suggère à un curé de chasser le «misérable apostat» réfugié dans sa paroisse avec sa concubine, mais de manière discrète, en incitant de fidèles paroissiens «à prendre résolument tous les moyens que le droit et l'honneur dictent pour bannir et éloigner de leur milieu la cause infamante de scandales, de ruines et de malheurs dont il s'agit». Et lors du Concile plénier de 1909, les évêques canadiens font parvenir au Gouverneur général une requête demandant la «passation d'une loi punissant l'adultère public et édictant des peines sévères contre toute personne vivant en concubinage public».[42]

Le mariage catholique est cependant miné, de façon insidieuse, par la prolifération des mariages mixtes et par l'occasion qu'ils fournissent d'échapper au contrôle de l'Église. Celle-ci ne reconnaît que les mariages mixtes consentis devant un prêtre catholique. Les fidèles qui se marient devant un magistrat civil ou un pasteur «hérétique» commettent «une faute à laquelle est attachée la peine d'excommunication». C'est un cas réservé à l'évêque.[43] Et les parents complices «sont indignes des sacrements». La réconciliation avec l'Église se paie en principe «d'une rétractation en public». Dans la plupart des diocèses, toutefois, ces problèmes sont traités avec discrétion.

La législation sur le mariage, de juridiction provinciale, et celle sur le divorce, de juridiction fédérale, posent des problèmes d'une infinie complexité. L'application de la loi sur le divorce relève d'un comité du Sénat. Quant au mariage, il est régi par le Code civil dont la codification remonte à 1866. Le Code reconnaît que les Québécois sont assujettis au droit matrimonial alors en vigueur dans les Églises auxquelles ils se rattachent. Le droit matrimonial de l'Église québécoise se résume donc aux décrets du Concile de Trente et à la déclaration bénédictine (Benoît XIV) promulguée au Québec en 1764. Au terme de ces décrets, un mariage entre catholiques n'est valide que s'il est contracté devant l'Ordinaire des parties contractantes (ou son délégué) et au moins deux témoins, tandis qu'un mariage entre un catholique et un hérétique, contracté hors de l'Église, est valide mais non licite (déclaration bénédictine).[44] La position de l'Église est intransigeante: le mariage est une institution divine, un sacrement auquel le contrat naturel se confond; partant, elle seule a le droit de réglementer le mariage des catholiques et seuls ses tribunaux ont le droit d'appliquer cette réglementation, la loi civile se limitant à sanctionner les mariages célébrés selon les règles de la confession à laquelle les époux appartiennent. Cette interprétation, sanctionnée au XIXe siècle par quelques jugements de la Cour supérieure, est remise en question par l'affaire Delpit-Côté, deux catholiques mariés devant un pasteur protestant, dont le mariage, en juillet 1900, est déclaré nul par Mgr Marois, à la demande d'un conjoint invoquant l'autorité du Concile de Trente. Des pasteurs protestants n'acceptent pas la prétention de l'Église d'invalider un mariage célébré par un des leurs. En mars 1901, le juge John Sprott Archibald, bien près de considérer «la prétention de l'autorité ecclésiastique comme une grave attaque contre notre système de gouvernement libre et responsable», prend la contrepartie de la thèse de l'Église: le mariage est d'abord un lien civil et en cas d'invalidité du lien civil, l'obligation religieuse disparaît.[45] Le juge reconnaît la validité du mariage Delpit-Côté. L'épiscopat s'émeut de ce jugement. Mgr Bruchési, dans *La Semaine religieuse de Montréal*, rappelle à ses ouailles l'obligation qu'elles ont, sous peine d'excommunication, de suivre la discipline de l'Église.

Ce jugement laisse au cœur des évêques un sentiment d'inquiétude avivé par la croissance des mariages mixtes et par le refus de plus en plus avoué des pasteurs protestants de laisser l'Église catholique ne point reconnaître la validité ou la licéité, selon le cas, de certains mariages qu'ils sanctionnent. Le 2 août 1907, le décret *Ne temere*, promulgué par la Congrégation du Concile, qui abolit la déclaration bénédictine et, partant, ne reconnaît plus la validité des mariages mixtes célébrés hors de l'Église catholique, aggrave les tensions. L'épiscopat se réjouit de ce décret, parce que, au dire de Mgr Bégin, «la seule crainte de faire une union que l'Église regarde comme nulle préviendra bien des mariages devant les ministres protestants». Cette perspective inquiète les protestants, d'autant plus que le *Ne temere* se trouve, indirectement, à réduire leur juridiction de fonctionnaire civil. De fait, le problème est le suivant: ou bien le Code civil de la province de Québec ne reconnaît que les législations religieuses en vigueur en 1866, ou il reconnaît aussi toutes les modifications ultérieures que les Églises lui ont apportées ou lui apporteront. Les protestants et les tribunaux favorisent la première interprétation et les catholiques, la seconde. En 1911, le jugement du juge Charles Laurendeau annulant le mariage Hébert-Clouâtre indigne les milieux protestants. Un de leurs porte-parole aux Communes, le député Edward Arthur Lancaster, présente un projet de loi qui rendrait valide tous les mariages célébrés «par une personne autorisée à accomplir la cérémonie du mariage, nonobstant les différences de croyance religieuse des personnes ainsi mariées, et sans tenir compte de la religion de la personne présidant à la cérémonie».[46] La loi met en cause les rapports entre les pouvoirs spirituel et temporel, de même que le partage des pouvoirs entre le fédéral et les provinces. Le débat a lieu aux Communes au début de l'année 1912. Il divise profondément catholiques et protestants. Le gouvernement juge prudent de couvrir ses arrières et demande à la Cour suprême de se prononcer sur trois questions: 1. Le Parlement du Canada peut-il adopter le projet de loi Lancaster? 2. Le Code civil de la province de Québec invalide-t-il un mariage célébré entre deux catholiques, ou entre deux personnes dont l'une est catholique, devant une autre autorité qu'un prêtre catholique? 3. En ce cas, une loi votée par le Parlement canadien peut-elle supplanter la loi de la province de Québec?

Le recours à la Cour suprême stoppe le débat aux Communes, non dans le public. D'autant plus qu'en appel devant la Cour supérieure, madame Hébert gagne son point: le juge Napoléon Charbonneau déclare que le *Ne temere* n'affecte pas les lois civiles et que le mariage est donc valide. Le Délégué apostolique est inquiet. La thèse catholique lui semble fragile, au point qu'il s'attend à ce que le Conseil privé, si on a recours à ses services, donnera raison aux protestants. Il est persuadé que le gouvernement canadien devra faire voter une loi «établissant l'égalité parfaite entre toutes les dénominations religieuses», à moins que Québec ne modifie son Code civil. Il suggère à l'épiscopat québécois de ne pas s'opposer à une telle modification et de veiller à ce qu'il n'y ait pas d'agitation, ce qui pourrait «avoir de graves conséquences pour les catholiques du Canada et compromettre notre situation vis-à-vis de la question scolaire du Manitoba, des écoles bilingues, etc.».[47] Cette stratégie ne plaît guère à l'épiscopat. Un évêque aussi libéral qu'Émard «hésiterait longtemps avant de se prêter» à cette stratégie qui lui semble entachée de «compromission». L'épiscopat n'entend pas aller à l'encontre de Rome et met sa confiance dans la constitution canadienne.[48] Et non sans raison. La loi Lancaster suscite la colère des députés à la Législature québécoise qui y voient un empiètement d'Ottawa sur les droits des provinces. Le Québec dépêche deux avocats éminents plaider sa cause devant la Cour suprême. Celle-ci décrète que le *Ne temere* n'a aucun effet civil mais que, par contre, les affaires matrimoniales relèvent du Québec. En appel, le Conseil privé de Londres maintient le jugement de la Cour suprême.

Les modifications apportées au Code de droit canonique, en 1918, aggravent le problème. Cette ambiguïté dans l'interprétation du Code civil demeure une zone de conflits de droit et une source de problèmes de conscience. En 1925, un jugement du juge Belleau met en lumière l'incompatibilité des deux droits et amène l'épiscopat à discuter des moyens à prendre pour harmoniser les deux codes dans le respect du décret *Ne temere*. Son objectif est clair: «limiter le droit des ministres protestants de marier validement les non-protestants». L'épiscopat nomme un comité qui, en février 1927, recommande d'amender l'article 129 de façon à ce que le code reconnaisse les modifications apportées depuis 1866 par les Églises à leur droit matrimonial. Le cardinal Rouleau rencontre le premier ministre à cet effet, car celui-ci, déjà aux prises avec la question des écoles juives, des écoles techniques et du travail le dimanche, temporise pour ne pas éveiller les protestants.[49] Entre-temps, l'évêque de Gaspé, qui a un cas particulier à résoudre, doit se rabattre sur les armes classiques de la contrainte morale et du contrôle social. Et il n'y va pas de main morte! Dans une lettre lue du haut de la chaire devant le peuple chrétien assemblé, en 1926, Mgr Ross dénonce l'union d'une catholique à un protestant, consentie devant un pasteur protestant, comme «un accouplement impudique que le sens catholique réprouve, que l'Église maudit à l'égal des concubinages et des prostitutions». La conjointe catholique est «chargée d'une malédiction qui la suivra jusque dans sa tombe pour empêcher son cadavre déshonoré de souiller la terre sainte de nos cimetières» et ses enfants «seront considérés par l'Église comme des fruits maudits», incapables d'aspirer à aucun honneur ecclésiastique.[50]

Jusqu'aux années 1930, le mariage catholique n'est pas ébranlé de l'intérieur. Très peu de catholiques ont recours à la loi canadienne sur le divorce. Les études démographiques révèlent en outre que le début d'un contrôle des naissances, dans certaines familles canadiennes-françaises de Montréal, ne serait pas antérieur à 1925. La vigilance de l'Église en ce domaine s'inscrit alors comme élément d'une stratégie plus globale qui vise essentiellement à prévenir la contamination du troupeau en l'isolant de tout contact avec l'étranger. Au début du siècle, l'évêque de Rimouski rappelle à ses fidèles que «l'Église défend à ses enfants, sous peine de damnation éternelle et d'excommunication majeure, d'avoir aucun rapport quelconque avec ces ministres en matière religieuse». Il va même jusqu'à interdire: aux malades d'avoir recours à la *nurse* protestante que Lady Aberdeen a mis à leur disposition à Cascapédiac; aux ouvriers, «de travailler à la construction de maisons ou de temples où l'on doit enseigner les erreurs protestantes»; aux jeunes filles, de demeurer au service de familles protestantes. Et le cardinal Bégin, encore en 1923, interdit une fois de plus aux parents d'envoyer leurs enfants dans les écoles protestantes. Il interdit aussi aux responsables catholiques «d'élever en commun les enfants juifs et les enfants chrétiens», d'admettre dans un pensionnat catholique les fils ou filles des apostats ou des enfants «nés dans le schisme et l'hérésie».

L'émancipation des femmes

Par delà l'institution du mariage qui la réglemente et la sacralise, la famille constitue, aux yeux de l'Église, la pierre angulaire de la civilisation chrétienne. On la définit comme le fait social par excellence en même temps que la cellule de base de la société. L'homme est naturellement membre de la société familiale, alors que la société civile est une formation secondaire, dérivée de l'association de plusieurs familles. Et le citoyen ne participe pas à la société civile à titre individuel, mais à titre de représentant de la famille dont il est le chef. Âme de la société familiale, la femme a pour mission de garder celle-ci intacte, à l'abri de l'agitation de la place publique. Cet ordre naturel des choses est remis en question par le mouvement féministe, apparu au Québec à la fin du XIXe siècle, via les anglophones de Montréal, en provenance de l'Ontario et des États-Unis. Quelques dames de la bonne société canadienne-française avaient adhéré à la section montréalaise du National Council of Women (1893); en 1907, elles fondent la Fédération nationale Saint-Jean-Baptiste (F.N.S.J.B.), organisme regroupant toutes les associations féminines canadiennes-françaises et catholiques. Mgr Bruchési, avec beaucoup de réticence mais pour éviter le pire, baptise le mouvement, non sans lui avoir auparavant fixé des objectifs dits chrétiens — «les nobles causes dans la sphère que la Providence a assignée» à la femme — et lui avoir interdit de croquer à la pomme de l'émancipation féminine: «ce n'est pas dans vos assemblées que l'on entendra parler de l'émancipation de la femme, de ses droits méconnus, de la part trop obscure qui lui est faite dans la vie». La position de Mgr Bruchési anticipe celle des Pères du Concile plénier pour qui la femme a une nature spécifique à laquelle correspondent des rôles spécifiques. Les Pères n'interdisent pas à la femme d'exercer son influence pour le bien en dehors de sa demeure ni d'œuvrer dans l'action sociale — rôle qui est le prolongement naturel de son instinct maternel. Mais ils condamnent la tendance à établir entre l'homme et la femme «une similitude de droits» et déclarent «funeste à la femme et à la famille» le suffrage féminin. L'action extérieure ne doit jamais arracher la femme à son foyer ni «la soustraire à ses devoirs sacrés». Et Mgr P.-E. Roy précise, au bénéfice d'un auditoire de couventines: «il appartient aux hommes de parler [...] de discipliner, de combattre sur les champs de bataille; il appartient aux femmes de faire des sacrifices».[51]

Dans les limites admises par l'Église et la mentalité de l'époque, la F.N.S.J.B. s'occupe d'œuvres sociales: collège d'enseignement classique pour les femmes, Hôpital Sainte-Justine, la Goutte de lait, les campagnes d'hygiène et de moralité publique. Mais, du côté anglophone, le mouvement féministe a conservé son caractère revendicateur. La fondation en 1912 de la Montreal Suffrage Association, inspirée du mouvement des suffragettes américaines et anglaises, porte la lutte sur le droit de vote et l'égalité politique. En 1917, l'octroi par le parlement fédéral du droit de vote aux femmes et aux parentes des soldats, accordé pour des motifs partisans, relance le débat. En 1922, toutes les Canadiennes ont le droit de voter aux élections fédérales et, sauf au Québec, provinciales.

Le mouvement des suffragettes rencontre au Québec une vive opposition. *La Semaine religieuse de Québec* dénonce le principe de l'égalité des droits politiques, produit d'un libéralisme destructeur des sociétés organiques et fomenteur «d'agglomération confuse d'individus tous réduits à la même taille, au couperet de l'égalité».[52] Mgr J.-A. Curotte soutient dans *Le Devoir* que, parce qu'il découle du suffrage universel, le suffrage féminin ne saurait «se justifier que par les théories de Jean-Jacques Rousseau». Toujours emballée dans son ton polémique, *L'Action catholique* tente de discréditer le mouvement, né aux États-Unis «dans les universités mixtes», qui a progressé «appuyé sur le divorce et l'éducation faussée» et qui se recrute parmi «des femmes légères, désœuvrées, bruyantes ou jalouses du bulletin de vote masculin».[53] Le premier ministre Taschereau lui-même supplie la femme de «rester fidèle aux traditions ancestrales, à son titre de reine du foyer, à ses œuvres de charité et de philanthropie, à ses labeurs d'amour et d'abnégation».[54] De fait, la grande majorité silencieuse des Québécoises ne semble pas tenir au droit de vote. Au début des années 1920, l'Église et l'État font front commun contre le mouvement féministe, si bien que, malgré quelques rares appuis chez les clercs ou dans la députation libérale, le Provincial Franchise Committee ne connaît que des déboires. Le 13 janvier 1922, l'épiscopat demande au premier ministre de ne pas accorder le droit de suffrage aux femmes et, le 17 février, Mgr P.-E. Roy, par une lettre publique, encourage le Comité de propagande contre le suffrage féminin à s'opposer à toute législation qui serait «un attentat contre les traditions fondamentales de notre race et de notre foi». En novembre, pressée par certains évêques, Marie Gérin-Lajoie, une militante modérée de longue date, qui était allée en vain demander à Rome l'appui de l'Union internationale des Ligues catholiques féminines, démissionne de la présidence de la section française du Provincial Franchise Committee. De connivence avec quelques députés, les féministes entreprennent alors une guerre d'usure, qui tournera bientôt en rituel folklorique, qu'on ne manquera pas de ridiculiser. Chaque année, elles font présenter par un de leur champion à la Législature un projet de loi favorable au vote féminin qui, chaque année aussi, sera écarté. En 1930, le mouvement essuie un cuisant revers: les amendements au Code civil sur le statut de la femme ne reconnaissent ni le suffrage féminin ni l'admission des femmes au Barreau.

Du Concile plénier à 1930, la position de l'Église du Québec vis-à-vis le féminisme a tout de même évolué. Au départ, il n'y a pas parfaite unanimité sur cette question. À Montréal, où on semble plus ouvert aux nouveautés, le dominicain Ceslas-Marie Forest et le sulpicien Léonidas Perrin, tous deux rattachés à la Faculté de philosophie de l'Université de Montréal, dans *La Semaine religieuse* et dans *La Presse* ne condamnent pas le mouvement. Le droit de vote, selon eux, est un droit naturel et non une faculté légale, comme le prétend Mgr L.-A. Paquet. Si l'incapacité politique des femmes se

---

L'INFÉRIORITÉ DES FEMMES

Sur les cinq cent mille électeurs mâles de la province de Québec, il y en a bien 400 000 qui votent ordinairement les yeux fermés parce qu'ils n'ont pas de moyens suffisants pour se renseigner. Quand l'imbécilité *(imbecillitas)* des démocraties éclate dans le monde entier, ce n'est pas le temps de compliquer davantage le problème du gouvernement populaire chez nous en ajoutant au corps électoral 600 000 grands enfants du sexe féminin, très charmants sans doute, mais dont 599 500 sont, en politique, encore plus ignorants que nous.

Non seulement plus ignorants, mais pour les neuf dixièmes, encore plus inaptes à s'instruire.

À supposer en effet qu'elle consacre le même temps que nous à la politique ou qu'elle cherche hors de son foyer les occasions de s'instruire qui viennent au-devant de nous dans la rue, à l'atelier, au comptoir, au bureau, la femme négligera forcément le rôle que la nature lui avait assigné; sauf exception, elle sera mère d'autant plus distraite, épouse d'autant moins attentive, qu'elle sera citoyen plus consciencieux...

En outre, quelque temps qu'elle consacre à la politique, la femme n'y apportera jamais qu'une intelligence

justifie, c'est pour des raisons d'opportunité, et non de principe.[55] À Québec, Mgr P.-E. Roy, alors administrateur du diocèse, s'étonne qu'on laisse si facilement pérorer les dissidents; «les raisons disciplinaires» devraient primer sur «la liberté des discussions philosophiques» et «la plus élémentaire convenance» exigerait qu'on obtienne «une autorisation expresse des évêques» avant d'intervenir dans le débat. En 1928, la thèse dominicaine semble faire maintenant autorité. Mais l'épiscopat s'oppose toujours au vote et à l'influence politique des femmes, tout en admettant qu'il s'agit d'une question d'opportunité plutôt que de principe. Les évêques ne sont pas dupes du principal argument qu'on leur fait

relativement inférieure. La femme nous est supérieure par les qualités du cœur et par certaines qualités de l'esprit; elle nous est inférieure sous d'autres rapports. Son absence radicale, absolue, dans la composition musicale, quand rien ne l'a jamais empêchée de cultiver la musique; dans la critique littéraire, quand tant de journaux et de revues en quête de curiosité paieraient si cher de bonnes critiques féminines: dans le théâtre en prose et en vers, genres poétiques dont l'homme n'eut jamais le monopole; — ce phénomène, disons-nous, s'explique uniquement par certaines infériorités congénitales identiques à l'inégalité de taille dont souffre la femelle du haut en bas du règne animal. Poser qu'elle s'y entend moins que nous en politique, c'est peut-être se tromper, ce n'est pas l'insulter... L'erreur de la femme est de voir dans l'action politique un privilège, quand c'est une charge, comme la police, le service militaire, la navigation en haute mer...
Olivar Asselin, 1922.

(Reproduit dans: Marcel-Aimé GAGNON, *Olivar Asselin toujours vivant*, Montréal, Les Presses de l'Université du Québec, 1974: 157-159.)

miroiter: que la présence des femmes pourrait «améliorer la vie politique». Au fond, ce que l'Église défend avec acharnement, ce n'est pas tant le principe de la subordination naturelle des femmes — que la société libérale elle-même n'a pas encore remis en question — c'est l'idée de leur mission culturelle. La femme est la forteresse de la civilisation chrétienne et la meilleure armée ouvrière de l'Église; tolérer qu'elle s'égare dans les basses sphères de la politique, c'est laisser la main-d'œuvre passer au service de l'entreprise rivale. «Il faut tenir à la formule: une action féminine plus intense dans le domaine social, fort bien; mais ce serait un mal que de laisser l'orientation des forces et activités féminines s'accentuer vers la politique.»

Le mouvement féministe déborde la question du droit de vote et l'Église en est fort consciente. Tandis que les suffragettes occupent le devant de la scène, les religieuses ont commencé discrètement à ouvrir des collèges classiques pour jeunes filles. L'Église ne peut combattre trop directement la poussée des femmes vers l'instruction qui, en principe, ne les détourne pas nécessairement de leur mission. Mais elle s'inquiète. Comment ferait-elle face à tous ses ennemis si le désordre s'installe dans sa propre maison? Que deviendrait l'Église si l'idée de hiérarchie naturelle et le principe d'autorité n'étaient plus reconnus? «Dites-moi, si la femme s'attribue les droits de l'homme, si elle usurpe ses professions, si elle remplit son rôle, qui prendra la place de la femme?» Mgr P.-E. Roy, en 1912, donnait une réponse facile à sa propre question: «si la femme entreprend la lutte contre l'homme, l'homme est le plus fort; elle sera vaincue et retombera dans l'esclavage». Plus subtil, Ceslas Forest a bientôt compris que l'Église non plus n'a rien à gagner d'une lutte ouverte contre la femme, sa plus ferme assise. «Il faudrait être aveugle, écrit-il en 1926, pour ne pas voir que la femme sera la grande force nouvelle du XXe siècle. On n'arrêtera pas plus le mouvement féministe qu'on a arrêté le mouvement démocratique et le mouvement ouvrier.» Rappelant discrètement ses devoirs à la femme, qui «sait parfaitement que sa place naturelle est au foyer», Ceslas Forest juge plus rentable de prendre la défense — et la tête — du mouvement. «Les esprits les plus clairvoyants [...]

pensent que l'heure est venue de s'en emparer pour le diriger, l'orienter et l'utiliser pour la sauvegarde de l'ordre social, la défense de l'idée religieuse et le triomphe des causes qui nous sont chères.»[56]

3. La gestion du sacré

L'Église est médiation entre Dieu et les hommes. Elle est tout à la fois le magistère qui propose la foi, le ministère qui assure à Dieu le culte qui lui est dû et aux hommes, les moyens de salut dont ils ont besoin. Les Églises nationales sont toutes d'accord sur ces fonctions ecclésiales; le milieu dans lequel elles œuvrent colore, cependant, leur agir: un milieu païen peut stimuler la capacité d'innovation, un milieu catholique peut affadir cette capacité. «Établis au centre de la vérité comme dans une forteresse» (Mgr Paquet), les clercs du Québec réclament à la fois «la calme possession de Dieu» et «la propriété sur les esprits et sur les cœurs, sur les intelligences et sur les volontés». Forts de leurs droits de propriété, ils exercent leur ministère moins à la manière de missionnaires de la bonne nouvelle que de gestionnaires du sacré.

La liturgie

Le prêtre est d'abord l'homme des pratiques cultuelles vouées à la gloire du Seigneur. La liturgie, «cette prière officielle que l'Esprit inspire à son Église», sert aussi de moyen pédagogique pour éclairer les esprits et entraîner les cœurs. Pour les fidèles, elle est surtout un point de contact avec le sacré.

Comment caractériser le culte en ce début du XXe siècle? Il est rendu par des clercs et exprimé en latin, ce qui oblige le célébrant — pas toujours bien au fait du latin — à jouer un rôle avec une «neutralité stéréotypée dans les paroles et les gestes». Les mâles accaparent tous les rôles: les femmes ne peuvent pénétrer dans le chœur, ni servir la messe et leur participation se limite à admirer les modèles de vierges ou de martyres qu'on leur propose. L'église est le lieu sacré par excellence; le dimanche, le jour saint par excellence; la messe, l'acte liturgique par excellence. Les fidèles participent peu .

par le chant ou la prière aux mystères ni «à la prière publique et solennelle de l'Église». Les formes collectives de piété sont figées et répètent inlassablement les mêmes modèles.

Le renouveau liturgique vient de Rome. Il a été préparé par Dom Prosper Guéranger, les moines de Solesmes, et par Pie X lui-même au temps où il était évêque de Mantoue. Dès son installation sur le trône de Pierre, Pie X publie un *motu proprio*, en date du 22 novembre 1903, dans lequel il décrète la restauration de la musique sacrée et interdit les compositions musicales théâtrales, mièvres ou d'une valeur artistique douteuse. Il prévilégie le grégorien, la musique religieuse la «mieux adaptée pour faire chanter l'assemblée chrétienne», mais il approuve aussi la polyphonie classique et la musique moderne qui s'apparente au chant grégorien. En 1904, il confie la réforme liturgique à une commission. L'objectif: restaurer le chant grégorien, réveiller et alimenter l'esprit chrétien, intégrer la communauté chrétienne dans le culte. Les moyens: constituer des *Scholæ cantorum* et publier de la musique. À partir de 1905, Rome entreprend l'édition Vaticane du chant grégorien: *Le Kyriale* (1905), *Les chants du Missel* (1907), *Le graduel* (1908), *L'office des défunts* (1909), *Le cantorinus ou tons communs* (1911), *L'antiphonaire pour l'office du jour* (1912 et 1919), *L'office de la semaine sainte et de l'octave de Pâques* (1922), *L'office de Noël* (1926). Convaincu de la fonction sociale de la liturgie, Pie XI appuie le renouveau amorcé par Pie X. La constitution apostolique *Divini cultus*, du 20 décembre 1928, reprend le *motu proprio* de 1903 en insistant sur la nécessité d'initier clercs et laïcs au chant sacré.

Cette réforme, qui s'appuie sur une trentaine d'années d'expériences diverses en France et en Italie, ne prend pas les évêques du Québec par surprise. Mgr Bruchési avait déjà introduit le chant de Solesmes dans son église cathédrale et quelques communautés avaient déjà fait de même.[57] De plus, à Montréal, une *Schola cantorum* enseignait le chant grégorien. Le *motu proprio* de Pie X donne de l'élan à ce timide mouvement de réforme.

Au Québec, comme ailleurs dans la catholicité, la réforme liturgique ne va pas de soi. Les directives pontificales dérangent des habitudes et renversent des positions acquises. Les églises locales sont à court de spécialistes et ne disposent pas d'écoles de formation. Les curés ne sachant trop quelle innovation introduire ni comment le faire s'adressent aux grands vicaires qui s'en remettent à des conseillers. Le grand vicaire du diocèse de Québec confie en 1904 à Mgr J.-C.-K. Laflamme, un homme versé «dans les choses du chant et de la musique», le soin de former «une commission d'hommes, clercs et laïcs, mandatée pour répondre aux questions suivantes: 1. Notre plain-chant, dans sa nature et son exécution, répond-il suffisamment aux prescriptions du *motu proprio*? 2. Y a-t-il dans nos églises des abus dans le choix des compositions modernes? 3. Les chœurs qui chantent dans nos églises sont-ils ce qu'ils doivent être? 4. Dans la musique instrumentale que l'on fait, y a-t-il lieu aussi de faire quelques modifications?»[58]

Les commissions diocésaines de plain-chant ou de musique sacrée commencent à bannir des cérémonies religieuses les fanfares, les opérettes, les chansons américaines et à expurger le répertoire religieux des pièces de qualité médiocre. Afin de concerter leur action, l'épiscopat crée une Commission de grégorien et de musique sacrée qui, réorganisée à plusieurs reprises, s'efforce de diffuser le grégorien. Elle fait publier, sous la supervision des Bénédictins de Solesmes, le *Recueil des cantiques et motets* des abbés Delporte, longtemps le répertoire en usage dans les églises paroissiales du Québec.

Sous l'action de la Commission, un mouvement de réforme prend corps. La *Schola cantorum* de Montréal, fondée à la fin du XIXe siècle, initie au grégorien et à la musique sacrée les personnes les plus douées des chorales paroissiales. Conseillée «par des aviseurs aussi autorisés que MM. J.-N. Charbonneau, Arthur Letondal, Frédéric Pelletier»,[59] celle-ci publie, en 1918, la première livraison d'un futur manuel de chant grégorien pour les offices paroissiaux. Des religieux exilés de France, déjà formés au chant polyphonique et au grégorien, dirigent des chorales: les Montréalais accourent au Mont-de-La-Salle entendre le grégorien exécuté par la chorale du frère Rembert, f.é.c., et, vers 1914, le frère Retis-Bernard, f.é.c., connaît un succès analogue à Beauport. Des diocèses retiennent les services d'un maître de chapelle expérimenté. À Québec, le maître de chapelle Placide Gagnon fonde en 1915 la Maîtrise du chapitre de Québec, d'où sortira la Petite maîtrise de Notre-Dame de Québec, puis l'Université Laval crée en 1921 l'École de musique, dont la contribution à l'essor du mouvement sera considérable. Enfin, les Bénédictins de Saint-Wandrille (Rouen), qui fondent le prieuré Saint-Benoît-du-Lac sur les bords du lac Magog en 1914, viennent apporter au mouvement de réforme le concours de leur expérience. Dans les années 1920, le mouvement est bien enclenché. Des sociétés chorales, des périodiques, des conférenciers, des maîtres de chapelle conjuguent leurs efforts pour améliorer la qualité de l'exécution. Mais il demeure encore beaucoup de chemin à parcourir. Les Canadiens français sont très sensibles à la musique, leur principal loisir familial; mais les fidèles ne sont pas nécessairement enthousiastes pour les innovations en ce domaine. Gérard Morisset déplore qu'en maints endroits le chant soit «maltraité avec une désinvolture toute païenne: on exécute une mélodie grégorienne comme une chanson à la mode et un cantique de bonne inspiration comme un extrait d'opéra».[60]

La réforme de la musique sacrée n'est qu'un élément d'une réforme de plus grande envergure. Le rite romain comprend quatre livres principaux: le *Pontifical*, le *Bréviaire*, le *Rituel* et le *Missel*. Le missel n'est jamais achevé: périodiquement on procède à des additions ou à des refontes. Le 23 octobre 1913, par la constitution apostolique *Divino afflatu*, Pie X amorce la refonte du bréviaire. Il rétablit les anciens offices du dimanche et inclut la récitation intégrale du psautier durant la semaine. Une première réédition du bréviaire en 1914 n'est que l'amorce d'une refonte qui se poursuivra jusque dans les années 1960.

La pastorale paroissiale

Encore en 1930, la paroisse est le lieu où bat le cœur de l'Église, sans doute parce que là aussi bat le cœur de la nation. Les Canadiens français y trouvent «toutes les coordonnées d'une appartenance réelle et totale à la cité humaine». Ils y vivent en communauté humaine, autonome, jalouse de son autarcie. Entre la communauté de lieu et la communauté de foi, point de distinction claire. Les paroisses se bâtissent par le bas, à partir des solidarités locales. Les curés y sont des notables, bien installés au centre du pouvoir local, confluent du religieux, du social, du politique et de l'administratif, profondément impliqués dans le temporel et à même d'imposer des modèles de conduite. Ils exercent un contrôle social indéniable — ce qui n'est pas pour déplaire à certains d'entre eux — qui, chez tous, va dans le même sens: la soumission à l'autorité, la résignation à son état de vie, le perfectionnement individuel. Mais le curé est aussi l'homme de la communauté, prêt à répondre aux besoins de tous et de chacun. Forcément, il met son nez partout. Aux yeux de ses ouailles, c'est un homme instruit, détenteur d'une compétence indispensable pour la bonne marche de plusieurs affaires collectives ou personnelles. Tout imbriquée dans le profane, la pastorale paroissiale est ainsi quelque chose d'infiniment complexe.

Les sacrements sont les canaux par où se répand la grâce divine. La pastorale sacramentaire a aussi une fonction sociale précise: le contrôle des comportements déviants. Tout comme le mariage, la confession sert autant à préserver le groupe qu'à sanctifier les âmes. Fautes d'études, la prudence s'impose. Mais il est évident que le refus de l'absolution est abondamment utilisé — d'une manière officielle par les évêques pour contrer la corruption électorale, la fréquentation des théâtres et autres maux — d'une manière officieuse par les curés pour mater des paroissiens au cou raide. La confession est l'un des moyens utilisés par les curés pour consolider les institutions chrétiennes, éliminer les débits de boisson, les mauvais livres, les mauvais théâtres qui polluent l'atmosphère chrétienne de la paroisse.

Dans l'Église universelle, la grande innovation dans la pastorale sacramentaire durant cette période est la pratique de la communion fréquente. Cette question avait été longuement débattue au sein de l'Église depuis le Concile de Trente. Le décret *Sacra tridentina synodus*, du 20 décembre 1905, rompt avec le rigorisme janséniste: la fréquentation de la sainte table est un remède contre les tentations, et partant, pour un chrétien dont la conscience est pure et l'intention droite, la communion quotidienne est souhaitable. Le décret est reçu avec une vive sympathie au Québec. Conformément à son article 7, très tôt dans les pensionnats la communion mensuelle ou hebdomadaire fait place à la communion quotidienne. Les évêques encouragent tous les catholiques à la pratiquer et se soucient, à partir du décret *Quam singulari* de 1910, que les enfants fassent leur première communion vers l'âge de sept ans et qu'ils s'approchent souvent de la table sainte. Mgr Bégin recommande à ses prêtres que les enfants fassent en groupe, chaque année, quatre communions générales, toutes précédées d'une retraite de deux jours consistant en «exhortations courtes, simples et pratiques» et «en exercices de piété». La communion fréquente devient un thème des homélies dominicales et des retraites paroissiales. Elle modifie la pastorale sacramentaire dont elle devient la pièce centrale. Les prêtres entendent plus souvent la confession, ils expliquent les indulgences de la Portioncule et du Rosaire, ils préparent davantage les fêtes propres aux différentes Congrégations et les fêtes de Noël, de Pâques, de la Toussaint et des morts.[61]

Le décret *Quam singulari*, du 15 juillet 1910, en fixant la première communion à l'âge de la discrétion (environ sept ans) pose en terme nouveau l'enseignement catéchistique. Dès le 10 mai 1911, Mgr Bégin fixe «dans quel cadre et selon quel plan général» on dispensera cet enseignement. La famille enseignera les prières qui «donnent à l'âme ses premières ailes pour monter vers Dieu». L'école s'efforcera «de développer et d'éclaircir des notions qui n'ont pu être qu'ébauchées à la maison. À l'église, le pasteur chaque dimanche rompra lui-même et distribuera «de ses mains le pain de la doctrine». D'ailleurs, le curé est l'agent principal de la formation catéchistique: il lui appartient de veiller à ce que la famille et l'école soient d'authentiques lieux d'initiation à la vie chrétienne. Vers l'âge de dix ou onze ans, un examen final préparatoire à la Communion solennelle, précédé d'un enseignement intensif de quatre semaines, s'il est réussi, admettra l'enfant dans la catégorie des fidèles adultes.[62] Les autres évêques proposent des directives similaires qui amènent de plus en plus les curés à s'interroger sur le contenu et la didactique de cet enseignement. Lors de la Semaine sacerdotale tenue au Grand Séminaire de la Montagne, à Montréal, en 1913, l'abbé Richard, p.s.s., vicaire de la paroisse Saint-Jacques, en fait la critique: absence d'un texte adapté aux tout petits, enseignement trop monotone qui n'utilise pas assez les techniques d'émulation, manque d'uniformité des catéchismes. Pour sa part, Mgr Bruchési veut qu'on s'en remette davantage aux mères: «instruisons les mères pour qu'elles catéchisent leurs petits enfants; utilisons pour cela nos réunions de congrégations, procurons aux mères de bons petits manuels, sans oublier les images».[63] Il est aussi beaucoup question d'enseignement catéchistique au Congrès régional de Sainte-Thérèse, la même année.

L'enseignement catéchistique vise les jeunes; on ne sait rien des efforts et des stratégies pour convertir les non-croyants et les protestants dans les diocèses de population mixte. La prédication, qui est l'explication de l'Évangile et de la doctrine chrétienne, se distingue du catéchisme en ce que les auditeurs sont déjà pénétrés, en principe du moins, des rudiments de la foi. Les méthodes peuvent différer mais l'enseignement est le même. Une étude du catéchisme en vigueur dans les trois provinces ecclésiastiques en 1900 met en évidence le caractère pessimiste et légaliste du message véhiculé. Il y est question trois fois plus souvent de péché que de grâce, quatre fois plus souvent de mort que de vie et l'idée dominante est celle d'obligation. La même étude relève une circulaire au clergé de Mgr Bruchési où sont indiqués «les sujets de sermons qui devront être prêchés l'année prochaine [1901]. La série de ces instructions, au nombre de trente, fera passer devant les yeux des fidèles, dans un ordre méthodique, toutes les obligations qui leur sont imposées par les commandements de Dieu.»[64]

Dans le cadre paroissial, la prédication prend la forme du sermon dominical du curé ou de retraites prêchées par des prédicateurs extérieurs. La prédication alimente aussi certaines activités extra-paroissiales, telles que les retraites fermées et les grands congrès religieux. La qualité des prédicateurs peut varier, de même que les techniques et les sources d'inspiration; mais les attitudes et les finalités sont les mêmes. Le prédicateur est un homme de la parole, non du dialogue. Il s'adresse à des baptisés et non à des païens. Son cri n'est pas un appel mais un précepte. Le prédicateur instruit. Il tonne contre le péché mortel, proclame, à la demande du Concile plénier (décrets 326 et 329) les grandes vérités de foi et les fins dernières.

En cet âge de la parole, les témoignages abondent, élogieux mais souvent peu précis, sur quelques prédicateurs célèbres. On a vanté la puissance oratoire de Mgr P.-E. Roy, la «facilité ravissante» de Mgr Bruchési, le magnétisme du père Lelièvre... Mais on ne dispose d'aucune étude d'ensemble sur la prédication de l'époque et les études ponctuelles sont rares. La mémoire collective en a retenu l'idée du sermon interminable, d'une pédagogie à base de culpabilité et de crainte, d'une religion où «le sacrifice apparaît comme une véritable morale à priori».[65]

Prédicateur populiste et homme sans instruction, le père Lelièvre rabâche interminablement et sans se soucier du déjà dit un message basé sur l'Évangile et l'*Imitation de Jésus-Christ*, et axé sur le sacrement de Pénitence. Il prêche la tempérance et la miséricorde de Dieu. Il utilise des techniques de mise en scène, des exemples tirés de la vie quotidienne, des jeux de mots et assonances — telle la trilogie des péchés capitaux de «sacrure, champlure, créature» — susceptibles de frapper l'imagination. Il fait rire, il fait peur, il fait pleurer. «Ça n'avait ni queue ni tête», commente un curieux de l'étranger, «mais c'était sublime.» À l'opposé, les retraites prêchées par les Jésuites suivent invariablement un schéma logique, tiré des exercices de saint Ignace. «Il y avait d'abord la création. Ensuite, ils tombaient dans le péché, avec les suites du péché: la mort, et puis le ciel ou l'enfer. Le ciel, c'était pour le dernier jour. Et il y avait comme une parabole: un capitaine qui s'en va en guerre, puis qui choisissait ses soldats. C'était tout des affaires d'armée, comme de bonne raison, saint Ignace. Et puis si on voulait se mettre à la suite de Notre-Seigneur, il nous entraînait avec lui. Mais il nous entraînait au combat, hein. Il nous entraînait pas tout de suite à la victoire.» À Chicoutimi, les Eudistes mettent l'accent sur l'ascèse personnelle: lutte à la paresse, à l'indiscipline, à l'alcool, au luxe, aux mauvaises lectures, au matérialisme sous toutes ses formes.[66] Les Rédemptoristes sont restés célèbres pour leur style de moralisme terrorisant. Les missions du père Clément Leclerc (1858-1929), un des rédemptoristes les plus représentatifs de sa génération, s'adressent de toute évidence à des croyants. Elles tendent non à convertir à la foi chrétienne mais à la morale de saint Alphonse. Elles mettent un très fort accent sur les grandes vérités propres à susciter la conversion. L'expression de ces vérités est fondamentaliste, c'est-à-dire qu'elle colle au texte biblique: «le feu roule dans les veines du damné» et «il fait bouillonner le cerveau dans sa tête». Le père Leclerc insiste beaucoup sur le perfectionnement individuel, le salut individuel, à partir d'une méditation qui n'est pas sans rappeler l'*Imitation de Jésus-Christ*.[67]

SCHÉMA D'UNE MISSION DU PÈRE CLÉMENT LECLERC

---

1. Ouverture: La grâce de la Mission et ses conditions.
2. Le Salut: Occupation principale, personnelle, urgente.
3. L'enfer: Ses douleurs, ses regrets, son éternité.
4. Le jugement général: La résurrection générale et La Vallée de Josaphat.
5. Le vice honteux.
6. L'intempérance.
7. L'injustice.
8. Les devoirs des parents.
9. La sainte Vierge: Marie par rapport à Dieu et aux hommes.

Dans la décennie 1920, il en est de plus en plus qui regrettent cette approche trop individualiste de la prédication, cette manière d'éviter de rencontrer le Christ dans ses frères par une communion sur le plan humain, de même que l'ignorance chez les prédicateurs des problèmes sociaux. Les aumôniers des unions ouvrières, dans leur mémoire rédigé en mars 1927, donnent cet exemple: «Il y a quelque temps, un bon curé de ville prêchait sur le devoir qu'ont les enfants d'assister leurs vieux parents. Ce bon curé ne trouva qu'une chose à dire à ses fidèles: Économisez!... Toute sa paroisse, ouvrière en grande partie, lui riait au nez en pleine église!»[68]

Comme tout semeur, le curé craint les gelées prématurées, les insectes nuisibles et les vers rongeurs qui pourraient détruire la semence. Il prend ses précautions pour assurer la récolte.

Sa paroisse n'est pas un champ qu'il ensemence à la volée. Elle est une serre chaude dont la terre tamisée et engraissée, l'humidité et la chaleur soigneusement contrôlées protègent la semence. La prédication n'est qu'un élément d'une stratégie de christianisation qui vise à assujettir le «vieil homme» et à développer «l'homme nouveau». En ce sens, les associations pieuses, qui tendent à perfectionner la formation religieuse, sauvegarder la vie de la foi et sanctifier les âmes par certaines pratiques, sont le complément indispensable de la prédication. En ce domaine, on note peu de nouveautés. Le réseau d'associations mis en place au XIXᵉ siècle se perpétue. Les Dames de Sainte-Anne, les Enfants de Marie, les Congrégations mariales, le Tiers-Ordre de Saint-François, la Confrérie du Très-Saint-Rosaire, etc., datent d'avant 1898. Vers 1917, les Assomptionnistes introduisent à Québec l'Archiconfrérie de prières et de pénitence. En quatre ans, ils recrutent cent dix mille membres, qui s'engagent à offrir chaque semaine une journée réparatrice au Sacré-Cœur. D'origine suisse, l'Oeuvre Apostolique de Jésus-Ouvrier, érigée en archiconfrérie par Benoît XV, s'implante au Québec à partir de 1922. Elle est connue sous le nom de Confrérie internationale des arts et métiers sous la bannière du Divin Ouvrier de Nazareth. Exceptées les dévotions et pratiques propres à chacune d'entre elles, ces associations transmettent des modèles de conduite et des règles de comportement religieux. Leur *membership* semble croître beaucoup durant la période. Point de paroisses qui n'en ait au moins quatre ou cinq. Dans quelle mesure ces associations sont-elles le lieu d'une authentique expérience religieuse? Quel est leur impact véritable? Ici encore, les études font défaut. La tentation est grande de n'y voir que le reflet d'une stratification sociale. Dans la paroisse du Bassin, Gérard Bouchard a identifié une vingtaine de «piliers de confréries» qui occupent la moitié des postes des associations pieuses; certains d'entre eux en cumulent sept ou huit à la fois et en occupent plus de vingt dans leur vie.

La pastorale des masses

Bien adaptée à une société homogène où les rapports de
voisinages sont vivaces, le système paroissial montre ses limites
dans la métropole cosmopolite ou la grande ville. Une pastorale
des masses s'impose, dont on a déjà en Europe esquissé les
contours. Mgr Bruchési, évêque du diocèse le plus cosmopolite
et le plus urbanisé, est aussi très sensible aux cérémonies
éclatantes. On connaissait au Québec les grands rassemble-
ments nationaux. Bruchési inaugure l'ère des grandes
démonstrations publiques de foi en faisant de Montréal l'hôtesse, du 7 au 11 septembre 1910, du 21e Congrès eucharistique
international, le premier congrès du genre en Amérique.
Congrès grandiose qui attire quelque cinq cent mille visiteurs.
La procession triomphale à Jésus-Christ, à laquelle participent
quelque cent prélats, des personnalités politiques éminentes,
dix mille prêtres et religieux, cinquante mille hommes, défile
aux acclamations d'un million de personnes, dont trois cent
mille sont massées au parc Jeanne-Mance où a lieu l'ovation
au Saint-Sacrement.[69] Le Congrès de Montréal trace la voie.
En septembre 1913, trente paroisses du Nord de Montréal
tiennent à Sainte-Thérèse-de-Blainville le premier congrès
eucharistique régional canadien, imitant en cela une tradition
française qui consiste à prolonger par des congrès régionaux
l'impact d'un congrès international. En septembre 1923, la
province ecclésiastique de Québec tient à Québec un Congrès
eucharistique provincial. Les quatre paroisses de la ville de
Verdun tiennent le leur en juin 1930. À la grandeur du Québec,
les centenaires de paroisse, les congrès internationaux et divers
autres événements sont occasion de mini-congrès eucharistiques.

   Québec en 1929 innove à son tour en tenant le premier
congrès marial. Comme le congrès eucharistique, celui-ci a
une structure à deux volets: réflexions théologiques ou pastorales et démonstrations publiques. À Québec, la médiation
universelle de Marie constitue le thème des séances d'études
tenues dans l'amphithéâtre de l'Université Laval. Les conclusions sont exprimées dans une supplique au pape, le priant
de «définir et de proclamer comme un dogme de foi la doctrine

de la médiation universelle de la Très Sainte Vierge, vérité qui est clairement insinuée dans la Sainte Écriture, explicitement enseignée par les Pères et les Docteurs de l'Église». Les démonstrations publiques, qui alternent avec les séances d'études, culminent le 9 juin dans un défilé au cours duquel trente mille laïcs et six cents prêtres paradent durant deux heures devant des milliers «de spectateurs édifiés».

Ces congrès d'une ampleur variable s'inspirent tous d'une stratégie unique. Ils sont des actes de foi solennels et publics qui proclament le droit du Christ à régner sur les individus et des actes de réparation pour les outrages publics dont il est l'objet. Leur préparation met à contribution toutes les couches sociales: les hommes d'affaires s'occupent du financement; les associations pieuses, du logement et du transport; les paroisses, de fleurir le reposoir; les fidèles de la ville hôtesse, d'ériger des arcs de triomphe et de pavoiser les rues. Les congrès sont précédés durant plusieurs mois de prières et de jeûnes, accompagnés de retraites spéciales. Ainsi, du 1er janvier au 12 septembre 1910, dans toutes les églises du diocèse de Montréal, les prêtres récitent à la messe l'oraison du Saint-Sacrement et chaque jour les fidèles récitent une prière spéciale. Du 1er au 3 septembre, chaque paroisse participe à un triduum eucharistique. Les cérémonies officielles des congrès sont solennelles, pompeuses, propres à frapper l'imagination. Certaines s'adressent spécifiquement aux enfants, aux femmes, aux ouvriers, aux professionnels. En marge des cérémonies officielles se déroulent des séances d'études auxquelles participent d'éminents théologiens et le clergé diocésain. Le Congrès eucharistique de Sainte-Thérèse avait pour thème la formation religieuse et eucharistique des enfants dans la famille et à l'école. Ces congrès sont des entreprises de pastorale de grande envergure et particulièrement bien adaptées aux masses. Mgr Bruchési qualifie le congrès de 1910 «de révolution bénie qui s'est produite dans nos paroisses, jusque dans nos communautés religieuses et particulièrement chez les enfants».[70]

Les démonstrations de masse deviennent au XXe siècle une technique de pastorale. Les cérémonies publiques qui entourent le Concile plénier en 1909 révèlent un souci pastoral évident. La même année, le départ des premières Missionnaires de l'Immaculée Conception donne lieu à une grande cérémonie destinée à éveiller l'esprit missionnaire. La Fête du travail est vite récupérée par l'Église, qui l'entoure de cérémonies religieuses et d'homélies de circonstances. Ainsi, le 5 septembre 1910, quelque douze mille ouvrières l'après-midi et autant d'ouvriers le soir s'entassent dans l'église Notre-Dame pour entendre un prédicateur parler du rôle de la femme et des ouvriers. En septembre 1922, cinquante mille ouvriers se rendent à l'Oratoire Saint-Joseph. L'Église suscite aussi des occasions de manifestation. À Québec, deux grandes manifestations publiques soulignent, en juin 1913, les fêtes jubilaires de Mgr Bégin. Face au monument de Mgr Laval, huit mille enfants costumés et portant des bannières viennent offrir leurs hommages à Sa Grandeur Monseigneur l'archevêque de Québec. Le soir, une dizaine de milliers d'ouvriers de la Basse-Ville en font autant et plus de trente mille personnes se joignent à eux.

Le culte du Sacré-Cœur sert aussi à mobiliser les masses. En 1889, Léon XIII avait fait de la fête du Sacré-Cœur une des fêtes les plus solennelles de l'année et, en 1899, il avait placé le genre humain sous sa protection, invitant «tous les évêques à développer le culte du Sacré-Cœur par des confréries, la célébration du mois de juin, les exercices des premiers vendredis du mois». Ses successeurs conservent son zèle et le culte du Sacré-Cœur devient «la dévotion de notre siècle». Ce culte était bien établi au Québec. Les Pères du Concile de 1873 avaient consacré le Canada au Sacré-Cœur. Les Jésuites du Gesù en propageaient la dévotion avec un enthousiasme martial, si bien qu'en 1889 quarante et un mille familles canadiennes-françaises de l'Amérique du Nord s'étaient déjà consacrées au Sacré-Cœur. En 1892, les Jésuites commencent la publication du *Messager du Sacré-Cœur*, dont la mission est de «propager la dévotion au Sacré-Cœur par l'Apostolat de la prière, le culte de la sainte Vierge, la vie des saints». La revue devient l'âme d'un mouvement fort complexe, dont les assises sont paroissiales, mais la direction fortement centralisée aux mains des Jésuites. Ce mouvement se ramifie en plusieurs branches: l'Apostolat de la prière s'adresse à tous

La fête du Sacré-Cœur à Québec. «C'est toujours à ce pylône d'éclairage du parc Victoria que l'on adosse le reposoir du Sacré-Cœur.» (Éditions Notre-Dame du Cap)

les fidèles et entretient par des mots d'ordre un climat spirituel; les Ligues du Sacré-Cœur, fondées en 1883 par le père Édouard Hamon, embrigadent les hommes dans l'espoir de propager un esprit chrétien dans les familles et la société; les Cadets du Sacré-Cœur, nés vers 1890, encadrent les jeunes de douze à seize ans pour les préparer à devenir ligueurs; de multiples confréries et archiconfréries, telles l'Archiconfrérie du Sacré-Cœur, l'Archiconfrérie du Cœur agonisant et de la bonne mort, etc., regroupent les âmes pieuses.

La dévotion au Sacré-Cœur est conçue pour imprégner toute la société d'une atmosphère permanente de foi et de piété. Elle met l'accent sur la consécration des individus au Sacré-Cœur, puis des familles, des usines, des municipalités, des villes, enfin du pays. Chaque consécration donne lieu à des cérémonies publiques. La fête du Sacré-Cœur — le premier vendredi après l'octave du Saint-Sacrement (Fête-Dieu) — devient peu à peu l'occasion de rassemblement. À Québec, depuis la retraite prêchée par le père Esther, s.j., en 1871, la dévotion au Sacré-Cœur caractérise la paroisse ouvrière de Saint-Sauveur que les Oblats desservent. L'arrivée, en 1903, du père Victor Lelièvre lui donne une impulsion nouvelle. Le nouveau vicaire organise l'adoration devant le Saint-Sacrement le premier vendredi du mois et va recruter les ouvriers sur les lieux de leur travail. En 1906, c'est deux mille ouvriers qui se rendent à l'église le jour de la fête du Sacré-Cœur. À partir de 1910, le père Lelièvre inaugure une procession au flambeau dans les rues, qui bientôt «fera marcher toute la ville» — la moitié mâle, s'entend. En 1913, il structure davantage la célébration de la fête. La semaine précédente, il prêche une retraite aux hommes et aux jeunes gens. Il souligne la fête elle-même par une messe solennelle et une communion générale, suivie dans l'après-midi de la bénédiction sur le parvis de l'église d'un monument en bronze érigé en l'honneur du Sacré-Cœur et, le soir, d'un concert musical. À Montréal, en 1918, Mgr Bruchési impose une célébration spéciale, constituée d'une messe solennelle, d'une exposition du Très-Saint-Sacrement et de cérémonies nocturnes.

Le Sacré-Cœur du père Lelièvre n'est pas qu'un Dieu de la fête, c'est d'abord un Dieu pour hommes, le Dieu des travaillants. On va l'honorer en sortant de l'usine, en habits de travail, et, comme à la taverne, les «créatures» ne sont pas admises. La légende rapporte que, dans une usine de chaussure, les ouvriers en grève ont accepté de reprendre le travail à la seule condition que «Lui» aussi — une imposante statue — soit admis dans l'atelier. Le Sacré-Cœur est aussi le Dieu de la ville. À partir de 1914, il devient une véritable mode. Les maisons sont intronisées, les monuments s'érigent devant les églises et sur les places publiques, les tramways de la ville de Québec ont tous leur effigie. Vers 1930, rapporte le biographe du père Lelièvre, «tenir feu et lieu sans Sacré-Cœur équivaudrait à se promener en auto sans plaque d'immatriculation».[71] Alors que la population rurale entretenait soigneusement sa culture magique, ses rites, ses croyances plus ou moins teintées d'animisme, le peuple des villes attendait qu'on lui offre un Dieu qui puisse être le sien. Depuis les temps immémoriaux, les ruraux ont inventé la Fête-Dieu, ce jour où Dieu incarné descend dans la rue et devient propriété du peuple. Les clercs, gardiens du «divin prisonnier du tabernacle» ont récupéré la fête; maintenant, on accompagne la procession d'un cantique qui en contredit le sens originel:

> Jésus veut par un miracle
> Près de nous, la nuit, le jour,
> Habiter au Tabernacle
> Prisonnier de son amour

Le génie du père Lelièvre est d'avoir donné au peuple un Dieu du quotidien et réinventé la fête au profit des citadins.

Les pèlerinages

Tandis que le Sacré-Cœur, ayant mis en veilleuse le «miracle du Tabernacle», envahissait les rues, sa Sainte Famille se chargeait de miracles plus tangibles. Le début du XXe siècle est une époque de miracles. L'endroit par excellence où ils se produisent, ce sont les lieux de pèlerinage spécialisés à cet effet. Au Sanctuaire de la Vierge à Lourdes, où l'abbé Groulx se trouve de passage en 1907, on dit qu'il s'en produit tous les jours. L'abbé cherche son miracle, «un seul, un petit, si petit soit-il»; il l'aura, et spectaculaire. Au Québec, la Vierge se montre plus réservée, préférant ne pas trop empiéter sur le prestige de sa Bonne Mère et de son Noble Époux. En 1916 seulement, on a signalé 435 cas de guérisons attribuées à l'intervention du «petit chien» de saint Joseph (le frère André). Les pèlerinages, une des formes de dévotion les plus répandues, sont cependant bien autre chose qu'une simple course aux miracles. Pour la culture, les sanctuaires sont un ailleurs, un équivalent spatial de la transcendance; pour la religion, ils sont un ancrage spatial du transcendant. «Dieu serait-il en certains endroits plus près des hommes?» Mgr Bruchési le croit, pour qui le Créateur «se plaît quelques fois à nous voir agenouillés dans les lieux et les sanctuaires où éclatent plus particulièrement les manifestations de sa puissance et de sa bonté». Et Notre-Dame-du-Cap n'est pas la même chose que Notre-Dame-de-Lourdes, «c'est la Vierge qui travaille dans un endroit donné», un endroit où on peut aller la rejoindre, où elle se laisse approcher, approprier. Entre l'homme et Dieu, l'Église s'est posée comme médiation nécessaire; mais elle y met bien des conditions. Pour la sensibilité populaire, les lieux de pèlerinage sont des médiations autrement plus satisfaisantes. Dédiés aux saints les plus éminents — parfois au Christ, mais conçu sous la figure d'un saint: le Sacré-Cœur — les sanctuaires offrent une modalité concrète d'accès au divin, à la mesure du peuple. On se comprend bien avec la bonne sainte Anne et le bon saint Joseph et il est peut-être plus simple de s'entendre avec la Vierge qu'avec Monsieur le Curé pour régler les affaires du salut de son âme. Les pèlerinages, en outre, échappent à la fonctionnalité ecclésiale; ils ne servent à rien et les clercs, même s'ils les organisent, ne les contrôlent pas vraiment. Ils sont ainsi la forme par excellence d'une dévotion à la fois collective et hors système.

L'historien Guy Laperrière a dressé la carte des lieux de pèlerinage québécois. Cette carte acquiert durant le premier tiers du XXe siècle sa configuration actuelle, caractérisée par trois grand lieux de pèlerinage et cinq centres moyens.

Désignée patronne de la province de Québec en 1877 par Pie IX, sainte Anne jouit d'une grande popularité, comme en témoignent la toponymie, le grand nombre de chapelles et d'autels qui lui sont dédiés et le réseau de sanctuaires locaux, tels Pointe-au-Père, Sainte-Marie-de-Beauce, Sainte-

À SAINTE-ANNE-DE-BEAUPRÉ

J'ai été à Sainte-Anne deux fois à pied. Quand la guerre s'est déclarée puis que nos amis sont partis, ah bien! là ça a été triste. [...] Ils ramassaient tous nos amis. [...] Maman m'a envoyée à Sainte-Anne à pied. À tous les matins, on allait à la messe à Notre-Dame-de-Lourdes avant d'aller travailler. [...] Il y avait des clubs, la jeunesse organisait des voyages à pied. Là, ils se réunissaient le samedi soir à 10 heures puis ils partaient une vingtaine. Ils partaient de la rue Bagot, si tu veux, là, puis là ils prenaient le pont, ils prenaient la Canardière puis ils s'en allaient jusqu'à Sainte-Anne. Moi, un soir, j'ai décidé d'y aller, mais pas avec eux autres. Ça aurait pas été convenable une fille parmi les garçons. Ça fait que là j'ai parti, à peu près un quart d'heure, si tu veux, après eux autres. Là, j'ai pris le chemin puis, là, j'ai monté à Sainte-Anne. On m'a dit que j'avais fait vingt-deux milles. J'ai monté à Sainte-Anne sans me retourner la tête, sans arrêter d'un pas. J'ai arrêté à 5 heures et demie, à l'église de Sainte-Anne. J'ai rentré dans l'église, je me suis assise dans le banc. C'était assez froid que je me suis sentie faiblir. J'ai pris ma main qui était bien gelée, puis je me suis mis ça dans la bouche, sur la langue. Je suis revenue tout de suite. J'ai sorti déjeuner, j'ai été manger, sur un petit restaurant. Je suis retournée à la grand-messe, parce que Saint-Sauveur avait organisé un voyage. Ça, c'était les congrégations, les hommes, les femmes. Eux autres, ils ont pris les chars puis ils étaient rendus à la grand-messe à Sainte-Anne. Moi, je me suis placée, à Sainte-Anne, deux trois bancs avant la... en arrière. Au cas que j'aurais une faiblesse, fatiguée pour être obligée de m'en

Anne-de-Varennes qui alimentent son culte. Sainte-Anne-de-Beaupré, dirigé par les Rédemptoristes depuis 1876, est le lieu de pèlerinage le plus ancien et l'un des plus achalandés: 113 560 pèlerins en 1895, 240 734 en 1913 et 256 610 en 1923. C'est un sanctuaire bien organisé; les Rédemptoristes ont

aller. Puis là j'ai vu venir une femme, avec une autre, une grosse femme. Moi, j'étais au fond, la femme était là puis la vieille avait pris... un banc à trois places. En avant, il y avait du monde que je connaissais, qui arrivaient de Saint-Sauveur, du pèlerinage. Ça fait que là, là, ah mon Dieu, je me suis mis à la regarder. Elle était tellement grosse qu'elle avait pas la forme d'être capable de s'assire, tant qu'elle était grosse. Ça fait que j'ai dit, mon Dieu, dans ma petite tête, j'ai dit: mon Dieu, c'est une femme en famille, ça! Dans le temps, j'étais fille. J'ai dit: je me demande pourquoi est-ce qu'elle a pas resté chez eux, elle! Après ça j'ai dit à sainte Anne: mon Dieu, si elle vient vous demander un miracle, elle, j'ai dit, je viens vous demander quelque chose, moi. J'ai dit: c'est pas si grave que ça. J'ai dit: il peut bien revenir, il est pas mort [son frère à la guerre]. Ça fait que c'est resté là. La tante l'a pris par le bras puis elle l'a emmenée communier. Ah! elle marchait à peine. Elle l'a emmenée communier. Rendue à la sainte table, elle est retournée puis elle s'est en revenue. En rentrant dans le banc, elle a lâché un cri puis elle a tombé à genoux. Elle a fondu. Elle est venue... j'ai eu juste le temps de faire ça. J'ai donné un coup de poing dans le dos de monsieur Paquet qui se trouvait en avant de moi, le dernier, en pèlerinage. J'ai dit: «Monsieur Paquet! c'est un miracle!» Comme de fait, c'était une belle fille de vingt-deux ans. Elle est venue un beau teint blanc, des belles joues rouges. Et puis... une belle brune. Ça fait que là, sa tante a dit: «Touchez-y pas, touchez-y pas!» Elle l'a sortie. Mais sa jupe, c'était une jupe noire qu'elle avait puis un grand manteau noir. Donc, elle retenait sa jupe puis le manteau. Là, j'ai resté figée dans le banc, j'ai pas été capable de sortir. Là, elle

publié un manuel, un guide, un large éventail de prières et de chants. L'incendie de la basilique, le 29 mars 1922, permet la construction d'une vaste basilique, l'un des plus beaux temples d'Amérique du Nord, qui ne sera parachevé qu'en 1962.

m'a disparu de sous les yeux. J'ai dit... Je suis revenue par les chars, moi, après ça, avec le pèlerinage. J'ai dit à maman: «J'ai vu un miracle.» Mais j'ai dit: je suis pas encore contente de ça, je vas aller la voir, on m'a dit qu'elle restait dans la paroisse du Sacré-Cœur, qu'ils tenaient un petit magasin. J'ai parti après diner — parce que je suis revenue à 11 heures. J'ai parti après diner, à pied. Je me suis en allée dans la paroisse du Sacré-Cœur, où le petit magasin qu'on m'avait dit. J'ai rentré là pour acheter du chocolat. Puis elle était dans la chaise berceuse, elle était après se bercer. Je me suis mis à la regarder, j'ai dit: «Vous avez été à Sainte-Anne à matin, vous? — Elle dit: oui, elle dit: M'avez-vous vue? — J'ai dit: oui je vous ai vue. — Mais, mon portrait, elle dit, avant? — J'ai dit: non.» Elle a été me chercher son portrait puis elle est venue me le montrer: telle que je l'avais vue dans le banc. [...] Puis après ça, je l'ai perdue de vue. Je l'ai perdue de vue quand j'ai laissé la paroisse, moi, puis que je me suis mariée puis que j'ai élevé mes petits enfants. Mais j'ai entendu dire qu'elle s'était mariée puis qu'elle était morte à cinquante-deux ans. Mais j'ai vu un miracle. Il y en a un autre petit garçon qui est venu accrocher ses... c'était une bottine avec du fer. Je l'ai vu accrocher mais j'ai pas vu le miracle. Mais elle était à côté de moi dans le banc. Ça a été un éclair. On m'a dit... je sais pas si c'est elle qui me l'a dit, qu'elle avait senti une chaleur terrible. Elle est devenue... à peu près à cent vingt livres.

(Yvonne Barbeau, ouvrière de la chaussure. Concours «mémoire d'une époque», 1982)

Le sanctuaire Notre-Dame-du-Cap, dont les origines remontent aux années 1880, prend son essor sous l'impulsion de Mgr Cloutier qui en confie la garde aux Oblats en 1902. Ceux-ci procèdent de suite à l'aménagement des terrains et à la construction d'édifices dignes d'un sanctuaire. Ils restaurent le sanctuaire, parachèvent l'église Sainte-Madeleine et construisent un monastère. Déjà en 1903, le sanctuaire accueille quarante mille pèlerins. Le 12 octobre 1904, le délégué apostolique procède au couronnement de la statue miraculeuse devant l'épiscopat canadien, et le Concile plénier érige le sanctuaire en sanctuaire national. Notre-Dame-du-Cap est le point de convergence d'un vaste réseau de sanctuaires locaux dédiés à Marie: Notre-Dame-de-Bon-Secours (centre-ville, Montréal), Notre-Dame de Pellevoisin (Outremont), Notre-Dame-de-Lourdes (Rigaud), Notre-Dame-du-Rosaire (Saint-Hyacinthe), etc. Un de ces sanctuaires locaux, celui élevé sur les bords de la rivière Ouatchouan (Lac-Bouchette), en 1907, par l'abbé Elzéar DeLamarre atteint une certaine notoriété. Dédié d'abord à saint Antoine, il prend son envol comme sanctuaire marial après la Première Guerre mondiale, alors qu'on y érige une grotte, puis un chemin de croix, une nouvelle chapelle, une *scala sancta*, un système d'hôtellerie. Ici encore, l'installation d'une communauté, les pères Capucins, vers 1925, est un facteur non négligeable dans la croissance de ce lieu de pèlerinage.

L'œuvre la plus spectaculaire est sans doute l'Oratoire Saint-Joseph du Mont-Royal (Montréal), dont l'émergence s'inscrit dans une tradition de dévotion populaire qui remonte aux origines du pays et qui répond à un vœu exprimé par Mgr Bourget en 1855. L'artisan en est le frère André, portier au Collège Notre-Dame, un homme de foi, d'humilité et de confiance, dont la réputation de thaumaturge commence à se répandre. En novembre 1904, il installe une statue de saint Joseph dans un petit oratoire érigé à cette fin. En 1909, les Pères de Sainte-Croix commencent la construction d'un pavillon abritant un restaurant, une salle de repos pour les pèlerins et une chambre pour le frère André qui se consacre dès lors à son œuvre. En 1910 et 1911, une commission d'enquête sur les phénomènes merveilleux qui surviennent au Mont-Royal ne se risque pas à authentifier les miracles, tout en retenant l'hypothèse qu'ils semblent «accuser une intervention surnaturelle, due à la bonté et à la puissance de saint Joseph». Elle donne le feu vert à la vénération que l'on voue à saint Joseph sur la montagne. On commence en 1915 la construction d'une crypte sur laquelle repose l'actuelle basilique de style renaissance italienne et d'une capacité de vingt-cinq mille pèlerins. Le succès de l'Oratoire est foudroyant. En 1921, un million de visiteurs escaladent la montagne, dont huit cent mille durant l'été.

La dévotion au Sacré-Cœur, l'une des plus répandues au Québec, ne s'est pas cristallisée dans un très grand lieu de pèlerinage. Même représenté sous les traits d'un saint, le Christ demeure sans doute un personnage trop impressionnant. Parmi les quatre-vingt-deux lieux de pèlerinage recensés par l'historien Laperrière, seulement quatre sont dédiés au Sacré-Cœur. Ces sanctuaires sont l'œuvre d'une élite religieuse. La chapelle de La Réparation au Sacré-Cœur (Montréal) a été entreprise par une famille française, les Brisset des Nos, en 1896. Ce sont les Capucins, nommés gardiens du sanctuaire en 1921, qui le populariseront dans l'est de Montréal. Le

TABLEAU 11

DATE D'APPARITION DES LIEUX DE PÈLERINAGE AU QUÉBEC

Rayonnement du sanctuaire	Date d'apparition					Total
	Avant 1878	1898-1930	1930-1939	1940-1960	Inconnue	
Très grands centres	2	1	—	—	—	3
Centres moyens	2	3	—	—	—	5
Sanctuaires urbains	4	1	—	3	—	8
Lieux diocésains ou régionaux	3	4	1	2	—	10
Pèlerinages paroissiaux	13	6	5	12	15	51
Sanctuaires de béatification	1	1	1	—	2	5
Total	25	16	7	17	17	82

SOURCE: D'après Guy LAPERRIÈRE, «Les lieux de pèlerinage au Québec: une vue d'ensemble», dans: P. BOGLIONI et B. LACROIX (éd.), Les pèlerinages au Québec, Québec, Les Presses de l'Université Laval, 1981: 29-64.

Montmartre Canadien (Sillery) est d'inspiration étrangère. Il est érigé en 1925 par les Augustins de l'Assomption qui, depuis 1917, œuvrent dans le diocèse de Québec. Il se développe tout à la fois comme un centre de pèlerinage, de ralliement chrétien, de prières et d'enseignement. Il n'attire pas de grandes foules mais poursuit un travail en profondeur. Le sanctuaire de Beauvoir (Sherbrooke), sous l'impulsion du curé J.-A. Laporte, connaît des débuts modestes en 1916. Une statue du Sacré-Cœur y attire quelques pèlerins. L'érection d'une chapelle en 1920 dessine sa vocation régionale. Mais ce sanctuaire n'acquerra une certaine stature que lorsque Mgr Desranleau le prendra sous sa protection dans les années 1940.

Les centres de pèlerinage de quelque amplitude fonctionnent suivant un même schème. Ils sont administrés par des communautés. Ils honorent un saint en particulier et propagent une dévotion. Les titulaires des lieux de pèlerinage recensés au Québec au XXe siècle se départagent ainsi: la Vierge, 43; sainte Anne, 15; saint Joseph, 6; le Sacré-Cœur, 4; autres, 16. Ces centres utilisent des techniques de diffusion similaires: annale mensuelle, archiconfrérie ou confrérie, etc. Ainsi, en 1922, les *Annales de l'Oratoire Saint-Joseph* tirent à plus de cinquante mille exemplaires et la Confrérie de saint Joseph de l'Oratoire compte dix-huit mille membres. La clientèle de ces centres est peu étudiée. L'ethnologue Marie-Marthe Brault a observé que les gens se rendent à l'Oratoire comme à un lieu exceptionnel «où l'on s'attend à obtenir la réalisation d'un vœu, d'une guérison». Les gens demandent surtout des biens d'ordre matériels: emploi, argent, santé. Le saint invoqué est perçu comme un palier intermédiaire entre l'humain et le divin, le ciel et la terre. «C'est un intercesseur, plutôt qu'un modèle à imiter.» (Benoît Lacroix)

*

* *

Il serait plus qu'hasardeux de proposer un bilan de ce catholicisme, tel que vécu, du peuple canadien-français. En cette matière, les enquêtes font cruellement défaut et l'on doit s'en tenir à de rares témoignages et à quelques études ponctuelles. Le témoignage le plus général et le plus nuancé de l'époque est celui de Mgr Landrieux, évêque de Dijon, qui, dans une lettre pastorale restée célèbre, déclare: «Je ne sais s'il existe sur la terre, en ce moment, un autre peuple qui réalise dans la même mesure, dans les mêmes conditions de liberté, dans le détail et dans l'ensemble de sa vie sociale, le type du peuple chrétien».[72] Précisant son diagnostic, il incline à croire que les «paroisses rurales se défendent bien»; les non-pratiquants y sont «presque aussi rares que les merles blancs». Dans les villes, s'il y a relâchement des mœurs et de la pratique, «par négligence», ou par incartades de conduite des jeunes, il y a peu de perte de la foi. On le sent inquiet, cependant, de Montréal, dont la population a doublé récemment, et dont les nouveaux venus «dépaysés, déracinés, désorientés, submergés dans la masse [...] perdent leurs habitudes [...] avant de s'être rattachés à une paroisse». Aux yeux de Mgr Landrieux, l'urbanisation a mis fin «à cette belle période de tranquille possession» et «l'heure vient où les Canadiens auront à défendre leur foi [...] contre l'empoisonnement des idées modernes». Mgr Landrieux a saisi la dualité du Québec qui éclate au sortir de la Première Guerre mondiale et l'enjeu de la lutte. En 1927, alors que dans le clergé montréalais on s'inquiète de la baisse de la pratique, les évêques du monde rural vantent «la foi de notre peuple», sa «fidélité aux pratiques religieuses», «sa profession publique des dogmes», son «attachement au pape», son respect de l'autorité et sa générosité envers les œuvres religieuses.[73] Ces jugements, toutefois, uniformisent et idéalisent peut-être trop le monde rural où le vécu religieux n'a pas partout la même tonalité ni la même intensité. Les curés de Saint-Hilarion, par exemple, se plaignent de la faible assistance, le dimanche et les jours de fête, à la messe et aux vêpres.[74]

Peut-on préciser davantage la pratique religieuse? Les Pâques, au dire de tous, demeurent en 1931 une pratique généralisée, même en ville. La messe dominicale serait une pratique respectée, sauf en certains quartiers de Montréal et dans les zones où s'est implantée l'industrie des pâtes et papiers. Depuis les décrets de Pie X, la communion fréquente et l'assistance à la messe en semaine auraient connu de grand progrès. Déjà en 1912, on calcule que les communiants de soixante-deux paroisses urbaines de Montréal ont communié vingt-deux fois et ceux des campagnes montréalaises, vingt-huit fois.[75] Les dimanches, les jours de fête, les premiers vendredis du mois sont les temps forts de la communion. Les curés sont unanimes à souligner l'influence salutaire de la communion fréquente: «la charité est plus grande dans les relations sociales, l'intempérance recule, les familles sont plus unies et la jeunesse est plus chaste».[76]

Une pratique aussi intense laisse perplexe et pose de nombreuses questions sur la qualité et l'enracinement de la foi, le type d'expérience vécue par le plus grand nombre, pour lesquelles nous n'avons pas encore de réponse. «C'était pas tout le temps la grande dévotion, c'était la coutume, c'était l'habitude», se souviennent aujourd'hui les jeunes témoins du temps; «il n'y avait rien d'autre à faire», commentent les plus critiques. La réponse massive aux congrès, aux croisades, aux ligues ou aux mouvements apostoliques, l'engouement pour le Sacré-Cœur et la vogue des pèlerinages peuvent se comprendre comme un simple symptôme de l'«horreur du vide» culturel. L'impression demeure pourtant d'une attitude religieuse profonde, toute canalisée qu'elle soit dans les formes, bientôt désuètes, de la morale, de la tradition, du repli. Le paysage provisoire de ce catholicisme se baliserait peut-être comme suit: la morale populaire explicite se résume à quelques aphorismes, de portée surtout individualiste: «dans la vie, il faut faire des sacrifices», «ne jugez pas et vous ne serez pas jugés» … L'enseignement doctrinal, axé sur le péché mortel, la culpabilité, la résignation, étouffe les velléités de renouveau spirituel et apostolique. L'homogénéité des paroisses rurales ne favorise pas la remise en question des attitudes; dans la grande ville, le troupeau se découvre peu à peu éloigné de ses pasteurs. Jaloux de leurs prérogatives divines, les clercs gardent la haute main sur Dieu, détournant peut-être ce peuple fidèle, culturellement catholique et foncièrement religieux, de la maturation de son esprit chrétien.

L'AUBE D'UNE CIVILISATION URBAINE
(LES ANNÉES 1930)

Au tournant des années 1930, l'Église du Québec compte quelque 2,5 millions de fidèles, soit 85,7% de la population. Elle continue d'être dominée par les Canadiens français (91,6%); les Irlandais (2,8%) et les Italiens (0,9%) constituent des minorités sans grande influence. Elle est structurée en trois provinces ecclésiastiques: Québec, Montréal et Ottawa, et divisée en treize diocèses. Bien que suffragant de Québec, le vicariat apostolique du golfe Saint-Laurent vit relativement en marge.

L'emprise sociale de cette Église donne à penser que la vaste entreprise d'acculturation qu'elle a amorcée au siècle dernier a réussi. Elle a drainé une part appréciable des forces vives des générations montantes. Elle a récupéré tous les mouvements canadiens-français nés en dehors de son sein, tant la Fédération nationale Saint-Jean-Baptiste en 1907 que l'Union catholique des cultivateurs en 1928, tant le syndicalisme autochtone que le projet culturel de l'intelligentsia nationaliste. Elle a su préserver la culture traditionnelle du peuple et embrigader les masses par des ligues, des croisades, des congrès. L'édifice est solide; mais est-il adapté aux exigences

Premier congrès eucharistique national, Québec, 1938. La foule avant
la messe de minuit.

de milieux de vie soumis aux forces de la modernité? Dépositaire d'une théologie fixiste et dressée à recevoir d'ailleurs
ses mots d'ordre, cette Église est-elle armée pour faire face
aux interrogations nées de la sape irréversible de «l'ordre
naturel des choses»? Toute préoccupée à consolider ses assises
et incapable de remettre en question ses vérités, saura-t-elle
trouver autre chose à offrir à ses fidèles qu'un message noyé
par le dogmatisme, impuissant à rejoindre l'homme moderne
en gestation, qu'une religion ritualiste, sans portée pour la
formidable lutte qui s'annonce?

Le pouvoir que détient l'Église ne va pas sans un certain
triomphalisme, tempéré pourtant d'une angoisse à laquelle
les significations acquises viennent prêter un visage. Depuis
au moins 1925, des diagnostics chargés d'inquiétude s'accumulent, qui vont tous dans le même sens: «à tous les
degrés de l'échelle sociale, le naturalisme s'affirme par une
passion de jouissance qui glorifie la chair». Au premier congrès
marial de Québec, en juin 1929, Joseph-Papin Archambault

résume la situation: «Voyez ces spectacles comme il ne s'en rencontre peut-être nulle part ailleurs [...] Voyez ces œuvres splendides qui s'épanouissent partout [...] Voyez la remarquable efflorescence de vocations sacerdotales et religieuses [...] Voyez surtout nos paroisses, cellules incomparables où naît et se développe une vie chrétienne intense. [...] Et cependant, mes frères, ce tableau a ses ombres [...] ces splendeurs leur revers [...] Un vent de laïcisme a balayé la terre [...] il a plongé l'homme dans l'ivresse de l'orgueil ou la débauche de la sensualité [...] Ce paganisme mondial a poussé ses vagues jusque sur nos rives. Nous en ressentons les pernicieux effets.» De toute évidence, de larges couches de la population s'échappent de la vision catholique du monde et, n'était un certain conformisme social, la lézarde serait plus apparente. Esdras Minville pointera la cassure en 1931: «Quelques-uns [...] conservent toutes leurs pratiques, dégénérées en simagrées stériles, simulacre de religion; d'autres n'en retiennent que ce qu'il faut pour ne pas attirer l'attention — cela paraît si mal de manquer la messe le dimanche! D'autres enfin se dépouillent de tout [...] Et remarquez bien que nous ne parlons ici que de la classe instruite.»[1] Ce qui semble une lézarde pourrait bien se révéler une faille, car ce sont les élites et les ouvriers qui prennent leurs distances. C'est donc l'avenir qui est hypothéqué.

En même temps que le catholicisme traditionnel s'effrite de l'intérieur, commence à germer une dimension existentielle fondamentale de la nation canadienne-française: son être québécois. La chose n'est pas nommée, définie, assumée, mais la québécitude est là, inscrite dans la réalité et présente en filigrane dans le discours depuis que le besoin s'est fait ressentir d'un État au service de la culture française. Au début de cette lente prise de conscience, un traumatisme culturel: la fin du mythe messianique. Au Sud, l'avant-garde chargée de canadienfranciser la Nouvelle-Angleterre rend les armes. Incarnant le destin de la nation, l'Église avait investi sur ce front des ressources considérables. En 1910, en provenance du Québec, quelque quatre cent trente-deux prêtres, deux mille frères et sœurs desservaient les deux cent deux paroisses et cent une missions qui encadraient les 575 000 Franco-Américains. Au même moment, trois mille cinq cents jeunes Franco-Américains, cantonnés dans les collèges classiques du Québec, s'apprêtaient à prendre la relève. [2] Ces fleurs semblaient prometteuses mais, à regarder les choses de près, des gelées hâtives — l'oppression des minorités au nom de la *public safety* — ne firent qu'activer l'échaudement d'un jardin semé dans un sol trop acide. En 1929, l'échec du mouvement sentinelliste, qui avait mis aux prises les évêques irlandais et les «chefs franco-américains les plus imbus de la mission providentielle», marque le passage de la franco-américanisation à l'assimilation pure et simple. La fermeture des frontières états-uniennes, en 1930, aux immigrants canadiens-français et le manque d'enthousiasme de la jeune génération franco-américaine précipitent le destin d'un monde voué, dès sa naissance, à la disparition. Sur le front canadien: même déconfiture des avant-postes. La paix scolaire dans l'Ouest canadien et dans l'Ontario n'est que l'accalmie qui suit les grandes défaites.

TABLEAU 12

LE QUÉBEC. STATISTIQUES DÉMOGRAPHIQUES, 1931-1961

Population	1931	1941	1951	1961
1. Population totale	2 874 255	3 331 882	4 055 681	5 259 211
2. Catholiques	2 463 145	2 894 621	3 569 608	4 635 610
3. Can. français	2 270 059	2 695 032	3 327 128	4 241 354
4. Can. fr. cath.	2 256 817	2 677 807	3 302 144	4 203 633
5. Irlandais cath.	69 654	72 175	76 074	—
6. Italiens cath.	23 656	25 846	31 966	105 071
Proportion de catholiques (2/1) (%)	85,7	86,9	88,0	88,1
Proportion de Canadiens français (3/1) (%)	78,2	80,4	82,0	80,6
Catholiques canadiens-français (4/2) (%)	91,6	92,5	92,5	90,6
Catholiques irlandais (5/2) (%)	2,8	2,4	2,1	—
Catholiques italiens (6/2) (%)	1,0	0,9	0,9	2,2

SOURCE: Recensements du Canada.

Ce traumatisme culturel accentue le sentiment de solitude des Canadiens français du Québec et les porte à s'interroger sur le rôle du cadre confédératif canadien. Commentant en 1928 la situation des frères de la diaspora, le père Alexis, o.f.m. cap., qui depuis une trentaine d'années dissèque les statistiques décennales, prophétise: «Certes, nous sommes attachés à la Fédération canadienne et nous sommes bien décidés à la défendre de toutes nos forces. Mais si le maintien de la Confédération devait s'acheter par le sacrifice de notre langue, de nos lois et de nos mœurs, nous trouverions ce prix trop cher et nous ne l'accepterions pas.»[3]

En ces temps de crise que les élites cléricales situent au ras du ciel et que le krash de 1929 va ramener au ras du sol, des coups de barre s'imposent et l'épiscopat québécois sent le besoin de resserrer les coudes. Jusqu'aux années 1920, l'homogénéité des genres de vie et des croyances, le repli sur les paroisses, la dominance de la vision cléricale du monde et l'administration quotidienne des diocèses ne nécessitaient pas des contacts très suivis au sein de l'épiscopat ni une concertation poussée de l'action. Les sessions biannuelles du Comité catholique du Conseil de l'instruction publique fournissaient l'occasion d'échanger collectivement sur les rapports avec le pouvoir civil et les grandes questions de discipline ecclésiastique. De fait, les problèmes à régler en commun se limitaient à si peu de choses que, lors des sessions du Comité catholique, «la plupart [des évêques] ne font qu'une apparition d'étoile filante à l'archevêché et sont pressés de retourner par le premier train».[4] L'astucieux Taschereau tire parti de ce manque de cohésion en couvrant ses initiatives dans les «questions mixtes» d'opinions épiscopales isolées qui, selon Mgr de Gaspé, s'accommodent à ses vues et lui servent de bouclier: des évêques avaient en coulisse et privément donné leur *placet* à la loi de l'assistance publique et à celle de l'adoption. Mgr Ross et d'autres comprennent qu'une «bonne organisation» s'impose. En 1928, la majorité des évêques avaient admis qu'une matinée ou une soirée «ne nous donnent pas le temps de traiter nos affaires avec toute la considération qu'elles réclament ».[5] Le besoin crée l'organe. L'année suivante, le cardinal Raymond-Marie Rouleau préside une Assemblée des évêques de la province civile de Québec qui va se tenir deux fois l'an. L'assemblée épiscopale émerge comme organisme distinct de la session biannuelle du Comité catholique. Durant les années 1930, les problèmes vont se multiplier et la nécessité de coordonner l'action se fera plus impérieuse. Les réunions deviennent triannuelles en 1934 et, à partir de 1938, elles auront lieu quatre fois l'an.

En 1929, l'Assemblée des évêques regroupe plusieurs personnages d'envergure. Le cardinal Rouleau qui la préside semble avoir exercé, durant un règne relativement court, une action ferme quoique discrète, à la manière diplomatique des Dominicains. Mgr Georges Gauthier, administrateur à Montréal durant la «nuit de vingt ans» de Mgr Bruchési, est un homme distant, renfrogné, mais un observateur «au coup d'œil sûr», remarquablement conscient des nouvelles réalités de son diocèse et qui sait faire valoir sa vigilance patiente par d'opportunes interventions; foncièrement nationaliste, il se préoccupe surtout d'éducation et d'action sociale. Grand artisan des accords avec l'État en matière d'assistance publique, Mgr Ross prolonge par ailleurs la tradition ultramontaine; altier, intransigeant, compromis indéfectiblement en faveur du Saint-Siège, il est aussi le défenseur des déshérités et de la nation canadienne-française. Le nouvel évêque de Rimouski, Mgr Georges Courchesne, commence déjà, par moment, à tenir le haut du pavé. Savant pédagogue et théologien, c'est une intelligence vive, vigoureuse, bien articulée et un *debater* redouté pour son franc parler, direct et mordant. Évêque d'un diocèse très peu urbanisé, il se pose en héraut de la ruralité, de la tradition, de la colonisation.

Le 24 février 1932, Mgr J.-M. Rodrigue Villeneuve, o.m.i., évêque de Gravelbourg, prendra possession du siège de Québec, laissé vacant depuis mai 1931 par la mort du cardinal Rouleau. L'homme est petit de taille et d'origine modeste; il appartient à une communauté peu prestigieuse, quoique numériquement et socialement importante. Mais il a de l'ambition et de l'envergure intellectuelle. Universitaire, orateur, écrivain, il a de la prestance. Ses qualités et le poste qu'il occupe le destinent tout naturellement à devenir le chef de l'Église québécoise. Comme son prédécesseur, il a commencé sa carrière à Ottawa; il s'y est signalé par sa participation aux luttes pour la culture française en Ontario et il est ami de l'abbé Groulx. Par la suite, il s'est érigé en défenseur de la «dictature intellectuelle» du thomiste, contre la théologie à tendance intuitive de l'école franciscaine. Reconnu pour la clarté et la sûreté de sa doctrine et l'ardeur de son zèle apostolique — et, dans l'intimité, pour «son aimable condescendance toute faite de prévenante simplicité et de charité rayonnante» — le cardinal Villeneuve dominera avec élégance l'Assemblée des évêques et lui imprimera une cohésion. On le jugera par ailleurs vaniteux, soucieux de gloire et d'apparences, et sans autre constance dans ses options politiques que la défense du principe d'autorité. De quelle politique dotera-t-il l'Église du Québec? Bien des interrogations surgissent à la lecture de la lettre-manifeste que publie le nouvel archevêque de Québec, le 24 février 1932. L'insistance qu'il met sur les directives pontificales, sur «la plus parfaite obéissance aux autorités», sur les limites des fonctions de l'État, etc. laisse songeur.

L'ÉTAT D'URGENCE

En septembre 1929, les stocks s'accumulent aux États-Unis et les prix commencent à vaciller. Le 24 octobre, le marché de la Bourse de New York s'effondre. C'est la crise. La diminution des échanges internationaux touche d'autant plus le Canada que la valeur des produits à l'exportation (blé et papier) diminue plus rapidement que celle des produits à l'importation (produits ouvrés). La valeur des exportations canadiennes baisse de 50% de 1928 à 1932 et la balance commerciale, positive depuis 1921, enregistre des déficits inquiétants. À ces difficultés s'ajoute une série de mauvaises récoltes dans les Prairies, causées par une sécheresse qui atteint l'envergure d'un sinistre. Le Québec, notamment Montréal (40% de la population), dont les activités sont axées vers les Prairies canadiennes, et les villes papetières, qui travaillent pour le marché nord-américain, est durement touché.

La crise est brutale et s'étire indûment dans le temps; la reprise, qui semble ferme en 1934, devient hésitante dès 1936 et l'essor agonise déjà en 1938. Par son ampleur et sa durée, la crise marque toute la décennie 1930. Le taux de croissance annuel de la population tombe de 2,2% à 1,3% en 1938, moins à cause d'un arrêt de l'immigration que d'une chute du taux de natalité. La main-d'œuvre active se retrouve sans emploi: entre 1931 et 1933, le taux de chômage serait de plus de 20%; en certaines régions et en certaines saisons, il atteindrait 50%. Les salariés sont inégalement touchés: ceux qui ont un emploi permanent et peu sensible aux variations de salaire, tels les fonctionnaires, continuent de vivre bien; ceux qui conservent leur emploi, mais subissent des baisses de salaire, végètent, car la politique du gouvernement fédéral tend à maintenir le niveau des prix; les chômeurs connaissent la misère noire. Les cultivateurs touchent moins d'argent mais réussissent, par un retour à l'autarcie, à survivre. La situation est plus confuse chez les élites: certains se retrouvent aux frontières de l'extrême pauvreté, la plupart connaissent la gêne, tous sentent leur statut social menacé.

L'Église se voit contrainte de réduire son activité. Ses revenus annuels déclinent. Ses fabriques, dont la dette totale s'élèverait à 325 000 000$ en 1932, se débattent dans une situation financière précaire. Durant l'hiver 1932, la faillite de la Fabrique Saint-Étienne (Montréal) porte un dur coup à son crédit. Les créanciers des fabriques découvrent alors avec stupeur qu'un diocèse n'est pas juridiquement responsable des dettes des fabriques. Afin de raffermir le crédit de celles-ci, l'épiscopat fait amender la Loi des fabriques (1925): doré-navant elles emprunteront sur obligations et non plus sur billets promissoires; elles devront aussi accepter divers contrôles comptables. Le malaise financier déborde largement les fabriques. Faute d'argent, on interrompt en 1931 la construction de l'Université de Montréal qui ne sera terminée qu'en 1943. Aux prises avec une dette de 6 500 000$, consé-cutive à des spéculations financières malheureuses, les Sulpiciens évitent la faillite en 1937 grâce à un emprunt garanti par le gouvernement du Québec.

Pour faire face à la crise, les dirigeants n'ont d'autres voies de solution que celles issues de leurs schèmes de pensée antérieurs. À l'automne de 1931, le premier ministre Taschereau opte pour l'équilibre du budget et la relance de l'entreprise privée: «Le désir de retirer des profits directs et légitimes d'une industrie privée joue le rôle d'antiseptique et prévient les dépressions.» Les hommes politiques en viendront pourtant à reconnaître en pratique la nécessité de l'intervention étatique dans l'économie, en introduisant dans la législation des formes keynésiennes de gestion des rapports sociaux. L'Église de même, avant de repenser ses stratégies, affronte la crise avec les mécanismes de défense d'une société traditionnelle.

Lutte à la misère

Par son ampleur, la crise des années 1930 pose dans les villes de graves problèmes que les mécanismes et les réseaux d'assistance ne peuvent résoudre. De toute urgence, l'État ou l'Église se doivent d'intervenir. Le 4 avril 1930, le gouvernement met sur pied une commission royale d'enquête: la Commission des assurances sociales de Québec. Elle est présidée par Édouard Montpetit, éminent universitaire, et Mgr Georges Courchesne y représente l'œil de l'épiscopat. Pressé d'agir, le gouvernement n'attend pas que la commission ait terminé ses travaux. Le secrétaire de la province, l'honorable Athanase David, soumet, le 12 février 1931, à Mgr Georges Gauthier un projet de loi dont la visée est claire: la mainmise progressive de l'État sur le réseau d'assistance publique. Une commission de cinq membres, nommés pour dix ans, possédant le statut d'une corporation, aurait pour mission d'administrer la loi de l'assistance publique. Elle aurait le pouvoir de construire et de posséder des édifices pour les diverses catégories de malades et d'indigents, d'exproprier des établissements et de financer ses activités par des emprunts que le gouvernement garantirait. Les raisons mises de l'avant relèvent en partie de la politicaillerie: le gouvernement ne veut plus augmenter officiellement sa dette et il veut recevoir auprès de l'opinion publique le crédit des allocations qu'il verse aux institutions d'assistance. En clair, l'Assistance publique doit servir à redorer le blason électoral d'un gouvernement aux abois. L'épiscopat s'oppose à ce projet dont «certains articles mettent en péril le fruit de longs sacrifices des communautés religieuses».[6] Il met de l'avant trois objections: le principe de la loi conduit à l'étatisation de la charité, le gouvernement sera vite débordé par les besoins des familles urbaines et l'utilisation du «*cheap labor*» des communautés demeure le moyen le plus efficace pour maintenir la dette publique à un niveau acceptable. Le veto de l'épiscopat enterre le projet et le gouvernement attend les conclusions du rapport Montpetit. Mais le 1er août 1936, dans une tentative pour sauver le gouvernement libéral en débâcle, le Québec adhère au plan de pensions de vieillesse du gouvernement canadien. Durant toute la décennie, l'Église demeure sur le qui-vive. Ainsi, le 10 octobre 1935, *La Semaine religieuse de Québec* publie un plaidoyer contre la socialisation des services de santé et de bien-être. Une telle mesure ne ferait qu'accroître la centralisation, la bureaucratisation et les coûts du bien-être. Elle «fera perdre aux particuliers l'habitude de s'occuper de leurs propres affaires» et mettra les organismes confessionnels à la merci d'administrations neutres.

La compétence de l'Église et de l'État en matière de bien-être est une question à long terme. Dans l'immédiat, les deux pouvoirs, l'un au nom de la charité et l'autre au nom de la justice distributive, s'efforcent de soulager une population affamée. À Montréal, en juin 1933, le Comité des œuvres catholiques estime que trente-trois mille familles ont un besoin pressant d'assistance, soit quelque deux cent mille individus. La crainte d'émeutes populaires, voire d'une révolution sociale, incite l'Église et l'État à collaborer. L'un et l'autre s'affichent garant de l'ordre social, mais ne tardent pas à découvrir qu'ils disposent de ressources et de moyens inadéquats. En novembre 1930, les autorités civiles, à défaut de posséder leur propre réseau de distribution de secours, demandent à la Société de Saint-Vincent-de-Paul de distribuer quelque 300 000$ à Québec et à Montréal. Les allocations atteignent quelques millions de dollars en 1932. Obligée de se bureau-cratiser, la Société de Saint-Vincent-de-Paul est en voie d'être réduite à une agence gouvernementale dotée d'un pouvoir inquisitorial et d'une fonction sociale temporisatrice. La rumeur publique soupçonne des membres et des employés de la société, de même que des assistés, de frauder le gouvernement. Indéniablement, la Société de Saint-Vincent-de-Paul, pour qui la charité est d'abord occasion de soulager la misère morale et de combler des besoins religieux, est détournée de sa fin. En 1933, son Conseil général suggère aux conseils centraux de ne plus assumer «le fardeau de la distribution des secours aux chômeurs». Les municipalités n'ont d'autre choix que de mettre sur pied leur propre service de secours aux chômeurs. Par ailleurs, l'Église montréalaise se rend compte que son réseau d'assistance à domicile a crû dans l'anarchie: les œuvres trop nombreuses, cloisonnées et en rivalité, sont parfois source de gaspillage d'énergies et de ressources. Les œuvres prio-ritaires ne sont pas nécessairement les plus riches. La crise invite à une meilleure concertation sur le modèle protestant.[7] Depuis plus d'une décennie, les œuvres protestantes sont groupées dans une fédération dont le fichier central met en relation les besoins et les services. L'Église montréalaise établit donc, en 1933, la Fédération des œuvres de charité cana-diennes-françaises, corporation à laquelle s'affilient, dès le départ, vingt-quatre œuvres. Son rôle est d'organiser annuel-lement une souscription publique dont les revenus seront distribués par le Conseil des œuvres de Montréal aux œuvres affiliées. En 1935, la souscription rapporte 305 000$ et les œuvres affiliées «ont procuré 260 318 jours d'hospitalisation, secouru 7962 femmes, accueilli 11 067 enfants, servi 630 209 repas, fourni 8716 vêtements ou dons utiles, examiné 69 649 nourrissons et secouru à domicile 51 530 personnes».[8]

Mais la concertation des œuvres privées ne résoud pas tous les problèmes. La crise révèle le vrai visage du paupérisme dans la cité moderne. Il est, selon le jésuite Émile Bouvier, massif: une crise cyclique met en chômage des milliers de travailleurs; il est complexe: la famille urbaine est sujette à la maladie, à la désertion, à la débauche des parents,à la criminalité des enfants, etc.; il est organique en ce sens qu'il

SIÈGE SOCIAL:
SAINTE-ANNE
DE LA POCATIÈRE

LA CHAPELLE ET LE PRESBYTÈRE

EMPARONS-NOUS DU SOL

M

**est membre de la Société de Colonisation
du Diocèse de Québec.**

AUGUSTE BOULET, PTRE
PRÉSIDENT

FRS-XAVIER JEAN, PTRE
SECRÉTAIRE

est lié à un mode de production et à une structure sociale; il est anonyme: les pauvres cachent leur détresse.[9] Clercs et laïcs ont beau multiplier les œuvres et élargir leur champ d'action, les besoins ne cessent de gagner sur la charité. L'idée se fait jour que la charité elle-même a ses limites et qu'elle doit recourir à une auxiliaire: la justice, incarnée dans des programmes d'assistance financés par l'État.

Retour à la terre

Tout en combattant la misère urbaine, l'Église s'efforce de réaliser l'une des dimensions de son projet de société: la mise en valeur de terres neuves. Elle y voit le remède tout indiqué contre le chômage et «la décrépitude morale». Le projet semble réaliste: des propagandistes évaluent à plus de cent mille le nombre de fermes qu'on pourrait tailler dans les Appalaches et la plaine de l'Abitibi. Il aurait des bases populaires: d'avril à décembre 1931, un mouvement spontané originaire de Bagotville, draine quelque six mille familles dans les cantons Raguenau et Manicouagan entre autres. Dans le Témiscouata, des pionniers accrochent des paroisses aux flancs des côteaux. Le mouvement aurait l'appui du gouvernement Taschereau qui, à l'occasion des élections de 1931, injecte quelques millions de dollars dans la colonisation. Enfin, il n'y aurait pas d'autre solution que la colonisation pour une société qui ne contrôle pas sa croissance économique.

L'épiscopat dispense ses encouragements à ce mouvement qui s'insère dans son projet de société et demande à ses clercs de le diriger. Avec le concours de l'État, il remet en branle l'appareil de colonisation qu'il a forgé depuis le XIXe siècle. Un congrès de colonisation, tenu à Montréal en 1932, rappelle les grands idéaux, esquisse des stratégies, sensibilise la population et fait pression sur les gouvernants. Les Ordinaires relancent ou mettent sur pied des sociétés de colonisation diocésaines, dotées d'un territoire spécifique à coloniser et pourvues de fonds, en provenance de souscriptions publiques et d'allocations gouvernementales. Mgr de Rimouski, qui préside la Société de colonisation de son diocèse, met 9 000$ à sa disposition. À Montréal, le Comité des œuvres catholiques met sur pied un comité pour animer la société de colonisation du diocèse et, par la suite, il utilise les associations catholiques pour susciter un mouvement de retour à la terre. Il organise le Congrès de colonisation en 1932, fait du *lobbying* auprès du gouvernement, soumet des projets de colonisation à la discussion de l'opinion publique et travaille en étroite collaboration avec le Bureau de colonisation que le gouvernement québécois a ouvert à Montréal.

En mars 1933, la Société Saint-Jean-Baptiste propose le retour à la terre comme remède à la crise. En mai, l'épiscopat envoie une requête au premier ministre Taschereau le suppliant, «pour les enfants de nos diocèses, pour l'avenir et la conservation de la foi en cette province», de prendre les moyens propres à faciliter l'établissement des fils de cultivateurs. En juin, le cardinal Villeneuve mandate Mgr Auguste Boulet pour établir une société de colonisation dans son diocèse et, au moment de l'incorporation de la société en avril 1934, il lui assigne comme objectifs l'extension du royaume de Jésus-Christ, l'accroissement des paroisses chrétiennes et l'augmentation des élus de Dieu. Cette année-là, Albert Rioux de l'U.C.C. réclame dans *Le Devoir* une campagne en faveur de la colonisation. Soumis à de fortes pressions, le premier ministre annonce en juillet un projet de colonisation de 10 000 000$ qu'il lance officiellement lors du Congrès de colonisation, tenu à Québec en octobre. Ministres, maires, évêques y exaltent la terre, l'agriculture et la vie rurale. Le premier ministre Taschereau accepte qu'en ce domaine l'Église et l'État continuent de travailler ensemble. D'une part, les sociétés de colonisation diocésaines assumeront le recrutement et l'encadrement des colons; d'autre part, le gouvernement leur versera des allocations, en plus de défrayer en partie le salaire des clercs responsables de ces sociétés.

Le retour à la terre aura tenu une grande place dans le discours de l'Église, de même que le thème plus général de la colonisation. Quels sont, cependant, les résultats concrets? En cette matière, peu de statistiques certaines. De l'été 1929 à 1939, le gouvernement aurait concédé quelque 35 600 lots de ferme, soit seize mille de plus que durant la décennie précédente. Mais les chiffres ne prennent pas en compte les *squatters*, les terres rachetées dans les vieilles paroisses et concédées à nouveau. Ils ne contiennent pas les lots ouverts en dehors du Québec par des Québécois. Ils ne distinguent pas non plus entre lots acquis par des colons en provenance des milieux ruraux et ceux acquis par des citadins qui retournent à la terre. Ce mouvement dit de retour à la terre — plus restreint que le mouvement général de colonisation — connaît deux moments forts: le mouvement de Bagotville en 1931 qui met en branle six mille familles; le mouvement de 1935, engendré par la propagande de l'Église et les promesses de Taschereau, qui provoque la migration de quelque trente-cinq mille individus. Ces deux temps forts, qui coïncident avec des années d'élections générales au Québec, sont révélateurs du malaise qui entoure l'entreprise. Le gouvernement Taschereau n'arrive pas à y voir un remède à la crise. Il endosse, seulement à des fins électorales, le discours de l'Église et ce n'est qu'à la veille d'une élection qu'il y consent des fonds importants. Le retour à la terre s'effectue dans une anarchie dont les colons font les frais. Les missionnaires-colonisateurs ne cessent de se plaindre du peu de fonds que le gouvernement alloue à leur mouvement. En mai 1935, l'épiscopat signale au premier ministre Taschereau les lacunes de la participation gouvernementale: «pas de lots en disponibilité, pas d'arpentage fait à l'avance dans les régions susceptibles d'être colonisées, pas de chemins projetés pour y conduire».[10] La lettre de l'épiscopat rejoint les doléances du Comité des œuvres catholiques de Montréal. Depuis 1932, ce comité déplore qu'il y ait beaucoup de familles à placer mais peu de lots disponibles. En 1933, il déclare avoir placé mille colons même si «le gouvernement n'a rien fait». L'Église dénonce souvent l'inertie du gouvernement, mais ne s'interroge jamais sérieusement sur les assises populaires de ce mouvement. À distance, le retour à la terre paraît l'affaire d'une élite qui y projette ses idéaux, son désir de paix sociale et ses ambitions nationalistes. Ni le dur labeur du travail en forêt, ni la difficulté d'élever une famille en milieux inorganisés, ni la perspective de longues années de misère et d'isolement ne sauraient constituer les assises d'un mouvement populaire durable.

La guerre des idées

Les modifications que la crise entraîne dans les conditions matérielles d'existence et la menace qu'elle fait peser sur les statuts sociaux en font un terreau propice à l'enracinement d'une pensée révolutionnaire et à un raidissement des forces de l'ordre. Le Parti communiste incarne la première tendance et l'Église, la seconde.

Fondé à Toronto en 1921, le Parti communiste est affilié à la Troisième internationale communiste.[11] Il est bâti sur des cellules, applique la stratégie de classe contre classe et vise à implanter un régime de soviets au Canada. Après sa mise hors la loi en Ontario en 1931, il change son nom en Canadian Labour Defense League (C.L.D.L.) et dirige le mouvement révolutionnaire en s'infiltrant dans diverses associations. Parmi

celles que la C.L.D.L. contrôlerait, citons: The Ukranians
Farmers and Workers Temple Association, The Farmers Unity
League, The Industrial Lumber Workers, The Workers Unity
League, The International Workers Aid. Les effectifs communistes sont difficiles à cerner. Joseph-Papin Archambault les
évalue, en 1933, à dix-sept mille membres canadiens, répartis
en trois cent cinquante sections, auxquels il faut ajouter douze
mille membres affiliés.[12] Le Parti communiste s'appuie sur
une solide organisation. À Ranfurly (Alberta), à Timmins, à
Preston, il possède des écoles dont le programme, d'une
durée de quatre à huit semaines, forme une élite. Il dispose
d'associations qui encadrent la jeunesse: Pioneers (six-douze
ans), Young Comrades (douze-seize ans). En 1927, il possède
plus de soixante écoles du soir que fréquentent des jeunes
et quelque quarante-trois journaux, dont vingt-deux sont
imprimés au Canada. *The Worker*, édité à Toronto, est l'organe
officiel du parti et *The Ukrainian Labour News*, de Winnipeg,
le plus influent.

Au Québec, les effectifs seraient relativement modestes:
mille deux cents membres actifs, dont deux cents Canadiens
français et quelque dix mille membres affiliés, la plupart
concentrés dans la région montréalaise. Les communistes
sont les Jésuites de l'anti-Église: ils sont passés maître dans
l'art de former une élite, de noyauter la jeunesse, d'infiltrer
les associations, d'élaborer des stratégies savantes et de mobiliser les masses. À Montréal, ils possèdent leurs cercles et
l'Université ouvrière. Sise rue Craig, celle-ci se définit «un
mouvement d'éducation des masses». Les communistes sont
conscients que les tensions sociales issues de la crise créent
des conditions favorables à la formation d'une élite ouverte
à une redéfinition des rapports sociaux, à l'embrigadement
des chômeurs dans un mouvement révolutionnaire. Dès le
début de la crise, ils redoublent d'activité à Montréal. L'Université ouvrière multiplie les conférences et les réunions
publiques. Les cellules accroissent leur clientèle. Les militants,
plus agressifs, distribuent par milliers des circulaires. En mai
1930, le parti commence la publication de *L'Ouvrier canadien*
rédigé à l'intention des milieux francophones et, en décembre,

le drapeau rouge ouvre une parade de chômeurs à travers les rues de la ville.

Les dirigeants redoutent les effets d'une telle activité. «Ces attaques violentes contre le capitalisme et toute autorité, ces réformes séduisantes pour lesquelles on demande aux ouvriers de lutter, cette égalité matérielle qu'on leur promet, écrit Joseph-Papin Archambault, tout cela agit nécessairement sur le peuple.»[13] La réaction s'organise. L'Église s'apprête à livrer une guerre totale contre un mouvement qui, à ses yeux, incarne le mal. Elle a la conviction de continuer au XXe siècle la lutte plusieurs fois millénaire de la Cité de Dieu contre la Cité du Mal. Le communisme est une anti-Église. Il est une pensée matérialiste, une vision du monde qui ne laisse place ni à Dieu ni à la religion. Il est une doctrine pernicieuse qui asservit les individus à l'État. Il est un ferment révolutionnaire destructeur de la loi naturelle, de la tradition, de la famille, de la propriété, de la morale et de l'Église. Il est une utopie, grosse d'une anti-société où les individus seront réduits à l'esclavage de leurs instincts ainsi que de l'État. L'Église québécoise tout entière jette l'anathème sur les communistes, que le cardinal Villeneuve appelle «l'armée des sans-Dieu», «des serpents venimeux aux morsures hypocrites». Un tel adversaire ne saurait avoir droit de cité. Dans la plus pure orthodoxie catholique, l'épiscopat n'admet pas le libre examen qui a introduit de la confusion entre le libre arbitre et le droit. L'être humain a le droit de choisir entre deux biens; mais il n'est pas «de la nature de la liberté de pouvoir choisir entre le bien et le mal»: «un mauvais choix n'est pas une qualité mais un défaut de liberté», enseignent le cardinal et Mgr Gauthier, s'appuyant sur la *Somme* de saint Thomas. On assure donc le règne de la liberté du bien en réprimant le mal et non pas, comme l'enseignent les philosophies modernes, en traitant sur un pied d'égalité le bien et le mal. «Le vrai visage du communisme» détermine l'enjeu: l'annihilation totale de l'adversaire.

Il faut d'abord éponger l'infiltration qui s'effectue par le canal de l'immigration. Les immigrants sont perméables aux idées étrangères, ouverts au message de l'évangile socialiste, de sorte que s'occuper d'eux est tout autant travailler à la sécurité du pays «qu'au salut des âmes».[14] Bien qu'elle la devine inévitable, la Hiérarchie voit plutôt d'un mauvais œil l'immigration et elle estime qu'il est du devoir des gouvernants de «la diriger, de l'épurer et de la protéger matériellement et moralement».[15] En ce domaine, l'Église porte son effort sur deux points chauds: le port de Québec et la ville de Montréal. Depuis 1912, l'Œuvre protectrice des immigrants catholiques, toujours dirigée par l'abbé Philippe Casgrain, un prêtre polyglotte que Mgr Bégin avait rapatrié de la Saskatchewan, accueille les immigrants au port de Québec. Elle leur distribue des tracts, s'occupe des malades, aide les plus miséreux d'entre eux et les protège contre les exploiteurs de tout acabit. Elle les recommande auprès des curés des paroisses où ils vont s'établir. À Montréal, l'évêché s'efforce de donner aux communautés néo-canadiennes «une desserte religieuse dans leur langue et par des prêtres de leur race».[16] De fait, on accorde aux Néo-Canadiens ce qu'on réclame pour les francophones de l'Ouest canadien — et pour les mêmes raisons: «comme la perte de la foi entraîne celle du sens moral et social, écrit Philippe Casgrain, ces pauvres étrangers sont exposés à devenir, tôt ou tard, des communistes, c'est-à-dire des perturbateurs de l'ordre public». Mais, trop souvent, on s'en tient à des efforts ponctuels qui sont loin de donner les résultats attendus. Casgrain le souligne dans ses rapports annuels: la pastorale des immigrants réclame une action concertée dont l'aboutissement serait un programme d'échanges de prêtres entre le Canada et les pays d'origine des immigrants. Seul un tel programme pourrait dans l'immédiat assurer une desserte religieuse convenable et, à long terme, la formation d'un clergé polyglotte. Et Casgrain de regretter que le problème des immigrants n'éveille pas dans les Églises nationales un zèle missionnaire comparable à celui que suscite la conversion des païens.[17]

    La pastorale des immigrants n'est encore qu'une mesure défensive. Dans la salle du Gesù, à Montréal, le 11 novembre 1930, le jésuite Paul Doncœur, éminent théologien français, plaide en faveur d'une contre-attaque. «Ce n'est pas par des mesures violentes, en interdisant les assemblées, en déportant les chefs, qu'on endiguera la vague communiste, c'est en lui opposant doctrine à doctrine. Nous possédons la vérité. Faisons-la connaître.» Mgr Gauthier, qui lors de sa dernière visite pastorale n'avait cessé de faire des mises en garde contre le communisme, fait écho aux paroles du père Doncœur, dans une homélie dominicale en décembre, et il s'en remet aux Jésuites, plus précisément au père Joseph-Papin Archambault, pour organiser la défense du Royaume.

Joseph-Papin Archambault a alors cinquante ans. Il est une figure dominante du catholicisme social québécois. Il a lancé en 1909 le Mouvement des retraites fermées, la Ligue des droits du français en 1913 et la Ligue du dimanche en 1929. Il a fondé en 1920 les Semaines sociales, dont il est toujours le président, et il occupe, depuis 1928, le poste de directeur de l'École sociale populaire. C'est un homme moderne: il a le sens du travail en équipe et de la publicité. Ce n'est pas un penseur, mais un rassembleur d'idées, de formules et d'hommes. Dans la vie civile, il serait un gros entrepreneur. Dans l'Église, il est la dynamo qui alimente le mouvement social en énergie, l'homme orchestre qui canalise les efforts et mobilise les masses. Toujours prêt pour le combat, il accepte avec empressement la mission que lui confie Mgr Gauthier. Déjà, le 7 décembre 1930, il avait en poche un plan de contre-propagande. L'École sociale populaire mettra sur pied trois services: un service de documentation dont les dossiers seront à la disposition des propagandistes, un service d'enquête dont les informateurs iront sur place observer les activités des communistes, un service de propagande qui utilisera toutes les ressources de la publicité. L'École sociale populaire est un outil très modeste dont les ressources sont hors de proportion avec son influence: la chambre à coucher d'Archambault tient lieu de local et un secrétaire à temps partiel constitue le personnel. Papin Archambault peut compter, cependant, sur les ressources du *Messager canadien*, dont il est aussi directeur, qui dispose d'une imprimerie, d'une bibliothèque et d'un personnel à temps plein. Conscient de l'ampleur de la tâche et des faibles ressources dont il dispose, il en appelle aux ministres francophones du gouvernement canadien pour financer son entreprise.

No 197

Pacifisme révolutionnaire

LA NOUVELLE TACTIQUE DE LA PROPAGANDE BOLCHEVIQUE:
« CONTRE LE FASCISME ET LA GUERRE »

L'ŒUVRE DES TRACTS
MONTRÉAL

R. P. ARCHAMBAULT, S. J.

No 201

Sous la menace rouge

Dessin de la couverture du « Youth Organizer » de Montréal

L'ŒUVRE DES TRACTS, MONTRÉAL

No 209 — Novembre 1936   Commission Pro Deo

Les Sans-Dieu à l'œuvre

La situation religieuse en Russie et en Espagne

Emblème reproduit de « La Lutte », journal communiste de Paris

L'ŒUVRE DES TRACTS
MONTRÉAL

No 231 — Septembre 1938   Abbé Camille POISSON

Doit-on tolérer la propagande communiste?

Les inconscients

L'ŒUVRE DES TRACTS
MONTRÉAL

«Les ouvriers de la révolution, sous l'impulsion du Parti communiste, établiront au Canada la République socialiste canadienne. Ce sera une impitoyable dictature contre la classe capitaliste. On enlèvera le droit de citoyenneté à tous les bourgeois. Les partis politiques et les autres organisations seront bannis; on s'emparera de la presse et de la radio. Et tous ceux qui s'opposeront à la révolution seront exécutés sans merci.» (Extrait du *Daily Worker*, New York, 30 mars 1935. Cité par le Centre social de l'Université d'Ottawa.)

En janvier 1931, Mgr Gauthier sonne l'appel aux armes et les leaders des associations religieuses répondent avec enthousiasme. Joseph-Papin Archambault les regroupe, le 2 février, dans un État-Major qu'il coiffe du nom de Comité des œuvres catholiques de Montréal. Ce comité, dont il assume la présidence, siège le mercredi aux quinze jours. Il est composé d'un représentant d'une dizaine d'associations ou d'œuvres; il concerte l'action des forces catholiques. L'École sociale populaire s'occupe de la propagande. L'A.C.J.C. va sur le terrain sténographier les discours des communistes, relever les noms des membres et des sympathisants et régler sur le champ des cas ennuyeux, tel celui d'Isaïe Jarry qui, costumé en évêque, insulte les femmes dans la rue. Les Ligues du Sacré-Cœur et la Société de Saint-Vincent-de-Paul exercent dans les paroisses «une action discrète d'individu à individu», à partir des informations fournies par le comité. La J.O.C. joue un rôle similaire dans les milieux ouvriers. Une équipe volante de conférenciers visite régulièrement la quarantaine de clubs ouvriers montréalais. Le père Archambault leur fournit le schéma détaillé de neuf conférences, de même que des circulaires et des affiches «aux dessins saisissants et aux couleurs vives». Le comité est aussi l'un des points de jonction de l'Église et de l'État. Là se décident les contacts à établir avec la police, qui facilite les enquêtes de l'A.C.J.C. et passe au comité d'utiles «tuyaux». Là aussi s'élabore l'action à entreprendre pour sensibiliser les autorités publiques à la menace bolchevique et les inciter à une action énergique.

Archambault se révèle un combattant implacable. En mars 1931, le Comité des œuvres catholiques fait circuler «une pétition contre le *dumping* russe»; en juin, il discute de la tactique qui aboutira au congédiement d'Albert Saint-Martin, le leader de l'Université ouvrière, du poste de sténographe qu'il occupe au Palais de justice. En 1932, il fait pression, à plusieurs reprises, sur le premier ministre Taschereau pour qu'il ferme l'Université ouvrière: «des gens sûrs et dévoués, qui se présenteront comme pères de famille, craignant l'influence néfaste de la propagande communiste», rencontrent le premier ministre. Celui-ci confie au Département du travail le soin de faire enquête. Au sein du comité, l'idée d'une loi qui mettrait le Parti communiste hors la loi commence à faire son chemin.

Toute l'Église québécoise fait front avec le Comité des œuvres catholiques. Dans leur lettre collective sur la crise, en 1932, les évêques du Québec dénoncent les «semeurs de fausses idées» et demandent aux autorités publiques de contrer «le prosélytisme des agents de désolation spirituelle». En mai, le délégué apostolique enquête auprès des évêques sur les activités communistes dans leur diocèse respectif. Tour à tour en 1933, l'épiscopat québécois en mai, puis l'épiscopat canadien en octobre condamnent le communisme soviétique. Tous les Ordinaires exercent une vigilance constante. De vaillants combattants se lèvent parmi les aumôniers et les religieux qui œuvrent à la base. À Québec, l'abbé Philippe Casgrain, directeur de l'Œuvre protectrice des immigrants catholiques, correspond régulièrement avec la Gendarmerie royale du Canada. Celle-ci lui indique les associations affiliées au Parti communiste. C'est cette dernière, en 1932, qui l'informe des tentatives de la Young Communist League, bien implantée à McGill University, de créer un mouvement de diversion en formant un «groupe de catholiques progressifs» qui populariseraient les déclarations libérales d'éminents catholiques. Elle lui fait part, en 1933, d'un autre document *which shows that they [communists] have a definite plan against the Roman Catholic Church*.[18] En janvier 1934, le père Archange Godbout, franciscain, monte aux barricades. Il provoque en débat contradictoire Gaston Pilon, un des leaders de l'Université ouvrière. Et le bon père gagne le trophée: quelques mois après, en suite d'une hospitalisation et d'un emprisonnement, Pilon se convertit pour devenir disciple du père Archange et militant anti-communiste.[19] La même année, l'abbé Pierre Gravel, aumônier du syndicat de l'amiante à Thetford, poursuit en justice, pour propos séditieux, un propagandiste communiste français venu inquiéter ses ouailles. Libéré pour non lieu, le militant rétorque par une poursuite en dommage pour 10 000$. On en vient presque aux mains au cours du procès. Les ouvriers n'apprécient guère de voir insulter leur aumônier et l'avocat de la poursuite est invité fermement à aller prendre son repas à la ville voisine: le peuple aussi défend sa culture et ses solidarités quotidiennes contre l'envahissement des mouvements étrangers. L'abbé Gravel est finalement acquitté par un deuxième juge, le premier tardant à rendre sa sentence — vraisemblablement par impuissance à braver l'opinion catholique, plutôt que par crainte des menaces communistes.[20]

Sur le front national, Papin Archambault tente de faire de l'État le bras séculier de l'Église dans la lutte au mal. L'engagement que prend le premier ministre Taschereau, en janvier 1933, de combattre, par tous les moyens mis à sa disposition, les idées subversives, ne rassure qu'à demi: on flaire derrière cette déclaration une intention de rendre le régime plus sympathique au clergé, plutôt qu'une intention bien arrêtée de procéder avec fermeté. De fait, c'est l'internationale jésuite qui intensifie la lutte contre le communisme. Dans une circulaire aux provinces américaines, le 5 avril 1934, le général de la compagnie, le père W. Ledowchowski, ordonne «une action concertée contre le communisme qui pavera la voie à une action générale et mondiale» des Jésuites. À Chicago, le 3 juillet, les représentants des provinces jésuites, dont Papin Archambault, délégué de la province francophone, dressent un plan de campagne. Dans chaque province, un jésuite assisté d'économistes et de sociologues coordonnera la croisade contre le communisme. La propagande visera des cibles précises, notamment les étudiants, et utilisera toutes les techniques modernes de la publicité: presse, radio et, bien sûr, des moyens plus conventionnels, comme la prédication de l'Avent et du Carême, les retraites fermées, les cercles d'études, etc. Ce plan, peut-être revu à Rome, est discuté en octobre au scolasticat de l'Immaculée-Conception par un comité spécial, composé exclusivement de jésuites engagés dans l'action. L'intensification de la lutte coïncide avec une recrudescence de l'activité communiste à Montréal où œuvrent de nouvelles figures: Paul Delisle, Stanley Bréhaut Ryerson, Fred Rose, et avec un changement de tactique du Parti communiste qui, en août 1935, à l'issue du VIIe Congrès de l'Internationale communiste, s'oriente vers un Front populaire antifasciste.

Au fil des mois, le Comité des œuvres catholiques accroît son influence auprès de l'appareil municipal. De l'échange d'informations sur l'activité des communistes, on passe rapidement aux interventions policières (par exemple: contre le journal *Spartakus* en janvier 1933) et à des arrestations (par exemple: celle de Gaston Pilon, à l'automne de 1934, accusé de libelle diffamatoire). En 1935, le succès que le communisme rencontre auprès de larges couches de la population, surtout les néo-Québécois d'origine juive et slave, accroît l'inquiétude. Cette année-là, les informations qui parviennent au Comité des œuvres catholiques sont de mauvais augure: les deux tiers des cinq mille Hongrois montréalais seraient «empoisonnés d'idées communistes»; en mai, quelque quatre mille ouvriers, dont de nombreux Canadiens français, affrontent la police; le professeur Frank Scott, de McGill, et d'autres personnalités annoncent qu'elles se rendront bientôt visiter l'U.R.S.S. Durant l'hiver de 1936, les choses se gâtent. Le Front populaire, selon un membre du comité, serait «en train d'embrigader une bonne partie des ouvriers». Un échevin aurait adhéré au Parti communiste et le maire de Montréal, Camillien Houde, serait sympathique au mouvement. Quelques associations catholiques, surprises dans leur naïveté, adhèrent au Front populaire. Les cellules communistes se multiplient. Le chef de police de Montréal vient en personne expliquer au comité la difficulté d'enrayer l'activité des communistes, car «si le Parti communiste est illégal, les idées ne le sont pas». Le Comité des œuvres catholiques riposte par la formation d'un Front catholique, initiative du père Archange Godbout.

En juillet, la guerre d'Espagne devient le symbole de la lutte à finir entre les deux camps. Le Comité des œuvres catholiques fait parader cent mille hommes en prières lors de la Fête du Christ-Roi en octobre. De son côté, Tim Buck, le leader du Parti communiste, recrute le bataillon Mackenzie-Papineau pour appuyer les républicains espagnols. Environ 1239 Canadiens s'enrôlent, dont une trentaine de Canadiens français seulement. Le docteur Norman Bethune, qui se rend en Espagne organiser le Service canadien de transfusion de sang, devient le drapeau de la gauche canadienne.

Les militants catholiques sont de plus en plus nombreux à penser qu'une intervention gouvernementale s'impose pour juguler les activités communistes. Les pressions en ce sens se font plus fortes auprès des divers paliers de gouvernement. Les requêtes affluent dans la capitale canadienne pour qu'on applique avec plus de sévérité l'article 98 du Code criminel et qu'on sélectionne les immigrants. On insiste auprès du premier ministre du Québec pour qu'il mette le Parti communiste hors la loi. Aux élections municipales montréalaises de décembre 1936, le Comité des œuvres catholiques demande aux candidats à l'échevinage de s'engager par écrit à faire respecter l'observance du dimanche, à lutter contre les communistes et contre la pègre. La machine catholique soutient en coulisse la candidature à la mairie d'Adhémar Raynault, membre de l'Association catholique des voyageurs de commerce, échevin, président de la Ligue des propriétaires de l'Est, collaborateur du Comité des œuvres catholiques. À la fin de 1936, avec Ernest Grégoire à la mairie de Québec, Adhémar Raynault à la mairie de Montréal et Maurice Duplessis aux commandes du gouvernement provincial, le Front catholique et les Jésuites triomphent. La «digue qui allait enrayer la marée communiste» est en place. En 1937, la lutte est âpre. En janvier, le père Archambault demande trois mille dollars au ministre de la Colonisation, l'honorable Henry-Lemaître Auger, pour assainir les finances de l'École sociale populaire; en mars, Maurice Duplessis fait voter la «loi du cadenas» qui interdit la propagande et les lieux de réunion des communistes. Stanley Ryerson, qui aurait ravivé la lutte contre le syndicalisme catholique, perd son poste de professeur à Sir George Williams. Le Comité des œuvres catholiques de Montréal tient à l'œil Idola Saint-Jean, la tête d'affiche des suffragettes, qu'il suspecte d'être sympathique aux idées communistes. En juin, Mgr Conrad Chaumont, vicaire général du diocèse de Montréal, intervient auprès des propriétaires de quotidiens et de stations radiophoniques pour qu'ils ne publicisent pas la venue prochaine de Norman Bethune, qui doit prendre la parole en faveur du Front populaire. De plus en plus souvent, les autorités ecclésiastiques interviennent auprès du Bureau de la censure et des *mass media*. La collaboration des militants catholiques avec la police se fait plus étroite en ce qui concerne l'activité des communistes, les Témoins de Jéhovah, l'observance du dimanche et la moralité publique.

UNE RELIGION DE TEMPS DE CRISE

Temps de conversion, temps de moralisation! L'homme se serait fourvoyé en se donnant une morale qui n'est que la rationalisation de «son instinct de posséder et de dominer».[21] Le diagnostic suggère une thérapie: le retour à la loi de Dieu. Afin de mieux débusquer le mal, l'épiscopat trace à nouveau le catalogue des maux de l'heure présente. Maux individuels d'abord: «la diminution de la piété; le blasphème; le parjure; la profanation du dimanche; l'infidélité conjugale; l'injustice; l'immoralité de la mode, des lectures, des spectacles et de la danse; la scandaleuse liberté de manière dans les parcs publics et sur les plages; les imprudentes cohabitations ou sorties de jeunes gens et de jeunes filles, etc.». Puis viennent les maux à caractère collectif, sorte «de vices installés dans les rapports humains» sécrétés par l'individualisme à la racine du désir de possession et de domination; ils conduisent à l'emploi de la force dans les relations de travail et à une inégale distribution des richesses. Cette vision des choses correspond à une inquiétude: l'affaiblissement de l'emprise cléricale sur les masses urbaines, et à une crainte: le soulèvement du prolétariat. Elle survalorise donc tout naturellement une famille de vertus: l'humilité, l'obéissance et la résignation. Commentant le rôle des communautés dans la cité, C.-E. Dorion, un des membres les plus actifs de l'École sociale populaire, en fait des modèles d'ordre: «Les communautés religieuses réalisent l'ordre social le plus parfait, par l'obéissance la plus parfaite, l'obéissance volontaire [...] Et en quoi l'apostolat concerne la Cité: c'est qu'il s'agit toujours ici de l'exemple et de l'enseignement de l'ordre.»[22]

La tentation du Royaume céleste

Temps de conversion, la crise constitue un terreau propice à l'éclosion d'un mouvement de spiritualité austère: le lacouturisme, dont l'instigateur est un jésuite.[23] Né au Québec en 1881, Onésime Lacouture a passé son enfance en Nouvelle-Angleterre. Il y a fréquenté le High School puis, ayant terminé ses études au Collège de L'Assomption, il est entré chez les

Jésuites. Durant un séjour en Belgique, il s'est lié d'amitié avec le père Raoul Plus, bien connu pour ses écrits spirituels. Successivement aumônier militaire en France et en Belgique, préfet, au Collège de Saint-Boniface, puis curé de Caughnawaga (Kahnawake), il commence sa prédication en avril 1931.

Lacouture est convaincu «d'avoir reçu un mandat bien défini de la part de Dieu: celui de prévenir l'écroulement de l'Église québécoise par un vigoureux retour à l'Évangile». C'est au clergé qu'il adresse son message. De 1931 à 1939, il donne cent trente-deux retraites à trois mille prêtres — cinq mille quatre cents, si on tient compte des retraitants qui suivent ses entretiens à plusieurs reprises. Dès le début, sa prédication connaît un vif succès. La doctrine pourtant n'est pas neuve. Lacouture s'inspire des grands maîtres, saint Jean-de-la-Croix et Ignace de Loyola, et il se nourrit de la Bible. C'est l'homme de la «voie étroite», des conseils évangéliques: «vas, vends tous tes biens, donnes-en le revenu aux pauvres et suis-moi». Son modèle est le Christ de Gethsémani: prostré, face contre terre et obéissant jusqu'à la folie de la croix. Il prône le détachement absolu de tout le créé: il faut préférer le Créateur à ses «échantillons»; «nul chrétien n'a le droit de se servir des biens créés pour le plaisir qu'il y trouve»; «commençons à agir sur terre comme nous le ferons au ciel». Centrée sur la conversion individuelle par un élan d'amour vers le Père, cette pensée est traditionnelle. C'est dans le Père qu'on trouve ses frères. Lacouture n'insiste guère sur la possibilité d'atteindre le Père par ses frères. Étranger à l'idée de catholicisme social, il considère la «pseudo» action catholique comme l'ennemi interne numéro un de l'Église québécoise.

La formule de cette prédication n'est pas neuve non plus: une retraite de huit jours pleins, en silence absolu, comportant trente-trois instructions d'une heure sur la «voie purificative» (option pour le Créateur) — faute de temps, le père Lacouture n'a jamais donné les instructions qu'il avait prévues sur la voie illuminative (développement de l'espérance par la relation au Christ) et la voie unitive (vie mystique dans l'Esprit). Le succès de cette prédication tient à plusieurs facteurs. Elle apporte une réponse ferme, sécurisante, à l'inquiétude diffuse du temps de crise qui atteint aussi les clercs.

De gauche à droite: Samuel Granger, s.j.; Joseph Chapdelaine, s.j.; Onésime Lacouture, s.j.

Le message est en consonnance avec l'austérité du temps et le rigorisme traditionnel de l'Église québécoise. La parole est donnée par un homme qui vit ce qu'il enseigne. Elle est formulée par un paysan rempli d'humour, peu spéculatif, exprimant en des métaphores colorées et des expressions crues des réalités subtiles et délicates. À n'en pas douter, cet homme a le charisme des prophètes. Sa sagesse n'est pas de ce monde et il parle, écrit un de ses disciples américains, «*with the power of God*». Il a parfois les accents d'un Savonarole. Il dénonce l'embourgeoisement dans la médiocrité: médiocrité des chefs religieux qui se laissent séduire par les sirènes du pouvoir, médiocrité de trop de clercs et de laïcs qui se contentent de vivre à la ligne de partage des eaux vives et des eaux stagnantes. «Dans vingt-cinq ans», aurait-il prophétisé en 1939, «vos églises seront vides et serviront de salles de bingos [...], tous vos séminaires et vos noviciats seront fermés! Parce que vous, prêtres, par paresse et par négligence, vous aimez mieux fumer votre pipe sur la galerie et vous promener en Chrysler que d'aller enseigner le catéchisme dans les écoles.»

La parole de Lacouture opère des conversions tant chez les laïcs que chez les prêtres. Les disciples prennent des notes à la sauvette et s'improvisent à leur tour prédicateurs. Le lacouturisme devient un mouvement spirituel. Des prêtres vendent leurs biens et en distribuent le revenu aux pauvres. Des disciples fondent des œuvres: le Foyer de charité de Montréal, les Recluses missionnaires de Jésus-Marie, la Société des saints Apôtres, un organisme voué à la formation et à la sanctification des prêtres, le Centre catholique de Saint-Hya-cinthe, etc.

Mais les prophètes dérangent, inquiètent et, souvent, choquent. Un malaise se fait jour dans le clergé et les communautés religieuses. Pour le cardinal, défenseur notoire du rationalisme thomiste contre la théologie d'inspiration mystique, «tout ce qui est en dehors de la voie commune est dangereux, ordinairement illusoire et propre à entraîner dans l'orgueil». Lacouture, en outre, se condamne lui-même auprès du cardinal par sa critique implacable qui met en cause jusqu'à l'épiscopat. Une contre-offensive s'organise. «L'orgueil froissé se révoltait, écrira plus tard Mgr Alfred Langlois, la sensualité combattue se protégeait, les amateurs de douceurs et de tabac furent les plus âpres adversaires, et comme ils avaient des soutiens en haut lieu, même dans l'épiscopat, ils firent au prédicateur une lutte aussi étrange que féroce.»[24] Les adversaires montent en épingle le dérèglement des disciples qui font montre d'intolérance ou se portent à des excès de détachement qui compromettent l'avenir de leurs proches. Et surtout, ils alignent les métaphores et les raccourcis qui, bien qu'acceptables dans une prédication devant des clercs ou encore, vrais dans l'ordre moral, semblent en contradiction avec l'orthodoxie. C'est sous le couvert d'une lutte à l'hérésie que s'amorce le travail de sape contre le prophète. Mais l'usage du tabac, constate Mgr Langlois, est le thermomètre qui mesure l'ardeur de nombreux combattants. En 1933, des confrères de Lacouture soumettent au général des Jésuites, à Rome, des textes colligés par des disciples — voire des informateurs.

Le censeur fait des mises en garde sur les interprétations qu'on pourrait tirer de ces textes. Plus le lacouturisme prend de l'ampleur, plus les plaintes affluent. En 1938, un épiscopat inquiet et divisé «reconnaît le bien que le révérend père Lacouture a fait par ses retraites fermées sacerdotales, mais regrette ses excès de langage et déplore son manque de jugement et d'humilité. Certaines remarques et même une surveillance étroite s'imposent.»[25] Le cardinal Villeneuve et Mgr Courchesne semblent les plus préoccupés par cette pensée qui s'exprime de façon peu nette et cohérente. En revanche, Mgr Fabien-Zoël Decelles, évêque de Saint-Hyacinthe, Mgr Alfred Langlois, évêque de Valleyfield, Mgr Philippe-Servule Desranleau, coadjuteur de Sherbrooke, bien que conscients des faiblesses conceptuelles du prédicateur, tiennent à la dif-

UN DISCIPLE EXCESSIF: L'ABBÉ HENRI SAEY

Sous l'influence du Père Lacouture et, plus particulièrement de l'abbé Henri Saey, jeune prêtre et vicaire à la paroisse Saint-Irénée de Montréal, les Associées furent fondées par Mlle Yvonne Maisonneuve, en 1933, pour s'occuper des plus pauvres et des plus abandonnés. À cette époque, l'abbé Henri Saey commençait à prêcher des retraites et à s'occuper d'une façon très ouverte des plus démunis. En général, il était considéré comme un disciple du Père Lacouture bien que ce dernier émettait de sérieuses réserves sur son absolutisme, par exemple, sur un certain manque de prudence qui le caractérisait, sur l'accent trop fort qu'il mettait sur les mortifications extérieures et sur son rejet du monde, sans nuance ni distinction. Pendant quelques années, les prédications de l'abbé Saey suscitèrent un grand enthousiasme. À coup sûr, il remplissait chapelles et églises. Il aimait surtout à donner des retraites de trois jours pendant lesquels ses disciples ne quittaient guère le lieu saint, couchant sur les bancs et jeûnant autant que possible au pain et à l'eau. Quand il allait dans les petites villes

fusion de l'essentiel de son message. Incapable d'en arriver à un consensus sur «l'affaire Lacouture», l'épiscopat décide de confier le dossier au délégué apostolique, Mgr Ildebrando Antoniutti.

Lacouture aura été un signe de contradiction dans une société où tout le monde était catholique mais bien peu étaient chrétiens. À distance, l'impression demeure que cet homme était prophète. Il pressentait l'enlisement de l'Église du Québec dans le confort des vérités acquises et ses compromissions avec les valeurs du monde, la dissolution prochaine de son pouvoir temporel et de son emprise spirituelle. Le diagnostic, cependant, était en porte-à-faux. Là où les signes des temps faisaient appel à la pauvreté collective de l'Église et à l'inquiétude spirituelle de ses chefs, Lacouture prêche la mor-

---

et les villages, des foules le suivaient. On parlait d'un nouveau Grignion de Montfort. Mgr Decelles, évêque de St-Hyacinthe, l'invita un jour à présider une journée apostolique. Dès la nouvelle de sa venue, près de quinze mille personnes accoururent! En général, l'abbé Saey prêchait quasi durant toute la journée et n'interrompait sa prédication que pour chanter des cantiques avec les fidèles, leur laissant à peine le temps de grignoter un quignon de pain. À la suite de ses prédications, plusieurs personnes, non suffisamment avisées, tombèrent dans toutes sortes d'exagérations malheureuses et quelques-unes d'entre elles sombrèrent même dans la folie. Des critiques et des reproches amers surgirent alors de toutes parts. Presque tous ses adeptes renoncèrent à le suivre et l'abandonnèrent. Restreint dans ses activités par l'Autorité diocésaine, il continua d'exercer un ministère intense à Saint-Irénée jusqu'en 1968, je crois. Depuis, il est à sa retraite. Les Associées s'étaient séparées de lui depuis longtemps.

(Anselme LONGPRÉ, *Un mouvement spirituel au Québec, 1931-1962*, Montréal, Fides, 1976, 186p.)

tification du corps et la perfection de l'individu. Le purisme de la lecture du message évangélique et le rejet du principe d'incarnation classent le mouvement du côté de la secte. Les plus clairvoyants l'auraient instinctivement compris. Mais qu'ils aient opté pour la bonne conscience de la pureté ou pour celle de l'orthodoxie, qu'ils aient accueilli le message ou tenté de l'étouffer, les pasteurs se sont fermé les yeux sur la remise en question vers laquelle le prophète faisait signe. Les biens les plus précieux dont l'Église devra apprendre à se départir, n'était-ce pas la vérité qu'elle gardait en sa possession, les esprits et les cœurs dont elle revendiquait la propriété, Dieu même qu'elle retenait entre ses mains? Lacouture aurait ainsi été le précurseur d'un temps nouveau: l'heure pour l'Église québécoise d'un dépouillement total, d'un long séjour purificateur au désert.

La Bonne Nouvelle

Depuis les années 1920, Rome resserre son emprise sur l'enseignement de la doctrine chrétienne. Le 29 juin 1923, un *motu proprio* de Pie XI exigeait que les Églises diocésaines fassent périodiquement rapport à la Consistoriale sur cette question. Le 12 novembre 1929, une instruction de la Sacrée Congrégation des religieux adressée aux supérieurs de communautés déterminait «la connaissance de la doctrine chrétienne à donner aux religieux enseignants pendant les années de probation».[26] Le 24 mai 1931, la Constitution apostolique *Deus scientiarum Dominus* réglemente l'enseignement de la philosophie et de la théologie dans les universités catholiques, dans le but d'assurer au clergé une plus solide formation intellectuelle, toute entière régie par le système thomiste.

L'enseignement de la doctrine chrétienne s'adresse d'abord aux enfants. À Rome, à la fin des années 1920, un courant s'était dessiné en faveur d'un catéchisme unique. Mgr Enrico Gasparri, auteur du *Catechismus catholicus*, tente de faire accréditer son ouvrage par les Églises nationales. Pas d'évêque qui, de passage à Rome, n'en reçoive quelques exemplaires. Mais ce mouvement en faveur d'un catéchisme unique se bute aux réticences des épiscopats nationaux sensibilisés aux particularismes culturels. En janvier 1935, un décret de la Sacrée Congrégation du concile recommande alors la mise sur pied d'un office catéchistique diocésain. L'Église québécoise s'est déjà interrogée d'elle-même sur l'opportunité de renouveller son enseignement catéchistique. De fait, le contenu de cet enseignement puise dans les manuels de polémique de saint Bellarmin et sa pédagogie reprend celle de Luther, axée sur la mémorisation des textes plutôt que sur la croissance de la conscience chrétienne. Un mémoire, soumis aux évêques en 1933, fait le bilan.[27] Le «petit catéchisme» de la province civile de Québec serait «un bon et substantiel résumé de la doctrine chrétienne», sauf qu'il ne présente pas Jésus comme une personne encore vivante au milieu de nous. Sa méthode «synthétique et déductive» présente des «formules abstraites, trop techniques, trop théologiques». La fâcheuse habitude de le faire mémoriser serait «un délit contre la raison». En somme, à des enfants qui demandent du pain, on donnerait une pierre, conclut le mémoire. Les critiques préconisent une pédagogie active basée sur une méthode intuitive et inductive qui va «de la chose au mot, des mots aux formules». La pédagogie efficace serait celle qui raconterait sous forme de belles histoires des épisodes bibliques. Deux événements réactualisent en 1935 les critiques formulées dans le mémoire de 1933. D'une part, le décret de la Sacrée Congrégation du concile, en date du 12 janvier; d'autre part, la thèse d'un jeune abbé de Gaspé, Charles-Eugène Roy, intitulée *Méthode pédagogique de l'enseignement du catéchisme*. Cette thèse retient l'attention des prophètes de l'heure: les pédagogues, dont la voix commence à se faire entendre dans les maisons d'enseignement. La revue des Sulpiciens, *Le Séminaire*, s'intéresse à la question. L'épiscopat ouvre en 1936 un concours au sein des communautés pour la rédaction d'un petit catéchisme. Les résultats sont décevants. Pour être un pédagogue on n'est pas nécessairement théologien ou styliste! À preuve, le petit catéchisme que publie Charles-Eugène Roy et qui dégrade la théologie en mièvreries: «Comment peut-on distinguer les trois personnes de la Sainte Trinité?» — Réponse: «En les comptant et en les nommant». «Comment peut-on les compter?» — Réponse: «Une, deux, trois». «Comment peut-on les nommer?» — Réponse: «Père, Fils, Esprit» ... Les évêques se rendent compte que démolir le petit catéchisme est une chose et le remplacer en est une autre. Certains opinent qu'un bon catéchisme sera toujours abstrait et que les catéchètes auront toujours fort à faire pour expliquer aux enfants les notions fondamentales. En septembre 1937, l'épiscopat opte pour la voie prudentielle: il confie à trois personnes, dont Mgr Desranleau, la révision du présent catéchisme et la rédaction d'un livre du maître. L'année suivante, les évêques précisent que les ajouts devraient concerner le devoir social, le devoir électoral, le syndicalisme et les missions. Ces thèmes reflètent l'élargissement des préoccupations pastorales de l'Église depuis la fin du XIXe siècle.

La parution en 1939 de la collection «Aux petits du Royaume», inspirée du courant pédagogique de l'École nouvelle, marque un tournant. C'est l'œuvre d'une religieuse de Nicolet, sœur Saint-Ladislas, a.s.v. Axée sur l'idée d'«enfant de Dieu», utilisant toutes les ressources de la pédagogie (illustrations, tableaux, films), la collection propose un cheminement qui éveille la foi.[28] La classe de catéchisme prend l'allure d'un dialogue, voire d'un forum au cours duquel les élèves échangent.

Dans le domaine plus vaste de l'enseignement et de la prédication permanente au peuple chrétien, les orientations nouvelles se situent plutôt du côté des moyens que des contenus. L'Église s'efforce de mettre à profit les techniques modernes de diffusion: les *mass media*. Elle avait su tirer parti du quotidien moderne; elle tente maintenant d'apprivoiser la «radiophonie». Dans les années 1920, elle avait eu une réaction de défense, s'efforçant par les mises en garde, par la censure et par les pressions sur l'opinion publique de christianiser la radio. En août 1930, le *Messager du Cœur de Jésus* plante des balises: mise en vigueur d'une réglementation excluant «toute audition capable de bouleverser l'ordre établi et de compromettre les droits de la morale», établissement de stations officiellement catholiques, campagnes contre les émissions immorales, ententes internationales réglementant la puissance des émetteurs et les longueurs d'ondes. L'inauguration de la station de la Cité Vaticane, le 12 février 1931, marquée par la diffusion au monde entier d'un message de Pie XI, incite l'Église québécoise à adopter une attitude plus positive face à la radiophonie. Cette année-là marque le début d'un effort concerté d'utilisation de la radio pour diffuser le message évangélique.

L'initiative vient en partie du Comité des œuvres catholiques de Montréal, qui s'entend avec la station CKAC pour mettre à l'horaire d'hiver une émission religieuse. Jusque-là, l'information et le commentaire religieux n'avaient été que des éléments du contenu d'émissions plus générales, telles «L'heure de sécurité de l'oncle Jos» ou «L'heure provinciale». Patronnée et conçue par le Comité des œuvres catholiques de Montréal, et sous la responsabilité immédiate du père Joseph-Papin Archambault, «L'heure catholique à la radio» débute le 4 octobre 1931. Elle est hebdomadaire et figure à l'horaire de CKAC, le dimanche soir à 6 heures. Sa formule varie d'une année à l'autre. La première année, le père Archambault divise l'émission en trois période de vingt minutes: la première consiste en une causerie doctrinale, la seconde en chants religieux et la dernière en un exposé sur une œuvre sociale. CKAC verse 10 $ aux conférenciers et Joseph-Papin Archambault, qui a la haute main sur l'émission, en touche 5 $. Durant la saison de 1933-1934, des émissions à caractère dogmatique alternent avec des commentaires sur les Évangiles. Ceux-ci présentent d'une façon colorée une scène évangélique dans son cadre géographique et historique, à partir des *Leçons d'écriture sainte* du père Hippolyte Leroy, s.j., et de *L'Évangile sur les toits* du père Lhande, s.j.

À Québec, l'Action sociale catholique passe une entente semblable avec CHRC. Cette station met dans sa programmation d'hiver, le dimanche après-midi à 4 heures, «L'heure de l'action catholique», que défraie la Maison Lagueux et Darveau. L'émission est sous la responsabilité d'un comité présidé par l'abbé Alfred Chamberland, alors directeur général de l'Action sociale catholique. Son contenu, un mélange d'exposés doctrinaux et apologétiques, s'apparente à celui de l'émission du père Archambault. À l'automne de 1935, Radio-Canada assume la diffusion de l'émission qui prend le titre de «L'heure dominicale». Cette année-là, l'émission comprend des exposés sur les paraboles évangéliques et la vertu de justice, des chants polyphoniques et des pièces d'orgue. L'année suivante, deux diocèses: Québec et Ottawa assument la responsabilité de l'émission. Produite alternativement à Québec et à Ottawa, l'émission est diffusée sur l'ensemble du réseau de Radio-Canada. Les responsables ont choisi comme thème l'action catholique et retenu les services de Jules Dorion, directeur de *L'Action catholique*, et de Charles Gauthier, directeur du *Droit*, pour commenter l'actualité religieuse.

Ces deux émissions religieuses, les plus populaires durant les années 1930, s'inspirent des thèmes de la prédication traditionnelle. La première série d'émissions du père Archambault (octobre 1931-mai 1932) avait pour thème «la crédibilité rationnelle de la religion catholique par une enquête rationnelle et une enquête historique». Son communiqué de 1932 avise les conférenciers qu'ils doivent viser «un auditoire moyen de grand'messe» et de ne pas craindre de «décocher une flèche barbelée aux incrédules». «L'heure catholique à la radio» et «L'heure dominicale», deux émissions que l'épiscopat surveille, revêtent un caractère officiel. Elles n'épuisent pas, cependant, l'utilisation que l'Église fait de la radiophonie. Au fil des ans, divers mouvements se servent des ondes pour transmettre des messages religieux ou moraux. L'École sociale populaire a une équipe de conférenciers toujours prête à donner quelque causerie sur le syndicalisme ou la doctrine sociale de l'Église. À compter de 1935, la Ligue catholique féminine patronne à CKCV des émissions sur l'éducation familiale, la tempérance, la messe et l'éducation nationale. La Ligue de moralité publique profite des élections de 1936 pour diffuser sur les ondes de CHRC une vingtaine d'exposés sur le devoir électoral. En 1937, l'Action sociale catholique présente à CHRC, tous les matins à 8 h 15, «L'éveil de l'âme», une émission qui débute par la prière du matin, se continue par des commentaires sur la vie d'un saint et se termine par quelques pensées à méditer durant la journée.

Faute d'un inventaire des émissions radiophoniques à caractère religieux, il est prématuré de tenter d'évaluer dans quelle mesure l'Église québécoise a utilisé la radio et si ce nouveau *medium* a été une occasion de renouveau pastoral.

À n'en pas douter cependant, l'Église a pris conscience de l'impact de la radio sur les masses et n'eût été les difficultés économiques du temps —le journal *L'Action catholique* devait alors faire appel à la générosité du public pour boucler son budget — des projets morts-nés, comme le Centre catholique d'action radiophonique, les Compagnons de Notre-Dame des ondes, etc., donnent à penser que l'Église aurait investi davantage dans ce moyen de communication moderne, même si son utilisation n'allait pas sans poser quelques problèmes à l'épiscopat. Les tensions avec les propriétaires de stations radiophoniques, qui ne prisent guère les commentaires que portent les mouvements catholiques sur la qualité de la programmation, sont fréquentes. Ainsi, en représailles contre l'épiscopat, qui a rédigé une requête collective en faveur d'une législation qui «prohiberait dans les journaux et à la radio toute publicité en faveur de l'alcool, du vin et de la bière», CKAC informe, en 1939, le père Archambault que «L'heure catholique» sera réduite d'une demi-heure et que la station ne contribuera plus à défrayer le coût de cette émission. Même la qualité des émissions religieuses fait problème. En 1937, l'épiscopat s'interroge sur «l'avantage spirituel à radio-diffuser fréquemment de ces prières et neuvaines» et sur l'opportunité de soumettre le contenu des émissions religieuses, dont certaines sont sujettes à caution, «à un bureau de censure sous la juridiction de l'épiscopat». Les évêques conviennent alors de «ne plus autoriser les émissions radio-phoniques religieuses de grande zone, hormis les heures catholiques déjà organisées».[29] En dépit des demandes réitérées de la part des stations radiophoniques, ce n'est qu'en 1947 que les évêques autoriseront la radiodiffusion de la messe dominicale, de crainte que les fidèles y trouvent un prétexte pour enfreindre le précepte dominical.

Le cinéma pose à l'Église québécoise des problèmes similaires à ceux que soulève la radiophonie. Durant les années 1930, les mouvements catholiques continuent de faire campagne pour le bon cinéma, la fermeture des salles aux enfants et la pudeur dans l'affichage. Mais *Vigilanti cura* (1937) de Pie XI suggère une action plus positive: l'établissement dans chaque pays d'un centre national chargé de promouvoir le bon cinéma par la diffusion de cotes morales, par la censure, par l'établissement d'un réseau de salles cinématographiques et la production de films. L'encyclique amène l'Office catholique international du cinématographe à projeter la mise sur pied d'une «puissante société de films catholiques». Toujours empressé à répondre aux appels de Sa Sainteté, le cardinal Villeneuve annonce, en septembre 1937, la création prochaine d'un Centre catholique d'action cinématographique. Le père Archambault soumet un projet que l'épiscopat accepte en novembre. En janvier, le cardinal nomme les membres de ce centre, dont feront partie Joseph-Papin Archambault et le chanoine Joseph-Alfred Chamberland, tous deux à titre d'aviseur spirituel. Toujours au courant de ce qui se fait ailleurs, le père Archambault soumet un nouveau mémoire, à l'automne de 1938, qui prévoit la fondation d'un secrétariat permanent, la mise sur pied d'une ligue qui serait un calque de la Ligue de la décence aux États-Unis et l'organisation d'un réseau de salles cinématographiques. Projet grandiose dont les coûts inquiètent un épiscopat convaincu «qu'il ne faut point populariser inutilement le cinéma» et fort méfiant à l'endroit de ces aventureuses sociétés commerciales qui, flairant une bonne affaire, «sollicitent son encouragement».[30] Les évêques demandent un supplément d'information, ce qui est une manière élégante d'enterrer le projet. Le père Archambault écrira plus tard que le manque de fonds et la rupture des relations durant la guerre avec une œuvre similaire en France auront empêché le centre d'accomplir son programme. Le centre doit par la force des choses se limiter, en collaboration avec des comités diocésains d'action catholique, à diffuser des ciné-bulletins qui cotent les films.

Une action catholique mal embrayée

Née de l'action individuelle des laïcs catholiques, l'action catholique dans l'Église universelle s'était cristallisée autour de la défense des droits de l'Église et de la religion dans le monde moderne. Léon XIII et Pie X l'avaient orientée vers «la solution chrétienne de la question sociale» et l'avaient utilisée comme moyen de pallier la pénurie des effectifs cléricaux et les lacunes de l'organisation paroissiale, à qui échappent de plus en plus les milieux de vie. Les laïcs étaient les «frères convers» des clercs, qui contrôlaient leur action. De fait, la récupération de ce mouvement par la papauté correspondait à un changement d'objectifs et de stratégie: la substitution, à un idéal de chrétienté fondée sur un État catholique, d'une chrétienté refaite à la base, à partir d'une sacralisation du monde par des associations confessionnelles. Il s'en était suivi une confusion dans l'action des catholiques et dans l'autonomie du temporel face au spirituel. Benoît XV avait commencé à démarquer l'action catholique proprement dite de l'action des catholiques et, dans *Ubi arcano* (1922), Pie XI avait amorcé une réflexion qui l'amena peu à peu à distinguer l'action catholique des associations à but religieux particulier et des organismes d'action temporelle chrétienne. Ce faisant, Pie XI avait assigné à l'action catholique sa mission et fixé ses traits ou ses notes essentiels. L'action catholique était un mouvement apostolique, religieux, laïque, organisé, sous la dépendance et avec un mandat de la Hiérarchie. Il agissait sur les milieux et visait à christianiser les actes profanes de la vie quotidienne. Ces attributs permettaient de le démarquer tant du syndicalisme que des confréries, dont le rôle était autre et qui ne recevaient pas de mandat de l'évêque. Ce mouvement, jailli du mystère même de l'Église dont tous les membres participent au sacerdoce du Christ, donc à la mission apostolique de l'Église, ne proposait aucune spiritualité propre — comme l'Église elle-même, il avait plusieurs demeures spirituelles. En tant que mouvement, sa spiritualité consistait à vivre le mystère même de l'Église dont il adoptait la doctrine, la prière, les intentions, dont il calquait aussi les attitudes devant le monde et dont il adoptait les positions. Son originalité, enracinée dans la spécificité de l'apostolat laïc, était d'être à long terme une tension dans l'Église par l'ouverture qu'il introduisait dans l'expérience d'une Église trop cléricalisée et trop incarnée dans des institutions cloisonnées. Ce destin se lisait déjà dans les problèmes que soulevait son incarnation dans les diverses Églises nationales: suffisait-il de coordonner par une superstructure des mouvements anciens ou valait-il mieux en créer de nouveaux? Valait-il mieux fonder l'action

catholique sur des associations axées sur les états naturels
— hommes, femmes, jeunes gens et jeunes filles — ou,
débordant le cadre paroissial et diocésain, centrer ces associations sur des milieux sociaux — étudiants, ouvriers, ruraux
— dont la coordination se ferait au sommet national?

En Europe, les Églises nationales ont déjà donné des
réponses à ces questions quand, début des années 1930, l'Église
québécoise entreprend d'appliquer la formule de l'action
catholique, telle que Pie XI l'a définie. Elle ne part pas de
zéro. Déjà existent de nombreuses associations d'action sociale:
les Ligues du Sacré-Cœur (1884), l'A.C.J.C. (1904), l'Action
sociale catholique (1907), l'Association catholique des voyageurs de commerce (1914), la Ligue catholique féminine (1927),
etc. La plupart sont établies sur une base paroissiale, selon
les quatre états naturels. Tous débordent les frontières du
Québec. L'application de la formule de Pie XI pose au Québec
les mêmes problèmes qu'en Europe. À l'instar de l'Église de
France qui a adapté plus qu'innové, l'épiscopat convient de
bâtir l'action catholique à partir des associations déjà en place,
laissant cependant à chaque évêque le soin de déterminer
lesquelles constitueront l'action catholique dans leur diocèse.
Il reporte à plus tard la coordination de l'action catholique
sur une base nationale. Il ne peut en être autrement. On
n'arrive pas à conférer au mot «national» un sens susceptible
de donner une forme adéquate et efficace au mouvement.
Retenir comme critère l'ethnicité canadienne-française
conduirait à la formation d'un mouvement international réu-
nissant des militants des États-Unis et du Canada. Retenir la
canadienneté conduirait à regrouper des anglophones et des
francophones dans une organisation où se poseraient de
sérieux problèmes de leadership et de communication entre
les membres: les évêques ne souhaitent pas une structure
canadienne qui minoriserait les Canadiens français, qui constituent une majorité au sein de la catholicité canadienne.
Retenir le territoire québécois ne semble pas une solution
plus adéquate: trop de diocèses sont à cheval sur les territoires
du Québec et de l'Ontario. L'impression demeure, cependant,
que la question nationale masque d'autres préoccupations
plus ressenties qu'explicitées: comment fédérer ces associations

sans rogner l'autorité des Ordinaires sur leur territoire? Dans l'immédiat, l'action catholique demeure donc une affaire diocésaine et aucun plan d'ensemble ne préside à sa naissance.

Le premier, Mgr Villeneuve donne le coup d'envoi dans son diocèse en octobre 1932. Il procède à une remise sur pied de l'Action sociale catholique, cette corporation érigée par Mgr Bégin en 1907. L'organisation est en gros la même. L'Action sociale catholique conserve la structure pyramidale: comités paroissiaux, comités de district, Comité central permanent. Elle regroupe «toutes les associations pieuses ou sociales des laïcs, soumises à l'Ordinaire». Chacune garde son autonomie et sa fin propre mais toutes — même celles qui, comme les Ligues du Sacré-Cœur et l'A.C.J.C. relèvent d'un Conseil supérieur interdiocésain — sont soumises en ce qui concerne l'action catholique proprement dite aux directives et aux mots d'ordre de l'Action sociale catholique et elles ne peuvent rien entreprendre en ce domaine sans son approbation. L'archevêque, qui se proclame «le chef absolu et incontesté de toutes les œuvres diocésaines», exerce son autorité par le Comité central permanent, composé de neuf membres tant prêtres que laïcs, et présidé par un directeur général qui est obligatoirement un clerc. Seule nouveauté majeure: quatre associations correspondant aux «états naturels» animeront et coordonneront les divers organismes d'action catholique. Ce sont: la Ligue du Sacré-Cœur, la Ligue catholique féminine, l'A.C.J.C. et l'A.C.J.C.F. Ces associations sont les fers de lance de l'Action sociale catholique, qui leur confiera l'organisation des croisades et la fondation des œuvres nouvelles. La ségrégation sexuelle est complète: les comités paroissiaux se subdivisent en section masculine et section féminine et, à partir de 1935, émerge en marge du Comité central permanent un Comité central féminin. L'organisation est conçue pour assurer l'emprise des clercs. Ainsi, le comité paroissial a quatre fonctions: rapporter au curé «les choses qu'il devrait savoir», faire «connaître respectueusement son sentiment sur des faits où les laïcs sont souvent mieux informés que le clergé», exécuter les instructions du curé, enfin «s'en tenir strictement aux vues du curé», sauf de décider seul des tâches — pour ne pas dire des basses besognes — qui pourraient compromettre, en cas d'échec ou de protestations, le prestige du curé. Cette structure valorise le diocèse et renforce l'autorité de l'évêque sur les masses. L'Église diocésaine devient un puissant agent d'ordre social.[31]

La formule de Villeneuve a valeur exemplaire. Tous les diocèses en viennent à adopter des structures similaires. Mais avec plus ou moins de succès. Ainsi, le Comité des œuvres catholiques de Montréal ne dispose d'aucune autorité sur les associations. Il est essentiellement un carrefour où l'on discute des mesures à prendre pour enrayer l'activité des communistes, libre à chaque association d'en suivre les directives et les mots d'ordre. Peu à peu, ce comité en vient à élargir son horizon et à s'intéresser à tout ce qui touche à l'action catholique. En mai 1933, une lettre circulaire de Mgr de Montréal confirme le comité dans le rôle de Comité diocésain de l'action catholique et annonce la nomination d'un aumônier. Trois ans plus tard, Mgr Gauthier tente d'implanter à Montréal la structure à trois paliers de Québec. C'est un échec. En août 1938, le père Archambault déplore qu'à Montréal l'action catholique manque encore de «coordination, de discipline et d'unité» et que le Comité des œuvres catholiques ne dispose plus de l'autorité nécessaire pour organiser un mouvement d'ensemble. Il suggère que Mgr J.-C. Chaumont, alors responsable de l'action catholique, assume la présidence du comité qui disposerait provisoirement des attributions d'un Comité central diocésain d'action catholique. L'évêché se rend au désir du père Archambault qui, en octobre, met sur pied trois commissions responsables respectivement, sous l'égide du Comité des œuvres catholiques, de la sanctification du dimanche, du bon cinéma et de l'établissement de comités paroissiaux d'action catholique. En janvier 1941, le Comité des œuvres catholiques deviendra le Comité diocésain d'action catholique et, en avril, il installera dans la Palestre nationale un secrétariat permanent pour vaquer aux affaires de la Ligue du dimanche, du Comité diocésain d'action catholique et du Centre d'action cinématographique. À Montréal, l'action catholique acquiert donc progressivement des structures autonomes et, à compter de 1942, le Comité des œuvres catholiques reviendra à sa mission originale: la lutte aux communistes et la lutte en faveur de

Mademoiselle Jeanne Talbot, fondatrice et première présidente de la Ligue catholique féminine du Canada (1927); secrétaire générale de l'A.S.C., section féminine (1933); fondatrice et organisatrice de l'École d'action catholique (1937). Elle fut décorée par le pape Pie XI de la Croix d'Or «Pro Ecclesia et Pontifice», honneur rarement accordé à une femme.

la moralité. Il s'éteindra tout doucement en mai 1947 pour faire place à la Fédération des œuvres.

En dépit des déclarations épiscopales et des réformes de structure, l'Église québécoise met du temps à découvrir la vraie notion d'action catholique, telle que Pie XI l'a définie: «la participation des laïcs à l'apostolat de la Hiérarchie». Les mouvements dits d'action catholique générale continuent dans les années 1930 un mode d'action hérité du passé, tout entier orienté sur des campagnes de moralisation. Prenons le cas de la Ligue catholique féminine. Ce mouvement remonte aux années 1920. Il avait été fondé par Jeanne Talbot pour assurer «le respect de la modestie chrétienne». En 1929, il comptait vingt-cinq mille ligueuses réparties en cent cinquante-huit

LE QUOTIDIEN *L'ACTION CATHOLIQUE* FAIT SON BILAN, 1934

L'Action Catholique a fait, durant l'année 1934, sa bataille accoutumée, elle a appuyé, envers et contre tous, les mouvements d'action catholique.

Ils se multiplient dans tous les domaines, c'est une consolation de le constater. Malheureusement, ils ne bénéficient pas du concours de tous ceux qui devraient les appuyer. L'incompréhension, quand ce n'est pas l'hostilité sournoise de ceux-ci, est la meilleure preuve de la nécessité d'un organe comme le nôtre qui, patiemment mais avec ténacité, s'applique à refaire la mentalité catholique chez une foule de gens qui n'ont pas même conscience de l'avoir perdue.

Le syndicalisme catholique, qui avait subi de rudes coups aux débuts de la crise, fait preuve d'un regain d'activité: mais ses vieux adversaires sont toujours là, et il en est qui ne sont pas loin de vouloir le confondre avec le communisme, parce que cela les justifierait de le tenir en suspicion. Le journal, il va sans dire, ne les a pas laissés dans la quiétude de leur erreur.

Les profiteurs de l'accaparement, qui opèrent actuellement dans les trusts, recourent aux mêmes tactiques; eux aussi, par les nombreux journaux à leur solde, cherchent à rejeter parmi les communistes ceux qui contestent la légitimité de leurs scandaleux profits. Le journal les suit pas à pas, et fait des mises au point que la semaine anticommuniste de Montréal a pleinement confirmées.

Les Juifs, qui constituent un danger si grave pour la Province de Québec, se font soutenir habilement par nombre de journaux, qui ne sont peut-être pas sans subir l'influence du bureau central de défense judaïque en Hollande. *L'Action Catholique* ne se fatigue pas de rétablir les faits faussés par tous les intéressés; et la besogne n'est pas mince, car la défense utilise tous les moyens. Ici, c'est la *Semaine Religieuse de Québec* qui, dans un article aussi clair que documenté, a appuyé dernièrement sa manière d'agir.

La vague de paganisme n'a pas cessé de déferler; mais elle a été moins envahissante cette année, et subit même une régression dans le domaine des modes, si elle garde toute sa force dans celui des costumes et surtout des amusements. *L'Action Catholique* a maintenu et fortifié la digue qu'elle lui oppose dans tous les domaines; en maintes circonstances elle a réussi à mettre en branle l'autorité civile, et a été naturellement pour elle un appui vigoureux.

Elle a surveillé comme toujours la législation. Les radicaux de chez nous ont élaboré des plans pour battre notre société catholique en brèche dans l'école et les communautés religieuses. Ils veulent glisser le laïcisme dans l'école, et charger nos ordres religieux d'obligations municipales qui paralyseraient leur action. *L'Action Catholique* a dénoncé les tentatives aussitôt que découvertes.

Elle suit aussi pas à pas les profiteurs de l'alcool qui, mis en échec par la vigoureuse campagne contre les contrebandiers, cherchent à se reprendre en faisant modifier la loi pour faciliter et augmenter la vente des liqueurs spiritueuses. S'ils finissent par l'emporter, ce ne sera pas par la ruse; le journal l'a depuis longtemps éventée et dénoncée.

En bref, *L'Action Catholique* a joué comme toujours en 1934 son rôle de soldat du Christ; elle s'est battue pour la vérité et le bien, a encaissé les coups sans se plaindre, s'est nourrie comme elle a pu, mais à l'exemple des soldats de la grande guerre qui, dans leurs tranchées ne payaient pas de mine mais barraient toujours la route à l'ennemi et le chargeaient au besoin, elle n'a interrompu ni sa garde ni sa lutte.

(*Almanach de l'Action sociale catholique*, 1935: 81-82.)

sections paroissiales et une centaine de sections collégiales. Son bulletin tirait à vingt mille exemplaires. Cette année-là, la L.C.F., jusqu'alors établie sur une base paroissiale, commence à se structurer au niveau diocésain. La plupart des évêques l'élèvent dans leur diocèse au rang de mouvement coordonnateur d'action catholique féminine. Ce statut ne change en rien son esprit, ses orientations et son mode d'action, si ce n'est qu'il amène le mouvement à s'ouvrir à «l'ensemble de la morale catholique dans la vie individuelle, familiale et sociale». La Ligue milite pour le port du costume par les institutrices en 1930, pour le bon cinéma, le bon théâtre et la bonne presse en 1932, pour les bonnes lectures et les bibliothèques paroissiales en 1934, pour la bonne publicité dans les *mass media* en 1936. De fait, la Ligue mène deux types de campagnes: des campagnes d'assainissement des mœurs menées au moyen de tracts, de journaux et de requêtes, et des campagnes de conquête, moins nombreuses mais plus conformes à l'esprit de l'action catholique, qui reposent sur des récollections, des cercles d'études, des journées d'études et des congrès régionaux.

De profonds changements sont cependant en germe dans l'action catholique spécialisée. Celle-ci se présente d'abord comme un mouvement de jeunesse et se développe dans une apparente anarchie — celle-là même qu'engendre l'affrontement des temps nouveaux et des temps anciens. Les associations «se heurtent en naissant», constatent laconiquement les documents épiscopaux. Des intérêts particuliers et des inquiétudes accompagnent leur naissance: des communautés y voient l'occasion de lancer des œuvres, d'accroître leur influence et d'exercer un rayonnement qui fécondera leur recrutement; de jeunes clercs flairent là un nouveau mode d'action qui permet de dépasser la routine de la pastorale et d'échapper aux contraintes de la vie paroissiale; des curés ombrageux s'inquiètent de ces aumôniers — dont certains ne brillent ni par leur science théologique, ni par leur zèle, ni par leur modestie ou leur tact — qui introduisent des courants d'air dans les serres-chaudes paroissiales; des évêques s'interrogent sur la pertinence de transposer en milieu rural des mouvements nés en milieux urbains. L'épiscopat sait que

L'action catholique spécialisée est une nouvelle manière de lever des recrues. (Congrès eucharistique de Montréal, 1938.)

l'Esprit souffle, mais il ne sait vers où. Faute d'une distance, il n'arrive pas à évaluer la signification profonde de l'action catholique spécialisée, à savoir: l'émergence d'une nouvelle ecclésiologie. Pour le moment, l'action catholique spécialisée est une nouvelle manière de lever des recrues qu'il faut engager dans des tâches précises, fusionner dans les bataillons existants et faire progresser sur un champ de bataille bien délimité. En 1936, le Comité des œuvres catholiques de Montréal organise une École d'action catholique qui commence, en juillet, à dispenser des cours, dans la Palestre nationale, à trois cents clercs, sept cents frères et sœurs, cinq cents laïcs. À Québec, la Ligue catholique féminine pose un geste semblable en 1937. Elle fonde l'École d'action catholique vouée à initier les femmes à l'action catholique spécialisée. Le programme, d'une durée de trois ans, à raison d'une session de dix jours par année, comporte quatre-vingt-seize cours dont vingt concernent la sanctification personnelle, trente-deux la formation générale et trente-six l'apostolat dans les milieux de vie. Ce programme reflète les ambiguïtés qui entourent l'action catholique spécialisée et que n'arrive pas à décanter l'épiscopat canadien qui tient ses assises à Québec en 1938. Les évêques conviennent que «les laïques exécutent ce que les Évêques décident et organisent» et que «l'action catholique devra être nationale, mais aussi diocésaine et à base paroissiale». Afin de faire échec à la Canadian Youth, ils mettent sur pied l'Union des jeunesses catholiques canadiennes (U.J.C.C.), premier essai de coordination des forces catholiques canadiennes.[32] Mais l'épiscopat québécois ne reconnaît pas cette fédération nationale comme une œuvre formelle d'action catholique. Il se borne «à lui donner des directives générales et à l'aider financièrement la première année».[33]

Le syndicalisme en tutelle

Tout comme l'action catholique, le syndicalisme catholique porte la responsabilité de christianiser les actes profanes. Mais il tire sa raison d'être et sa spécificité de sa fonction profane elle-même, non d'un mandat apostolique de la Hiérarchie. Les penseurs du catholicisme social lui assignent néanmoins une lourde mission: restituer à la société l'équilibre et la paix par la collaboration des classes, hiérarchiquement harmonisées, à la recherche d'une justice distributive. Noble mission à la réalisation de laquelle l'Église met tout son poids. Poids de l'épiscopat, qui prend résolument le parti du syndicalisme par des déclarations, des exhortations privées et des lettres pressant les entrepreneurs de signer des conventions collectives et enjoignant les fabriques, les communautés et les municipalités de ne donner leur clientèle qu'aux entrepreneurs respectueux du syndicalisme catholique. *La Semaine religieuse de Québec* publie les noms des entrepreneurs qu'on doit encourager. Les constitutions synodales du diocèse de Montréal (1938) spécifient que «les communautés religieuses doivent, en justice, payer à leurs employés un salaire raisonnable» et favoriser les associations qui s'inspirent de la doctrine sociale de l'Église. Chaque Église diocésaine aide financièrement ses syndicats et, en 1937, en suite d'une requête du président de la C.T.C.C., l'épiscopat décide que les archidiocèses verseront 500$ et les diocèses 300$ en contributions qui «pourvoiront principalement à salarier des organisateurs, dont le travail, assure-t-on, sera très efficace».[34] Poids des aumôniers qui incitent les ouvriers à ne pas accepter les salaires de famine, qui multiplient «les démarches paisibles» auprès des patrons et des hommes politiques, pour enrayer «l'avilissement des salaires», amender la législation et promouvoir la signature de contrats collectifs. Poids encore des

En retour de cet appui massif, l'Église veille à garder
le mouvement syndical sous sa tutelle.

Oblats et des Jésuites qui, par les retraites fermées et les cercles d'études, s'efforcent de former une génération de chefs ouvriers et utilisent la chaire, la presse et la radio pour dénoncer les «abus criants» du capitalisme, l'égoïsme sordide des patrons et le droit d'association.

En retour de cet appui massif, l'Église veille à garder le mouvement syndical sous sa tutelle. Ce cléricalisme, compliqué de difficultés économiques, est à l'origine de la crise qui ébranle les unions catholiques de Québec en 1933.[35] Les abus de pouvoir de l'abbé Eugène Delisle, aumônier général adjoint des syndicats de Québec, entraînent, dès l'été 1932, la démission de l'abbé Maxime Fortin, aumônier général de la C.T.C.C. et des syndicats de Québec. Celui-ci est remplacé par l'abbé J.-Alfred Côté. Le conflit se poursuit entre l'abbé Delisle et Albert Martin-Boucher, organisateur permanent du Conseil central de Québec, qui lui reproche de mauvaises mesures administratives et une tentative «d'aliénation de l'autonomie des syndicats de la construction». Le Conseil central de Québec est en fait dans une situation financière critique. Réuni en assemblée le 6 juin 1933, il décide, contre l'avis de l'aumônier, de faire appel à l'archevêché. Mais le cardinal n'est pas du tout disposé pour le moment à faire vivre les syndicats; à ses yeux, le problème majeur du syndicalisme, c'est le «manque de confiance et de docilité aux directeurs spirituels». Il entreprend donc de régler le problème à sa manière. Six jours après l'assemblée du Conseil central, l'abbé J.-Alfred Côté est remplacé par l'abbé Georges Côté, ancien aumônier d'une association patronale. À l'instigation du nouvel aumônier général et de l'abbé Delisle, sept des vingt-cinq syndicats de Québec font sécession et se constituent en «Conseil général». Pour forcer le regroupement de tous les syndicats dans ce nouveau conseil, on prive les plus récalcitrants de leur aumônier. Le conflit entraîne la démission de Martin-Boucher, élu entre-temps secrétaire-trésorier de la C.T.C.C., et de Pierre Beaulé, le président-fondateur. Il place les autres dirigeants de la C.T.C.C. devant un difficile problème: faut-il entériner le coup de force du Conseil général aux dépens des principes les plus élémentaires de la démocratie syndicale? Les dirigeants n'ont pas beaucoup le choix; dès qu'ils comprennent que le cardinal est en-dessous de l'affaire, ils se soumettent. «C'était un temps», écrira Alfred Charpentier, élu président de la C.T.C.C. en 1935, «où il fallait aimer l'Église, la Sainte Église, au-dessus des hommes d'Église. La solution n'était pas la tenue d'une enquête, mais la sauvegarde de l'honneur de l'Église, de la haute dignité de ses prêtres et aussi de la réputation du syndicalisme catholique dans la province.» Au congrès d'urgence de la C.T.C.C., le 18 novembre 1933, le Conseil central de Québec est donc radié de la Confédération, puisque les syndicats membres, n'ayant plus d'aumôniers, ne sont pas des syndicats catholiques... et la demande d'af-filiation du Conseil général est acceptée. Le syndicalisme à Québec en ressort affaibli et le cardinal a eu chaud. Peu de temps après, l'abbé Delisle est retiré du mouvement pour devenir curé à Sillery; mais l'abbé Côté restera en poste jusqu'en 1946.

Grâce à la tutelle de l'Église et au travail d'implantation dans les régions, les effectifs de la C.T.C.C. montent en flèche durant les années 1930: 15 587 membres en 1931, 33 170 en 1936, 46 340 en 1940. Les ouvriers obtiennent en 1934 des amendements à la législation ouvrière, notamment la Loi d'extension juridique des conventions collectives, qui suscite un mouvement de syndicalisation dans les industries touchées. Le mouvement de syndicalisation déborde les cadres de la C.T.C.C. pour rejoindre les travailleurs en forêt. Ils sont quelque cent mille, aux deux tiers célibataires et à 80% ruraux, à hiverner dans les centres d'abattage du Québec, de l'Ontario et des États-Unis. Les conditions de travail sont rudes; la mobilité, très grande: un bûcheron ne demeure guère plus de trente jours au même endroit; la promiscuité, intolérable: plus de cinq mille femmes, filles et enfants vivent au milieu de ces hommes. Les «missionnaires des chantiers» soulignent l'atmosphère malsaine des camps propice aux disputes, où «règne une sorte d'obsession». Ils y dénoncent le blasphème, les mauvaises histoires, le jeu à l'argent, le travail le dimanche. Hors du cadre familial et paroissial, ces hommes «deviennent des victimes faciles de leurs passions comme des mauvaises influences».[36] À l'automne de 1933, les reportages de la presse catholique, suivis d'une grève contre la Canadian International

Paper, à Rouyn-Noranda, posent devant l'opinion publique et l'Église le problème des travailleurs en forêt.

Le gouvernement établit une commission d'enquête et l'Église demande à l'U.C.C. de syndicaliser les bûcherons. Les 21 et 22 août 1934, l'U.C.C. tient, à Rimouski, le congrès de fondation de l'Union des bûcherons qui lui sera affiliée. Le besoin demeure, cependant, d'un organisme spécialisé dans l'agir pastoral. Gustave G. Piché, de l'U.C.C., suggère au cardinal, en janvier 1937, la mise sur pied de l'Œuvre des chantiers, un groupement de clercs et de laïcs dont l'action s'engagerait sur deux fronts: une action pastorale constituée par une présence intense, fréquente et prolongée des missionnaires dans les chantiers — tâche qui pourrait être accomplie par les Oblats et les Eudistes — et une action de

---

LES TRAVAILLEURS FORESTIERS

Ces hommes de chantier prétendent qu'ils ont été victimes d'une honteuse exploitation de la part de la compagnie qui les avait engagés.

Québec, 29 (D.N.C.) — Vingt-cinq bûcherons qui disent venir de la métropole sont allés demander protection à la police municipale ici, à midi, alléguant qu'ils avaient été victimes d'une honteuse exploitation de la part de la compagnie qui les avait embauchés il y a quelques semaines.

Exténués par les longues marches qu'ils ont dû faire depuis quelques jours, de Matane à Québec, les bûcherons étaient dans un état pitoyable lorsqu'ils se sont présentés aux quartiers généraux de la police.

Ils ont raconté que cette compagnie les avait embauchés, il y a vingt-huit jours, pour aller travailler dans ses chantiers de la Baie Trinité.

Elle leur avait promis $1.50 par corde de bois, mais, d'après eux, elle les a obligés à payer 60¢ par jour pour leur pension, à acheter leurs vêtements personnels de

propagande en faveur de l'agriculture, au moyen de conférences, de tracts et de films. Le rattachement à l'U.C.C. des
unions de bûcherons et l'Œuvre des chantiers tendent vers
un même but: «le maintien de la mentalité rurale des bûcherons
et la défense de leurs intérêts moraux, sociaux et économiques».
L'Œuvre des chantiers semble être demeurée un vœu pieux
et, en 1946, l'Union des bûcherons, qui avait déjà compté
dix-huit mille membres, n'en a plus que quatre cent quatre-
vingts en règle. L'U.C.C. inventera alors une formule qui fera
la synthèse des deux projets: le Service forestier.

Les gains du mouvement syndical durant les années
1930 ne masquent pas les ombres. Des institutions catholiques
tirent parti du chômage pour verser des salaires de famine.
Les aumôniers s'impatientent de l'attitude conservatrice des

---

ses propres magasins et à coucher dans des camps qui
n'étaient pas chauffés. De plus, les 25 hommes auraient
préparé 45 cordes de bois, mais la compagnie n'en aurait
accepté que vingt et une.

À pied de Matane à Mont-Joli.

Cette situation les a indignés à ce point qu'ils ont quitté
les chantiers en groupe pour se diriger vers Matane. De
là, ils ont dû parcourir un trajet de 42 milles à pied pour
se rendre à Mont-Joli. De cette ville, on les a placés dans
des wagons réservés aux bestiaux, pour les diriger à
Lévis. Pour atteindre Québec ensuite ils ont dû faire le
trajet à pied par le pont de Québec.

Les bûcherons ont raconté qu'un de leurs compagnons, âgé de soixante ans, s'était affaissé en route, près
de Matane, et qu'il avait été recueilli par les cultivateurs.

Il est probable que la ville de Québec demandera
au ministère provincial du Travail de s'occuper du sort
de ces bûcherons qui se sont réfugiés dans les couloirs
de l'hôtel de ville.

(*Le Devoir*, 29 novembre 1933: 4.)

clercs et des élites. Trop souvent, pour se faire accepter, le syndicalisme doit porter le masque de l'ordre: «Il est très regrettable», lit-on dans l'*Almanach de l'Action sociale catholique* en 1934, «de se buter éternellement à un trop grand nombre de catholiques bien disposés, faisant sans cesse échec au syndicalisme catholique existant et rêvant de le remplacer par je ne sais quel syndicalisme à l'eau de rose ne parlant plus du salaire et résigné comme un bon petit frère convers.» Les patrons surtout, «petits et gros, ne bougent guère». En janvier 1939, la Semaine syndicale patronale marque le début d'une offensive pour amener les patrons à s'associer sur le modèle de la Fédération des patrons catholiques belges ou de la Confédération française des professions et pour les initier à la doctrine sociale de l'Église. Par ailleurs, faisant appel à un nationalisme d'origine pan-canadienne mais dont les traits s'apparentent de plus en plus à ceux de la québécitude, le syndicalisme catholique affaiblit le mouvement ouvrier, car il s'oppose aux cartels intersyndicaux entre syndicats catholiques, protestants et neutres que le pape, pourtant, en certaines circonstances, tolère. De tels cartels, écrit le père Joseph Ledit, s.j., «entraîneraient éventuellement et imman- quablement [...] vers l'agitation sociale et possiblement la lutte des classes, car ils seraient noyés par l'élément non catholique et, sous la direction de chefs a-religieux, ils s'éloi- gneraient de la sociologie catholique vers ce qui serait, au moins dans le Québec, quelque chose qui serait très près du marxisme et du syndicalisme de gangster». Enfin, le désir de l'Église de maintenir coûte que coûte l'ordre social affadit les pratiques syndicales et affaiblit le pouvoir de négociation des unions catholiques. L'attitude intransigeante du curé Phi- lippe Desranleau durant les grèves de Sorel en 1937 constitue un accroc à la norme. Dans son ensemble, l'Église québécoise réprouve les grèves et maintient une attitude des plus conci- liantes envers le patronat. L'appel à la négociation, lancé par le cardinal Villeneuve lors de la grève à la Dominion Textile en 1937, est par certains aspects un appel à rendre les armes. Mettant en doute, dans ce cas-ci, l'opportunité d'une conven- tion collective et la nécessité de telles conventions pour reconstruire la société, le cardinal détruit les arguments théoriques qui auraient pu influencer les négociations en faveur des ouvriers.

LES VOIES DE L'AVENIR

Sous la gouverne du cardinal Villeneuve et le haut commandement du père Archambault, l'Église du Québec renforce son système d'autorité et accentue son masque d'orthodoxie. De puissantes forces de changement, cependant, la travaillent. Une minorité savante, vouée à l'emprise de la raison sur le réel, mine insidieusement l'absolutisme doctrinal. Une jeunesse en révolte contre ses aînés réclame des raisons de vivre. Flairant le vent de l'avenir, les élites songent à reconstruire les institutions socio-politiques. Un État aux ressources et aux fonctions accrues s'apprête déjà à prendre lui-même en charge le destin de la nation. La culture traditionnelle a fait son temps. Nombre de Québécois ressentent l'urgence de se défaire de leur impuissance collective et d'«imprimer leur empreinte au milieu physique dans lequel ils vivent».

Le sentiment de l'alinéation culturelle se présente à la conscience critique sous le visage de l'hypocrisie. Le roman de Jean-Charles Harvey, *Les demi-civilisés*, condamné par le cardinal Villeneuve sitôt après sa parution (1934), est avant tout un réquisitoire contre «les mensonges de l'ambiance», «les faux-semblants de l'ordre, de la tradition et de l'autorité». Dans la *Revue dominicaine* de 1935, Léonce Desgagné porte sur l'art un diagnostic semblable: «Comment une telle architecture à base d'hypocrisie et de fausseté, peut-elle se prétendre l'expression de notre religion [...] Un autel en imitation de marbre constitue plus qu'une absurdité: un mensonge. C'est un trône de mensonge pour le Dieu de vérité.» Victor Barbeau renchérit dans *Mesure de notre taille* en 1936: «Paraître, sauver la surface, voilà qui nous suffit [...] Qu'est-ce que tout cela, en vérité, vous dirait un savant clerc chargé par la Saint-Jean-Baptiste de se gargariser des raisons que le Canada français a de ne pas désespérer? Vous les connaissez ces raisons? Des raclures de lieux communs, des relents de rhétorique.» Mensonge, hypocrisie, faux-semblants, rhétorique: tel est le visage que prend la culture cléricale, durant les années 1930, sous la poussée de la première révolution tranquille.

Les Dominicains

À l'orée du siècle, les Dominicains, que leur réputation de libéraux rendait suspects, avaient dû se résigner à fonder leur couvent d'études à Ottawa, Mgr Bruchési et Mgr Bégin tardant à leur ouvrir les portes de leur diocèse. Leur objectif premier restait toutefois Montréal, «milieu plus favorisé des biens de la fortune», et surtout Québec, «car saint Dominique recherchait de préférence les villes qui possédaient l'influence intellectuelle».[37] Grâce aux bons offices du père Gonthier, premier dominicain canadien-français, qui avait pris carrément le parti des évêques contre ses supérieurs d'origine française, Mgr de Montréal et Mgr de Québec s'étaient laissés amadouer. En 1901, le premier confiait aux Dominicains la paroisse bourgeoise de Notre-Dame-de-Grâce; le second les autorisait en 1906 à prendre pied dans le quartier huppé de la Grande-Allée, où la paroisse de Saint-Dominique serait érigée en 1925. Mais le ministère auprès d'une «population choisie» ne suffisait pas au zèle des Frères prêcheurs. Avant d'être les fils de Lacordaire, le catholique libéral, et les alliés de Dupanloup, l'adversaire du dogme de l'infaillibilité pontificale, les Dominicains sont les héritiers de Thomas d'Aquin, le docteur officiel de l'Église. Ils sont conscients d'avoir un quasi-monopole de droit sur la Vérité. (Peut-être même gardent-ils jalousement en mémoire la révélation supposément faite à sainte Catherine de Sienne comme de quoi, non pas le pape, mais les fils de saint Dominique, «interprèteraient toujours fidèlement la Parole de Dieu et ne s'en écarteraient jamais»…) Dépositaires légitimes du haut savoir, ils n'ambitionnent pas d'œuvrer dans les collèges classiques: il leur faut conquérir une place dans l'université.

En 1920, l'Université de Montréal, jusque-là succursale de l'Université Laval, a acquis son autonomie. Mgr Gauthier, alors recteur, en a profité pour amorcer d'importants développements institutionnels. Il a mis sur pied une Faculté des sciences, une Faculté des lettres, une École des sciences

Ceslas-Marie Forest, o.p.

sociales, économiques et politiques et, en 1921, une Faculté de philosophie, dont le premier doyen est le sulpicien Léonidas Perrin. Aux yeux des Jésuites, de Henri Bourassa et de l'Université Laval, la nouvelle université a un caractère trop laïque, de sorte que la plupart des religieux ont hésité à venir y enseigner. Sauf, bien sûr, les Dominicains, qui y faisaient leur entrée dès 1920, en la personne de Ceslas-Marie Forest, nommé professeur de philosophie, puis directeur des études à la nouvelle faculté. En 1926, le père Forest — qui toute sa vie aura «mené une lutte contre le crétinisme» des Canadiens français — succédait à monsieur Perrin; il restera en poste pendant vingt-six ans. D'autres Dominicains vont se joindre au corps professoral, de sorte que, pendant quarante ans, la Faculté de philosophie de Montréal sera le principal fief de leur ordre. Selon les directives romaines, la philosophie enseignée dans les universités catholiques est le système thomiste, qui sert d'assise rationnelle à la théologie. Les Dominicains veillent à garder la haute main sur «une philosophie et une théologie qui sont des biens de famille». En 1930, le cardinal Rouleau, ancien provincial de l'ordre, fonde l'Académie saint Thomas d'Aquin, dont l'intouchable Mgr Paquet, théologien national du Québec, est inévitablement nommé président; mais Ceslas-Marie Forest en sera le secrétaire à vie. La prise en charge de la philosophie n'est toutefois que le cœur d'un plus vaste projet. L'aspect doctrinal du thomisme étant devenu patrimoine collectif de l'Église, les Dominicains songent à reprendre à leur compte l'intention scientifique elle-même de Thomas d'Aquin et à affranchir la pensée rationnelle de la tutelle de la théologie. Ils veulent faire de la philosophie, non la simple servante de la théologie mais, d'abord, la reine des sciences. Il revient à la philosophie, écrira Ceslas-Marie Forest, «d'indiquer à chaque science sa place et son rôle, d'unifier tant de conquêtes disparates et partielles»; réciproquement, la philosophie demandera à la science «une source de rajeunissement, ce sens du progrès qui doit s'inscrire dans la durée, à côté de l'éternel».[38] Au cours des années 1930, tandis que les Jésuites mènent le combat contre les ennemis de l'Église, que le «emparons-nous du sol» reprend de l'avance sur le «emparons-nous de l'industrie», les Dominicains entreprennent discrètement de s'emparer du savoir.

Ils ouvrent en 1930 un second front du côté de l'histoire. Un Institut d'études médiévales vient d'être fondé à Toronto, à l'instigation du philosophe français Étienne Gilson, qui en refile l'idée aux Dominicains. Sous la direction d'un de leurs pères français, le médiéviste Marie-Dominique Chenu, régent des études au couvent du Saulchoir et ami intime de Gilson, ils greffent à leur couvent d'Ottawa un institut analogue. Par l'intermédiaire du père Chenu, qui vient y enseigner à chaque année jusqu'en 1935, l'Institut d'études médiévales d'Ottawa gravite dans l'aire d'influence de l'école dominicaine du Saulchoir, où s'est amorcée une révolution épistémologique cruciale: la substitution de la méthode historique à la méthode déductive dans la réflexion théologique. Les Oblats, qui dirigent l'Université d'Ottawa, ne sont évidemment pas prêts à accueillir une innovation de ce genre; c'est pourquoi l'Institut des Dominicains n'a pas le statut universitaire et ne décerne pas de diplômes. En plus des scolastiques dominicains, quelques laïcs seulement le fréquentent. On s'y consacre surtout à des travaux d'érudition sur le Moyen Âge et à l'enseignement de l'histoire des idées. En apparence du moins, le thomisme reste au centre de ces préoccupations, puisque le Moyen Âge peut être considéré comme l'époque de Thomas d'Aquin, la civilisation qui l'a engendré. Par delà l'intention exégétique et philosophique, il reste que les études médiévales sont une voie d'appropriation du mode de pensée historique.

Dès le tournant des années 1930, les Dominicains ont songé à investir dans les sciences humaines. Ceslas-Marie Forest souhaiterait spécialiser quelqu'un de l'ordre en psychologie expérimentale; Mgr Gauthier lui offre plutôt un jeune séculier, l'abbé Irénée Lussier, qui ira à Paris pour revenir, en 1934, avec un diplôme en orientation professionnelle. Durant ce temps, les Dominicains ont, cependant, pris soin de placer à Rome un de leurs scolastiques, qui fera des études de psychologie scientifique avant d'entreprendre sa théologie. Noël Mailloux nourrit en secret un vaste projet: refaire tout l'édifice de la philosophie de la nature sur la base des données de la science moderne. Sollicitant l'autorisation de s'orienter dans cette voie durant les trois années de théologie qu'il lui reste à faire, il reçoit l'ordre formel de consacrer tous ses temps de loisirs à la poursuite de sa formation initiale. Il n'échappera pas à son destin d'homme de science.

Un autre jeune père, qui a terminé ses études de théologie, est destiné à la sociologie. Georges-Henri Lévesque ne rêve que d'action sociale; mais il devra passer deux ans à Lille, dans une école de sociologie catholique reliée à l'ordre par l'intermédiaire du père J.-Thomas Delos qui y enseigne la philosophie du droit. À son retour en 1933, le père Lévesque est affecté comme professeur de morale sociale et de philosophie économique au couvent d'Ottawa et à l'École des sciences sociales de Montréal. On a tôt fait de lui obtenir encore une charge de cours à l'Université Laval, où les Dominicains mettent ainsi enfin le pied. Les Écoles de sciences sociales, économiques et politiques de Montréal et de Laval sont malheureusement des institutions sans prestige. Elles n'ont aucun professeur régulier et il ne s'y donne que des cours du soir. Ce sont des écoles d'éducation des adultes, destinées à tous ceux qui occupent un poste de responsabilité quelconque, pour les initier aux questions sociales et leur enseigner les principes de la doctrine sociale de l'Église. De l'aveu même de son directeur, Édouard Montpetit, l'École de Montréal n'est pas de calibre universitaire; et celle de Québec, fondée par Mgr Paquet, n'en est qu'un pâle équivalent. Il y aurait donc place pour une nouvelle institution, à la hauteur de ce qui se fait ailleurs, où l'enseignement serait basé sur le savoir universel des sociétés occidentales. L'idée a-t-elle germé dans le cerveau du père Lévesque, à l'étroit dans sa fonction de professeur? ou dans celui de quelque autorité de l'ordre? À priori, Montréal, la grande ville, serait l'endroit tout désigné, le laboratoire idéal où implanter une école des sciences sociales. Mais, écrira le père Lévesque, «la présence rayonnante de monsieur Montpetit, les structures mêmes de l'Université, m'interdisaient ce rêve». Ne serait-ce pas plutôt que les Dominicains y sont déjà bien installés et qu'ils souhaiteraient maintenant se tailler un domaine à l'Université Laval? Georges-Henri Lévesque est l'homme de la situation. Remuant, entrepreneur, habile stratège — voire, diront ses adversaires, politicien retors — il agit par instinct plus que par raisonnement, par opportunisme plutôt que par conviction doctrinale. Il a surtout un charisme: l'art de la séduction, le charme personnel. À Laval, il s'est vite gagné des alliés, qui se chargent de présenter le projet au cardinal Villeneuve. Convoqué par celui-ci, l'habile dominicain emporte facilement le morceau. En octobre 1938, «l'École du père Lévesque» ouvre ses portes; elle est appelée à un rôle de premier plan dans l'histoire des années à venir.

La même année, Noël Mailloux revenait de Rome. Bientôt, Ceslas-Marie Forest reconnaîtra en lui «l'homme qu'il attendait». De sorte que, en 1942, le recteur de l'Université de Montréal invitera officiellement le père Mailloux «à créer de toute pièce un Institut de psychologie dans le cadre de la Faculté de philosophie». Par la même occasion, l'Institut d'études médiévales sera transplanté d'Ottawa et intégré lui aussi au fief de la Faculté de philosophie de Montréal.

Pendant que les Dominicains consolident leurs positions, leurs effectifs, dans les trois provinces ecclésiastiques d'Ottawa, Montréal et Québec, passent de quatre-vingt-cinq clercs en

1931, à cent vingt en 1941, pour une augmentation de 40%. Des effectifs accrus, une implantation au cœur de l'institution universitaire, leur esprit ouvert sur la pensée rationnelle, mettent les Dominicains en situation d'être les précurseurs d'une nouvelle élite intellectuelle, voire les accoucheurs d'une nouvelle culture.

La relève

En 1932, la jeunesse conquérante invoquée par Lionel Groulx fait une bruyante entrée en scène avec les Jeunes-Canada, qui lancent sur la place publique le *Manifeste de la jeune génération*.[39] Ils dénoncent la trahison des élites, tout spécifiquement des dirigeants politiques, responsables du «marasme collectif», de la «marche du peuple canadien-français vers l'abîme». Ils rêvent de prendre en charge la science, l'industrie, le commerce, et se font fort d'indiquer au Québec la porte d'entrée dans le XXe siècle. Pour l'heure, ils ne prennent guère plus que la parole. Élèves des Jésuites et disciples de Groulx, ils ne renient pas leurs maîtres — «qui fera du Québec une puissance conquérante?» demande André Laurendeau, chef de file du mouvement: «les éducateurs»; ils veulent pourtant s'affranchir de la tutelle des aînés. Ils ont gardé Papin Archambault comme mentor mais ont préféré œuvrer en-dehors des cadres de l'A.C.J.C., et ils tiennent à élaborer eux-mêmes la nouvelle doctrine nationaliste.[40] Une autre jeunesse, sortie elle aussi des mains des Jésuites, prend en charge de refaire l'âme de l'élite. Ils sont un petit cénacle, groupé autour de *La Relève*, qui paraît à partir de mars 1934.[41] Avant-garde intellectuelle d'un type inédit, ils rompent complètement avec l'engagement nationaliste et le principe d'incarnation du catholicisme social, au nom d'une exigence spirituelle supérieure et d'une doctrine «à caractère délibérément plus universel». Robert Charbonneau et le cercle de *La Relève* sont partis en quête de l'homme intérieur et de la réalité métaphysique, dans une aventure à la fois esthétique et mystique; ils proclament l'avènement de la Révolution spirituelle. Au même moment, l'embryon d'intelligentsia nationaliste profane que sont les Jeunes-Canada est relayé par divers mouvements séparatistes ou fascistes, parfois assoiffés d'une Révolution beaucoup plus violente, quoiqu'elle reste toute verbale. Les Jeunesses patriotes comptent dans leurs rangs le franciscain Carmel Brouillard et le jésuite Rodolphe Dubé (alias François Hertel). Mais à *Vivre*, lancé à Québec en dehors de l'influence jésuite, on a choisi pour émule le libéral anticlérical Jean-Charles Harvey qui, tout en prenant le parti de la jeunesse et de la compétence, rappelle la primauté des valeurs spirituelles et met en garde contre une sorte de lutte des classes entre générations.[42] Qu'ils soient issus de la bourgeoisie ou du peuple, qu'ils constituent les écoliers désœuvrés des collèges, les chômeurs désemparés des villes ou l'aile marchante de l'élite de demain, les jeunes font le procès de leur société. Depuis les beaux jours de l'Institut canadien au XIXe siècle, jamais n'a-t-on vu une telle effervescence de leur avant-garde intellectuelle.

L'époque est aux mouvements de jeunesse et l'Église n'est pas en reste. Ici, c'est le milieu ouvrier qui est appelé à l'avant-garde et ce sont majoritairement les jeunes filles qui formeront cette autre relève. Dès 1929, l'oblat Henri Roy, vicaire à Saint-Pierre-Apôtre à Montréal, avait tenté une expérience d'animation de la jeunesse ouvrière dans sa paroisse. Originaire d'un quartier ouvrier, livreur de journaux jusqu'à l'âge de vingt-deux ans, arrivé tardivement à la prêtrise, Henri Roy, qu'on dit pieux comme un enfant, est une âme sacerdotale «bien servie par une imagination créatrice». «Agressif et bousculant», «insaisissable et envoûtant», il a aussi le charisme des meneurs de foules. En réponse à *Quadragesimo anno*, où Pie XI instaure officiellement l'action catholique spécialisée, il importe de Belgique la formule de la J.O.C. mise au point par le père Joseph Cardijn.

La J.O.C. belge a comme objectif de transformer les milieux pour transformer les hommes. Sa méthode tient à une formule célèbre, «Voir, Juger, Agir», inspirée de la sociologie de Le Play et rodée dans le catholicisme social français et belge, notamment dans l'A.C.J.F. et l'A.C.J.B. Voir, c'est mener une enquête sur le terrain pour saisir, par une analyse rationnelle, les coordonnées d'un milieu, les tenants et aboutissants d'un problème. Juger, c'est élaborer une démarche pour régler un problème, transformer un milieu. Agir, c'est mettre cette démarche en œuvre. L'action catholique spécialisée est articulée sur les milieux de vie, auxquels correspondent des associations spécifiques: Jeunesse ouvrière, Jeunesse étudiante, Jeunesse agricole, Jeunesse indépendante, etc. La formation des membres repose sur des cercles, des journées d'études et des stages. L'action recourt aux contacts quotidiens, aux *meetings* et à la mise sur pied de services. L'animation s'effectue par un réseau de publications destinées aux aumôniers, aux dirigeants et aux militants.

Henri Roy a bien compris les intuitions apostoliques de Cardijn. Avec l'appui de celui-ci et la bénédiction de Mgr de Montréal, alors inquiet du déclin de la pratique religieuse et des mœurs chrétiennes chez les ouvriers, il fonde, en 1931, une première section de J.O.C. féminine dans la paroisse Saint-Alphonse-d'Youville. En décembre paraît *Jeunesse ouvrière* et en janvier se forme une section de jeunes gens. Deux bulletins destinés aux dirigeants féminins et masculins sont lancés en 1932: *Pour garder* et *Le Militant*; s'y ajoute, en 1933, *L'Aumônier jociste*. En avril 1934, paraît le manuel de base du mouvement: *Un problème, une solution*. La J.O.C. se répand rapidement dans et hors de Montréal. À Québec, le cardinal, soucieux de répondre à l'appel de Pie XI, demande, en 1933, à l'Action sociale catholique de faire connaître l'action catholique spécialisée à ses diocésains. Celle-ci entreprend «une véritable campagne d'éducation sociale», à laquelle participent de nombreux orateurs. «Salles paroissiales, églises, communautés, collèges, couvents, écrit le chroniqueur de l'*Almanach de l'Action sociale catholique*, entendirent résonner toute l'année ces voix apostoliques.» Le cardinal incite lui-même le père Eugène Guérin, o.m.i., récemment nommé curé de la paroisse Saint-Sauveur et qui avait, à Montréal, suivi de près l'activité apostolique du père Henri Roy, à implanter le mouvement jociste à Québec. En février 1933, celui-ci tente une expérience dans sa paroisse en établissant une section jociste féminine. Déjà cette année-là, le mouvement existe dans quatre provinces canadiennes et chez les Franco-Américains. Il compte dix-neuf fédérations, cent soixante-douze sections et six mille

LA JEUNESSE OUVRIÈRE CATHOLIQUE FÉMININE

Débuts. — La J.O.C.F. fut fondée à Québec en février 1933, sur la demande de l'Ordinaire. Le Révérend Père Eugène Guérin, O.M.I., récemment arrivé à St-Sauveur, comme curé, accepta avec joie cette nouvelle fondation dans sa paroisse. Il connaissait bien le mouvement pour l'avoir vu de près à St-Pierre de Montréal. La J.O.C.F. commença modestement, comme il convient à toute œuvre durable. Les débuts furent néanmoins pleins d'espérance pour l'avenir. La section, formée d'abord de quelques unités, mais des unités comptant chacune pour deux et même trois, tant leur esprit de sacrifice et de conquête était admirable et surnaturel continua de se développer de jour en jour si bien qu'elle compte, présentement, 182 membres pris dans les différents milieux de travail.

Organisation. — Un organisme de ce genre ne pouvant fonctionner sans un rouage bien organisé, un Comité, composé de sept jocistes, aidées de l'aumônier, endosse toutes les responsabilités administratives et d'organisation.

La J.O.C.F. n'étant pas un club, un cercle d'amusements, encore moins une réunion où l'on vient perdre son temps, mais une «école», un «service» qui veut résoudre tous les problèmes de la vie ouvrière au point de vue du travail, d'assistance mutuelle soit morale, soit religieuse, il lui faut un cerveau qui pense, qui juge, qui agisse, et voilà le rôle du Cercle d'études dans la J.O.C. Il se charge des enquêtes sur les conditions physiques, morales et sociales des jeunes ouvrières, soit au travail, soit à la maison, soit dans leurs loisirs, afin d'en tirer des conclusions pratiques pour l'action.

Moyens. — Puisant leurs forces dans le Livre de vie qu'est l'Évangile, les Dirigeantes et les Militantes s'appliquent à en comprendre les enseignements qu'elles tâchent ensuite de faire passer dans leur vie de chaque jour, afin d'en faire vivre leurs sœurs, les ouvrières, par leurs bons exemples, et ainsi de grandir à leurs yeux la beauté et la noblesse du travail, du pain gagné souvent au prix de durs sacrifices pour la santé et la vertu. Les Militantes consacrent donc deux Cercles d'études par mois au «service» des autres, et leur refrain est toujours: «Conquérir pour rendre meilleures». Les Dirigeantes en font autant pour ce qui regarde la marche générale du mouvement jociste et l'organisation des membres en équipes. Les «équipes», voilà la force de l'action jociste pour la conquête de la masse.

Nous avons dit: au service des autres. En effet, on n'aurait pas une véritable J.O.C., si nous n'avions pas ce que nous appelons les «services».

Le but de la J.O.C.F. est d'aider de toutes manières les jeunes ouvrières, et cela dans tous les domaines de leur vie, car souvent elles ont besoin d'aide, de secours, et toujours de sympathie[...]

Services. — «Secours en maladie». — Un service de secours en maladie a été organisé, se rattachant à la Société Notre-Dame de Bon-Secours, déjà existante dans la paroisse. Cette société, fondée par le Père Valiquette, O.M.I., tout exprès pour les ouvrières, il y a de cela 42 ans, a payé plus de $80 000 de secours à des ouvrières privées de leur salaire quotidien par la maladie.

«Service d'épargne». — La J.O.C.F. est aussi un mouvement éducatif. C'est pourquoi elle voit à l'économie par son service d'épargne. Dans les temps actuels, l'économie devient pour plusieurs jeunes filles une vertu peu commune, car elle exige de la volonté, de la prévoyance et du renoncement.

«Service des loisirs». — La saine distraction est une source d'énergies et une garantie pour la vertu. La J.O.C.F. possède à cet effet sa maison de campagne à l'Ancienne Lorette. Cette maison, fréquentée sur semaine et surtout le dimanche, fut pour plusieurs révélatrice de santé physique et morale.

«Service de placement». — Aider de toutes manières les jeunes ouvrières, voilà le but de la J.O.C. Aussi la J.O.C.F. voit-elle à procurer à ses membres du travail, mais un travail qui ne viendra pas en contradiction, en raison des milieux, avec les principes inculqués dans l'âme de chacune d'elles, par la formation religieuse et morale.

«Service de propagande». — Jusqu'au mois de septembre, la J.O.C.F. a dû chercher refuge là où elle pouvait. Grâce à la générosité du révérend Père Guérin, O.M.I., la J.O.F.C. possède maintenant son local, au numéro 5, rue Boisseau. Des salles servant de salle de réunions, de comité, de cercle d'études, accommodent les différentes organisations d'élite et de masse.

Une bibliothèque fournira une lecture agréable et reposante à celles qui aiment se distraire dans les livres.

Chaque semaine des réunions appelées «Soirées Jocistes» ont, en plus de leur franche gaieté, l'avantage de procurer aux jocistes le bénéfice de cours spéciaux, tel que couture[...] Des assemblées mensuelles et de masse, quelquefois dans l'année, contribuent à propager l'idée jociste.

Mais le grand moyen de propagande se fait par le journal *La Jeunesse Ouvrière*. Paraissant chaque mois, il met au courant des activités jocistes soit en France, soit en Belgique, soit au Canada.

Conclusion. — La J.O.C.F. base son action sur la piété et l'esprit d'apostolat. Les retraites fermées et les récollections mensuelles aident à garder, à développer ce sens de la vraie vie chrétienne dans les âmes. À noter: toutes les Dirigeantes et les Militantes sont passées, l'an dernier, par la retraite fermée.

(*Almanach de l'Action sociale catholique*, 1935: 88-90.)

membres.[43] À Montréal même, quatre-vingt-une des quatre-vingt-huit paroisses ont une section jociste.

La J.O.C. québécoise véhicule, à travers ses publications, un idéal de fraternité ouvrière et une belle utopie: «la grande révolution d'amour pour la classe ouvrière». Elle présente le militant jociste comme un intermédiaire indispensable entre le prêtre et la masse. Côté action, elle se définit par un apolitisme intransigeant. Elle œuvre essentiellement dans «le social» et vise l'efficacité immédiate, mettant sur pied des services qui répondent à un besoin précis du milieu — et qui puissent servir d'appât pour la conquête spirituelle: service de santé pour les maladies vénériennes, secours aux sans foyers, aux filles-mères, aux voyageurs, service de préparation au mariage [...][44] À son premier congrès, en 1935, la J.O.C. lance le mot d'ordre, coulé dans l'esprit du temps, qui exprime cette ligne d'action: «emparons-nous des désemparés».

Le mouvement jociste fait tache d'huile et gagne le milieu étudiant, le milieu rural, les jeunes élites: la J.E.C. apparaît en 1934, la J.A.C. et la J.I.C., l'année suivante. À l'été 1935, les Pères de Sainte-Croix réunissent au collège Saint-Laurent quatre-vingt-sept dirigeants et aumôniers jécistes. La transposition de l'esprit jociste en milieu étudiant se fait cependant difficilement. Dans la ligne d'une des idées-forces de l'époque, l'appropriation du réel, les militants jécistes s'en prennent à l'irréalisme des étudiants, condamnés à vivre au futur et dans le rêve, faute de responsabilités actuelles qui leur donnent prise sur le réel. Contre cette absence à soi-même, la J.E.C. s'efforce de «remettre Dieu à la mode», d'offrir une mystique qui «ne sorte pas les âmes du monde». Dans le milieu parfaitement contrôlé des collèges, les jécistes sont cependant mal placés pour mettre sur pied des services qui puissent ancrer leur propre action dans le réel et servir d'appât pour la conquête des âmes. Emballé peut-être par son aumônier général, le père Émile Deguire, des Sainte-Croix, le mouvement s'enfonce dans l'esprit de clique, la critique rhétorique, un «impérialisme apostolique qui apparaît insupportablement prétentieux». En ces premières années, la J.E.C. ne sait faire autre chose que d'«emprunter le folklore jociste» pour jouer au jéciste.

La montée rapide de l'action catholique spécialisée pose problème. L'épiscopat a confié l'encadrement des mouvements de jeunesse à l'A.C.J.C. En fait, l'aire d'influence de celle-ci n'a jamais beaucoup débordé les collèges classiques; elle est mal en mesure d'encadrer un mouvement issu du milieu ouvrier et qui bientôt s'avèrera lui être en concurrence. Dès son congrès de 1931, l'A.C.J.C., forte de l'appui de quelques

APPARITION D'UNE CONSCIENCE

Les premières années de la J.E.C. ont vraiment marqué la fin d'une époque étudiante profondément marquée par la lassitude et la résignation. C'est en 1934 que la J.E.C. canadienne commença à se révéler pour de bon au milieu étudiant.

Depuis quelques années, la crise économique a tari l'initiative, habituant les gens à un étrange sentiment d'impuissance devant les manipulations arbitraires des puissants sur la vie économique du monde. La présence des étudiants sur les bancs scolaires est accompagnée d'appels réitérés des parents à la reconnaissance pour les sacrifices faits par eux en vue des études de leurs enfants; une présence sans cesse menacée par l'éventualité d'un départ forcé, faute de ressources. Aussi une euphorie créatrice, mieux vaudrait dire un certain désabusement, est la note dominante de la vie étudiante, sous quelque forme que ce soit, religieuse, culturelle, sociale. L'acuité de cet équilibre instable devient patente lorsque l'on voit des jeunes, en dépit des condamnations officielles sur la doctrine, s'éprendre et rêver des œuvres du nazisme, souhaiter entendre pour leur compte des convocations, dans le style des messages d'Hitler, à la construction d'un monde nouveau. Quelqu'un au monde dit avoir confiance dans la jeunesse et prône la morale de la force pour briser les structures durcies et mauvaises qui lui font tant de mal. Des milliers de jeunes se rallient secrètement à cette mystique et à cette morale: inconsciemment c'est à eux-mêmes qu'ils adhèrent!

évêques, a entrepris de fédérer toutes les œuvres de jeunesse dans un effort concerté pour pénétrer la masse, faire échec aux clubs neutres et aux activités des communistes. «Élargissez vos formules et assouplissez vos cadres», avait commandé Mgr Georges Gauthier. L'A.C.J.C. acquiert la Palestre nationale qui, en 1932, devient un «centre d'hygiène physique et d'éducation nationale» que fréquentent régulièrement quelque cinq

Pour la plupart, ils vivent ces jours de désœuvrement intérieur dans des internats. Le traditionnalisme règne encore en maître et les jeunes résistent amèrement aux valeurs du passé, n'y trouvant que des raisons de ne pas mourir. Malgré le respect dû à des maîtres saints et généreux, il faut reconnaître que l'automatisme moule les étudiants dans une vie anonyme, insignifiante et languissante. La vie elle-même, la grande vie, n'apparaît même pas comme une aventure séduisante, offrant des possibilités réelles de rénovations du désordre régnant.

Les premiers militants qui prennent alors contact avec cette masse anonyme font figure de choc. La J.E.C. est avant tout une secousse de la conscience et une invitation à la liberté créatrice. Un rayon d'espoir apparaît sur la terre de la liberté étudiante. «Nous pouvons faire quelque chose qui dépende de nous et qui va compter». Une acquisition sur le plan des valeurs humaines avant que d'être une accession à la sainteté. Nous ne saurions nier que beaucoup d'étudiants réapprennent le chemin d'une vie personnelle chrétienne, mais ce serait mauvaise analyse de croire, que l'acquis principal du milieu fut surtout à cette époque, une sorte de grâce charismatique.* Au plan de milieu étudiant, le nouveau est un réveil de la conscience, la reconnaissance de la liberté personnelle, la résistance positive et confiante au désespoir ambiant.

La popularité étonnante que connaissent alors chez les étudiants des grands bonshommes comme Claudel, Bloy, Péguy, Maritain n'est que l'expression de cette foi nouvelle des jeunes dans leur liberté: ailleurs des gens n'ont pas coulé à pic, ils ont réagi et ont créé dans le

mille jeunes gens. Le 31 janvier 1933, l'épiscopat souhaite que l'A.C.J.C. continue de s'ouvrir et en vienne à coiffer toutes les œuvres de jeunesse, tout comme l'avait fait son homologue belge.[45] Cette prise de position officielle de l'épiscopat procède de la crainte de voir la multiplicité des mouvements diviser la jeunesse et s'inspire tant des directives

---

domaine de l'esprit. Ne trouvant pas dans leur entourage des modèles à leur passion créatrice et à leur espérance, les jeunes acceptent ces grands laïques français comme des inspirateurs et des guides. Ces espoirs humains et confiants de la jeunesse ne doivent-ils pas aboutir après cinq ans (1939-1940) à la formulation symptomatique d'un plan d'action en vue de la création d'un «ordre social chrétien dans la cité étudiante»? Ce plan d'action fut le premier grand programme national lancé dans le milieu étudiant par la J.E.C. On l'appelait alors un «plan quinquennal». Face à un monde oppresseur et comme sans issue, c'est avant tout à la valeur créatrice de leur liberté et à la possibilité d'un monde nouveau basé sur d'autres critères que les étudiants croient. Une foi dans l'homme doublée d'un refus de la condition faite aux étudiants.

(«Présence de l'action catholique», *Cahiers d'action catholique*, janvier 1955: 209-216.)

* Ceux qui ont vécu les premières heures de la J.E.C. se souviendront de l'ardeur manifeste et de l'enthousiasme de certains étudiants à parler en public du Christ-Roi et de l'état de grâce. Les premiers militants firent choc par ces déclarations enflammées. Ce fut aussi l'occasion pour la J.E.C. de s'affirmer à l'extérieur comme un mouvement nouveau. Cette stratégie apostolique était empruntée, sans adaptation aucune, à la J.O.C. de l'époque. Le milieu étudiant, dans son ensemble, ne se rallia pas à cette façon de faire. Il écouta un peu surpris d'abord, réticent ensuite, et finalement ce fut une opposition systématique à la J.E.C. elle-même. Ce n'est que peu à peu, et dans la mesure où la J.E.C. présente un christianisme davantage incarné, apportant une réponse directe aux angoisses spirituelles des étudiants, qu'elle fut plus spontanément acceptée. Nous sommes vers 1941-1942.

pontificales qui suggèrent «des cadres très précis et souples à la fois» que des expériences française et belge. Il revient, croit-on, à l'A.C.J.C., le plus ancien des mouvements de jeunesse, de chapeauter les associations récentes. À Québec, agissant avec un mandat spécial de l'Action sociale catholique qui a lancé le mot d'ordre «la spécialisation dans l'unité», l'A.C.J.C. crée, en 1934, des commissions spéciales pour préparer la mise sur pied de sections jocistes, jacistes et jécistes. Les cercles acéjicistes des collèges se muent en sections jécistes et les cercles urbains, en sections de Jeunesse catholique (J.C.), ouvertes aux membres des professions libérales et commerciales — qui deviendront l'année suivante la Jeunesse indépendante catholique (J.I.C.).

Fière de la marque de confiance de l'épiscopat, l'A.C.J.C. prépare un plan d'intégration que son aumônier général, le père Joseph Paré, s.j., soumet à l'épiscopat en février 1934. Le projet calque les structures françaises: chaque mouvement conserve ses objectifs, ses méthodes et son organisation régionale. L'intégration se fait par «l'inscription, la représentation et les congrès régionaux et généraux», à partir du principe suivant: «pas de gouvernement unique mais des directives uniques pour de meilleurs résultats d'ensemble». L'épiscopat approuve le plan Paré et, le 19 mars 1935, Mgr Gauthier publie un communiqué que le cardinal fait sien. «L'A.C.J.C. devient un organisme d'Action catholique et le cadre général dans lequel doivent prendre place tous les mouvements spécialisés de jeunesse catholique.»[46] Lors de son congrès annuel, tenu à l'automne de 1935, l'A.C.J.C. adapte ses structures d'encadrement à son nouveau mandat. À ce congrès, la crise éclate.

En arrière-plan du conflit entre l'A.C.J.C. et l'action catholique spécialisée, des luttes d'influence se profilent. Les Jésuites contrôlent l'A.C.J.C. qu'ils ont eux-mêmes fondée et ils ont la haute main sur le mouvement du catholicisme social, dans le diocèse de Montréal tout au moins. La montée de l'action catholique spécialisée est un des signes annonciateurs de la fin de cette hégémonie: les Oblats contrôlent la J.O.C., les Sainte-Croix, la J.E.C., les Clercs de Saint-Viateur, la J.A.C. À la Une cependant: la question doctrinale. Quels doivent être les rapports entre action nationale et action catholique? Deux camps se dressent. Côté A.C.J.C., les Jésuites, Lionel Groulx et quelques évêques, dont Mgr Gauthier, Mgr Courchesne et Mgr Ross, prônent le développement intégral de la personnalité et l'œuvre de formation d'une élite. L'A.C.J.C. a pour première fonction de conserver la culture nationale; elle sera secondairement un mouvement d'influence. Voilà la véritable formule d'action catholique pour la jeunesse. On refuse donc de dissocier formation religieuse et formation nationale; on n'accepte pas la «thèse étroite et exclusive d'un catholicisme qui négligerait la question nationale». Côté action catholique spécialisée, où se rencontrent le délégué apostolique, Mgr Joseph Charbonneau, grand vicaire d'Ottawa, et le dominicain Georges-Henri Lévesque, on favorise une distinction nette entre les mouvements patriotiques et les mouvements d'action catholique. Le modèle de référence est ici l'action catholique italienne, que Pie XI a dû déclarer strictement apolitique pour la sauver de l'absorption dans les jeunesses nationales de Mussolini. Au Canada, la conjoncture politique n'impose pas cette dissociation radicale. Ceux qui la prônent se trouvent cependant à entériner une différenciation qui s'est déjà manifestée, dans les mouvements profanes, entre une jeunesse «métaphysique» et une jeunesse politique. Groulx se désole de voir poindre deux jeunesses, la patriotique et la religieuse; il déplore qu'à celle-ci, «on s'efforce d'inculquer un catholicisme irréel, une sorte d'angélisme, sans prise valable sur l'humain, sur le temporel».[47] En fait, la nouvelle jeunesse est tout aussi incarnée que l'autre; c'est son âme qui a pris une couleur différente. Imbu de mystique nationale, Groulx est incapable de voir que l'opposition en germe dans cette action catholique, et qui occupera le devant de la scène idéologique dans les années 1950, c'est celle du national et du social. Quant au père Lévesque, porteur des valeurs libérales, universalistes et rationalistes de sa communauté, il mène plus ou moins consciemment le combat contre l'hégémonie jésuite en posant le principe d'une nécessaire division du travail et en mettant en garde contre l'absorption du temporel dans le spirituel et contre le danger, pour les causes humaines, «de prendre des allures trop cléricales». Deux camps, deux temps, deux mentalités, deux idéologies! À la mi-novembre, on échange, on polémique et on n'arrive pas à un consensus. En novembre 1936, le père Lévesque rédige un exposé doctrinal sur la question, destiné à la *Revue dominicaine*; censuré par Mᵍʳ Gauthier, l'article ne paraîtra qu'en décembre 1941, lorsque l'accession de Mᵍʳ Charbonneau au siège de Montréal aura consacré la victoire de l'action catholique. Pour le moment, l'épiscopat maintient sa décision et formule, en février 1936, des directives qui reprennent en gros le communiqué de Mᵍʳ Gauthier.[48] Déjà, dans *La Semaine religieuse de Québec* (19 décembre 1935), le cardinal avait expliqué la position des évêques: «La formation familiale, sociale et nationale fait partie de la formation intégrale d'une jeunesse catholique, le tout subordonnément aux principes de la Foi et aux prescriptions de l'Autorité religieuse.»

Sous la poussée des mouvements de jeunesse, l'Église québécoise a pris, à son insu, une orientation nouvelle. La structure d'encadrement de l'action catholique spécialisée coïncide avec des milieux de vie qui débordent la paroisse et des fédérations qui débordent les diocèses; une génération de laïcs est en passe de se façonner une vision du monde qui transcende l'horizon paroissial. En milieu ouvrier, l'action catholique spécialisée rejoint le monde adulte. En 1939 a lieu, au stade de baseball de Montréal, la grande cérémonie des cent mariages jocistes; ces nouveaux adultes se regroupent pour fonder la Ligue ouvrière catholique, mouvement d'action catholique spécialisée des familles ouvrières, «conjoint» quoique «non mixte». L'Église dispose ainsi d'un lieu où rejoindre le peuple dans sa vie quotidienne et épouser ses attentes pour une société plus juste.

D'autres signes annonciateurs d'un temps nouveau sont perceptibles. En 1938, la J.E.C. fait son autocritique et décide de renoncer à la jécisterie, aux gestes vides de sens, à tout ce qui ne veut rien dire. La J.O.C. est à l'origine d'un mouvement biblique plein de promesses. En septembre 1940, le tirage d'une édition des Évangiles, sous le titre de *Faites ça et vous vivrez*, atteint quelque 675 000 exemplaires et l'ouvrage du père Henri Roy, *Un heureux mariage. Le livre de Tobie*, connaît lui aussi un immense succès de librairie.[49] Ce retour

à la Bible est signe de rupture, de nouveau départ. Fidèle
aux directives pontificales, l'épiscopat n'avait guère jusque-
là encouragé la lecture des Écritures. Celle-ci pouvait en bien
des cas être un obstacle au Salut: n'est-ce pas la porte ouverte
au libre-examen? à une opposition entre le Magistère et l'Écriture? La lecture de la Bible n'était recommandée qu'à ceux
qui possédaient une culture savante, une connaissance étendue
de l'histoire sainte, un maître spirituel et qui, de surcroît,
pratiquaient l'humilité, l'obéissance et la prière.[50] On comprend
alors l'inquiétude et l'étonnement de l'épiscopat face au succès
du mouvement biblique. En 1938, il ne se montre pas favorable
à l'idée d'une Société catholique romaine de propagande
biblique. Il encourage plutôt la création de centres diocésains
de diffusion biblique, tout «en rappelant opportunément aux
fidèles que ces livres ne sont pas laissés à leur interprétation
privée». Ce retour aux sources sacrées s'accompagne d'une
nouvelle lecture du réel qui fait place à un ordre temporel
distinct de l'ordre surnaturel et reconnaît la nécessité, écrit
le père Lévesque, «de distinguer les plans et les questions».
Enfin, l'action catholique spécialisée marque un effort certain
de l'Église québécoise pour s'approprier la ville.

La restauration de l'ordre social

Paradoxalement, parce qu'elle semble démontrer l'échec du
capitalisme libéral, la crise déclenche, au sein des élites, le
grand espoir d'un ordre nouveau. «Nous entrons dans un
monde nouveau, écrit Esdras Minville en 1936, dont nul
ne saurait dire ce qu'il sera mais dont on peut être certain
d'ores et déjà qu'il différera profondément de l'ancien.» Même
chez les élites conservatrices, la dépression économique
accentue le besoin ressenti, depuis les années 1920, d'un
rajeunissement du projet temporel endossé par l'Église. En
faisant émerger de nouveaux projets sociaux, la crise oblige
l'Église à reviser le sien. En juillet 1933, la Cooperative
Commonwealth Federation (C.C.F.), parti politique du ministre
méthodiste J.S. Woodsworth, a publié le Manifeste de Regina
qui offre une solution de rechange au projet communiste. «Il
ne suffisait pas de dire que ces programmes ne valaient rien,

il fallait en avoir un à leur opposer.»[51] Joseph-Papin Archambault prend les devants. Il convoque, sous le patronage de l'École sociale populaire, pour le 9 mars 1933, au scolasticat de l'Immaculée-Conception, à Montréal, treize clercs spécialisés dans les questions sociales. La rencontre a pour but de formuler les principes qui doivent régir un projet de société. À l'ordre du jour, le père Archambault met deux questions: une étude, par le jeune dominicain Georges-Henri Lévesque, du programme de la C.C.F. et une esquisse d'un programme doctrinal de restauration sociale, rédigée par le jésuite Louis Chagnon.

Le programme de la C.C.F., parce qu'issu d'une conception matérialiste de la société, est écarté du revers de la main. Ce programme préconise, sinon en principe du moins en fait, la lutte des classes et, en certains cas, la révolution. Il fait fi du principe de la propriété privée. Au total, conclut Georges-Henri Lévesque — qui a sûrement reçu des instructions en ce sens — il est inconciliable avec la doctrine sociale de l'Église. Les participants se rabattent donc, comme il avait été prévu, sur l'exposé du père Chagnon, version abrégée en treize articles de la doctrine sociale adaptée à la situation québécoise. Le document proclame que le capitalisme, parce qu'il respecte la propriété privée et la liberté individuelle, «n'est pas mauvais en soi, mais il a été vicié par des abus très graves». L'égoïsme individuel a provoqué des dérèglements que «seul le véritable esprit chrétien, inspirateur de justice, de charité et de modération», peut corriger. Les réformes souhaitables se résument à une meilleure répartition de la richesse et dans le rétablissement de l'équilibre entre les ruraux et les urbains. Le sort de la réforme est lié à deux organismes, l'État et le syndicalisme. Le premier a pour fonction de réglementer l'activité économique et de redistribuer la richesse; le second, de refaire l'unité sociale en réconciliant les intérêts opposés. Le document suggère des réformes ponctuelles pour arrondir les angles du capitalisme: une législation sociale sur les risques d'accident et de maladie, des allocations de chômage, des pensions de vieillesse et le salaire familial aux ouvriers. Il donne le feu vert à la gestion publique de certaines catégories de biens de production. Mais surtout il trempe le moule dans lequel on devra couler tout projet de réforme: «Il appartient à l'État [...] d'instituer un Conseil économique national, expression de l'organisation corporative, qui permettra aux pouvoirs publics d'agir en liaison étroite avec les représentants qualifiés et compétents de toutes les branches de la production.»

Le document des Treize s'inspire du corporatisme, nouvelle expression de la doctrine sociale de l'Église. Pie XI en a donné les éléments dans *Quadragesimo anno*, promulguée en 1931, à l'occasion du quarantième anniversaire de *Rerum novarum*; il y reviendra en 1937, dans *Divini Redemptoris*, encyclique contre le communisme. Telle que formulée par Léon XIII, la doctrine sociale de l'Église mettait l'accent sur le syndicalisme. Mais les syndicats catholiques ont quelque peu déçu les attentes de l'Église; ils se sont avérés insuffisants pour restaurer un ordre social chrétien libéré de la lutte des classes. «On ne saurait arriver à une parfaite guérison [du corps social] que si, à ces classes opposées, on substitue des organes bien constitués, des ‹ordres› ou ‹professions› qui groupent les hommes, non d'après la position qu'ils occupent sur le marché du travail mais d'après les différentes branches de l'activité sociale auxquelles ils se rattachent.» *(Quadragesimo anno)* Retenant ce postulat que le regroupement du capital et du travail par branche de production puisse supprimer *ipso facto* la lutte des classes, le programme de restauration sociale des socio-théologiens québécois ne marque pas une rupture avec la pensée catholique traditionnelle. Il continue de méconnaître les lois qui régissent le développement du capitalisme, de trop réduire à «un dérèglement moral» ses aberrations, d'asseoir l'édification de la société sur le modèle des rapports familiaux. Mais le document marque une évolution certaine. On y décèle une prise de conscience de la complexité des problèmes urbains et de la nécessité de laisser à «des laïcs du métier» le soin d'appliquer des solutions concrètes. De plus, le document reconnaît à l'État un plus grand pouvoir d'intervention que jadis en matière de sécurité sociale et d'économie nationale. Il n'exalte pas la vie rurale, mais prône un équilibre entre population rurale et population urbaine. Il plaide en faveur du droit des ouvriers à la sécurité sous toutes ses formes et formule le vœu qu'ils puissent «participer en quelque manière à la propriété de l'entreprise, à sa gestion ou aux profits qu'elle apporte». Par son insistance sur le respect des droits des provinces et «du principe d'égalité des deux races», il donne à penser qu'affleure à la conscience des Canadiens français le sentiment d'une infériorité collective. Ce document, qui reconnaît que la charité sans la justice ne saurait régler les problèmes sociaux, annonce les grands débats à venir: la place des clercs dans la société, la récupération par l'État des chasses-gardées de l'Église, l'autonomie des valeurs temporelles. En apparence, l'Église présente toujours un front uni, mais entre les lignes du texte des dissidences sont déjà perceptibles.

Mais l'heure n'est pas encore aux grands débats. L'ennemi oblige à se serrer les coudes. L'urgence est de donner un visage aux principes, d'incarner dans un projet de société «la fidélité au Père», «la collaboration loyale des classes», «la compassion pour ceux qui souffrent». Cette entreprise relève des dirigeants laïcs qui œuvrent au ras du sol. À l'automne de 1933, une douzaine d'entre eux, dont Albert Rioux, président de l'U.C.C., Alfred Charpentier, dirigeant de la C.T.C.C., Philippe Hamel, dentiste engagé dans une croisade contre le trust de l'électricité, Esdras Minville, professeur à l'École des hautes études commerciales et nouveau mentor, en lieu et place de Lionel Groulx, du mouvement nationaliste, Wilfrid Guérin, secrétaire de l'Union régionale des caisses populaires, V.-E. Beaupré, ingénieur et professeur à l'École polytechnique, s'affairent à cette tâche. Idéologues certes, mais aussi hommes d'action, ils tentent, selon Minville, «d'organiser enfin notre vie collective en fonction de nos forces humaines, plutôt qu'en fonction de phénomènes économiques et sociaux extérieurs à nous-mêmes» et sur lesquels «nous n'exerçons ni ne pouvons exercer aucun contrôle».[52] C'est des constats de leur pratique, que ce soient la faiblesse numérique des Canadiens français et la migration des ruraux, ou encore le chômage des citadins, la misère du prolétariat, l'inquiétude des classes moyennes et la domination du capital étranger, qu'ils tirent les articles d'un programme de restauration sociale. Ils les groupent en quatre rubriques: 1. la restauration rurale, 2. la question ouvrière, 3. les trusts et les

finances, 4. les réformes politiques. Chaque rubrique coiffe un train de réformes ponctuelles. Ainsi, au chapitre de la question ouvrière, sont énumérées des mesures que réclame depuis une décennie le syndicalisme catholique: le salaire familial, l'extension juridique du contrat collectif, l'organisation corporative de la profession, le Code du travail, la révision de la loi des accidents du travail et les allocations aux mères nécessiteuses.

Le programme est tout entier tourné vers l'action qui, parce qu'«à la mesure de notre taille», a toutes les chances d'être efficace. Il se démarque du discours traditionnel par son réalisme et sa cohérence. Le thème de la restauration rurale ne doit pas faire illusion. Élaborée par Esdras Minville, celle-ci n'est pas simple répétition des mots d'ordre usés, mais une stratégie de développement axée sur l'occupation des sols arables, le relèvement de l'agriculture et la «mise en œuvre des ressources locales et régionales susceptibles de donner lieu à une industrie de transformation». Ce programme témoigne que la pensée nationaliste s'est annexé une nouvelle province: les réalités économiques. Les nationalistes veulent reconstruire la société, selon l'expression de l'économiste François-Albert Angers, «par sa base: agriculture, artisanat, petite et moyenne industrie régionale, prise de contrôle du pouvoir d'achat intérieur par l'action coopérative».

Adaptation, aux réalités québécoises, de *Quadragesimo anno*, ce projet de société exige un préalable: la popularisation des principes de la doctrine sociale de l'Église et la formation de militants. Le père Archambault se préoccupe du fait qu'il n'existe aucun enseignement organisé de la doctrine sociale qui, du primaire à l'universitaire, sensibiliserait tout le peuple de Dieu aux problèmes sociaux et le rallierait aux remèdes suggérés par les papes. Il fonde donc, à Vaudreuil, l'École de formation sociale. Installée dans une villa, propriété des Jésuites, cette école fonctionne durant l'été. Des spécialistes y commentent la doctrine sociale catholique à des militants. Une session groupe de douze à vingt participants qui, durant huit jours, reçoivent une formation intensive, à raison de deux conférences par jour prolongées par des lectures, des méditations et des débats. Des réunions bimensuelles, à Montréal, complètent par la suite cette formation.

Forts du programme qu'ils ont à lui opposer, les évêques s'en prennent officiellement à celui de la gauche canadienne-anglaise. L'épiscopat canadien avait dénoncé collectivement, le 21 novembre 1933, le communisme et le socialisme. Il avait mis les catholiques en garde «contre les mouvements qui en procèdent ou peuvent y conduire». Cette déclaration était un compromis. Visait-t-elle la C.C.F.? Woodsworth plait aux catholiques. Selon Joseph-Papin Archambault, ils reconnaissent sa générosité, sa sincérité et la justesse de ses critiques. Lui-même lui trouve dans les yeux «une flamme de charité» et dans le cœur, «une grande compassion pour le peuple». Mais son programme divise l'épiscopat. Les évêques anglophones ne jugent pas opportun de condamner le Manifeste de Régina qui, aux dires des théologiens canadiens-français, contient «un amoindrissement excessif de la propriété, la lutte des classes et surtout une conception matérialiste de l'ordre social». Henri Bourassa supplie Mᵍʳ Gauthier de ne pas intervenir, afin de ne pas soulever les masses ni renouveler «la faute des évêques en 1896». Ces arguments n'émeuvent pas l'épiscopat québécois qui fait de cette question non une affaire d'opportunité mais de doctrine. «Il y a donc erreur à dénoncer», concluent les évêques.[53] En février 1934, Mᵍʳ Gauthier, appuyé en secret par tout l'épiscopat québécois, condamne nommément la C.C.F. Le cardinal Villeneuve endosse en mars cette déclaration et, en juin, le délégué apostolique demande au père Archambault de rédiger un mémoire qui sera expédié à Rome. La condamnation de la C.C.F. sert bien le jeu des partis politiques traditionnels.

Enthousiasmés par l'idée de Pie XI et en s'inspirant de ce qui s'écrit en France sur la question, les intellectuels nationalistes qui gravitent autour de l'École sociale populaire entreprennent de préciser et développer les principes du corporatisme, tels qu'ils pourraient s'appliquer à la société québécoise. «Aucune doctrine sociale, écrit Esdras Minville, ne répond mieux à nos besoins comme peuple que celle de l'Église. Les Souverains Pontifes l'auraient formulée pour nous qu'elle ne s'adapterait pas, semble-t-il, plus exactement.» La société corporatiste est conçue comme une formule de dépassement de la contradiction entre le capitalisme individualiste, dont la crise a mis en évidence les égarements, et le socialisme collectiviste, qui est l'ennemi numéro un de l'Église. L'École sociale populaire caractérise ce projet de société par la décentralisation du pouvoir au profit des organisations autonomes du corps social, les corporations, dont on donne la définition suivante: «un corps officiel et public, intermédiaire entre les entreprises particulières et l'État, chargé de la gérance du bien commun au sein d'une profession déterminée».[54] Pour bien se démarquer du corporatisme étatique établi dans les régimes fascistes, on insiste qu'il s'agit ici d'un corporatisme «social»: les corporations sont des entités publiques mais non politiques. Plus précisément: tout travailleur doit obligatoirement appartenir à une corporation en vertu d'une loi qui relève du droit public. Par contre, 1. l'État n'a pas à imposer le système corporatif; il doit s'en tenir à sanctionner juridiquement les corporations qui se formeront spontanément, par la base; 2. l'État doit remettre aux corporations le droit de réglementer tout ce qui les concerne et les corporations doivent être parfaitement autonomes vis-à-vis l'État dans le domaine qui relève de leur juridiction; 3. les corporations ne sont pas des organes de l'État. Minville indique les grandes fonctions sociales qu'il importe d'organiser en corporations: l'agriculture, l'artisanat, l'industrie, le fonctionnarisme, le capital foncier, le commerce, la consommation, la finance, le travail intellectuel. Conformément à la logique hiérarchique, elles seraient regroupées au niveau local, puis régional, et finalement chapeautées par un Office national des forces productives. Voici comment cet Office résume le projet de société de Minville en 1936: «L'Office national des forces productives serait indépendant de la politique. De l'État relèveraient les questions administratives, judiciaires, etc. qu'il est seul en position de régler. Mais tout ce qui touche à la vie économique et sociale serait de la compétence de l'Office, lequel verrait à dicter à la politique les solutions les mieux appropriées. Au lieu d'évoluer au sein de partis politiques mus trop souvent par des motifs mesquins, les citoyens agiraient au sein de groupements professionnels guidés par l'intérêt collectif. La politique sociale et économique ne serait plus dictée par des coteries, par des puissances financières, etc., mais par une sorte de vaste coalition de toutes les forces sociales et nationales.»[55]

L'enthousiasme des intellectuels nationalistes pour le projet corporatiste a des racines profondes. Dans la logique de l'anthropologie catholique, la corporation sert de médiation entre l'individu et l'autorité, entre le travailleur et le pouvoir étatique. Les intellectuels québécois sont très sensibles à la vision communautaire-hiérarchique qui sous-tend cette idée de médiation; ils y reconnaissent le fondement même de leur propre culture. Le système corporatif semble ainsi répondre parfaitement à ce qui leur apparaît maintenant comme le

problème majeur du nationalisme: la question économique.
Il fournira des cadres sociaux conformes à l'esprit et à la
culture canadienne-française, dans lesquels pourra s'épanouir
l'activité économique du Québec; c'est la façon de se libérer
du capitalisme anglo-saxon. Tout aussi essentielle est l'organisation de la société en marge de l'État: le corporatisme
permet de soustraire la culture canadienne-française à une
autre source de contamination par l'esprit protestant anglo-
saxon, puisque les institutions politiques du Québec — notamment le système de partis — sont d'origine et d'inspiration
anglaises; à long terme, l'organisation corporative serait la
voie détournée pour reconstruire des institutions politiques
issues du génie propre des Canadiens français. Enfin, le dernier
intérêt que peuvent trouver les intellectuels à ce projet de
société c'est qu'il permet de récupérer le pouvoir des politiciens
pour le donner aux intellectuels. Chez Minville, le rôle de
l'État est réduit à la portion congrue: l'État administre et il
administre la justice, tandis que l'Office national des forces
productives «dicte à la politique», c'est-à-dire à l'État, «les
solutions», c'est-à-dire les politiques. Victor Barbeau, professeur à l'École des hautes études commerciales et sociologue
de formation, ne craint pas de concevoir cet Office comme
un «État économique» parallèle à l'État politique.[56] Le système
corporatiste suppose aussi une «vaste coalition» des forces
de la nation. Qui se chargera de faire tenir cette coalition?
Minville suggère que ce pourrait être la Société Saint-Jean-
Baptiste, dont, en la «pourvoyant d'une doctrine», on pourrait
faire «l'organe suprême du peuple canadien-français». La
coalition suppose une doctrine, donc des intellectuels. Barbeau
dit la même chose encore plus explicitement: la corporation
n'a pas seulement pour fonction de faire collaborer le Capital
et le Travail mais de «réunir en une seule famille [...] les trois
éléments de la production». Trois éléments...? «Grâce à la
collaboration du travail, de l'esprit et du capital, [l'organisation
professionnelle] renverse les barrières qui séparent patrons
et ouvriers et en font deux camps rivaux.» Entre le Capital
et le Travail, il faut la médiation de l'intellectuel qui, seul,
peut les faire collaborer.[57]

La mise en œuvre de l'idéal corporatif est affaire de longue haleine. L'Église n'a pas le pouvoir de l'imposer — ce serait d'ailleurs aller à l'encontre même de la doctrine qui enseigne qu'il sourd de la vitalité intérieure du corps social. Elle ne peut être, par l'élaboration d'une idéologie, par l'éducation et par l'action de ses élites, que l'accoucheuse de cet ordre nouveau. À partir de 1934, le père Archambault déclenche une campagne en faveur du corporatisme, que la bonne presse alimente en puisant largement dans les écrits européens. Cette année-là, l'École sociale populaire publie un *Essai d'organisation corporative* d'Albert Muller, un jésuite belge. Esdras Minville propose en 1935 son projet d'Office national des forces productives. Dans le cadre des Semaines sociales de 1936, qui portent sur l'organisation professionnelle, il présente un projet précis sur «comment établir l'organisation corporative au Canada». L'année suivante, le clergé tient des journées d'études (30 août-1er septembre) sur l'organisation corporative. Richard Arès publie un *Catéchisme de l'organisation corporative* en 1938. Papin Archambault est l'homme orchestre du mouvement et les Jésuites y sont activement engagés. Depuis l'automne de 1936, ils publient *L'Ordre nouveau*, une revue doctrinale, bimensuelle, rédigée à l'intention des élites. Le ton est militant, parfois agressif, mais pas assez au dire du père Archambault. Durant ses quatres années d'existence, la revue publie soixante-dix articles contre le communisme et soixante-dix en faveur du corporatisme, indice certain que le corporatisme est la réponse aux visées socialistes. L'idée corporatiste fait-elle son chemin ou Archambault se montre-t-il encore plus actif? Au printemps de 1938, il invite à dîner vingt-cinq personnes qui, au dessert, endossent le projet d'un cercle d'études que l'on baptise Ligue d'action corporative. Le père Archambault en désigne lui-même les dirigeants: Maximilien Caron, professeur de droit à l'Université de Montréal, hérite de la présidence et Esdras Minville, de la vice-présidence. Les membres sont des jésuites (trois), des professeurs (cinq), des leaders d'associations diverses (dix-sept). Le groupe est très actif. Durant deux ans, il tient une session d'études tous les dimanches, s'efforçant d'élaborer un projet concret qui conciliera les principes et les institutions existantes.

Il publie des brochures et anime des émissions radiophoniques. En janvier 1940, il organise la Semaine corporative et, en mai, il soumet aux évêques un projet de loi rédigé par Me Léon-Mercier Gouin. Le mouvement corporatiste atteint alors son apogée. Il sera relayé par une nouvelle efflorescence du mouvement coopératif.

Relancée par Pie XI en 1937, l'idée corporatiste reçoit l'appui explicite de l'épiscopat. Ce qu'il nous faut, répète le cardinal Villeneuve, «c'est du corporatisme à plein». En même temps, l'épiscopat tente d'ouvrir le monde rural à la restauration sociale, tel que suggéré par Esdras Minville. Dans une lettre pastorale en date du 30 novembre 1937, il pointe les problèmes du monde rural: budget déficitaire, dévalorisation du métier d'habitant, attrait de la ville, faiblesse de la spécialisation et de la mécanisation, incapacité d'entrer dans une agriculture commercialisée. Pas de remède miracle à ces problèmes dont la solution, au dire des évêques, passe par l'organisation professionnelle et la coopération, de même que par une réforme de l'école rurale. La restauration rurale, qui met l'accent sur l'agriculture familiale, la colonisation des terres neuves, l'établissement des petites entreprises, l'amélioration des services communautaires, s'avère un moyen d'assainir le capitalisme. Le 15 décembre 1937, les sociétés diocésaines de colonisation se groupent en une fédération, approuvée par l'épiscopat le 4 février et incorporée le 28 du même mois. Cette fédération constitue un puissant *lobby*. En 1938, une délégation composée de trois évêques, de plusieurs prélats, de clercs et de laïcs engagés dans les problèmes du monde rural soumet au premier ministre du Québec un plan de colonisation qui a déjà l'esprit d'un projet de développement rural et d'aménagement régional. Le gouvernement ne manifeste aucun empressement à le mettre à exécution. La guerre le reléguera aux oubliettes.

L'État clérical

Depuis la Confédération, la dynamique socio-politique du Québec se présente comme la résultante de l'interaction de deux systèmes. L'Église catholique, qui encadre les élites et dirige le peuple, est le système qui fabrique la culture savante, socialise, bâtit dans le discours la société idéale. La Cité libérale, représentée par l'État et portée par les entrepreneurs, est le système qui préside à l'essor de la société capitaliste. En apparence, c'est le système clérical qui domine. De fait, le développement capitaliste renverse le rapport de force. L'industrialisation, qui aspire les ruraux pour les transformer en prolétaires, sape les assises populaires de l'Église. Le peuple des campagnes savait distinguer entre Dieu et César, entre morale et stratégie politique, entre les significations de la vie quotidienne et le grand jeu du combat des chefs; tout en faisant à sa tête en politique, il endossait l'autorité de l'Église sur le reste de l'existence. Cette logique de clivage est impuissante à enfermer l'expérience des masses urbaines: le quotidien pose des questions auxquelles l'Église n'offre plus de réponses satisfaisantes et la politique a perdu sa signification d'enjeu des luttes rituelles entre clans tribaux; le cinéma véhicule un nouvel univers de significations et le syndicat donne aux luttes de pouvoir un tout autre visage. Peu à peu, le peuple des villes se forge de nouvelles représentations de la société, où l'Église n'est plus nécessairement partie prenante. L'État, lui, quoi qu'il en soit de l'allégeance populaire et des remplacements au gouvernail, est inévitable.

À l'avant-scène, le pouvoir étatique ne cesse d'éroder les frontières de l'empire clérical: empiètements des chartes urbaines sur les immunités ecclésiastiques, interventions renouvelées en matière d'assistance publique et d'enseignement technique, législation permissive en matière de moralité publique. Les deux pouvoirs se respectent et se redoutent mais, dans les années 1920, le système clérical est acculé à la défensive. L'épiscopat et le gouvernement s'épient. Entre les deux camps, la guerilla est incessante. Taschereau utilise sa gauche pour contenir l'Église dans les droits acquis et le cardinal, sa droite, pour forcer l'État à demeurer dans les sphères de sa juridiction. Encore en 1932, Athanase David, secrétaire de la province, profite du fait qu'on remet en question l'école rurale pour préparer un projet de loi remplaçant les commissions scolaires sous la coupe du curé par des conseils de comté. En apparence du moins, son cœur est pur et ses arguments sont solides: ces conseils, qui seront responsables de l'évaluation foncière et du recrutement des enseignants, pourraient mieux que les commisions scolaires locales répartir équitablement les ressources d'une région. Aux yeux de l'épiscopat, le projet comporte trop d'inconvénients pour qu'il l'appuie. Il conduit tout droit à la centralisation, à «la main-mise de l'État sur l'école» et il «jettera par terre un système que les Évêques et le peuple ont créé dans le temps pour intéresser ce peuple à son affaire».[58] En clair, l'épiscopat se méfie de la sollicitude des libéraux pour l'école rurale.

Parce qu'elle remet en cause le système capitaliste et dresse la menace communiste, la crise bouleverse cette structure de pouvoir. L'opposition Église/État se dilue dans la tentative de restauration de l'ordre social. L'Église éprouve le besoin de s'en remettre au «bras séculier» pour défendre son projet de société; les élites nationalistes lorgnent vers le pouvoir politique. L'État libéral en sortira vainqueur, en se donnant un visage clérical.

Le coup d'envoi à ce chambardement est donné par Paul Gouin. À la tête d'une faction de jeunes députés libéraux mécontents de l'autocratisme du gouvernement Taschereau, inquiets de son impuissance ou dégoûtés de sa corruption, il fonde, en 1934, l'Action libérale nationale, parti politique dont le programme s'inspire directement de celui de l'École sociale populaire. Plusieurs nationalistes rejoignent le parti, notamment le docteur Philippe Hamel, adversaire féroce du trust de l'électricité, et Ernest Grégoire, maire de Québec. Aux yeux de l'Église, l'Action libérale nationale serait le bras séculier rêvé. Nombre de clercs sont repris par la fièvre poli-tique, tels l'abbé Édouard Lavergne, journaliste et curé de Notre-Dame-de-Grâce à Québec, et l'abbé Pierre Gravel, aumônier syndical, qui dénoncent publiquement le gouver-nement. Associant les idéaux de l'intelligentsia nationaliste avec l'ambition des jeunes loups du pouvoir, l'A.L.N. annonce un renouveau politique qui a valeur de libération nationale.

L'Action libérale nationale n'attaque pas explicitement le capitalisme, reconnu comme légitime par la doctrine sociale de l'Église et dont il s'agit simplement de «corriger les abus».

La restauration sociale ne peut s'accomplir que dans le respect de la propriété privée. Mais un article du programme a de quoi inquiéter les possédants: «Certaines catégories de biens confèrent parfois une puissance économique trop considérable pour qu'elles soient laissées entre les mains des personnes privées. Des considérations d'intérêt général peuvent imposer ou conseiller, dans des cas particuliers, la gestion publique, nationale, provinciale ou municipale.» En fait, le programme de l'A.L.N. heurte la logique capitaliste, ce qui remet en cause les fondements du système libéral et rend le parti inacceptable à la haute finance.

Pour l'instant, il s'agit de renverser le gouvernement Taschereau. Gouin pourrait risquer de s'engager seul dans l'entreprise; son état-major juge indispensable une coalition avec l'Opposition en place. Depuis le début du siècle, le Parti conservateur n'existe au Québec que pour le principe, faisant élire une poignée de députés, dont un chef conciliant que les libéraux supportent, pour conserver à Sa Majesté Sa loyale Opposition. Sous le leadership du bruyant Camillien Houde, chef du parti en 1929, les Conservateurs ont rallié le mécontentement des ouvriers de Montréal. Mais Houde n'a rien d'un conservateur; il a tout simplement pris la tête de l'Opposition. En 1933, il est supplanté par le plus orthodoxe Maurice Duplessis. Celui-ci a hérité de son père l'allégeance conservatrice et un vieux fond de culture ultramontaine. Dans la coalition avec Gouin (1935), il apporte comme mise la clientèle traditionnelle des Bleus, une part de la contestation populaire recrutée par Houde et son génie politique. Gouin de son côté a le vent du renouveau derrière lui, ralliant l'Église et les associations catholiques, les élites nationalistes et une bonne part de la population urbaine; mais il n'a pas le talent du pouvoir. En échange de la grosse part des sièges et des portefeuilles pour son parti, il cède à Duplessis la tête de la coalition. En apparence, l'A.L.N. vient de se recruter un général en chef, puisque Duplessis a aussi adopté le programme de Gouin.

Deux élections coup sur coup, le 25 novembre 1935 et le 17 août 1936, finissent par avoir raison de l'hydre libérale, et Duplessis, chef du nouveau parti de l'Union nationale, a la gouverne politique entre les mains. Il a bien compris la logique du système. Porté au pouvoir par un mouvement anticapitaliste, il continuera sans dévier d'un trait la politique de ses prédécesseurs. Ainsi, il a tôt fait de concéder un empire de papier à la Québec North Shore, qui y construit la ville de Baie-Comeau. La nationalisation de l'électricité? bien, ce sera pour un autre tantôt. Malmené par le chef dès la seconde campagne électorale, Gouin a rompu de lui-même; il suffit maintenant de se débarrasser de Hamel et de ses lieutenants. Comprenant qu'ils ont été bernés, les purs de l'A.L.N. quittent l'Union nationale; les réalistes s'ajustent; les hommes de parti sont ravis d'avoir trouvé un Chef.

Duplessis doit maintenant consolider les bases électorales de son parti. Ayant reconnu l'alliance nécessaire avec le capital, il peut difficilement compter sur les ouvriers et, partant, sur la masse des citadins. Il mise donc sur les ruraux, dont une part lui est acquise par tradition. L'accession au pouvoir de l'ancien conservateur Duplessis a déjà établi un meilleur équilibre symbolique entre les clans ruraux: tandis que les Rouges gardent le Chef d'Ottawa, les Bleus auront celui de Québec. Duplessis voit en outre à ramener le jeu de la politique vers le quotidien: la première mesure votée par son gouvernement est le crédit agricole; bientôt, les petits contrats de voirie mettent sous les yeux de tous et chacun la générosité de l'Union nationale, et le patroneux démontre, aux dépens du curé, son efficacité à régler les problèmes des gens mal pris. Les élites réformistes ayant été évincées, Duplessis se tourne vers la nouvelle avant-garde scientifique, qui n'avait pas eu l'oreille de Taschereau pendant la crise et qui sera maintenant choyée.[59] Le frère Marie-Victorin pourra engager une armée de chômeurs pour construire son Jardin botanique à Montréal, vu que ce projet se rattache à la politique agricole du gouvernement... L'Association canadienne-française pour l'avancement des sciences reçoit une subvention de cinq mille dollars; les étudiants de science et de génie obtiennent des bourses; le docteur Armand Frappier décroche en dix minutes un octroi de $1 300 000 pour fonder un Institut de microbiologie, indépendant de l'Université. Esdras Minville se voit offrir le poste de sous-ministre de l'Industrie et du Commerce;

il n'accepte que le titre de conseiller technique du Ministère, préférant sans doute garder son poste de professeur pour y poursuivre sa réflexion critique sur la société. Les élites nationalistes sont tout de même récupérables, moyennant une recanalisation de leur agressivité vers Ottawa: ce sera la politique de l'autonomie provinciale, dont le premier mérite est de renforcer le pouvoir du chef de l'État québécois.

Il reste à rallier l'Église, par qui l'on peut, notamment, rejoindre une part de la population ouvrière. Surtout: l'Église est dépositaire et gardienne du caractère sacré de l'autorité. À la première session de l'Assemblée législative, Duplessis fait placer un crucifix au-dessus du fauteuil du président. Il fait voter les lois d'assistance aux aveugles et aux mères nécessiteuses, dont sont exclues les filles-mères, les séparées et les divorcées; cette clause de moralité publique ne peut manquer de plaire à l'épiscopat et endormir ses inquiétudes quant à l'intervention étatique dans le domaine du bien-être. Pour faire oublier aux catholiques sociaux que sa politique n'est pas celle du Programme de restauration sociale, le gouvernement de l'Union nationale assume le rôle de bras séculier dans la lutte contre le communisme, en votant, le 17 avril 1937, la célèbre «loi du cadenas».

La lutte en faveur d'un ordre social rajeuni a fait advenir dans la pensée catholique le besoin d'un État qui ne serait ni totalitaire à la manière fasciste ou communiste, ni rachitique à la manière ultramontaine, ni inféodé au capitalisme irresponsable à la manière libérale. On le conçoit tantôt sous la forme d'un agent de coordination traduisant en mesures concrètes les politiques élaborées au sein du corps social, tantôt sous la forme d'une gouverne politique ferme et juste, commise en faveur d'un bien commun conforme à la loi naturelle. Survenant après la question des écoles des minorités, les atermoiements du gouvernement canadien face au *lobbying* des catholiques québécois réclamant d'intensifier la lutte au communisme concourrent à tourner les esprits et les cœurs vers un État québécois compromis en faveur du projet d'une société catholique et canadienne-française. La «loi du cadenas», jointe à bien d'autres mesures et à bien d'autres silences, accrédite auprès de l'épiscopat l'idée d'une gouverne politique

Le gage est remis par Duplessis lui-même.

forte à Québec, d'autant plus que Maurice Duplessis a le génie politique pour exprimer en public la vraie nature de l'État des Canadiens français et donner publiquement des garanties à l'Église québécoise. Le gage est remis par Duplessis lui-même, lors de la séance d'ouverture du Congrès eucharistique national, tenu à Québec en juin 1938. Le discours qu'il prononce à cette occasion est des plus révélateurs. Il commence par énoncer les trois allégeances du peuple: «Canadiens français», «Québécois», «Citoyens du Canada». Il rejette nommément les principes de liberté, d'égalité et de fraternité, proclamés par la Révolution française. Il fait l'apologie de la charité, non de la justice. Il définit le Québec «une province catholique». Il proclame sa croyance en Dieu et en la religion catholique pour, ensuite, s'agenouiller publiquement au pied du cardinal et lui remettre dans la main un anneau, «symbole de notre attachement à l'anneau du Pêcheur qui fut un prêcheur de charité». Le sens du geste et du discours n'échappe pas au cardinal. Tenant le premier ministre près de lui, il le félicite de son geste qui «scelle l'union du temporel et du spirituel», «de l'autorité religieuse et de l'autorité civile».[60]

À distance, le moment est historique. Duplessis a astucieusement exorcisé la méfiance que l'Église entretenait à l'égard de l'État. Il affirme publiquement diriger un gouvernement catholique. Sa sincérité peut difficilement être mise en doute puisque, personnellement, c'est un catholique convaincu, dévôt et très charitable de ses deniers. Ce catholicisme toutefois est celui de la culture traditionnelle, où morale et politique sont deux choses bien distinctes et où la religion n'est sociale que par le rite. Duplessis est très attaché à la religion; il n'est pas soumis à l'Église. Jamais il n'acceptera une directive ou une orientation quelconque de l'épiscopat. Ce qu'il attend d'une alliance avec le pouvoir ecclésiastique, c'est une sacralisation de son propre pouvoir. L'Église, de son côté, ne peut manquer de reconnaître en Duplessis une authentique incarnation de la culture canadienne-française-conservatrice-catholique. Et le cardinal, homme de pouvoir lui-même, sympathise inévitablement avec cet homme d'État qui, à l'heure des grandes dictatures, sait s'imposer comme Chef de la nation. L'Église, au fond, ne se sentirait-elle pas soulagée? Déjà débordée par l'Histoire, ne sentirait-elle pas que désormais elle pourrait se décharger sur l'État d'une bonne part du fardeau de la nation?[61] Ce nouveau rapport Église/État a déjà manifesté ses implications concrètes dès le mois d'août 1937. Selon le précédent établi avec Mgr Bégin en 1900, on s'adresse au chef de l'Église pour servir de médiateur dans la grève de Marine Industries qui paralyse la ville de Sorel. Le cardinal Villeneuve décline la requête, proposant plutôt de faire appel à Duplessis, lequel impose prestement sa solution au conflit.

Avec l'avènement de l'Union nationale, un sentier est ouvert qui, à long terme, pourrait conduire d'un gouvernement de province vers un véritable État québécois. L'Église, de son côté, pourrait maintenant détourner une part de ses énergies de la défense du Domaine à l'avènement du Royaume, et de la sauvegarde de la culture à la promotion des valeurs uni-

Son Éminence le cardinal Villeneuve

verselles de la civilisation. Mais l'hypothèque est lourde. Duplessis ne saurait susciter de projet de société cohérent.

Puisqu'il a balayé les tentatives de développement communautaire et d'émancipation économique, il semble n'avoir d'autre issue, à court terme, que de laisser le capital étranger aménager le territoire national, tout en nourrissant dans l'imaginaire le mythe d'une chrétienté rurale. L'embryon d'État qu'il instaure repose pour le moment sur une autorité de droit divin et se revêt de la symbolique cléricale. Le favoritisme du patroneux se déguise en paternalisme du curé, la rhétorique électorale se drape dans l'idéal nationaliste, Duplessis fait figure de Dieu le Père. Tandis qu'à l'autorité spirituelle de l'évêque se substitue le bon vouloir du Chef, la culture cléricale, transposée à la Cité libérale, se vide de son sens. L'alliance des deux pouvoirs place aussi l'Église dans une position équivoque. Feignant de croire que le gouvernement catholique de Maurice Duplessis marque la victoire de la vieille utopie ultramontaine, l'Église du cardinal versera dans la complaisance et se verra par moment obligée d'observer un silence prudentiel et gênant, pour ne pas compromettre les acquis historiques.

Liste des sigles

AAQ	Archives de l'archevêché de Québec
AAR	Archives de l'archevêché de Rimouski
AEG	Archives de l'évêché de Gaspé
AAEQ	Archives de l'Assemblée des évêques du Québec
AEV	Archives de l'évêché de Valleyfield
ASJCF	Archives de la Société de Jésus, province du Canada français
ASQ	Archives du Séminaire de Québec
AUL	Archives de l'Université Laval
AUM	Archives de l'Université de Montréal
CAR	Canadian Annual Review
CHAR	Canadian Historical Association Report
CHR	Canadian Historical Review
ESP	École sociale populaire
RHAF	Revue d'histoire de l'Amérique française
RL	Registre des lettres
RS	Recherches sociographiques
RSCHEC	Rapport de la Société canadienne d'histoire de l'Église catholique
SRQ	Semaine religieuse de Québec
SRM	Semaine religieuse de Montréal

NOTES ET RÉFÉRENCES

Introduction

1.   Que les Canadiens français et les Québécois soient en même proportion signifie qu'il existe en dehors du Québec un nombre de Canadiens français égal à celui des non-francophones établis dans le Québec.

2.   Ceux qu'on appellera dans les années 1960 les Québécois n'ont pas encore découvert, en ce début du XXᵉ siècle, toutes les dimensions de leur être propre constitué par la québécitude. Ils se désignent eux-mêmes comme Canadiens français; seuls se disent «Québecquois» les résidants de la ville de Québec. Appliqué rétrospectivement, le vocable québécois ne peut donc avoir que deux sens: il désigne soit les résidants de Québec, soit les gens qui vivent dans la province de Québec, quels que soient leur conscience nationale, leur ethnie ou leur lieu d'origine.

3.   Dans la seule année 1897, la North Shore Power a construit une usine hydroélectrique à Saint-Narcisse; la Shawinigan Water and Power, alimentée par des capitaux montréalais, sherbrookois et bostonnais, a acquis les chutes Shawinigan; et un groupe du Canadian Pacific Railway a mis la main sur la Laurentide Pulp, à Grand-Mère, pour en faire une manufacture de papier; plus à l'est, l'Americain Thomas Wilson a jeté son dévolu sur le bas Saguenay, et Alfred Dubuc a obtenu la reconnaissance juridique de la Compagnie de pulpe de Chicoutimi.

4.   Cette classification est une version modifiée de celle de P.-A. Linteau.

5.   En ce domaine, nous ne disposons pas d'études empiriques solides pour la fin du XIXᵉ siècle. Léon Gérin a décrit l'habitant de Saint-Justin, les idéologies fournissent des portraits stéréotypés, des observateurs pressés ont explicité leurs préjugés. Ce corpus d'observations constitue un matériel disparate pour brosser un portrait du Canadien français.

6.   Les cas abondent où l'épiscopat s'est montré «plus catholique que le pape». Mᵍʳ Merry del Val, en 1897, trouvait «bien étrange» la façon dont Mᵍʳ Bruchési avait interprété la pensée du pape dans la question de l'instruction obligatoire. (RUMILLY, *Histoire de la province de Québec*, IX: 36.) Et Mᵍʳ Michel-Thomas Labrecque avait reçu de Rome l'ordre de lever son interdit contre *Le Soleil!*

7. Mgr L.-N. Bégin au préfet de la Propagande, 27 mai 1897, AAQ, 50 CN, *QSM*, III.

8. *Id.*, 2 août 1897, AAQ, 50 CN, QSM, III.

9. Extrait du *Journal du séminaire de Québec*, V, 18 février 1898, p. 119, AUL, *Fonds Mgr Maheux*, 146.7/4/7.

10. *Ibid.*, 10 janvier 1898, AUL, *Fonds Mgr Maheux*, 146.7/4/7.

Chapitre I: Le domaine

1. *Acta Leonis XIII*, XIX: 128-130.

2. Lettre collective des évêques canadiens-français au cardinal Ledochowski, 1897, copie conservée aux AAQ.

3. Mgr L.-N. Bégin à Mgr André-Albert Blais, 9 octobre 1899, AAR, *Diocèse de Québec*, 1894-1928.

4. Extrait du *Journal du séminaire de Québec*, VI, 13 novembre 1902: 260, AUL, *Fonds Mgr Maheux*.

5. Luigi d'APPOLONIA, s.j., «Cinquante ans à la délégation apostolique», *Relations*, mars 1949: 79-81.

6. D.-C. Gonthier, o.p., *Notes à l'usage de S.E. Bégin*, 1914, AAQ, 20 A, *Évêques de Québec*, VIII: 96.

7. *Procès-verbal de la réunion des archevêques et évêques de la province civile de Québec*, 6 février 1929. En annexe: «Lettre collective des évêques du Québec au pape Pie XI».

8. Mgr L.-N. Bégin au cardinal Miécislas Ledochowski, 19 septembre 1899, AAQ, 210 A, RL XXXVIII: 27.

9. Mgr Donato Sbarretti à Mgr L.-N. Bégin, 19 mars 1906, AER, *Conciles provinciaux de Québec*, III.

10. Mgr L.-N. Bégin à Mgr Louis-Philippe-Adélard Langevin, 26 avril 1905, AAQ, 50 CN, *QSM*, XI.

11. Joseph Grenier, s.j., au R.P. Brandi, s.j., 23 mai 1906, ASJCF, *Fonds de l'Immaculée-Conception*, 4165.

12. Mgr L.-N. Bégin à Mgr Joseph-Thomas Duhamel, 7 mai 1906, AAQ, 321 CN, *Diocèse d'Ottawa*, II: 126.

13. Nous n'avons pas trouvé les procès-verbaux de ces réunions.

14. L.-N. Bégin au cardinal Gaetano de Lai, secrétaire de la Consistoriale, 21 mars 1916, AAQ, 210 A, RL XL.

15. *Procès-verbal de la réunion des archevêques et évêques de la province civile de Québec*, 1er février 1927.

16. Les membres du comité sont: Mgr Georges Courchesne, de Rimouski, Mgr Michael Joseph O'Brien, de Peterborough, Mgr Neil McNeil, de Toronto, et Mgr Georges Gauthier, de Montréal.

17. *Procès-verbal de la réunion des archevêques du Canada*, 3 et 4 octobre 1928, AAR, *Canada*, 1928-1948.

18. C.-E. Roy et Lucien Brault, *Le livre du souvenir, 1534-1934. Gaspé depuis Cartier*, Québec, Au Moulin des Lettres, 1934, 223 p.

19. Ce vicariat deviendra le diocèse de Haileybury, le 31 décembre 1915, et son siège épiscopal sera transféré à Timmins, le 10 décembre 1938.

20. L.-N. Bégin au cardinal Gironiamo-Maria Gotti, préfet de la Propagande, 4 décembre 1903, AAQ, 210 A, RL XXXVIII: 538-539.

21. Les chapitres québécois diffèrent donc beaucoup des chapitres européens, où les chanoines reçoivent trois types d'émoluments: 1. les *distributions quotidiennes* attribuées en raison de leur présence obligatoire aux diverses heures de l'office divin, 2. les *distributions annuelles*, en raison de leur présence facultative à des offices extraordinaires, 3. les *distributions inter praesentes*, en raison de leur présence réelle aux offices.

22. D.-C. Gonthier à L.-N. Bégin, 20 février 1897, AAQ, QSM, VI.

23. D.-C. Gonthier, «Notes pour mémoire. Nécessité de faire de Québec le siège primatial du Canada», [c1914], AAQ, 71 CD, *Pères Dominicains*, I: 33b.

24. *Journal du séminaire de Québec*, VII, 2 juillet 1903: 34-35, AUL, *Fonds Mgr Maheux*.

25. D.-C. Gonthier, «Notes pour mémoire. Nécessité de faire de Québec le siège primatial du Canada», [c1914], AAQ, 71 CD, *Pères Dominicains*, I: 33b.

26. La visite *ad limina* comporte trois obligations: la visite du tombeau de saint Pierre et de celui de saint Paul, une rencontre avec le Souverain Pontife et la remise d'un rapport quinquennal sur l'état du diocèse.

27. D.-C. Gonthier, «Observations», AAQ, 50 CN, QSM, VII.

28. D.-C. Gonthier à Mgr L.-N. Bégin, 3 octobre 1913, AAQ, 92 CM, *Italie*, II: 176.

29. *Débats de la Chambre des Communes*, 23 mars 1909: 3135.

30. «Substance de la réponse faite à Mgr Langevin à la lettre ci-incluse de mars 1898», AAQ, 50 CN, QSM, III: 265.

31. Gilbert-L. Comeault, «La question des écoles du Manitoba. Un nouvel éclairage», *RHAF*, XXXIII, 1, juin 1979: 3-23.

32. Mgr L.-N. Bégin à Mgr Louis-Philippe-Adélard Langevin, 4 décembre 1898, AAQ, 50 CN, QSM, IV: 25. Aussi: Mgr André-Albert Blais à L.-W. Leclair, p.s.s., 3 janvier 1900, AAR, RL: 293-294.

33. *Id.*, 24 décembre 1900, AAQ, 210 A, RL XXVIII: 180-182.

34. Lionel Groulx, *L'enseignement français au Canada. Tome II. Les écoles des minorités*, Montréal, Granger Frères Limitée, 1935: 168. Aussi: Henri Bourassa à Mgr L.-P.-A. Langevin, 26 février 1910, ASJC, *Fonds du père Grenier*, 7612.

35. Mgr L.-N. Bégin au délégué apostolique: «Au nom des archevêques et évêques de la province civile de Québec, avec prière de transmettre tout ou résumé aux membres à Ottawa, 1905», AAQ, 50 CN, QSM, VI: 19. À cause de l'opposition de Mgr Bruchési et de Mgr Émard, on aurait plutôt fait parvenir une lettre confidentielle à Wilfrid Laurier.

36.   Mᵍʳ L.-N. Bégin au délégué apostolique, 25 février 1909, AAQ, 50 CN, *QSM*, VI.

37.   *Id.*, 27 mars 1912, AAQ, 20 A, *Évêques de Québec*, VIII: 71.

38.   D.-C. Gonthier, «Notes pour mémoires», 6 mai 1914, AAQ, 71 CD, *Pères Dominicains*, I: 38b.

39.   *Mémoire du cardinal Bégin au cardinal Ferrata, secrétaire d'État de Pie X*, septembre 1914, AAQ, 20 A, *Évêques de Québec*, VIII: 17-22.

40.   Le cardinal L.-N. Bégin à Benoît XV, 13 avril 1915, AAQ, 20 A, *Évêques de Québec*, VIII: 112c.

41.   *Le Devoir*, 12 avril 1916.

42.   Le cardinal L.-N. Bégin à Benoît XV, AAQ, 210 A, RL XL: 482-484.

43.   «Lettre de Sa Sainteté Benoît XV à notre cher fils, Louis-Nazaire Bégin, cardinal-prêtre de la Sainte Église Romaine, archevêque de Québec, et autres archevêques et évêques du Canada» (*Commissio divinitus*), *SRQ*, septembre 1916: 130-135.

44   «E litteris apostolicis», *L'Action française*, II: 526-528.

45.   Le cardinal L.-N. Bégin au pape, 8 novembre 1918, AAQ, 20 A, *Évêques de Québec*, VIII: 136.

46.   André LALONDE, *Le Règlement XVII et ses répercussions sur le Nouvel-Ontario*, mémoire de maîtrise ès arts (histoire), Sudbury, Université Laurentienne, mars 1964: 74.

47.   On trouvera les éléments de cette thèse dans: *Réponse au Mémoire irlandais*, (s.l., c. 1909).

48.   Mᵍʳ L.-N. Bégin à Mᵍʳ Élie-Anicet Latulippe, 7 décembre 1910, AAQ, 322 CN, *Haileybury*, I: 22 et 24.

49.   Mᵍʳ L.-N. Bégin, «Mémoire sur la condition de l'Église au Canada», AAQ, 20 A, *Évêques de Québec*, VIII: 4-2.

50.   Mᵍʳ L.-N. Bégin à Mᵍʳ Élie-Anicet Latulippe, 7 décembre 1910, AAQ, 322 CN, *Haileybury*, I: 24.

51.   Mᵍʳ L.-N. Bégin au cardinal Vincent Vannutelli, 20 février 1912, AAQ, 210 A, RL XL: 164.

52.   D.-C. Gonthier à Mᵍʳ L.-N. Bégin, 24 juillet 1909, AAQ, 92 CM, *Italie*, II: 100.

53.   Robert Rumilly, *Histoire de la province de Québec*, XV, p. 120s.

54.   «Notes à l'usage de S. E. Bégin», AAQ, 20 A, *Évêques de Québec*, VIII: 962.

55.   L.-N. Bégin au pape, 17 juillet 1917, AAQ, 20 A, *Évêques de Québec*, XIII: 129b.

56.   Mᵍʳ L.-N. Bégin au cardinal A. Ciasca, 1ᵉʳ novembre 1899, AAQ, 31 CN, I: 86.

57.   Mᵍʳ C.-A. Marois à Mᵍʳ André-Albert Blais, 25 février 1905, AER, *Conciles provinciaux*, III.

58.   Mᵍʳ L.-N. Bégin, Mᵍʳ Paul Bruchési et Mᵍʳ Joseph-Thomas Duha-

mel à Mgr Diomède Falconio, 23 septembre 1905, AAQ, 210 A, RL XXXIV: 178-180.

59.   Mgr L.-N. Bégin à Mgr Joseph-Thomas Duhamel, 14 novembre 1906.

60.   Mgr L.-N. Bégin, «Mémoire sur la condition de l'Église au Canada», 1907, AAQ, 20 A, *Évêques de Québec*, VIII: 4.

61.   D.-C. Gonthier, «Notes pour mémoire», 6 mai 1914, AAQ, 71 CD, *Pères Dominicains*, I: 33b.

62.   Le cardinal L.-N. Bégin aux cardinaux de la S.C. Consistoriale, octobre 1915; aussi: «Brouillon d'un mémoire au pape sur la division des diocèses de S. Boniface et de Winnipeg», (1915), AAQ, 20 A, *Évêques de Québec*, VIII: 110.

63.   Le cardinal L.-N. Bégin à Benoît XV, décembre 1915, AAQ, 20 A, *Évêques de Québec*, VIII: 112b.

64.   Le cardinal L.-N. Bégin à Mgr C.-A. Marois, 20 décembre 1915, AAQ, 20 A, *Évêques de Québec*, IX: 118.

65.   Le cardinal L.-N. Bégin au pape, 6 janvier 1921, AAQ, 20 A, *Évêques de Québec*, VIII: 162.

66.   Mgr F.-X. Ross à Mgr Joseph Hallé, 12 février 1930, AEG, Tiroir 37, *Diocèses de cinq provinces ecclésiastiques*.

67.   *Ibid.*

Chapitre II: Les vignerons du Royaume

1.   Il nous manque, pour deux évêques, l'occupation du père.

2.   Tous les chiffres de cette section, établis à partir du *Canada ecclésiastique*, ont une valeur indicative. Ils révèlent des ordres de grandeur et des tendances.

3.   *Procès-verbal de la réunion des archevêques et évêques de la province civile de Québec*, 2 février 1926.

4.   L.-N. Bégin à l'abbé Ed. Couture, 11 octobre 1905, AAQ, 210 A, RL XXXVIV: 185-186.

5.   À partir de 1910, le manuel en usage dans la plupart des collèges (le Lortie) est une adaptation québécoise du manuel précédent (le Zigliara), d'origine romaine; il inclut une nouvelle section consacrée à la morale sociale.

6.   D'après Claude Galarneau, vers 1900, les finissants deviennent prêtres (séculiers et réguliers) dans une proportion de 40% à 45%. «De 1923 à 1927, 58% des élèves des collèges affiliés à l'Université Laval optent pour les ordres religieux et 54% de ceux des collèges affiliés à l'Université de Montréal.» (Claude GALARNEAU, *Les collèges classiques au Canada français (1620-1970)*, Montréal, Fides, 1978: 150-151.)

7.   Claude GUILLET, «Cinquante ans de réalisations: La société des Missions étrangères», *RSCHEC*, 1971: 57.

8.   L.-N. Bégin au délégué apostolique, 20 novembre 1905, AAQ, *Délégation apostolique*, I: 164.

9.   *Mémoire sur le syndicalisme catholique au Canada*, par un groupe d'aumôniers, mars 1927: 5.

10.   L.-N. Bégin au père Alexis de Barbezieux, 24 août 1902, AAQ, 210 A, RL XXXVIII: 392.

11.   Paul-Eugène TRUDEL, o.f.m., *Monseigneur Ange-Marie Hiral, o.f.m.*, Montréal, Éditions franciscaines, 1957-1961, tome V: 81.

12.   *Id.*, III: 58.

13.   Le taux de 145% réfère à l'augmentation des réguliers dans les diocèses du Québec. (Tableau 5) Calculé à partir des données par communauté, le taux grimpe à 166%. (Tableau 7bis)

14.   Cité par B. DENAULT, *Éléments pour une sociologie des communautés religieuses au Québec*, Montréal, Les Presses de l'Université de Montréal, 1975, 220p.: 24.

15.   Marguerite JEAN, *Évolution des communautés religieuses de femmes au Canada, de 1639 à nos jours*, Montréal, Fides, 1977: 197.

16.   Paul-Eugène TRUDEL, o.f.m., *op. cit.*, IV: 171.

17.   Marguerite JEAN, *op. cit.*: 10-12.

18.   A. DRAGON, s.j., *L'abbé DeLamarre*, Chicoutimi, Société historique du Saguenay, 1974: 111.

19.   Paul-Eugène TRUDEL, *op. cit.*, III: 51.

20.   L.-N. Bégin au père H. Leblond, supérieur des pères du Très Saint-Sacrement, 2 juillet 1903, AAQ, 210 A, RL XXXVIII.

21.   L.-N. Bégin à l'abbé A. Gauvreau, curé de Saint-Roch, 3 avril 1900, AAQ, 210 A, RL XXXVIII.

22.   L.-N. Bégin à Mère Saint-Stanislas, c.s.s., 21 août 1905, AAQ, 210 A, RL XXXIX: 166-167.

23.   Jean-Pierre ASSELIN, *Les Rédemptoristes au Canada. Implantation à Sainte-Anne-de-Beaupré, 1878-1911*, Montréal, Bellarmin, 1981, 164p. Voir: chapitre XI.

24.   Le cardinal L.-N. Bégin au supérieur général des Frères des Écoles chrétiennes, 5 novembre 1917, AAQ, 210A, RL XLI: 55-56.

25.   Voir: André DUBUC, *Le Combisme et les Frères des Écoles chrétiennes au Canada français (1904-1908)*, mémoire de diplôme d'études supérieures en histoire, Université Laval, 1969, XIII + 111 p. Aussi: Guy LAPERRIÈRE, «Persécution et exil: la venue au Québec des congrégations religieuses françaises, 1900-1914», *RHAF*, XXXVI, 3, décembre 1982: 389-412.

26.   Ces données sont tirées de B. DENAULT, *op. cit.*

27.   E. COLLARD et al., *Vocation de la sociologie religieuse / sociologie des vocations*, Tournai, Casterman, 1958, 242p.: 120-121.

28.   *Id.*: 212.

29.   Micheline DUMONT-JOHNSON, «Les communautés religieuses et la condition féminine», *Recherches sociographiques*, XIX, 1, janvier-avril 1978: 79-102.

30. «La nature théologique des vœux, leur fondement biblique, leur sens charismatique sont plus ou moins ignorés dans les lettres des nouvelles constitutions, d'où peut-être la tentation facile du légalisme, et, avec le temps, une certaine désaffection pour cet aspect fondamental de la vie religieuse que sont les conseils évangéliques.» (Marguerite JEAN, *op. cit.*: 260)

31. Marguerite JEAN, *op. cit.*: 171.

32. Chiffres tirés de DENAULT, *op. cit.*: 11.

33. Lionel GROULX, *Le Canada français missionnaire*, Montréal, Fides, 1962, 521p. Groulx donne des chiffres, beaucoup de détails et une abondante bibliographie sur les missions.

34. *Bulletin de l'Union missionnaire du clergé*, II, 5, avril 1931: 150-151. Aussi: *L'Action nationale*, III, 4, avril 1934: 247-250.

35. Père Pio de MONDREGANES, *Manual de Misionologia*, 1947: 10.

36. Frère ATHANASE-ÉMILE, «Apostolat missionnaire», *Prêtre et Missions*, X, 516, janvier-juin 1950: 240-306. Bon exposé de la problématique des missions.

37. Madeleine LORANGER, «Historique de la Congrégation des Missionnaires de l'Immaculée-Conception et des origines de la Société des missions étrangères de Québec», *RSCHEC*, juin 1971: 71-84. Aussi: *Braise et encens. Mère Marie du Saint-Esprit*, Montréal, Sœurs Missionnaires de l'Immaculée-Conception, 1960, 95p.

38. L.-N. Bégin au délégué apostolique, 25 août 1914, AAQ, 210 A, RL XXXIX: 66-67.

39. Cet historique de la Corporation du séminaire Saint-François-Xavier est tiré d'un manuscrit que nous a prêté le supérieur des Prêtres des missions étrangères.

40. Lionel GROULX, *op. cit.*: 80s.

41. Lettre de Mgr Labrecque au cardinal L.-N. Bégin, 25 janvier 1921. Cité par Paule LABRÈQUE, *RSCHEC*, 1979: 28.

42. Lettre de Mgr L.-N. Bégin au délégué apostolique, 15 mars 1912, AAQ, 210 A, RL XXXIX: 173.

43. *SRQ*, 1901: 52-56.

44. L'Œuvre de la Sainte-Enfance a été fondée en France en 1842 par Mgr de Forbin-Janson, évêque de Nancy.

45. Pierre TREMBLAY, *Une âme canadienne extraordinairement ordinaire*, Montréal, Lévrier, 1949.

Chapitre III: *Instaurare omnia in Christo*

1. Ch. GOHIET, *Conférences sur la question ouvrière données à l'église Saint-Sauveur de Québec*, Québec, Leclerc & Roy, 1892, 189p.: 27ss.

2. «Lettre de Mgr Paul BRUCHÉSI aux journaux de Montréal», 19 décembre 1898.

3. *SRQ*, 1904-1905: 322.

4. Arthur SAINT-PIERRE les énumère dans cet ordre dans son ouvrage *Vers l'action*, Montréal, Imprimerie du Messager, 1911, 108p.

5. *SRQ*, 1904-1905: 282ss; *SRQ*, 1915-1916: 157. Aussi: A.-J. LEMIEUX, *La loge l'Émancipation*, Montréal, 1910, 18p.

6. Arthur SAINT-PIERRE, *op. cit.*: 21-22.

7. *Constitution de l'Union des travailleurs en chaussures*, ASJCF, *Fonds Papin Archambault*, R — 3/24-1, 19.

8. «Adresse de l'épiscopat de la province civile de Québec au Souverain Pontife, 26 septembre 1907», *SRQ*, 1907-1908: 146s.

9. Lionel GROULX, *Mes mémoires*, I: 132-133.

10. Pie X, *Il fermo proposito*, 11 juin 1905.

11. *Id.*

12. Le lecteur désireux d'approfondir l'évolution de l'action sociale catholique pourrait lire: Léon XIII, *Sapientiae humanae*, 10 janvier 1890; Pie X, *Il fermo proposito*, 11 juin 1905; Benoît XV, *Discours aux membres de l'Union populaire*, 3 mars 1919; Pie XI, *Ubi arcano Dei*, 1922.

13. D.-C. GONTHIER, «Quelques notes», 5 septembre 1897, AAQ, 50 CN, *QSM*, VII: 106.

14. Conférence de Mgr L.-N. BÉGIN aux prêtres des retraites pastorales, juillet 1907, AAQ, 50 CA, *Action catholique*.

15. *SRQ*, 1914: 546-551.

16. Lionel GROULX, *Une croisade d'adolescents*, Québec, Imprimerie L'Action sociale ltée, 1912, 264p.: 58.

17. *Id.*: 241.

18. *L'A.C.J. Convention régionale des groupes québecquois tenue le 27 mai 1906, à la salle Loyola*, Québec, Imprimerie de la Compagnie de l'Événement, 1906, 62p.

19. *Le Devoir*, 6 mai 1916: 2.

20. Joseph-Papin ARCHAMBAULT, s.j., *Le clergé et l'action sociale*. Préface de Mgr Gauthier, Montréal, ESP, 1918, 104p.

21. Arthur SAINT-PIERRE, *op. cit.*: 71-77.

22. Mgr Paul BRUCHÉSI, Allocution au congrès de fondation de l'A.C.J.C., 1904. Cité par GROULX, *Mes mémoires*, I.

23. Ch. GOHIET, *op. cit.*: 6-7.

24. Sœur M.-Amadeus WELTON, *Un orateur apôtre. Mgr Paul-Eugène Roy, archevêque de Québec, 1859-1926*, Québec, Les Éditions de l'Action catholique, 1941, 394p.: 144.

25. *Id.*: 149.

26. *Le Courrier du Canada*, cependant, fait campagne contre la prohibition et *La Semaine religieuse de Québec* ne s'y montre pas favorable.

27. On pourra lire sur les croisades de tempérance et le mouvement prohibitionniste les ouvrages suivants: *Mémoire. Le problème social de la vente et de la consommation des liqueurs alcooliques. Province de Québec. Par un comité nommé à cette fin*, [s.1.], 1953, 345p; Ruth Elizabeth SPENCE, *Prohibition in Canada*, Toronto, The Ontario Branch of the Dominion Alliance, 1919, 624p.

28. Mgr Paul Bruchési, «Lettre pastorale», 20 décembre 1905, *SRM*, 26 décembre 1905: 403-404.

29. Ce congrès prit l'ampleur d'un congrès national. Des délégués de tous les diocèses du Québec et de la Nouvelle-Angleterre y assistèrent, de même que la délégation française au Congrès eucharistique international qui avait lieu quelques jours plus tard à Montréal. La décision de tenir ces assises avait été prise en décembre 1909, peut-être à cause du succès qu'avait connu le Congrès de tempérance de Montréal, tenu le 25 octobre 1909, organisé par le curé J.-P. Desrosiers de la paroisse Saint-Pierre-aux-Liens. Voir: *Premier congrès de tempérance du diocèse du Québec, 1910. Compte rendu*, Québec, Action sociale catholique, 1911, 798p.

30. R.P. Hugolin, o.f.m., *La lutte antialcoolique dans la province de Québec depuis 1906*, Montréal, ESP, 1912, 31p.

31. Robert Rumilly, *op. cit.*, XVIII: 72-73.

32. La commission était composée des juges Henry George Carroll, président, George Cross et Auguste Tessier. Elle remit son rapport en septembre 1913, dont les conclusions étaient d'éduquer le peuple et d'améliorer ses conditions d'existence. Les commissaires prirent position contre la prohibition totale.

33. De mai à novembre 1919 à Québec, les médecins auraient émis 15 069 prescriptions et la vente des spiritueux s'élève à 351 448$! Voir: *Canadian Annual Review*, 1920: 657-658.

34. *SRQ*, 1919: 82-84.

35. *La Défense*, 18 janvier 1898.

36. Mgr L.-N. Bégin au supérieur des Missionnaires du Sacré-Cœur, 12 décembre 1902, AAQ, 210 A, RL XXXVIII: 426-428.

37. *SRM*, 15 février 1904: 94-98.

38. Mgr L.-N. Bégin, «Lettre pastorale», 31 mars 1907. Aussi: Mgr L.-N. Bégin, «Conférence de L.-N. Bégin à ses prêtres», AAQ, 50 CA, *Action catholique*, I: juillet 1907.

39. La date est celle du début de l'emprise de l'Église sur le journal; elle coïncide parfois avec sa fondation.

40. *Ligue de la presse catholique de langue française du Canada et des États-Unis*, Québec, Secrétariat général de la Ligue de la presse catholique, 1914, 63p.

41. Mgr Raymond-Marie Rouleau à Charles Charlebois, 23 août 1923, ANQ, *APG*, 428-19.

42. Mgr L.-N. Bégin au directeur de *L'Action catholique*, 193, AAQ, 210 A, RL XLI: 437-439.

43. Les travaux de Jacques Rouillard, cités dans la bibliographie, comportent une liste des meilleurs ouvrages sur le sujet.

44. Le mémoire est conservé dans le Fonds Papin Archambault, ASCJF, R-3, 24-1, 19.

45. *Le Canadien*, 11 novembre 1915.

46. L'abbé Émile Cloutier à un militant, 13 mars 1913, ANQ, APG, 428-19.

47. *SRQ*, 1916: 461-464.

48. Arthur SAINT-PIERRE, *op. cit.*: 18s.

49. *SRQ*, 1930-1931: 194-198.

50. *L'organisation ouvrière catholique au Canada*, Montréal, ESP, [1922], 32p.: 12-15, Aussi: *Notes du père Archambault sur l'histoire de l'École sociale populaire*, ASJCF, Fonds Papin Archambault, R-3, 24, B-36.

51. Arthur SAINT-PIERRE, *Ce que je pense sur...*, Montréal, Bibliothèque canadienne, 1927, 185p.: 121-124.

Chapitre IV: La charge des choses

1. T.-D. BOUCHARD, *Mémoires*, Montréal, Beauchemin, 1960, Tome III: 30.

2. Fernand DUMONT, «Du début du siècle à la crise de 1929: un espace idéologique», *Idéologies au Canada français, 1900-1929*, Québec, Les Presses de l'Université Laval, 1973: 1-17.

3. Gilles ROUTHIER, *La doctrine sociale et le mouvement catholique. L'École sociale populaire (1930-1936)*, thèse de maîtrise en théologie, Université Laval, 1980, 214p.: 211-214.

4. Germain LESAGE, «Un fil d'Ariane», dans: P. HURTUBISE *et al.*, *Le laïc dans l'Église canadienne-française de 1830 à nos jours*, Montréal, Fides, 1972: 51.

5. *Procès-verbal de la réunion des archevêques et évêques de la province civile de Québec*, 14 mai 1924.

6. La polémique entre *Le Soleil* et *L'Action catholique* est relatée dans l'ouvrage d'Antonin DUPONT, *Les relations entre l'Église et l'État sous Alexandre Taschereau (1920-1936)*, Montréal, Guérin, 1973, 366p.

7. Mgr L.-N. Bégin aux évêques de la province ecclésiastique de Québec, 16 décembre 1905, AAQ, 210 A, RL XXXIX: 210-211.

8. *Quelques notes sur le projet de fusion des commissions scolaires à Montréal par l'abbé M. Décarie*, 1909, ASCJCF, Fonds Grenier, 7629.

9. Mgr L.-N. Bégin au curé de Saint-Ferdinand, 6 décembre 1904, AAQ, 210 A, RL XXXIX: 95-96.

10. C.-J. MAGNAN, *À propos d'instruction obligatoire*, Québec, Action sociale, 1919, 120p.: 38.

11. *Le Pays*, 25 septembre 1920. Cité par Antonin DUPONT, *op. cit.*

12. Mgr L.-N. Bégin à Mgr D. Sbarretti, 4 avril 1906, AAQ, 210 A, RL XXXIX: 243-244.

13. Dans ses mémoires, Ceslas-Marie FOREST, *o.p.*, écrit: «C'est le P. Rouleau qui défendit le P. Marion. On fit l'entente suivante. Le P. Marion retirerait la première édition de son volume et en publierait une seconde où serait supprimé le chapitre contre Mgr Paquet.»

14. B.-L. VIGOD, «Qu'on ne craigne pas l'encombrement des compétences: le gouvernement Taschereau et l'éducation, 1920-1929», *RHAF*, XXVIII, 2, 1974: 228.

15. *Le Devoir*, 10 septembre 1921. Cité par C.-J. MAGNAN, *Éclairons la route*, Québec, Garneau, 1922, 246p.: 31.

16. Sur ces interprétations, lire: Marcel HAMELIN (éd.), *Les mémoires du sénateur Raoul Dandurand (1861-1942)*, Québec, Les Presses de l'Université Laval, 1967, 374p.: 256.

17. Paul-André LINTEAU et al., *Histoire du Québec contemporain. De la Confédération à la crise*, Montréal, Boréal Express, 1979, 660p.: 540.

18. Mgr L.-N. Bégin au secrétaire du Comité des fonds de pension pour les vieillards, 5 octobre 1912, AAQ, RL XL: 237.

19. Mgr Ross à L.-A. Taschereau, 13 janvier 1922, AEG, *Fonds Ross*.

20. «Mémoire annexé à la requête de l'épiscopat en date du 13 janvier 1922», AEG, *Fonds Ross*, 15p.

21. *L'Événement*, 22 janvier 1928.

22. *Le Soleil*, 20 juin 1928.

23. Léon LEBEL, *Les allocations familiales, solution du problème des familles nombreuses*, Montréal, ESP,1927, 64p.: 48. («Brochures», 159-160.)

24. Les données qui suivent donnent des totaux respectivement de 457 et 446.

25. Mgr L.-N. Bégin au délégué apostolique, 20 août 1905, AAQ, 210 A, RL XXXIX: 64-65.

26. Mgr L.-N. Bégin au curé de Sainte-Louise, 20 avril 1903, AAQ, 210 A, RL XXXVIII: 477-479.

27. Mgr L.-N. Bégin au délégué apostolique, 25 juillet 1903, AAQ, 210 A, RL XXXVIII: 500-503.

28. Mgr L.-N. Bégin au premier ministre, 15 janvier 1924, AAQ, 210 A, RL XLI: 483.

29. Arthur SAINT-PIERRE, *L'œuvre des congrégations religieuses de charité dans la province de Québec (en 1930)*, Montréal, Bibliothèque canadienne, 1932, 245p.

30 *Annales de la Maison Sainte-Domitille, œuvre de préservation*, Montréal, Imprimerie de l'Institution des sourds-muets, 1919, 427p.

31. Paul-Henri BARABÉ, o.m.i., *Un siècle de miséricorde*, Ottawa, Éditions de l'Université, 1948, 410p.

32. Mgr L.-N. Bégin au maire de Lévis,11 septembre 1921, AAQ, 210 A, RL XLI: 341.

33. Robert RUMILLY, *op. cit.*, XII: 104.

34. *Les Corporations religieuses et l'exemption de taxes. Étude juridique et statistique*, Québec, 1912, 102p.

35. Mgr P.-E. Roy à Napoléon Drouin, 26 novembre 1910, AAQ, 210 A, RL XL: 58-59.

36. Le cardinal L.-N. Bégin à Mgr F.-X. Cloutier, 29 mars 1915, AAQ, 210 A, RL XL: 415.

37.   Le cardinal L.-N. Bégin à L.-A. Taschereau, 13 décembre 1922, AAQ, 210 A, RL XLI: 418. Aussi, le même au notaire Joseph Sirois, 23 novembre 1922.

38.   Marcel Martineau, *Appel aux patriotes. Projet de colonisation*, Montréal, ESP, 1916, 32p.: 7. («Brochures», 61.)

39.   Nous signalons en bibliographie les ouvrages de Faucher, Roby et Turcotte sur le mouvement coopératif. La présente section est empruntée en substance surtout à Faucher.

40.   Mgr L.-N. Bégin au pape, 11 janvier 1911, AAQ, 210 A, RL XL: 160.

41.   Mgr L.-N. Bégin aux curés de la ville, 25 mai 1901, AAQ, 210 A, RL XXXVIII: 241s.

42.   Mgr André-Albert Blais à Mgr Émile Legal,o.m.i., 18 juillet 1899, AAR, Reg. 0: 92.

43.   Nous remercions Yves Hébert qui nous a communiqué ces informations sur l'abbé Ivanhoé Caron.

44.   Nous signalons en bibliographie les travaux de Faucher et de Beauchamp auxquels sont empruntées la plupart des données sur les coopératives.

45.   La fondation de l'U.C.C. est racontée par Firmin Létourneau, *L'U.C.C.*, [s.1.], 1949, 249p.

46.   *Procès-verbal de la réunion des archevêques et évêques de la province civile de Québec*, 2 février 1926.

47.   Edmour Hébert, *Le problème social et sa solution*, Montréal, ESP, 1919,32p.: 12. («Brochures», 86.)

48.   Jacques Rouillard, *Histoire de la C.S.N. (1921-1981)*, Montréal, Boréal Express, 1981, 335p.

49.   *Id.*: 86.

50.   *Mémoire sur le syndicalisme catholique au Canada, présenté à N.N.S.S. les archevêques et évêques de la province de Québec*, Montréal, Librairie Beauchemin, mars 1927, 29p.

51.   William F. Ryan, *The Clergy and Economic Growth in Quebec (1896-1914)*, Québec, Les Presses de l'Université Laval, 1966, 348p.

52.   Yves Roby, *Les Québécois et les investissements américains (1918-1929)*, Québec, Les Presses de l'Université Laval, 1976, 250p.

Chapitre V: L'âme du peuple

1.   Cette position est celle de Mgr L.-A. Paquet, dont on trouvera en bibliographie certains travaux. Aussi: Lionel Groulx, *Mes mémoires*, II: 173-174.

2.   Samuel Bellavance, s.j., *La formation d'apôtres sociaux par l'A.C.J.C.*, Montréal, ESP, 1915, 32p.: 6-8. («Brochures», 47.)

3. *La Vérité*, 2 avril 1904.

4. Mathieu GIRARD, «La pensée politique de Jules-Paul Tardivel», *RHAF*, XXI, 3, décembre 1967: 397-428.

5. *Le Nationaliste*, 3 avril 1904.

6. Voir, entre autres: Joseph LEVITT, «Henri Bourassa: The catholic social order and Canada's mission», dans: F. DUMONT *et al.* (éds), *Idéologies au Canada français, 1900-1929*, Québec, Les Presses de l'Université Laval, 1974, 377p.: 193-222.

7. Marcel-A. GAGNON, *La vie orageuse d'Olivar Asselin*, Montréal, Éditions de l'Homme, 1962, volume I.

8. Lionel GROULX, *Mes mémoires*, II: 197.

9. *Premier congrès de la langue française*, Québec, L'Action sociale, 1913.

10. Robert RUMILLY, *op. cit.*, XVII: 134-149.

11. René DUROCHER, «Henri Bourassa, les évêques et la guerre de 1914-1918», *Historical Papers/Communications historiques [CHR/SCH]*, 1971: 248-275.

12. «Lettre pastorale de NN.SS les Archevêques et les Évêques des provinces ecclésiastiques de Québec, de Montréal et d'Ottawa sur les devoirs des catholiques dans la guerre actuelle», 23 septembre 1914.

13. Élizabeth Howard ARMSTRONG, *The Crisis of Quebec, 1914-1918*, New York, Columbia University Press, 1937, 270p.: 58.

14. Robert RUMILLY, *op. cit.*, XXI, 1916: 17-18.

15. Citation de René DUROCHER, *op. cit.*

16. Citation de René DUROCHER, *op. cit.*.

17. La polémique a donné lieu à quelques ouvrages, dont *Halte-là* de Jean VINDEX et *Lettre d'un patriote* de l'abbé Joseph-Arthur D'AMOURS.

18. Mgr L.-N. Bégin à Mgr Paul Bruchési, 27 juillet 1917, AAQ, 210 A, RL XLI: 30.

19. Mgr L.-N. Bégin à R.L. Borden, 12 avril 1918, AAQ, G, IX: 209.

20. Mgr L.-N. Bégin à ses collègues de l'épiscopat, 14 juin 1918, AAQ, 20 A, *Évêques de Québec*, VIII: 135b.

21. Le cardinal L.-N. Bégin à Benoît XV, 3 septembre 1918, AAQ, 210 A, RL XLI: 106-110.

22. *Déclaration de l'épiscopat canadien touchant la question scolaire manitobaine, 23 mars 1897, Projet de...* 15p., AAQ, 210 A, RL XLI: 106-110.

23. Mgr L.-A. PAQUET, «L'Église et les survivances nationales», 9 juin 1924, *Études et appréciations*: 210-237.

24. Lionel GROULX, *Mes mémoires*, IV: 53-54.

25. *L'Action française*, II, 8, 1918.

26. *L'Action française*, V, 3, 1921.

27. *L'Action française*, V, 1, 1921.

28. Lionel GROULX, *Au Cap Blomidon. Roman*, Montréal, [s.é.], 1932, 239p.: 113.

29. Lionel GROULX, *Mes mémoires*, II: 13.

30. Lettre pastorale collective de l'épiscopat, 1927.

31.   Mandement de Mgr Paul Bruchési, 13 avril 1921.

32.   A. BISSONNETTE, o.p., «La cité et les bonnes mœurs», *Semaines sociales du Canada*, IX, 1929: 93.

33.   Mgr C.-A. Marois aux évêques, 10 mars 1904, AAQ, 210 A, RL XXXIX: 28-29.

34.   Robert RUMILLY, *op. cit.*, XII: 144-159.

35.   R.P. TRUDEAU, o.p., «Le repos du dimanche», *Semaines sociales du Canada*, 1922: 112-131.

36.   *La Croix*, 25 janvier 1923. Aussi: *SRM*, 1923: 66ss.

37.   *SRQ*, 1918: 415.

38.   Robert RUMILLY, *op. cit.*, XXIX: 102.

39.   *SRM*, février 1923: 67.

40.   Oscar HAMEL, *Le Cinéma*, Montréal, ESP, 1928, 32p. («Brochures», 170.)

41.   *SRQ*, 1918: 415.

42.   Mgr L.-N. Bégin au délégué apostolique, 28 décembre 1911, AAQ, 210 A, RL XL: 146.

43.   Mgr de Rimouski au curé J.-A. Chalifour, AAR, Reg. N, 1898-1899: 180.

44.   Valérien BÉLANGER fait un exposé de la question dans: «En marge d'un arrêt de la Cour d'appel de la province de Québec», *Le Séminaire*, VI, 3, 21 novembre 1941: 236-243.

45.   Robert RUMILLY, *op. cit.*, X: 31-47.

46.   Robert RUMILLY, *op. cit.*, X: 41-43. Nous empruntons ici notre information à Rumilly.

47.   Le délégué apostolique à Mgr J.-M. Émard, 7 janvier 1912, EV, *Fonds du Délégué apostolique*.

48.   Mgr Joseph-Médard Émard au délégué apostolique, 15 janvier 1912, EV, *Fonds du Délégué apostolique*.

49.   *Procès-verbal de la réunion des archevêques et évêques de la province civile de Québec*, 1er février 1927.

50.   Mgr F.-X. Ross aux paroissiens de Saint-Bonaventure, 29 juin 1926, AEG, Grand Registre de correspondance: 142-143.

51.   Sœur M.-Amadeus WELTON, *op. cit.*: 198.

52.   *SRQ*, 1916-1917: 274-278.

53.   *L'Action catholique*, 6 mars 1917.

54.   *La Bonne parole*, 9 mai 1921.

55.   *Mémoires du père Ceslas-Marie Forest, o.p., (1885-1970)*, 189p., dactylographié, AUM.

56.   *Revue dominicaine*, juillet-août 1926: 385-404.

57.   *SRM*, XLIII, 9, 29 février 1904: 138.

58.   C.-A. Marois à J.-C.-K. Laflamme, 8 mars 1904, AAQ, 210 A, RL XXXIX: 26-27.

59.   *Le Devoir*, 9 mars 1918: 2.

60.   En 1921, dans la revue *Musique*, le jésuite C.-H. Lefebvre publie une série d'articles sur la réforme de la musique sacrée.

61. *Congrès eucharistique régional de Sainte-Thérèse. Diocèse de Montréal, 12-14 septembre 1913*, Montréal, Imprimerie du Petit Messager du T.S. Sacrement, 1914, 162p.: 74.

62. Mgr L.-N. Bégin, «Circulaire au clergé, 10 mai 1911», *SRQ*, 1911: 659-663.

63. *SRM*, LXI, 1913: 92-93.

64. Gabriel DUSSAULT, *La représentation des fins dernières dans la culture religieuse populaire de 1900 au Québec*, thèse de licence en théologie, Faculté de théologie de la Compagnie de Jésus, 1971, 77p.

65. Fernand DUMONT, «La paroisse, une communauté», *Communauté chrétienne*, 1, 1962: 23.

66. Gérard BOUCHARD, «Les prêtres, les capitalistes et les ouvriers à Chicoutimi (1896-1930)», *Mouvement social*, 112, juillet-septembre 1980: 15-16.

67. Le père François Bouchard, c.s.s.r., de Sainte-Anne-de-Beaupré, a eu l'amabilité de nous communiquer ces observations.

68. *Mémoire sur le syndicalisme catholique au Canada*, Montréal, Librairie Beauchemin, mars 1927, 29p.: 12.

69. *Le Devoir*, 12 septembre 1910.

70. *SRM*, LXII, juillet 1913: 44-46.

71. Eugène NADEAU, o.m.i., *Victor Lelièvre, pêcheur d'hommes*, Cap-de-la-Madeleine, Éditions Notre-Dame-du-Cap, 1964, 402p.

72. Mgr LANDRIEUX, «La paroisse canadienne dans la province de Québec. Lettre pastorale», *SRQ*, 1921-1922: 537-538.

73. «Lettre pastorale de Nos Seigneurs l'Archevêque de Québec et les Évêques de la province ecclésiastique de Québec sur le fléchissement de la moralité et le naturalisme de la vie», 2 février 1927.

74. Serge GAGNON et René HARDY, *L'Église et le village au Québec, 1850-1930. L'enseignement des cahiers de prône*, Montréal, Leméac, 1979, 174p.

75. Statistiques compilées par l'abbé Payette, curé de Longueuil, *SRM*, février 1913.

76. «Situation eucharistique du district de Sainte-Thérèse», *Congrès eucharistique régional de Sainte-Thérèse*, Diocèse de Montréal, 12-14 septembre 1913: 72-73.

L'aube d'une civilisation urbaine

1. Esdras MINVILLE, *Instruction ou éducation. À propos de réforme de l'enseignement secondaire*, Montréal, ESP, 1931, 64p. («Brochures», 204-205.)

2. André SÉNÉCAL, «La thèse messianique et les Franco-Américains», *RHAF*, XXXIV, 4, mars 1981: 557-567.

3. T.R.P. ALEXIS, o.f.m. cap., «L'avenir de la langue française dans l'Amérique du Nord», *Almanach de l'Action sociale catholique*, 1928: 50-52.

4. Mgr François-Xavier Ross à Mgr Louis Rhéaume, 13 mars 1925, AEG, lettre non classée.

5. *Procès-verbal de la réunion des archevêques et évêques de la province civile de Québec*, 25 avril 1928.

6. *Procès-verbal de la réunion des archevêques et évêques de la province civile de Québec*, 19 mai 1931.

7. R.P. BONHOMME, *Les œuvres dans la cité*, Montréal, ESP, 1929, 32p. : 28-30. («Brochures», 189.)

8. Arthur DESCHÊNES, «La Fédération des œuvres de charité canadienne-française», *Le Séminaire*, 25, mars 1937.

9. Émile BOUVIER, s.j., *Le samaritanisme moderne ou service social*, Montréal, ESP, 1940, 32p. («Brochures», 317.)

10. *Procès-verbal de la réunion des archevêques et évêques de la province civile de Québec*, 10 mai 1935. Document annexé.

11. Marcel FOURNIER, *Communisme et anti-communisme au Québec (1920-1950)*, Montréal, Albert Saint-Martin, 1979, 165p.

12. Papin ARCHAMBAULT, s.j., *La menace communiste au Canada*, Montréal, ESP, 1934, 62p. («Brochures», 254-255.)

13. *Mémoire sur la nécessité d'une propagande anticommuniste présenté aux ministres de langue française du Canada*, 7 décembre 1930, ASJCF, *Fonds Papin Archambault*.

14. Mgr Georges Gauthier, *Circulaire au clergé*, 23 avril 1936.

15. *Almanach de l'Action sociale catholique*, 1930: 9.

16. Mgr Georges Gauthier, *Circulaire au clergé*, 23 avril 1936.

17. *Almanach de l'Action sociale catholique*, 1934: 94-95.

18. Quelques lettres de l'abbé Philippe Casgrain sont conservées dans le *Fonds du journal L'Action catholique*, ANQ, AP-G, 428-269.

19. Ferdinand CADIEUX, o.f.m., *Archange Godbout, o.f.m.*, [Montréal], Éditions franciscaines, 1957.

20. Michelle de SAINT-ANTOINE, *«Sa parole est ardente» (Pierre Gravel, prêtre)*, [s.1.n.é.], 1969: 91-98.

21. Gilles ROUTHIER a décrit la lecture théologique de la crise dans *La doctrine sociale et le mouvement catholique: l'École sociale populaire, 1930-1936*, thèse de maîtrise en théologie, Université Laval, mars 1980, 214p.

22. C.-E. DORION, *Les communautés religieuses dans la cité*, Montréal, ESP, 1929, 32p.: 15-29. («Brochures», 183.)

23. Nous empruntons les éléments fondamentaux de nos propos sur le lacouturisme à l'ouvrage d'Anselme LONGPRÉ, à l'article de Jean-Claude DROLET dans le *RSCHEC* (1973: 55-87) et à la correspondance de Mgr Alfred Langlois, évêque de Valleyfield.

24. Mgr Alfred Langlois à Pie XII, 15 octobre 1950, AEV, lettre non classée.

25. *Procès-verbal de la réunion des archevêques et évêques de la province civile de Québec*, 4 octobre 1938.

26. Voir: «Mandement du cardinal Raymond-Marie Rouleau», 6 janvier 1931.

27. *Procès-verbal de la réunion des archevêques et évêques de la province civile de Québec*, 1933. Document annexé: «Faut-il un nouveau catéchisme? Quelle méthode?»

28. Robert GAUDET et Réginald MARSOLAIS, «Activités catéchistiques dans le diocèse de Joliette», *Le Séminaire*, septembre 1955: 141-146 et décembre 1955: 210-219. Aussi: Norbert FOURNIER, «Où en est notre mouvement catéchétique?», texte dactylographié, [c1963], 6p.

29. *Procès-verbal de la réunion des archevêques et évêques de la province civile de Québec*, 30 novembre 1937.

30. *Procès-verbal de la réunion des archevêques et évêques de la province civile de Québec*, 4 octobre 1938.

31. La *SRQ* a publié le mandement du 15 octobre 1932, la conférence du 14 février 1933, les *Instructions* du 4 juin 1933. Papin ARCHAMBAULT commente ces textes dans: *L'action catholique au Canada*, Montréal, ESP, 1937, 32p. («Brochures», 287.)

32. Assemblée épiscopale canadienne, *Procès-verbal de la réunion tenue à Québec*, les 21 et 22 juin 1938.

33. *Procès-verbal de la réunion des archevêques et évêques de la province civile de Québec*, 13 décembre 1938.

34. *Procès-verbal de la réunion des archevêques et évêques de la province civile de Québec*, 30 novembre 1937.

35. Les informations sur cette crise sont tirées des *Mémoires d'Alfred Charpentier*, Québec, Les Presses de l'Université Laval, 1971, 539p.: 84-130.

36. *Mémoire de Gustave C. Piché au cardinal Villeneuve, 27 janvier 1937*. Aussi: *Notes concernant la situation de nos bûcherons. Rapport de l'aumônier général des bûcherons, 17 mai 1951*, 1951, AEG, documents non classés.

37. Raymond-Marie Rouleau, o.p., 1900. Lettre reproduite dans: J.-Antonin PLOURDE, *Dominicains au Canada, livre des documents*, II. *1881-1911*, Montréal, Lévrier, 1975, 588p. Une bonne part des informations de cette section sont tirées de cet ouvrage, ainsi que de *Communauté chrétienne*, 70, juillet-août 1973. *(Pour l'amour d'un pays. Cent ans au service d'un peuple.)* Merci au père Benoît Lacroix qui nous a communiqué ces sources.

38. *Activités philosohiques, 1945-1956*, Université de Montréal, 1946.

39. Voir: Lucienne FORTIN, «Les Jeunes-Canada», dans: F. DUMONT *et al.* (dir.), *Idéologies au Canada français, 1930-1939*, Québec, Les Presses de l'Université Laval, 1978.

40. Thérèse DUMESNIL, *Pierre Dansereau. L'écologiste aux pieds nus*, Montréal, Nouvelle Optique, 1981.

41. Voir: Jean-Charles FALARDEAU, «La génération de *La Relève*», *RS*, VI, 2, 1965; A.-J. BÉLANGER, *L'apolitisme des idéologies québécoises*, Québec, Les Presses de l'Université Laval, 1974, ch. II: «La Relève, une mystique à prétention universelle».

42. Jean-Charles HARVEY, *Jeunesse*, Québec, Vivre, 1935. («Les cahiers noirs».)

43. Gabriel Clément, *Histoire de l'action catholique au Canada français*, Montréal, Fides, 1972, 332p.

44. Simone Chartrand, *Ma vie comme rivière*, Montréal, Remue ménage, 1981, 272p.

45. *Procès-verbal de la réunion des archevêques et évêques de la province civile de Québec*, 31 janvier 1933.

46. *SRQ*, 2 avril 1935: 482s.

47. *Mes mémoires*, IV: 14.

48. Noël Bélanger raconte ce débat dans: *Mgr Georges Courchesne et les mouvements d'Action catholique*, thèse de doctorat en histoire, Université Laval, 1982, 563p. Voir aussi: «Mémoire sur l'organisation de la jeunesse dans l'Action catholique. Les spécialisations», 1er février 1934, 13p., AAR, *A.C.J.C. et A.C., 1908-1962.*

49. *Procès-verbal de la réunion des archevêques et évêques de la province civile de Québec*, 10 mai 1938.

50. E. Gagnon, «La lecture de l'Écriture sainte par les fidèles», *Le Séminaire*, VI, 1941: 19-47, 130-139, 187-199 et VII: 126-146.

51. Mgr Wilfrid Lebon, «La journée des Treize», *Les vingt-cinq ans de l'École sociale populaire*, 1911-1936, Montréal, ESP, 1936, 32p.

52. Ce programme des laïcs, dit programme numéro 2, a été publié dans *Le programme de restauration sociale expliqué et commenté*, Montréal, ESP, 1934, 80p. («Brochures», 239-240.)

53. *Procès-verbal de la réunion des archevêques et évêques de la province civile de Québec*, 6 février 1934.

54. Richard Arès, s.j., *Catéchisme de l'organisation corporative*, Montréal, ESP, 1938. («Brochures», 289-290.)

55. Esdras Minville, *Comment établir l'organisation corporative au Canada*, Montréal, ESP, 1936. («Brochures», 272.)

56. Victor Barbeau, *Pour nous grandir; essai d'explication des misères de notre temps*, Montréal, Le Devoir, 1937, 242p.: 229-230.

57. Cette interprétation de l'idéologie corporatiste est celle de Nicole Gagnon. Il y aurait des réserves à y faire. (J.H.)

58. *Procès verbal de la réunion des archevêques et évêques de la province civile de Québec*, 27 septembre 1932.

59. Raymond Duchesne, *La science et le pouvoir au Québec (1920-1965)*, Québec, Éditeur officiel du Québec, 1978, 126p.

60. *Le Devoir*, 17 janvier 1941: 8.

61. Cette interprétation reste conjecturale. Nous regrettons qu'on nous ait refusé de consulter le fonds Villeneuve, qui est capital pour la compréhension du Québec contemporain.

ORIENTATIONS BIBLIOGRAPHIQUES

Cet ouvrage repose sur une documentation manuscrite limitée. Les procès-verbaux de l'Assemblée des évêques du Québec (A.E.Q.), complétés par leurs documents annexés, et certains rapports de commissions épiscopales et de comités spéciaux en constituent l'épine dorsale. Ces procès-verbaux consignent les décisions et les vœux mais non les débats. De plus, nous avons eu l'occasion d'explorer quelques fonds propres à chaque période: le *Fonds du cardinal Louis-Nazaire Bégin* (AAQ), le *Fonds Papin Archambault, s.j.* (ASJCF), le *Fonds de l'Action catholique canadienne* (AUM), le *Fonds du journal* L'Action (ANQ), la *Correspondance de Mgr Alfred Langlois* (AEV).

La lecture des périodiques est la voie la plus rapide pour cerner l'évolution des divers aspects du catholicisme. Nous en avons inventorié un certain nombre, à l'exception des revues pieuses. Les uns, tels *La Semaine religieuse de Québec*, *La Semaine religieuse de Montréal*, *L'Église canadienne*, sont des revues officielles qui publient des extraits de documents pontificaux ou épiscopaux, des règlements et des directives, des reportages et des éphémérides, des commentaires. Les autres, tels *Relations* et *Maintenant*, commentent l'actualité, dressent des bilans, soutiennent des campagnes. Nous avons eu aussi recours aux revues spécialisées, telles *Laïcat et mission*, le *Bulletin missionnaire du clergé*, *Liturgie et vie chrétienne*, *Le Séminaire*, pour traiter l'histoire des missions et l'évolution de la liturgie, de la catéchèse et de la pastorale.

Les sources imprimées constituent un corpus considérable. Elles consistent en divers types d'ouvrages: mémoires d'un individu, actes d'un congrès, essais, manifestes et programmes d'une association ou d'un mouvement, discours et conférences, statistiques, dossiers et recueils de documents, rapports de comité, enquêtes et requêtes, etc. En cette matière, la distinction entre études et sources est souvent affaire de perspective. La liste ci-dessous comprend presque tous les titres cités dans notre ouvrage, plus certains autres titres qui, pour n'être pas nommément cités, nous ont aidés à pénétrer le contexte d'une période.

L'A.C.J.C. Convention régionale des groupes québecquois, tenue le 27 mai 1906, à la salle Loyola. Compte rendu compilé par les organisateurs de la convention, Québec, Imprimerie de la Compagnie de l'Événement, 1906, 62p.

Acta et decreta Concilii Plenarii Quebecensis Primi, anno Domini MCMIX, Quebeci, 1912, 711p.

Annales de la Maison Sainte-Domitille, œuvre de préservation, Montréal, Imprimerie des sourds-muets, 1919, 427p.

Archambault, Joseph-Papin, s.j., *L'œuvre qui nous sauvera*, Montréal, Éditions du Messager canadien du Sacré-Cœur, 1909, 76p.

——— *La menace communiste au Canada*, Montréal, École sociale populaire, mars-avril 1934, 64p. («Brochures», 254-255.)

Arès, Richard, s.j., *Petit catéchisme anticommuniste*, Montréal, École sociale populaire, février 1937, 32p. («Brochures», 277.)

——— *Catéchisme de l'organisation corporative*, Montréal, École sociale populaire, février-mars 1938, 64p. («Brochures», 289-290.)

Asselin, Olivar, *L'Action catholique, les évêques et la guerre. Petit plaidoyer pour la liberté de pensée du bas clergé et des laïques catholiques en matière politique*, Montréal, Chez l'Auteur, 1915, 82p.

Barbeau, Victor, *Pour nous grandir; essai d'explication des misères de notre temps*, Montréal, *Le Devoir*, 1937, 242p.

Bissonnette, A., o.p., «La cité et les bonnes mœurs», *Semaines sociales du Canada*, IX, 1929: 83-101.

Bonhomme, R.P., *Les œuvres dans la cité*, Montréal, École sociale populaire, 1929, 32p. («Brochures», 189.)

Bouchard, Télesphore-Damien, *Mémoires*, Préface de Monseigneur Arthur Maheux, Montréal, Beauchemin, 1960, 3 vol.

Bouvier, Émile, *Le samaritanisme moderne ou service social*, Montréal, École sociale populaire, 1940, 32p. («Brochures», 317.)

Cadieux, Ferdinand, o.f.m., *Archange Godbout, o.f.m.*, [Montréal], Éditions franciscaines, 1957, 104p.

Le Canada ecclésiastique, Montréal, Beauchemin, 1886-1974. (Publication annuelle).

Charpentier, Alfred, *Cinquante ans d'action ouvrière. Les mémoires d'Alfred Charpentier*, Québec, Les Presses de l'Université Laval, 1971, 539p.

Chartrand, Simone, *Ma vie comme rivière*, Montréal, Remue-ménage, 1981, 272p.

Congrès eucharistique national de Québec, 22-26 juin 1938. Compte rendu officiel, Québec, L'Action catholique, 1939, 812p.

Congrès eucharistique régional de Sainte-Thérèse. Diocèse de Montréal, 12-14 septembre 1913, (Montréal, Imprimerie du Petit Messager du T.S. Sacrement, 1914), 162p.

Congrès national des prêtres-adorateurs du Canada tenu à Montréal les 13, 14 et 15 juillet 1915, Montréal, Bureaux des œuvres eucharistiques, 1915, 462p.

Constitutions synodales du diocèse de Montréal publiées et promulguées par Son Excellence Révérendissime Monseigneur Georges Gauthier, Montréal, Archevêché de Montréal, 1938, 322p.

Les corporations religieuses et l'exemption de taxes. Étude juridique et statistique, Québec, Archevêché de Québec, 1912, 102p.

Deschênes, Arthur, «La fédération des œuvres de charité canadienne-française», *Le Séminaire*, 25, mars 1937: 67-70.

Dorion, C.E., *Les communautés religieuses dans la cité*, Montréal, École sociale populaire, 1929, 32p. («Brochures», 183.)

Dugré, Alexandre, *Vers les terres neuves*, Montréal, École sociale populaire, 1917, 72p. («Brochures», 62-64.)

L'École sociale populaire. Son but, son organisation, son programme, Montréal, École sociale populaire, 1911, 20p. («Brochures», 1.)

En pleine masse ouvrière. Rapport des journées d'études sacerdotales de la Jeunesse ouvrière catholique, à l'occasion du dixième anniversaire de la J.O.C. canadienne, 1932-1942, Montréal, Fides, 1942, 386p.

Fédération régionale des Ligues du Sacré-Cœur de Montréal. Rapport du premier congrès d'apostolat, Montréal, Imprimerie Adj. Ménard, 1909, 127p.

Forest, Ceslas-Marie, o.p., *Mémoires du père Ceslas-Marie Forest, o.p., 1885-1970*, 189p. (Dactylographié).

———— «Droit de vote, suffrage féminin et féminisme», *Revue dominicaine*, juillet-août 1926: 385-404.

Gagnon, E., «La lecture de l'Écriture Sainte par les fidèles», *Le Séminaire*, VI, 1941: 19-47, 130-139, 187-199 et VII: 126-146.

Gauthier, Mgr Georges, *La doctrine sociale de l'Église et la Coopérative Commonwealth Federation (C.C.F.)*, Montréal, École sociale populaire, 1933, 31p. («Brochures», 242.)

Gohiet, R.P. Ch., *Conférences sur la question ouvrière données à l'église Saint-Sauveur de Québec*, Préface du R.P. J.-J. Filliâtre, Québec, Leclerc & Roy, 1892, 189p.

Groulx, abbé Lionel, *Une croisade d'adolescents*, Québec, Imprimerie l'Action sociale limitée, 1912, 264p.

———— (Alonié de Lestres), *Au cap Blomidon. Roman*, Montréal, [s.é.], 1932, 239p.

———— *Mes mémoires*, Montréal, Fides, 1970-1974, 4 vol.

Hamel, Oscar, *Le cinéma, ce qu'il est dans notre province. L'influence néfaste qu'il exerce. Les réformes urgentes qui s'imposent*, Montréal, École sociale populaire, 1928, 30p. («Brochures», 170.)

Hamelin, Marcel (éd.), *Les mémoires du sénateur Raoul Dandurand, 1861-1942*, Québec, Les Presses de l'Université Laval, 1967, 374p.

Harvey, Jean-Charles, *Jeunesse*, Québec, Vivre, 1935. («Les cahiers noirs»)

Huot, abbé J.-Antonio, *Le fléau maçonnique*, Québec, Dussault & Proulx, 1906, 178p.

———— *Le poison maçonnique*, Québec, Éditions de l'Action sociale catholique, 1912, 34p. («Lectures sociales populaires», 1.)

———— *La question juive chez nous*, Québec, Action sociale limitée, 1926, 16p.

———— *La question juive: quelques observations sur la question du meurtre rituel*, Québec, Éditions de l'Action sociale catholique, 1914, 37p. («Lectures sociales populaires»)

Les journées sociales à Québec, 26 et 27 juillet 1919. Cercles catholiques des voyageurs de commerce, Québec, Imprimerie l'Action sociale limitée, 1920, 87p.

Lalande, Hermes, s.j., *L'instruction obligatoire: principes et conséquences*, Montréal, Imprimerie du Messager, 1919, 151p.

Lapointe, Mgr Eugène, *Le travail du dimanche dans notre industrie*, Montréal, École sociale populaire, 1922, 32p. («Brochures», 107.)

Lebel, Léon, *Les allocations familiales. Solution du problème des familles nombreuses*, Montréal, École sociale populaire, 1927, 64p. («Brochures», 159-160.)

Lebon, Mgr Wilfrid, «La journée des Treize», *Les vingt-cinq ans de l'École sociale populaire, 1911-1936*, Montréal, École sociale populaire, 19, 62p.: 22-30. («Brochures», 269-270.)

Lecompte, Edward, s.j., *Nos voyageurs. Association catholique des voyageurs de commerce du Canada*, Montréal, La Vie nouvelle, 1920, 212p.

Lefebvre, C.-H. (éd.), *Musique d'église, 1884-1934. Documents officiels sur la musique sacrée parus depuis cinquante ans*, (Montréal, Le Devoir, 1934), 81 + 2p.

Lemieux, A.-J., *La loge «L'Émancipation»*, Montréal, La Croix, 1910, 18p.

Lévesque, Georges-Henri, o.p., *Crédit social et catholicisme*, Ottawa, Lévrier, 1936, 25p.

Ligue de la presse catholique de langue française du Canada et des États-Unis. Notice historique. Statuts et règlements. Personnels et officiers, Québec, Secrétariat général de la Ligue de la presse catholique, 1914, 63p.

Ligue du dimanche. Le repos dominical, Québec, Action sociale limitée, 1927, 84p.

Longpré, abbé Anselme, *La folie de la croix*, Saint-Hyacinthe, Chez l'Auteur, 1938, 157p.

Magnan, C.-J., *À propos d'instruction obligatoire. La situation scolaire dans la province de Québec*, Québec, Action sociale limitée, 1919, 120p.

———— *Éclairons la route, à la lumière des statistiques, des faits et des principes. Réponse à «The Right Track», publié à Toronto et traitant de l'instruction obligatoire dans la province de Québec*, Québec, Librairie Garneau, 1922, XXIV + 246p.

Martineau, Marcel, *Appel aux patriotes. Projet de colonisation*, Montréal, École sociale populaire, 1916, 32p. («Brochures», 61.)

Mémoire sur le syndicalisme catholique au Canada. Présenté à N.N.S.S. les archevêques et évêques de la province de Québec, Montréal, Librairie Beauchemin limitée, mars 1927, 29p.

Mémoire à Nos Seigneurs les évêques sur l'organisation professionnelle des ouvriers catholiques au Canada, (1910), 13p. (Document dactylographié produit probablement par l'exécutif de la Fédération des ligues du Sacré-Cœur.)

Minville, Esdras, *L'œuvre de la colonisation*, Montréal, École sociale populaire, 1933, 32p. («Brochures», 238.)

———— *Comment établir l'organisation corporative au Canada*, Montréal, École sociale populaire, 1936, 32p. («Brochures», 272.)

Les noces d'argent de l'Action sociale catholique de Québec, le 1er février 1933. Sermon, conférences, discours et compte rendu, Québec, L'Action catholique, 1933, 91p.

L'organisation ouvrière catholique au Canad. Faits sociaux, Montréal, École sociale populaire, 1922, 32p. («Brochures», 105.)

Paquet, Mgr Louis-Adolphe, *Droit public de l'Église: principes généraux*, deuxième édition, Québec, Imprimerie Laflamme, 1916, XVI + 368p.

———— *Droit public de l'Église: l'organisation religieuse et le pouvoir civil*, Québec, Imprimerie de l'Événement, 1912, 315p.

———— *Droit public de l'Église: l'action religieuse et la loi civile*, Québec, Laflamme et Proulx, 1915, IV + 47p.

———— *Droit public de l'Église: l'Église et l'éducation*, deuxième édition, Québec, Imprimerie Laflamme, 1916, IV + 359p.

———— *Études et appréciations: fragments apologétiques*, Québec, Imprimerie franciscaine missionnaire, 1917, VIII + 360p.

———— *Le Pape et la guerre*, Québec, Imprimerie franciscaine missionnaire, 1917, 43p.

———— *Études et appréciations: mélanges canadiens*, Québec, Imprimerie franciscaine missionnaire, 1918, VIII + 358p.

———— *L'Écueil démocratique. (Série d'articles qui ont paru dans «L'Action catholique», de Québec, en décembre 1918)*, Québec, Éditions de l'Action sociale catholique, 1919, 29p.

———— «Le Féminisme», *Le Canada français*, I, 4, décembre 1918: 233-246; II, 1, février 1919: 5-21.

———— *Études et appréciations: nouveaux mélanges canadiens*, Québec, Imprimerie franciscaine missionnaire, 1919, VIII + 390p.

———— *Études et appréciations: thèmes sociaux*, Québec, Imprimerie franciscaine missionnaire, 1922, VIII + 333p.

———— *Au soir de la vie: modestes pages philosophico-religieuses*, Québec, Imprimerie franciscaine missionnaire, 1938, 303p.

Pèlerinages canadiens. Monographies des principaux lieux de pèlerinage au Canada, Montréal, Imprimerie du Messager, 1928.

Perreault, Antonio, *L'Action sociale*, Montréal, École sociale populaire, 1920, 32p. («Brochures», 91.)

Plamondon, J.-Ed., *Le Juif. Conférences données au Cercle Charest de l'A.C.J.C.*, 30 mars 1910, Québec, Imprimerie de la Libre Parole, (©1910), 31p.

Plourde, J.-Antonin, o.p., *Dominicains au Canada, livre des documents*, II. *1881-1911*, Montréal, Lévrier, 1975, 588p.

———— *Pour l'amour d'un pays. Cent ans au service d'un peuple*, Communauté chrétienne, 70, juillet-août 1973.

Le premier concile plénier de Québec (10 septembre-1er novembre 1909). Travaux préparatoires. Séances solennelles. Fêtes religieuses et civiques. Allocutions, Québec, Imprimerie de l'Événement, 1910, 305p.

Premier congrès de la langue française au Canada. Québec, 24-30 juin 1912, Compte rendu, Québec, L'Action sociale limitée, 1913, 693p.

Premier congrès de tempérance du diocèse de Québec, 1910. Compte rendu, Québec, L'Action sociale catholique, 1911, 798p.

Le premier congrès marial de Québec, du 12 au 16 juin 1929. Compte rendu, discours, sermons et rapports, Québec, L'Action sociale limitée, 1931, 417p.

Le programme de restauration sociale expliqué et commenté, Montréal, École sociale populaire, 1934, 80p. («Brochures», 239-240.)

Rapport du premier congrès d'apostolat, tenu à l'occasion de la fête de saint François-Xavier, second patron de la Ligue du Sacré-Cœur, à L'Immaculée-Conception, le 5 décembre 1909. Sous la présidence d'honneur de Sa Grandeur Mgr Bruchési, Montréal, Adj. Ménard, 1909, 128p.

Réponse au «Mémoire irlandais», (s.l.n.d., ©1909), 47 + XLVIIp.

Roy, Paul-Arsène, *Croisade de tempérance*, Québec, Imprimerie de l'Action sociale limitée, 1926, XVI + 344p.

Roy, abbé Paul-Eugène, *L'Action sociale catholique et l'œuvre de la presse catholique*, Québec, Imprimerie Ed. Marcotte, 1907, 44p.

Saint-Antoine, Michelle de, «Sa parole est ardente» *(Pierre Gravel, prêtre)*, [s.l.n.é.], 1969, 188p.

Saint-Denis, Dominique de, o.f.m. cap., *L'Église catholique au Canada. Précis historique et statistique*, sixième édition, Montréal, Les Éditions Thau, 1956, 269p.

Saint-Hyacinthe et la tempérance (1854-1913). Rapport du premier congrès diocésain, Saint-Hyacinthe, Le Comité permanent de tempérance, 1914, 238p.

Saint-Pierre, Arthur, *Vers l'action*, Montréal, Imprimerie du Messager, 1911, 108p.

—————— *Ce que je pense sur...* Préface de l'honorable sénateur N.-A. Belcourt, Montréal, Éditions de la Bibliothèque canadienne, 1927, 185p.

Synodus diocesana præside Emo Card. Ludovico-Nazario Begin, archiepiscopo Quebecensi, anno 1923, Québec, L'Action sociale limitée, 1923, 107p.

Tessier, Mgr Albert, *Souvenirs en vrac*, Montréal, Boréal Express, 1975, 267p.

Le Tiers-Ordre de saint François. Ce qu'il a été, ce qu'il doit être. Recueil de divers travaux publié par les pères franciscains de Montréal pour l'utilité des directeurs du Tiers-Ordre et en général pour les tertiaires du Canada, Québec, Imprimerie franciscaine missionnaire, 1986, 103p.

Trudeau, R.P., o.p., «Le repos du dimanche», *Semaines sociales du Canada*, 1922: 112-131.

La littérature sur le catholicisme québécois au XXe siècle est considérable, même si les œuvres marquantes sont peu nombreuses. La sélection d'études que nous présentons repose sur les critères retenus pour la sélection des sources imprimées: études citées dans notre ouvrage et études qui nous ont aidés à comprendre certains phénomènes ou événements. Bon nombre de ces études n'ont aucun caractère historique; ce sont des essais critiques, des commentaires doctrinaux ou d'actualité, des analyses statistiques.

Alexis, T.R.P., o.f.m.cap., «L'avenir de la langue française dans l'Amérique du Nord», *Almanach de l'Action sociale catholique*, 1928: 50-52.

Apollonia, Luigi d', s.j., «Cinquante ans à la délégation apostolique», *Relations*, mars et avril 1949: 79-81 et 106-108.

Arbour, Guy, *Le droit canonique particulier au Canada*, Ottawa, Les Éditions de l'Université d'Ottawa, 1957, 165p.

Archambault, Joseph-Papin, s.j., *Le clergé et l'action sociale*, Préface de Monseigneur Gauthier, Montréal, École sociale populaire, 1918, 104p. («Brochures», 59.)

———— *Quinze ans de retraites fermées*, Montréal, La Vie nouvelle, 1924, 31p.

———— *L'Action catholique au Canada*, Montréal, École sociale populaire, 1937, 32p. («Brochures», 287.)

Arès, Richard, s.j., *Le père Joseph-Papin Archambault, s.j., 1880-1966. Sa vie, ses œuvres*, Montréal, Bellarmin, 1983, 175p.

Armstrong, Elizabeth Howard, *The crisis of Quebec, 1914-1918*, New York, Columbia University Press, 1937, 270p.

L'art religieux contemporain au Canada, Édité par Jean-Marie Gauvreau, Québec, (s.éd.), 1952, 68 + 26p.

Asselin, Jean-Pierre, *Les Rédemptoristes au Canada. Implantation à Sainte-Anne-de-Beaupré, 1878-1911*, Montréal, Bellarmin, 1981, 165p.

Athanase-Émile, le frère, «Apostolat missionnaire», *Prêtres et missions*, X, 516, janvier-juin 1950: 240-306.

Barabé, Paul-Henri, o.m.i., *Un siècle de miséricorde*, Ottawa, Éditions de l'Université d'Ottawa, 1948, 410p.

Barber, Marilyn, «The Ontario bilingual school issue: source of conflict», *CHR*, XLVII, 3, septembre 1966: 227-248.

Beauchamp, Claude, «Les débats du syndicalisme et du coopératisme agricole, 1900-1930: quelques éléments de la pratique», *RS*, XX, 3, 1979: 337-381.

Bélanger, André-J., *L'apolitisme des idéologies québécoises. Le grand tournant de 1934-1936*, Québec, Les Presses de l'Université Laval, 1974, 392p.

Bélanger, Georges, *La bonne sainte Anne au Canada et à Beaupré*, Québec, Imprimerie de l'Action sociale limitée, 1923, 228p.

Bélanger, Noël, *Mgr Georges Courchesne et les mouvements d'Action catholique*, thèse de doctorat en histoire présentée à l'École des gradués de l'Université Laval, 1982, 563p.

Bélanger, Valérien, «En marge d'un arrêt de la Cour d'appel de la province de Québec», *Le Séminaire*, VI, 3, 21 novembre 1941: 236-243.

Bellavance, Samuel, s.j., *La formation d'apôtres sociaux par l'A.C.J.C.*, Montréal, École sociale populaire, 1915, 32p. («Brochures», 47.)

Bernard, Henri, *La Ligue de l'enseignement: histoire d'une conspiration maçonnique à Montréal*, Nouvelle édition, Montréal, (s.éd.), 1904, XVI + 152p.

Bernard, Jules, *Les débuts de la Société des Missions-Étrangères de la province de Québec, 1919-1931*, Montréal, thèse de licence présentée à la Faculté de théologie de l'Université de Montréal, 1970, 70p.

Biron, Hervé, *Grandeurs et misères de l'Église trifluvienne, 1615-1947*, Trois-Rivières, Les Éditions trifluviennes, 1947, 242p.

Black, Conrad, *Duplessis. Le pouvoir*, Montréal, Les Éditions de l'Homme, 1977, 609p.

Boglioni, Pierre et Benoît Lacroix (éd.), *Les pèlerinages au Québec*, Québec, Les Presses de l'Université Laval, 1981, 176p. («Travaux du Laboratoire d'histoire religieuse de l'Université Laval», 4.)

Bouchard, Gérard, «Les prêtres, les capitalistes et les ouvriers à Chicoutimi, 1896-1930», *Mouvement social*, 112, juillet-septembre 1980: 5-23.

Bourassa, Henri, *Le Canada apostolique; revue des œuvres des missions des communautés franco-canadiennes*, Montréal, Bibliothèque de l'Action française, 1919, 173p.

Bourassa, Jean, *Symbolique religieuse et récits de vie: deux études de cas*, Québec, mémoire de maîtrise en sociologie, Université Laval, 1979, 123p.

Bouvier, Léon, «Le mariage mixte en cour d'appel», *Relations*, octobre 1941: 262-263.

Braise et encens. Mère Marie du Saint-Esprit, Montréal, Sœurs Missionnaires de l'Immaculée-Conception, 1960, 95p.

Cardin, Jean-Réal, *L'influence du syndicalisme national catholique sur le droit syndical québécois*, Montréal, Institut social populaire, juin 1957, 78p. («Les Cahiers», 1.)

Casgrain, abbé Philippe, «Le communisme au Canada», *Le Canada français*, XXI, 3, novembre 1933: 193-198; décembre 1933: 289-304.

———— «La diffusion du communisme dans notre population d'origine étrangère», *Le Canada français*, XXII, 2, octobre 1934: 105-114.

Charland, Thomas, «L'encyclique Affari Vos de Léon XIII à l'épiscopat canadien», *RSCHEC*, 1952-1953: 13-25.

Clark, Lovell, *The Manitoba school question. Majority rules or minority rights*, Toronto, Coop Clark, 1968, 230p. («Issues in canadian history»)

Clément, Gabriel, *Histoire de l'Action catholique au Canada français*, Montréal, Fides, 1972, 331p.

Collard, E. *et al.*, *Vocation de la sociologie religieuse/Sociologie des vocations*, Tournai, Casterman, 1958, 242p.

Comeau, Robert *Les indépendantistes québécois, 1936-1938*. Montréal, mémoire de maîtrise en histoire présentée à l'Université de Montréal, 1971, 212p.

Comeault, Gilbert-L., «La question des écoles du Manitoba. Un nouvel éclairage», *RHAF*, XXX, 1, juin 1979: 3-23.

Cook, G.R., «Church, schools and politics in Manitoba, 1903-1912», *CHR*, XXXIX, mars 1958: 1-23.

David, L.-D., «Sa Grandeur Mgr Paul Bruchési, archevêque de Montréal», *Revue canadienne*, 24, 1919: 401-420.

Denault, Bernard et Benoît Lévesque, *Éléments pour une sociologie des communautés religieuses au Québec. Sociographie générale des communautés religieuses au Québec (1837-1970)* et *Éléments de problématique* par Bernard Denault. *Les communautés religieuses françaises au Québec: une émigration utopique (1837-1876)* et *Étude de sociologie historique* par Benoît Lévesque, Préface de Gilles Martel, Montréal et Sherbrooke, Université de Sherbrooke et les Presses de l'Université de Montréal, 1975, 220p.

Deroo, André, *L'organisation démocratique de la vie sociale, d'après les enseignements de l'Église*, Montréal, École sociale populaire, 1948, 32p. («Brochures», 411.)

Desrochers, Bruno, *Le premier concile plénier de Québec et le code de droit canonique*, Washington (D.C.), The Catholic University of America Press, 1942, 186p.

Desrosiers, J.-N., p.s.s., *Choisissons la doctrine sociale de l'Église ou la ruine*, Montréal, École sociale populaire, 1936, 308p.

Dorion, Charles-Édouard, «L'enseignement obligatoire», *Le Canada français*, II, 2, mars 1919: 82-108.

Dragon, A., s.j., *L'abbé DeLamarre*, Chicoutimi, Société historique du Saguenay, 1974, 223p.

Drolet, Jean-Claude, «Un mouvement de spiritualité sacerdotale au Québec au XXe siècle (1931-1950): le lacouturisme», *RSCHEC*, 1973: 55-86.

Dubuc, André, *Le combisme et les frères des Écoles chrétiennes au Canada français, 1904-1908*, Québec, thèse de diplôme d'études supérieures en histoire présentée à l'Université Laval, 1969, XIII + 111p.

Duchesne, Raymond, *La science et le pouvoir au Québec (1920-1965)*, Québec, Éditeur officiel du Québec, 1978, 126p.

Dugré, Adélard, s.j., *La paroisse au Canada français*, Montréal, École sociale populaire, 1929, 64p. («Brochures», 183-184.)

———— «La religion des Canadiens français», *Relations*, août 1948: 226-229.

Dumesnil, Thérèse, *Pierre Dansereau. L'écologiste aux pieds nus*, Montréal, Nouvelle Optique, 1981, 214p.

Dumont, Fernand, «La paroisse, une communauté», *Communauté chrétienne*, 1, 1962.

———— «Du début du siècle à la crise de 1929: un espace idéologique», *Idéologies au Canada français, 1900-1929*. Québec, Les Presses de l'Université Laval, 1973: 1-17.

Dumont-Johnson, Micheline, «Les communautés religieuses et la condition féminine», *RS*, XIX, 1, janvier-avril 1978: 79-102.

Dupont, Antonin, *Les relations entre l'Église et l'État sous Alexandre Taschereau, 1920-1936*, Montréal, Guérin, 1973, 366p.

Durocher, René, «Henri Bourassa, les évêques et la guerre de 1914-1918», *Communications historiques [CHR/SCH]*, 1971: 248-276.

Dussault, Gabriel, *La représentation des fins dernières dans la culture religieuse populaire de 1900 au Québec*, thèse de licence en théologie, Faculté de théologie de la Compagnie de Jésus, (Montréal), 1971, 77p.

L'Église et le Québec. En collaboration, Préface de Marcel Rioux, Montréal, Les Éditions du Jour, 1961, 157p. («Les Idées du Jour»)

Falardeau, Jean-Charles, «La génération de La Relève», *RS*, VI, 2, mai-août 1965: 122-133.

Faucher, Albert, *Alphonse Desjardins*, Le comité de la survivance française en Amérique, Université Laval, 1948, 58p.

Fortin, Gérald-A., *An analysis of the ideology of a French Canadian nationalist magazine, 1917-1954*, thèse de doctorat en sociologie présentée à Cornell University, 1956, 300p.

Fortin, Guy, «Pie X. Le pape de la musique sacrée», *Revue St-Grégoire*, III, décembre 1951: 1-7.

Fortin, Lucienne, «Les Jeunes-Canada», dans: F. Dumont *et al.* (dir.), *Idéologies au Canada français, 1930-1939*, Québec, Les Presses de l'Université Laval, 1978: 215-233.

Fortin, abbé Maxime, *L'association professionnelle*, Montréal,

École sociale populaire, juin 1927, 48p. («Brochures», 161.)

Fournier, Marcel, *Communisme et anticommunisme au Québec (1920-1950)*, Montréal, Albert Saint-Martin, 1979, 165p.

Gagné, Lucien et Jean-Pierre Asselin, *Sainte-Anne de Beaupré. Trois cents ans de pèlerinage*, Sainte-Anne de Beaupré, 1971, 89p.

Gagnon, Marcel-Aimé, *La vie orageuse d'Olivar Asselin*, Montréal, Éditions de l'Homme, 1962, 2 vol.

——— *Olivar Asselin toujours vivant*, Montréal, Les Presses de l'Université du Québec, 1974, 215p.

Gagnon, Serge et René Hardy, *L'Église et le village au Québec, 1850-1930. L'enseignement des cahiers de prône*, Montréal, Leméac, 1979, 174p.

Galarneau, Claude, *Les collèges classiques au Canada français, 1620-1970*, Montréal, Fides, 1978, 287p.

Gaudet, Robert et Réginald Marsolais, «Activités catéchistiques dans le diocèse de Joliette», *Le Séminaire*, septembre 1955: 141-146 et décembre 1955: 210-219.

Gaudreau, Marie-Agnès de Rome, *La pensée sociale du Canada français telle que reflétée dans les Semaines sociales*, Montréal, École sociale populaire, août 1946, 32p. («Brochures», 391.)

Gendron, Gérard, c.s.s., *La contribution financière du clergé séculier et des communautés religieuses à l'enseignement dans la province de Québec*, Montréal, mémoire de maîtrise présenté à l'École des hautes études commerciales, mars 1946, 45p.

Gérin-Lajoie, Marie, *La Fédération nationale Saint-Jean-Baptiste et ses associations professionnelles*, Montréal, École sociale populaire, 1911, 32p. («Brochures», 15.)

Girard, Mathieu, «La pensée politique de Jules-Paul Tardivel», *RHAF*, XXI, 3, décembre 1967: 397-428.

Giroux, Georges-Michel, *La situation juridique de l'Église catholique dans la province de Québec*, 1945, 33p. (Tiré à part de la *Revue du notariat*)

Groulx, abbé Lionel, *L'enseignement français au Canada. Tome II: Les écoles des minorités*, Montréal, Librairie Granger & Frères limitée, 1935, 271p.

——— *Le Canada français missionnaire*, Montréal, Fides, 1962, 521p.

Guillet, Claude, «Cinquante ans de réalisations: la Société des Missions étrangères», *RSCHEC*, 1971.

Hamelin, Louis-Edmond, «Évolution numérique séculaire du clergé catholique dans le Québec», *RS*, II, 2, 1961: 189-242.

Heap, Ruby, «La Ligue de l'enseignement, 1902-1904: héritage du passé et nouveaux défis», *RHAF*, XXXVI, 3, décembre 1982: 339-374.

Hébert, Edmour, *Le problème social et sa solution*, Montréal, École sociale populaire, 1919, 16p. («Brochures», 86.)

Hugolin, le père, *La lutte antialcoolique dans la province de Québec depuis 1906*, Montréal, École sociale populaire, 1912, 31p. («Brochures», 8.)

Hullinger, Jean, *L'enseignement social des évêques canadiens de 1891 à 1950*, Montréal, Fides, 1957, 373p. («Bibliothèque économique et sociale»)

Jean, Marguerite, *Évolution des communautés religieuses de femmes au Canada, de 1639 à nos jours*, Montréal, Fides, 1977, 317p.

Jean, Michèle, *Québécoises du 20ᵉ siècle*, Montréal, Les Éditions du Jour, 1974, 303p.

Jones, Richard, *L'idéologie de l'Action catholique, 1917-1939*, Québec, Les Presses de l'Université Laval, 1974, 359p. («Histoire et sociologie de la culture», 9.)

Lalonde, André-N., *Le Règlement XVII et ses répercussions sur le Nouvel-Ontario*, mémoire de maîtrise ès arts (histoire), Sudbury, Université Laurentienne, 1964, XI + 100p.

——— «L'intelligentsia du Québec et la migration des Canadiens français vers l'Ouest canadien, 1870-1930», *RHAF*, XXXIII, 2, septembre 1979: 163-186.

Lamonde, Yvan, *La philosophie et son enseignement au Québec, 1665-1920*, Montréal, HMH, 1980, 312p. («Cahiers du Québec: Philosophie».)

Landrieux, Mgr J.-R. Maurice, «La paroisse canadienne dans la province de Québec. Lettre pastorale», *SRQ*, 1921-1922: 470-475, 491-495, 508-509, 518-522 et 537-542.

Langham, J.S., *Race and religion in the early career of Charles*

Fitzpatrick, Québec, mémoire de maîtrise en histoire présentée à l'Université Laval, 1975, 350p.

Langlais, Jacques, *Les Jésuites du Québec en Chine, 1918-1955*, Québec, Les Presses de l'Université Laval, 1979, 379p.

Laperrière, Guy, «Persécution et exil: la venue au Québec des congrégations religieuses françaises, 1900-1914», *RHAF*, XXXVI, 3, décembre 1982: 389-412.

Larivière, Claude, *Crise économique et contrôle social*, Montréal, Albert Saint-Martin, 1977.

Lesage, Germain, «Un fil d'Ariane», dans: P. Hurtubise *et al.*, *Le laïc dans l'Église canadienne-française de 1830 à nos jours*, Montréal, Fides, 1972: 9-83.

Létourneau, Firmin, *L'U.C.C.*, Préface de Son Excellence Mgr Georges Courchesne, (s.l.), 1949, 249p.

Levitt, Joseph, «Henri Bourassa: the catholic social order and Canada's missions», dans: F. Dumont *et al.* (dir.), *Idéologies au Canada français, 1900-1929*, Québec. Les Presses de l'Université Laval, 1974, 377p.: 193-222.

Linteau, Paul-André, René Durocher et Jean-Claude Robert, *Histoire du Québec contemporain. De la Confédération à la crise*, Montréal, Boréal Express, 1979, 660p.

Longpré, Anselme, *Un mouvement spirituel au Québec, 1931-1962. Un retour à l'évangile*, Montréal, Fides, 1976, 186p. («L'Église du Québec», 14.)

Loranger, Mère Madeleine, m.i.c., «Historique de la Congrégation des Missionnaires de l'Immaculée-Conception et des origines de la Société des Missions-Étrangères de Québec», *RSCHEC*, juin 1971: 71-84.

Lupul, Manoly R., *The Roman catholic Church and the North-West question: a study in Church and State relations in Western Canada, 1875-1905*, Toronto, University of Toronto Press, 1974, 292p.

Maheu, Louis, «Problème social et naissance du syndicalisme catholique», *Sociologie et sociétés*, I, 1, mai 1969: 69-88.

Mémoire. Le problème social de la vente et de la consommation des liqueurs alcooliques. Province de Québec. Par un comité nommé à cette fin, [s.l.], 1953, 345p.

Mignier, Robert-Maurice, *Le monde agricole québécois et les premières années de l'Union catholique des cultivateurs, 1918-1930*, Montréal, thèse de doctorat en histoire présentée à l'Université de Montréal, 1975, 424p.

Minville, Esdras, *Instruction ou éducation. À propos de réforme de l'enseignement secondaire*, Montréal, École sociale populaire, 1931, 64p. («Brochures», 204-205.)

Morisset, Gérard, «Édifices religieux en France et chez nous», *Almanach de l'Action sociale catholique*, 1924: 79-85.

———— «L'art religieux chez nous», *Almanach de l'Action sociale catholique*, 1925: 60-68.

Nadeau, Eugène, o.m.i., *Victor Lelièvre, oblat de Marie Immaculée. Pêcheur d'hommes*, Cap-de-la-Madeleine, Éditions Notre-Dame-du-Cap, 1964, 402p.

O.M.I., «Les Oblats et les retraites fermées», *La Bannière de Marie-Immaculée*, 1924: 62-69.

Prang, Margaret, «Clerics, politicians and the bilingual schools issue in Ontario, 1910-1917», *CHR*, XLI, 4, décembre 1960: 281-307.

Proulx, Gilles, *L'aventure de la radio au Québec*, Montréal, La Presse, 1979, 143p.

Renault, Rosario, s.j., *Le diocèse de Süchow (Chine). Champ apostolique des Jésuites canadiens, de 1918 à 1954*, Montréal, Bellarmin, 1982, 460p.

Roby, Yves, *Alphonse Desjardins et les Caisses populaires, 1854-1920*, Montréal, Fides, 1964, 149p.

———— *Les Québécois et les investissements américains, 1918-1929*, Québec, Les Presses de l'Université Laval, 1976, 250p.

Rouillard, Jacques, *Les syndicats nationaux au Québec de 1900 à 1930*, Québec, Les Presses de l'Université Laval, 1979, 342p.

———— *Histoire de la C.S.N. (1921-1981)*, Montréal, Boréal Express, 1981, 335p.

Routhier, Gilles, *La doctrine sociale et le mouvement catholique: l'École sociale populaire, 1930-1936*, Québec, thèse présentée à l'École des gradués de l'Université Laval pour l'obtention du grade de maître en théologie, mars 1980, 214p.

Roy, C.-E. et Lucien Brault, *Le livre du souvenir, 1534-1934*.

Gaspé depuis Cartier, Québec, Au Moulin des Lettres, 1934, 233p.

Rumilly, Robert, *Histoire de la province de Québec*, Montréal, Éditions Bernard Valiquette/Fides, 1940 + , 40 vol.

Ryan, William F., *The Clergy and the Economic Growth in Quebec, 1896-1914*, Québec, Les Presses de l'Université Laval, 1966, 348p.

Saint-Aubin, Bernard, *Duplessis et son époque*, Montréal, La Presse, 1979, 278p. («Jadis et naguère»)

Saint-Pierre, Arthur, *Questions et œuvres sociales de chez nous*, Montréal, École sociale populaire, 1914, 264p.

––––––– *L'œuvre des congrégations religieuses de charité dans la province de Québec en 1930*, Montréal, Éditions de la Bibliothèque canadienne Enreg., (1931), 245p.

Sénécal, André, «La thèse messianique et les Franco-Américains», *RHAF*, XXXIV, 4, mars 1981: 557-567.

Simard, Jean, Jocelyne Milot et René Bouchard, *Un patrimoine méprisé. La religion populaire des Québécois*, Montréal, HMH, 1979, 309p. («Cahiers du Québec: Ethnologie», 46.)

Spence, Ruth Elizabeth, *Prohibition in Canada*, Toronto, The Ontario Branch of the Dominion Alliance, 1919, 624p.

Sylvestre, Lucien, *La cathédratique. Histoire, commentaire canonique et législation canadienne*, Québec, Université Laval, 1946, 175p. («Les thèses canoniques de Laval», 6.)

Tardif-Painchaud, Nicole, *Dom Bellot et l'architecture religieuse au Québec*, Québec, Les Presses de l'Université Laval, 1978, 262p.

Tremblay, R.P. Pierre, *Une âme canadienne extraordinairement ordinaire, Marie-Claire Tremblay*, Montréal, Lévrier, 1949.

Trifiro, Luigi, *La crise de 1922 dans la lutte pour le suffrage féminin au Québec*, Sherbrooke, mémoire de maîtrise en histoire présentée à l'Université de Sherbrooke, 1976, 113p.

––––––– «Une intervention à Rome dans la lutte pour le suffrage féminin au Québec», *RHAF*, XXXII, 1, juin 1978: 3-18.

Trudel, Paul-Eugène, o.f.m., *Mgr Ange-Marie Hiral, o.f.m.*, Montréal, Les Editions franciscaines, 1957-1961, 5 vol.

Turcotte, Gaston, *L'idéologie des caisses populaires Desjardins*,

Québec, mémoire de maîtrise en sociologie présentée à l'Université Laval, 1971.

Vigod, B.-L., «Qu'on ne craigne pas l'encombrement des compétences: le gouvernement Taschereau et l'éducation, 1920-1929», *RHAF*, XXVIII, 2, 1974: 209-244.

Welton, Sœur M.-Amadeus, *Un orateur apôtre. M*ᵍʳ *Paul-Eugène Roy, archevêque de Québec, 1859-1926*, Québec, Les Éditions de l'Action catholique, 1941, 394p.

Yelle, Mᵍʳ Gérard, «L'enseignement du catéchisme», *Le Séminaire*, 1, 1936: 26-36 et 71-84.

——— «Quelques notes de bibliographie catéchistique», *Le Séminaire*, 6, 1941: 157-159.

Liste des tableaux

Liste des encarts

INDEX DES NOMS CITÉS

---

* Les sources donnent deux orthographes de ce patronyme: la bonne serait Brunault.

INDEX THÉMATIQUE

TABLE DES MATIÈRES

Achevé d'imprimer le 8 août 1984
par les travailleurs des ateliers des Éditions Marquis
à Montmagny
pour les Éditions du Boréal Express